《文学论集》第13辑

文学与思想

陈奇佳 张永清 主编

商务印书馆

2011年·北京

图书在版编目(CIP)数据

文学与思想/陈奇佳，张永清主编.—北京：商务印书馆，2011
ISBN 978-7-100-08335-5

I.①文… II.①陈… ②张… III.①马克思主义－文艺学－理论研究－文集 IV.①A811.691-53

中国版本图书馆CIP数据核字(2011)第077851号

本书为中国人民大学"211工程"三期重点建设项目"文学研究的国际视野与当代中国文化建设"项目成果

所有权利保留。

未经许可，不得以任何方式使用。

文学与思想
陈奇佳　张永清　主编

商 务 印 书 馆 出 版
（北京王府井大街36号　邮政编码 100710）
商 务 印 书 馆 发 行
三河市尚艺印装有限公司印刷
ISBN 978-7-100-08335-5

2011年6月第1版　开本 787×1092　1/16
2011年6月北京第1次印刷　印张 23 1/4
定价：58.00元

目录 Contents

编辑前言 001

马克思主义文艺学学科的基础问题

新中国文艺理论研究的历史经验和发展趋势（陆贵山）...... 011

革新一种思路
　　——当代文艺学的问题域（金元浦）...... 026

文学和图像关系研究中的若干问题（赵宪章）...... 051

马克思主义文艺批评方法

略论现代艺术形式观念的嬗变（陈传才）...... 071

马克思主义文学批评的困境与出路（张永清）...... 084

对马克思、恩格斯美学与文艺思想关系的再思考（汪正龙）...... 099

文化、政治与现代时空观念

消费·赛博客·解域化
　　——自然与文化问题的新语境（金惠敏）...... 115

政治经济学与象征：两种死亡逻辑的对立
　　——鲍德里亚对诸种死亡观的批判及其超越（夏莹）...... 136

德勒兹的差异哲学与感性问题（胡新宇）...... 149

今日乌托邦
  ——《未来考古学》导论（弗雷德里克·詹姆逊著 龚晓虎译 黄金城校）...... 171

阿多诺与哈贝马斯的批判策略：意识形态理论与
  理论意识形态（黛博拉·库克著 黄婉玉译 常梦虹 李慧敏校）...... 178

系住蝴蝶：回到詹姆逊的《后现代主义与消费社会》
  以及抗拒的悖论（杰森·伯格著 朱杉译）...... 202

马克思主义的宗教之维

"空无"之信仰：让－吕克·南希的神学解构（夏可君）...... 221

宗教宽容：文化权利的引导者（尤尔根·哈贝马斯著 韩隽译）...... 248

天主教徒（特里·伊格尔顿著 赵文琼译）...... 267

经典的再阐释

"内在财富"论（海因里希·弗雷德里希·冯·施托尔希著 胡蔵译）...... 285

从"内在财富论"到精神生产理论
  ——以马克思对施托尔希的批判为视角（陈奇佳 罗璇）...... 313

劳动价值论与剥削概念（杰拉德·科亨著 赵惊译 樊华校）...... 329

两次革命之间
  ——《一触即发的革命：列宁文选（1917.2—1917.10）》
    序言（斯拉沃热·齐泽克著 屠毅力译）...... 351

约稿启事 364

编辑前言

《文学论集》是中国人民大学原中国语言文学系主编的一份较有影响的文学研究辑刊，20世纪80年代曾刊发了许多有影响力的论文，是当时文学前沿问题研究的重要阵地。后来，由于出版经费匮乏等多方面的因素，《文学论集》改为不定期出版。

中国人民大学文学院成立后，高度重视继承前辈学人的传统，发挥文学院的既有优势，现决定恢复《文学论集》的定期出版。

考虑到中国人民大学文艺学学科的特色和传统，我们决定以"马克思主义与当代精神文化问题"为主题，编辑"论集"的主要内容：所选文献是与马克思主义相关的精神文化研究方面的论文、译文、述评、书评及有关研究资料，以文艺学方向为主。根据文章的性质，本"论集"的内容分为"马克思主义文艺学学科的基础问题"、"马克思主义文艺批评方法"、"文化、政治与现代时空观念"、"马克思主义的宗教之维"、"经典的再阐释"五个部分。

第一个部分是"马克思主义文艺学学科的基础问题"。在政治立场和原则导向上，马克思主义是我们的指导核心，这一点并无疑义。但是，马克思主义如何成为文学理论研究的一般指导性原则，我们又应该怎样在文艺学学科中建设发展一种中国特色的"马克思主义文艺学"学科？学术界在有关的基础问题上还存在一些争议。本论集所选的陆贵山、金元浦、赵宪章的论文，即在关乎马克思主义文艺学学科建设的一些基础问题上，作出了宏观的、原则性的考察。

陆贵山《新中国文艺理论研究的历史经验和发展趋势》一文，从宏观角度把握新中国文艺理论研究的历史经验。围绕着文艺的政治属性与审美属性的关系、社会的现代化与文学的现代性的关系、文艺的社会历史研究与人文研究的关系、文学的内部规律研究与文学的外部规律研究的关系这几个关键问题，作者展开了深入的分析，并力图提出对待每一问题的正确态度和方法。在总结历史经验的同时，作者注意到了中国当代文艺理论表现出的有主旋律的多声部合奏这一格局，据此，作者强调学术界应当融合马克思主义文艺理论、西方现当代文艺理论本土化和中国古代文艺理论的现代转化所取得的学术成果，以此为基础开辟中国文艺理论的新体系。

金元浦的《革新一种思路——当代文艺学的问题域》尝试解决当代文艺学的一个重要问题域：如何正确应对和处理当代中国业已形成的文化文学范式多样、话语丛集的多元共生的总体格局？作者认为，对话主义有望促成以往各种文学批评话语之间不可通约性的消泯。作者试图以"间"性的观念整合文本间性、主体间性、学科间性、民族间性、文化间性等问题，为文艺学和比较诗学研究提供有效的方法论道路。

赵宪章《文学和图像关系研究中的若干问题》一文，深入回应了所谓"读图时代"各种图像理论对传统文学理论及观念的挑战。论文指出，对文学和图像的关系进行比较的平台和工具是"统觉共享"，离开这一关键，所有关于"文学遭遇图像时代"的表述都很难解决具体而实在的学理问题。论文的一个特点是借助统计的方法，以鲁迅为个案分析鲁迅作品中的图像化因素。将科学研究方法引入人文学的研究中，20世纪80年代以来已多有学者作出了尝试，但少有学者能够平衡人文学批判思辨与科学研究定量分析在基本研究方式上的矛盾张力。赵文是难得一见的成功案例。

第二个部分"马克思主义文艺批评方法"的内容主要涉及在文艺批评领域马克思主义基本原则的应用以及对传统应用方式有效性的再思考。

陈传才《略论现代艺术形式观念的嬗变》一文，较为全面地反思了西方形式主义的艺术观对我国的文艺理论和实践产生的深刻影响。论文指出，形式主义的艺术观念，超越了千百年来重内容、轻形式的观念，将艺术形式置于文艺创造和欣赏的地位予以探究，具有重大意义；在另一方面，形式主义的偏颇之处同样不可忽视。

张永清《马克思主义文学批评的困境与出路》一文指出，在多种批评潮流的冲撞下，马克思主义文学批评在当前实际已处于"失语"状态。论文认为，只有回到两个"文本"（马克思、恩格斯的批评文本与文学作品），强化马克思主义文学批评的实践品格，提高其自身的创新能力，才是马克思主义文学批评应对并摆脱困境的出路。

汪正龙《对马克思、恩格斯美学与文艺思想关系的再思考》一文，主要辨析了马克思、恩格斯二者在美学与文艺思想上的联系和区别。论文指出，过去学界没有充分意识到我们所熟知的马克思在很大程度上是由晚年恩格斯所建构的，以至于对马克思的研究有被误导的成分。

"文化、政治与现代时空观念"，"马克思主义的宗教之维"，"经典的再阐释"三个部分的文章都涉及了这一问题：我们如何吸收近来马克思主义研究（特别是西方马克思主义研究）的最新成果，建设马克思主义文艺学？毋庸讳言，当前我国马克思主义文艺学的基本座架，相当程度上仍根植于原苏联的文学观念。此种观念，固然有其历史意义，但它的诸多局限，在此也是不必细加论证了，早为学界所明察。并且，我们还需意识到，此种理论观念的基本出发点距离今天的现实未免过于遥远了，如果我们只是停留于重复前人的判断，这不啻主动放弃马克思主义在当今精神文化领域的阵地！但如何将马克思主义的基本原则与当前纷繁复杂的文艺现实结合起来呢？如何在这种结合中透彻地显示马克思主义思想方法解释的有效性呢？我们认为，这其中有两个方面的基础性工作：一是要对近百年来人类精神文化领域的新拓展予以全面、充分、深入的观照，不能理论先行，将马克思、恩格斯、列宁之后西方思想界的精神工作都当作是可有可无的"回旋曲"；二是允许试错，允许人们根据马克思主义的基本原则对当前精神文化问题展开最自由的讨论。这样的工作，将成为马克思主义文艺学的重要创新动力。

因是之故，在这三部分中，我们选取了一些关于西方马克思主义的研究论文及译文，试图对当前学界的一些热点问题作出回应。无须多加赘述的是：选择这些文章，并不意味着我们完全同意它们的观点。某些学者尤其是西方一些所谓的马克思主义研究者，他们立论的基点离马克思主义基本立场实际上是相去甚远的。但我们认为，即便这样，我们也有必要深入理解这些理论观点的基本内容及其内在的学理逻辑。

"文化、政治与现代时空观念"部分选择了一组与当前文化热点问题直接相关的论文。

金惠敏在《消费·赛博客·解域化——自然与文化问题的新语境》中指出，在新的形势和语境下，自然和文化之界限及其关系再次成为一个重大问题。首先，消费社会的到来遮蔽了人的自然需求，将商品变成了符号。在以技术为本质的社会里，技术归属于意识形态，不断地制造符码系统，用所谓的社会需要代替个人需要，这样就远离了自然的欲望。其次，作者引入了哈拉维"赛博客"的概念，将文化和自然放在赛博客中考察，赛博客现实瓦解了一切形式的二元对立，这意味着自然和文化的传统界限的模糊。最后，在全球化这一大背景下，在解域化和再域化的不断斗争中，文化的冲突意味着对自然的不同阐释间的竞争，这使得自然和文化及其关系更为凸显。

夏莹《政治经济学与象征：两种死亡逻辑的对立——鲍德里亚对诸种死亡观的批判及其超越》一文，聚焦了鲍德里亚对死亡观的关注。作者依托于鲍德里亚在《象征交换与死亡》一书中的具体文本分析，揭示了鲍德里亚在对一系列死亡观进行激烈批判的背后一直存在着的象征交换的死亡逻辑，鲍氏正是以这一逻辑来对抗和颠覆传统的政治经济学的理性逻辑，以此，鲍氏彰显出其对当下社会批判态度的彻底性。

胡新宇的《德勒兹的差异哲学与感性问题》分析了德勒兹哲学的逻辑基础、

基本内容及其与康德哲学的根本联系。论文指出，德勒兹从康德那里借用了"强度"的概念，并在这一具有二重性矛盾的概念基础上，建立了他积极的建构主义思想。"强度"这一概念不仅对于我们理解德勒兹的差异理论至关重要，而且在对感性问题的理解上也具有举足轻重的地位。正是从"强度"这一角度，德勒兹的差异论可被视为一种感性的哲学，而这一差异论无论对于哲学本身还是对于美学来说，都具有基础性的重要意义。

詹姆逊的《今日乌托邦——〈未来考古学〉导论》谈论的仍是乌托邦的话题。论文认为，在后全球化（post-globalization）时代，资本主义的历史替代物已被证明为不可能，但乌托邦仍有其意义。这意义在于：乌托邦的政治目的在于想象，想象另一种可能，其对象不是个体的经历，而是历史的和集体的愿望满足。自认为是马克思主义者，詹姆逊坚持对乌托邦进行辩证的分析。他把乌托邦看做一种意识形态，一种社会批判的工具，每一个时代都有自己的乌托邦。在詹姆逊看来，对乌托邦的检验不在于它在实践中的运用，而在于它的新的批判社会的能力。

黛博拉·库克《阿多诺与哈贝马斯的批判策略：意识形态理论与理论意识形态》一文，分析了哈贝马斯对阿多诺的批判问题。作者认为，哈贝马斯从其交往理性的角度出发对阿多诺展开的批判是未尽公允的。因为其交往理性的理想预设是与西方政治体系的制度等同起来的，仿佛这些预设已或多或少地被经验地证实了，而且他止步于使现有的自由民主国家合法化。这样哈贝马斯就未加批判地肯定了现实的全部合理性。在当前的哈贝马斯研究中，这是较有批判锋芒的一篇论文，切中了哈贝马斯思想中的某些矛盾内核。

杰森·伯格《系住蝴蝶：回到詹姆逊的〈后现代主义与消费社会〉以及抗拒的悖论》一文，从詹姆逊在1988年的论文《后现代主义与消费社会》结尾处提出的这一问题入手，探寻后现代社会是否拥有抗拒资本主义消费逻辑的方式。作者从詹姆逊对波拿文都拉宾馆的超空间分析中，找到了后现代主义抗拒晚期资本主义的证据——"解地域化"。但作者进而指出，如追溯到"解区域化"

这一概念的源起——德勒兹和瓜塔里的著作《千高原：资本主义和精神分裂》，"解区域化"实际包含着一个悖论：块茎背叛了抗拒，转而促进并支持资本主义——詹姆逊（也包含其追随者）忽视了其理论实际存在的自相矛盾之处。

马克思主义的宗教理论一向是西方学术界争议较多的方面。确实，如果将宗教活动完全看做是人类较低境界的一种精神活动方式，认为它主要只是显示了精神活动的消极方面，那我们就很难合理解释人类精神创造某些辉煌的形式。但如何把近现代以来西方宗教学、神学研究的成果化入马克思主义理论，并进而以此为基础考察文艺创造与宗教文化之间的关系，我们目前尚未形成一个公认的、具有广泛解释效应的马克思主义宗教理解体系。也许，在这方面，我们还要从更为基础的思想工作做起。"马克思主义的宗教之维"部分选择了三篇文章来展示学界在这方面一些初步的思想成果。

夏可君《"空无"之信仰：让－吕克·南希的神学解构》一文，阐释的是法国哲学家南希从基督教解构出发所建构的空无的非神学信仰。作者指出，在让－吕克·南希的思考中，神的缺席其实并不是一个晚近的末世现象，基督教（上帝、唯一神）甚至从其开端就面临着被解构的命运。面对"神的缺席"所产生的"缺席的空间"，有两种态度产生：一是各种极权主义的兴起，去填补这个"空无"；另一种是一直保持这个"空无"，使其保持"敞开"的状态。作者着重讨论了"虚无主义"中隐含的尚待思考的意义。

哈贝马斯《宗教宽容：文化权利的引导者》一文，涉及推动民主国家持续发展、打开通往文化权利合理化的大门这样一个根本性的问题。全文通过对"宗教宽容"一词概念的考察，引发出一个富有哲学意味的悖论探讨。文章逐层推进，考察宗教宽容在现代民主国家之中扮演的重要角色，揭示了在民主宪制政体中，宗教宽容作为多元文化主义和不同文化生活形式平等共存的领跑者姿态，和借由对行为宽容的期许而强加给公民的具体负担。论文还通过对三种相关理性的考察，提出了宗教宽容作为一种新型文化权利引导者的实际作用。

伊格尔顿的《天主教徒》是其自传《看门人》中的一节。从中我们可以看到伊氏学术近年来的一个重要转向,诚如他本人所言:"我一直对研究神学(形而上学)和政治之间的关系感兴趣。我的著作曾一度离开这个主题,但近年以来,我又回到这个主题……"有关基督教与共产主义运动的历史渊源关系,本是共产主义运动史研究的一个重要内容。恩格斯与考茨基等在这方面已作出了杰出的贡献。伊格尔顿的旨趣略不同于前辈。为了从更为深远的历史传统中为无产阶级革命寻找文化的合法性根据,他试图把基督教的真正价值(至少是原始基督教的价值)由信仰置换成一种隐含的潜在革命诉求。这一意旨,广泛地见之于其近期作品中,而在这自传中,表述得尤为直接。

"经典的再阐释"部分主要涉及我们在今天以何种方式在导师著作中汲取新的营养的问题。革命导师的经典文献永远是我们进行思想探索的基础。探索没有止境,结合新的社会情况对经典文献的诠释也不会有止境。一劳永逸地对经典文献的封闭解释是没有的。现代人文学更强调理论的建构与经典诠释的方式、视角具有极为密切的学理关系。

施托尔希的"内在财富"论曾是马克思讨论精神生产问题的重要思想来源之一,但国内对其相关思想尚缺乏系统的介绍。《"内在财富"论》摘译了施托尔希代表作《政治经济学教程》中与"内在财富"理论有关的部分,可为国内学者研究精神生产的起源问题提供重要的资料支撑。

陈奇佳、罗璇的《从"内在财富"论到精神生产理论——以马克思对施托尔希的批判为视角》追问马克思与施托尔希观点之间的逻辑联系,思考了马克思由施托尔希政治经济学理论所引发的一些见解。以此为基础,论文探讨了马克思的这些见解对我们今天在新的历史条件下思考精神生产问题的启示意义。

科亨的《劳动价值论与剥削概念》是所谓"分析的马克思主义"的名篇之一。该文的姐妹篇《马克思论剥削:剥削为什么是不公正的?》国内已有译介。科亨关于"剥削"问题的认识,颇不同于马克思主义学界一般的观念,他认为劳动价值论和剥削概念之间并无直接关系,不能将两者相混淆,把前者当作指控后者的基础。"劳动并没有创造价值,劳动创造的是具有价值之物",资本家所剥削的正是工人生产出来的部分具有价值之物。如若这个观点能够成立，学界关于马克思主义的正义公平、分配诸多方面的认识自当改写。他的这方面的意见虽不无可议之处，但他分析问题的方式则堪称别出蹊径。但需要指出的是，从本文我们还可看出，西方一些马克思的批评者，他们对马克思思想的理解和把握远不如他们自己想象得那么深入、客观。作者在文中"分析"了马克思的劳动价值论，却似乎忘记了，他据以"分析"劳动价值论的供需学说也同样值得"分析"一番。

齐泽克《两次革命之间——〈一触即发的革命：列宁文选 (1917.2—1917.10)〉序言》是一篇颇具雄心的论文，它试图在这个和平主义盛行的年代复活列宁关于"革命"的话题。齐泽克认为，在当前和平的面纱背后，资产阶级意识形态仍然控制着人们的自由，特别是思想自由，只是换用了更为隐性的方式。他认为即使在20世纪末期，列宁主义非但没有过时，相反我们仍然应该回到列宁，以列宁主义的革命行动来冲破后意识形态的思想禁制，重新获得思考的权力。列宁的时代是否真如齐泽克所说已重新来临，这一点有待观察，但齐氏的观点，足以引起我们的注意，学界或可由此思索：在当前我们实有重新反思列宁主义的必要。

上述稿件的编辑工作是在陈奇佳、张永清主持下完成的，黄金城、张芷然、罗璇参加了篇目的遴选、编辑工作，张倩怡、刘倩、李慧敏、王艳、朱杉、李重蓉、李靖、周琳等参加了文稿的编辑校对工作，特此说明。

文学与思想

马克思主义文艺学学科的基础问题

新中国文艺理论研究的历史经验和发展趋势

陆贵山[1]

摘要：本文从下列一些重要方面初步探讨了新中国文艺理论研究的历史经验：在文艺的政治属性与审美属性的关系问题上，文学即政治、去审美的倾向和文学即审美、去政治的倾向都是不妥当的；在社会的现代化与文学的现代性的关系问题上，强调与社会现代化相适应的文学的现代性，并借鉴审美的现代性，以利于社会的健全发展；在文艺的社会历史研究与人文研究的关系问题上，防止和克服用文学的社会历史研究排拒文学的人文研究或用文学的人文研究消解文学的社会历史研究的偏颇；在文学的内部规律研究与文学的外部规律研究的问题上，忽视文学的内部规律研究或用文学的内部规律研究取代文学的外部规律研究都是不完整的，应当把两者有机地结合起来。本文在初步探讨了新中国文艺理论研究的历史经验的基础上，预示了新中国文艺理论的发展趋势。

关键词：文艺理论 文艺思潮 历史经验 发展趋势

新中国成立后的文艺理论走过了 60 多年的曲折而又光辉的历程。特别是进入新时期后，由于受到新的历史使命的感召和当代文艺实践的推动，受到西方

---

[1] 陆贵山：男，辽宁辽阳人，中国人民大学文学院教授，博士生导师。

现当代文论及其本土化的催生和中国古代文论及其现代转化的触发，中国当代的文艺理论发生了结构性的巨大变化，观念更加开放、拓展和创新，学理更加深刻、完整和系统，呈现出历史性的飞跃发展。

一、文艺的政治属性与审美属性

新中国的文艺理论首先需要面对和解决的是文艺和政治的关系问题。考察政治问题，一是位置问题，一是性质问题，即既要摆正政治的位置，更要确保政治的性质。

新中国成立初期，从大体上说，人民民主的政治以及与文学的关系在比较正常的轨道上运行。随着时间的推移，发端于 20 世纪 50 年代后半期，中经 60 年代的政治批判运动，到"文化大革命"时期达于极端，政治不仅摆错了位置，力图压倒一切，置于发展经济之上，而且性质发生了蜕变，逐渐从人民民主的政治演变为少数极"左"势力集团的政治。"文化大革命"的终结，首先给人民带来政治上的解放。上海文学界一些学人发起"为文艺正名"的讨论，纠正文艺即政治的偏颇，具有历史的正义性。党的第二代领导人吸取和集中了群众的智慧，决定用"文艺为人民服务，为社会主义服务"的新提法取代"文艺从属于政治"的口号，同时指明，"文艺是不可能脱离政治的"[1]。这一决策对文艺与政治的关系进行了新的调整和新的定位，从而为回归文艺的审美属性和研究文艺的特殊规律开辟了道路。作为对"文艺从属于政治"的反叛，一些学者强调了文艺的主体性、自主性和独立性，探讨了文艺自身所拥有的各种元素。新时期系统的理论形态的文艺美学著作大量涌现，具有相当厚重的学理涵蕴。审美反映论和审美意识形态论限制了政治对文艺的干预，弥补了一般的认识论和反映论的欠缺。这些

---

[1] 邓小平：《邓小平论文学艺术》，作家出版社 1998 年版，第 27 页。

强调文学审美特性的理论对整个学界产生了广泛而深刻的影响，当然，还存在着一些需要深入探讨的问题。在研究文艺的主体性、自主性和审美性的过程中，也出现了一些诸如主张"文学即是表现自我"或"表现内宇宙"、"文学要与政治离婚"、倡导"纯文学"、"纯审美"、"文学的本性是审美"等偏执的见解。随着学术研究的不断推进，一些学者进行深刻的自我反思，开始意识到文学的主体性、自主性和独立性实际上都只能是相对的，文学作为被社会存在决定的社会意识，作为对客观世界的反映的产物，不可能绝然脱净社会、历史、政治等诸多因素，完全孤立自足于现实生活之外。伴随着新时代的历史演变所产生的新政治总会以改变了的形式继续"在场"。政治呈现出多种表现形态，如生活实践形态、制度体制形态、文化意识形态等。这些不同形态的政治作为创作对象必然作为文学的内容进入作品之中。从创作主体方面说，作家、艺术家都具有一定的爱憎情感和政治态度，创作主客体的交互作用必然会使作品流露出一定的政治倾向性和意识形态性。那种一概否定政治、排拒文学的政治性质和功能的企图与论述是不尽合理的。对政治的性质和功能应进行具体分析：我们反对那种黑暗的、邪恶的、害人的政治，而肯定那种光明的、善良的、宜人的政治，追求真正人民的、民主的、开明的、清朗的、和谐的政治。由于文艺与政治的关系在马克思主义文艺学中占有十分重要的地位，受到西方马克思主义文论特别强调文学的政治性质和功能的影响，由于现代化历史进程中急需推进政治体制改革和政治文化、政治文明建设的呼唤，一些学者特别是马克思主义的文艺理论家，试图在尊重文学的自主性和审美性的同时，主张重构文学的政治维度。

二、社会的现代化与文学的现代性

新中国成立之初，中国人民在旧中国的废墟上，决心改变积弱积贫的落后面貌，建设一个现代化的强国，以屹立于世界民族之林。之后，提出了实现工业现代化、农业现代化、科学技术现代化、国防现代化的宏伟目标。其间，有不少反映工业化建设和农村变革的作品问世，如草明的《乘风破浪》、柳青的《创业史》、周立波的《山乡巨变》等都是当时脍炙人口的小说精品。

社会现代化是一个持续不断的发展过程。新时期实现历史变革和社会转型，建设现代化的强大国家，成为崇高的历史使命和宏伟的战略目标。这种现代化诉求的历史境遇，必然产生社会的现代化和文学的现代性的关系问题并需要作出及时恰当的回答。从总体和全局上说，文学的现代性应当自觉地配合、推动和促进社会现代化的历史进程，以期实现中华民族的伟大复兴。这是新时代赋予社会主义文学事业的神圣天职。新时期以来，一些文艺理论工作者对文学的现代性与社会的现代化的关系给予了倾心的关注。有的以现代性作为文学的追求目标，有的甚至把现代性提升为文学的指导思想。然而，自引入西方现代的文化理念和文艺理论思潮之后，学界对文学的现代性的理解颇多歧见。

笔者认为，中国当代学者所倡导的文学的现代性，大体可区分为两种：一种是以理性主义为依托，以推动社会现代化为目标的现代性；一种是以非理性主义为基础，以新人本主义为灵魂，以反思和批判现代化历史进程中出现的负面现象为旨趣的现代性。前者是包括肯定认知理性、科技理性和道德理性在内的启蒙现代性；后者却指不同程度上否定认知理性、科技理性、道德理性等启蒙理性的审美现代性。怎样理解和处理启蒙现代性和审美现代性的关系，成为影响新时期文艺理论的思想内涵和学术走向的重大问题。一些比较年轻的学者，多半选择和挪用西方审美现代性理论，认为现代化历史进程虽然可以带来生产力的发展和物质财富的剧增，但过度膨胀的启蒙理性和科技理性造成了对人的压抑，甚而导致人的异化。审美现代性论者的这些疑虑和忧思，对社会和人的健全发展具有预防和警示作用。吸取审美现代性的合理因素，有利于正常发挥启蒙现代性的积极功能。肩负实现现代化历史使命的理论家，应当自觉地以历史唯物主义为指导，充分考虑当代中国的国情和历史发展的实际水平。我们尚属发展中国家，处于社会主义的初级阶段。当代中国与高度发达的欧美国家存在着巨大的时空错位和历史反差。因此，不能完全照搬和套用现当代西方的审美现代性理论，片面地观察和评判当代中国的现代化事业。在当代中国人素质还不高的情况下，一味地批判启蒙理性，在当代中国的科技水平和能力与发达国家还有很大差距的情况下，不恰当地反思和批判科技理性，是缺乏现实的合理性的。无可否认，伴随当代中国的现代化历史进程，同时也在增长着一些后现代主义的因素。现实生活中，或许程度不同地存在着一些由于启蒙理性和科技理性的发展萌生出压抑人的现象，值得引起关注。但从全局和整体上说，问题的主导方面是，当代中国人不是被高度发展了的启蒙理性和科技理性所压抑，恰恰相反，而是由于缺乏高度发展的启蒙理性和科技理性，使当代中国人感到压抑。我们应当时刻铭记因启蒙理性和科技理性落后而被动挨打和饱受欺凌的沉痛的历史教训。为了迅捷地改变中国的面貌，理应虔信和发挥知识的力量。只有用启蒙理性和科技理性武装起来的当代中国人，才能抬起头，挺起胸，从而"做大写人"、"圆强国梦"。

三、文艺的社会历史研究与人文研究

新中国的前30年，承接和发扬了"五四"新文化运动和延安革命文艺运动的优良传统，现实主义的文艺创作和文艺理论占据主导地位。当时被引进并本土化了的文艺理论的苏俄模式非常强调对文学的社会历史研究。从学科性质上说，马克思主义文艺理论属于强大的社会历史学派。以反映论为基础的文学研究和教材建设，凸显了文学与现实生活的联系，拓展和深化了对文学艺术的社会历史研究。相对而言，新中国的后30年，比较注重对文学的人文研究。但对文学的社会历史研究从来没有中断过。进入新时期后，由于现实生活的感召，力倡恢复现实主义的文学传统，产生了"新现实主义"、"新写实主义"，涌起了"现实主义冲击波"。文学创作和文学理论都扮演了思想启蒙的角色。"改革文学"、"反思文学"和相继出现的反映"反腐倡廉"的小说和影视作品,对展示改革开放的艰辛与实绩,揭露现代化过程中所遇到的深层次矛盾,都起到了警醒和导航的作用。新时期的文学创作对现实生活中的社会历史状态的描写和文学理论对现实生活中的社会历史发展趋势的研究,为促进社会转型和推动历史变革,充当了开路先锋。

在一段相当长的时期内,由于忽视对文学的人文研究,或因为对文学的社会历史研究一定程度上压抑了对文学的人文研究,特别是由于把文学的社会历史因素推向极端的庸俗社会学和庸俗政治学,以致伤害了人,扭曲了人与文学的关系,从而形成强大的反弹。进入新时期后,对人、人性、人道主义和文学的人文精神的强调高潮迭起,多次掀起关于人和人文精神的大讨论。

一次是关于人、人道主义和异化问题的讨论。一些学者提出,社会主义社会也存在着人的异化现象,并肯定共同人性。这次讨论触及一些深层次问题,但未能充分展开。关于人性的共同性和人性的差别性的关系问题,在革命战争年代适当强调人性的差别性,特别是人性的阶级差别性是合理的和必要的,但新中国成立后,进入和平建设时期,适当强调人性的共同性同样是合理的和必要的。在人性的共同性和人性的差别性的关系问题上,用人性的差别性排拒人性的共同性,或以人性的共同性抹去人性的差别性都是不妥当的。人性的共同性寓于人性的差别性之中并通过人性的差别性表现出来。一次是关于文学与人文精神的讨论,一些有文化操守的精英人文知识分子,对市场经济的负面因素引发出来的价值畸变、道德沦丧和人文精神滑坡现象,叙说内心的困惑、痛苦和祈盼,实属难能可贵。一次是关于文学表现社会理性和表现人文关爱的论争。对话双方或者强调文学表现人文关爱,或者强调表现社会理性以及它和人文关爱的辩证统一。经过讨论和争鸣,增强了学界对文学表现人文精神的重视,对文学进行人文研究的关注。有的学者鲜明地提出"文学是人学"的命题,得到了普遍的赞同。在对文学的社会历史研究和对文学的人文研究的关系问题上,侧重于表现其中的某一方面是允许的。从与社会历史因素的联系上,侧重表现对文学的人文研究,可以凸显文学的人文精神;从与人文因素的联系上,侧重展示对文学的社会历史研究,可以凸显文学的历史精神和时代精神。应当尽可能地把两者有机地结合起来,使文学中所表现的时代精神、历史精神和人文精神达到完美的融合。恩格斯主张用"美学观点和历史观点"来评价作家作品。提倡美学观点,表明恩格斯对文学的审美特性的尊重;从文学的内容和根源上说,体现历史唯物主义基本原理的史学观点,显得更为重要。马克思恩格斯说:"我们仅仅知道一门唯一的科学,即历史科学。"[1]因为,作为精神现象的文学艺术,只有置放到一定的历史结构里、历史范围内和历史过程中才能得到科学的解释,从而找到"根源的根源"。况且,历史只不过是人的社会实践活动而已。正如没有脱离人的历史一样,也没有脱离历史的人。从史学观点中可以自然地引申出人学观点。马克思主义的理论宝库中拥有丰富深刻的人学思想。一些马克思主义文艺理论工作者对运用马克思主义的人学理论研究文学的性质、价值和功能进行了有益的尝试,取得了初步的成绩。笔者以为,只有从史学观点、人学观点和美学观点的有机结合上,才能完整地系统地把握文学的性质、价值和功能。因此,对文学进行社会历史研究,或进行人学或人文研究,或进行美学或审美研究,都是正常的和必要的。

四、文学的内部规律与外部规律研究

新中国的前30年,由于现实生活的需要,现实主义的文学创作和文学理论占据主导地位,非常强调文学的外部规律研究,注重文学艺术与时代、历史、社会、生活实践这些客体因素的密切联系,与此相关,特别重视这些因素作为表现对象和描写内容的研究,形成了一套相当完整的关于内容与形式的经典性

---

[1]《马克思恩格斯全集》(第2卷),人民出版社1960年版,第20页。

理论：即内容决定形式，形式依赖内容，内容是形式的内容，形式是内容的形式；主张和追求内容与形式的完美统一。进入新时期后，这些经典性的理论遭受到质疑或解构。这是内因和外因两方面综合作用的结果。从内因方面说，不承认形式的相对独立性，甚至用内容压抑形式，长期忽视对文学形式的研究；从外因方面说，新时期后移植的大量有影响的关于文学形式的理论对内容决定形式的观念产生强烈的冲击。从实质上说，"反内容决定论"是外部世界和历史领域中的"反存在决定论"和"反历史决定论"在文学领域中的表现。"存在决定意识"、"历史决定论"和"内容决定和制约形式"的基本原则，实际上是很难被解构的。一种逆向思维的产生可能有深刻的社会政治文化方面的原因。各种"反决定论"尽管达不到预期的目的，但作为对外部规律压抑内部规律、文学内容压抑文学形式的反驳，却大大刺激了文学形式理论的发展，主要表现在：（1）域外的或一定程度上本土化的从俄国形式主义，到布拉格的结构主义，到英美新批评派的形式主义和内部规律研究，催生出各式各样的文体学、文本学、语言符号形式学、叙事学、解释学、读者反应理论、接受美学等等；（2）域外的或一定程度本土化的现代主义的文学运动和文学实验，现代主义的文学形式理论更加花样翻新，令人扑朔迷离，新时期后出现的"先锋派小说"刻意营造"结构魔方"，讲究"叙述策略"，追寻和崇拜语言的变幻……这些具有精英情结和贵族心态的小说家们尽管有一些新的探索，但由于曲高和寡，他们的现代主义的文学实验逐渐淡出读者的视野走向式微；（3）域外的或一定程度上本土化的解构主义或后现代主义的文本学理论，反对"宏大叙事"，拆解外部对象世界的整体结构，拒斥文学的内容和形式的统一性，对文本进行碎片化、平面化、浅层化和边缘化处理的同时，也增添了许多令人感到陌生的、有益的新东西。

　　总之，西方现代或一定程度上本土化了的形式主义理论对文学形式和内部规律的研究取得了突出的实绩，产生了大量的研究文学形式和内部规律的学术成果，弥补和丰富了中国当代文论所缺失和空疏的部分。这种对文学形式的研究，有的还保持着与文学内容的联系，有的却不是内容和形式相统一的文学研究，而是企图疏离和滤净内容的形式研究。这种"去内容化"的形式研究是对文学的片面的形式上的研究。现代主义和后现代主义的形式理论多半是不讲科学性的,而标举科学主义的形式主义所体现出来的科学性也是不完整的。这种"去内容化"的只限于内部规律的形式研究所体现出来的"科学性",实际上只是一种表层的、片面的、形式上的科学性,而并非是凸显内容本身和内容与形式相统一的科学性,不可能充分体现出科学精神。作为文学内容的社会、历史、政治因素,实际上是无法抹掉的。即便是"有意味的形式"也会导致把浓郁的内容淡薄化或稀释化,纵令是把内容理解为"完成了的形式",也不能改变内容制约形式,形式修饰、包装和表现内容的基本事实。研究外部和内部的文学规律,当然要追求内部和外部之间、形式和内容之间的深层的有机联系。探索文学的真理,必须依靠和体现科学精神,而不能停留在或满足于只局限于形式层面的所谓的"科学性"。

在对文学的内部规律研究和外部规律研究的关系问题上,应当主张二者兼顾,不可以相互取代。全然地"向外转"和一味地"向内转"都是转不好的。有学者把文学的内部规律和外部规律形象地比喻为地球的"自转"和"公转"的关系,这种比喻是贴切的、恰当的。文学像地球一样,围绕公转的轨道进行自转,通过自转实现公转,如果只公转不自转,地球上没有白天和黑夜,没有春夏秋冬;如果只自转不公转,脱离公转的轨道进行自转,地球和地球上的人们将会变成太空中的尘埃,永远消失在茫茫的宇宙中。可见,应当把对文学的内部规律研究和对文学的外部规律研究有机地结合起来,脱离内部规律的外部规律研究或脱离外部规律的内部规律研究都是不完整的。

五、文艺观念与文艺思潮研究

新中国的前 30 年,最有影响的文艺观念是反映论。这种反映论的本意是革命的能动的反映论。理解和实施时,确实存在着教条主义、机械唯物主义、庸俗社会学和庸俗政治学的干扰，但也不能以此为凭，把革命的能动的反映论定性为直观的机械的反映论。这实际上是一种误读。与反映论相联系的是实践论，实践论是反映论的基础。反映的结果，产生文学的观念形态，具有意识形态性。反映的效果，凸显文学的关系属性，即功利性，一定程度上体现出曾被称为"革命功利主义"的价值取向。可见，新中国的前30年，反映论、实践论、意识形态性和功利性以及它们之间的整体性和统一性，是一套具有历史性和代表性的文艺观念。

进入新时期后，文艺观念的拓展和创新可视为新中国的前30年的文艺观念的持续性发展。新时期的文艺观念更加开放和多元。西方现代文艺观念的大量引进以及初步本土化所产生的融通、重塑、改制、变形和再生，可谓千殊百类，令人目眩，只能举其要者而论之。首先，从根本意义上说，具有决定性、统领性和普适性的观念，当推以实践论为基础的反映论和价值论。价值论和功利论实际上是相近的同一系列的概念范畴，都关注对象与人的"关系属性"。价值论可以理解为功利论在新时期的新表述。由于市场经济条件下的文学生产的价值取向和功利追求凸显，从价值论视阈研究文学，或探索文学的价值属性是及时的和必要的。但价值论不能脱离反映论，不以反映论为基础的价值论，会失去价值选择的自觉性、目标感和方向性。其次，文学价值内部还存在着一个合理结构问题，对文学的价值论研究亟待解决文学的审美价值和实利价值的关系问题。再次，文学价值还存在着一个品位和档次问题，对文学的价值论研究，理应引导从表现一般价值向表现核心价值和核心价值体系的提升。与价值论的文艺观念相关联并同样重要的是实践论的文艺观念。进入新时期后，实践论的文艺观念越来越得到高度的重视，一方面承接了新中国学术的思想传统，一方面吻合和回应了西方现代文艺理论特别是西方马克思主义文艺理论的学术潮流。鉴于实践论拥有至高无上的权威性地位，从实践论视阈对文学进行深入研究是学术发展开始走向成熟的重要标志。实践出真知，实践出新说。具有元意义的实践，是一切精神现象得以产生和发展的源泉，人类的一切优秀的文化思想成果都是社会实践创造出来的精神产品。可能正是这种原因，有的学者已经把实践论提升到"本体论"的高度加以强调。毫无疑问，实践是"源泉"，是"创体"，但是否可称为"本体"，尚需进行更加确切的界定，应当说，在"人化"的层面上，在创造物的世界里，实践是具有一定的本体论意义的，但这种实践本体论不是抽象的实践本体论，而仍然是社会历史的人的实践本体论。

在新时期，西方现代的文化和文艺思潮乘势东渐，如风云漫卷，经过本土化的实验，使当代的中国文坛进入了一个沸沸扬扬和纷纷扰扰的世界。文艺观念与文艺思潮紧密相关，研究文艺思潮实际上也是从文艺思潮的视阈更加深入地探讨文艺观念。一些最有影响的文化和文艺思潮有：新人本主义思潮、后现代主义思潮、反本质主义思潮、文化主义思潮，等等。

新人本主义思潮是以非理性主义为灵魂的，是以反认知理性、科技理性和道德理性为旨趣的，是以现代主义先锋派的创作和作品为表征的。从正面的意义上说，这种思潮可以启发我们关注个体的人的生态和命运，满足人的正常的生理和欲望层面的需求，吸取其中的合理性因素，对建立潜意识和意识相结合的意识结构，非理性和理性相结合的理论形态，是有益的。

产生于西方后工业社会的后现代主义思潮，特别是带有明显的后现代主义特征的反本质主义思潮企图颠覆主流的意识形态，消解事物的整体性、统一性、稳定性和权威性，表现出一定的破坏性，引入尚处于社会主义初级阶段、属于发展中国家的中国，必然表现出时空错位和历史反差，需要接受中国的国情和文情的选择和检验。后现代主义和反本质主义思潮，可以启发我们消解那些僵化的非人的理性和体制，更加强调非主流域中的知识建构，关注个体的人的自由和处于边缘化状态的弱势群体。一些有信仰的中国学者并没有为反本质主义的风潮所撼动。他们一方面拒斥反本质主义，一方面抛弃僵化的、封闭的和凝固的本质观，而认为事物的本质是开放的、流动的、不断发展的，肯定本质的系统性，表现出应对的良知和勇气。实际上，事物的本质是无法消解的。即便被打碎重塑，却仍然以改变了的方式和形态继续存在。文艺理论工作者应当永远以追寻和叩问文学的本质、价值和功能为己任。任何一种文艺观念和批评模式都是流变不居的活性结构,都会经历建构和解构的不断的、无限的、深刻的历史过程。从这个意义上说,事物和对象的本质不灭,规律永存,真理长青。学术研究是不断求索的过程,反叛和解构过时的和失效的本质观应视为其中应有之意。但解构不是目的,解构的目的是为了建构。

文化主义思潮越来越引起学界的倾注。有的学者在全球化的背景下,提倡"文化一体化",企图用文化的共同性取代文化的差别性和文学的特殊性。这是行不通的。全球化和全球文化的一体化,应当尊重世界各民族文化的平等性、丰富性和独立性,切不可侵害和化掉不同民族和地域的文化之根,压制和剥夺不同民族和地域的文化、文艺理论和文学的生存和发展的权力。我们应当努力发扬中华文化的民族特色,增强文学的文化底蕴、文化内涵和文化的价值和功能,抵制凭借泛文化主义的强势,挤压文学,甚或宣扬"文学终结论"。正确对待以图像时代的电子传媒技术为依托的大众文化,特别是网络文化的勃兴,并积极加以引导和提升,鼓励创造大众文化的经典。以建构先进的和谐的新文化为目标,积极促进大众文化的生产和消费,提高大众的文化思想素养和伦理道德情操,并确保大众的文化权益。

六、新中国文艺理论的生态结构与发展趋向

在发展形态的中国马克思主义的指导下,经过几代人的共同努力,当代中国的文艺理论实际上已经开始形成一体、主导、多样的格局和结构。当代中国的文艺理论的格局和结构表现为有主旋律的多声部合奏。

任何一个民族的文化和文论思想都表现为一个包含着矛盾和统一的共同体,既是多样的、多元的,又具有主流、主潮、主导的方面。无主导的多样和多元,或无多样和多元的主导,都是不健全的。一些文艺理论家开始清醒地领悟到,

各种文艺观念实际上都只是对文学的本质、价值和功能的某一方面、层次、过程和关系的概括和揭示，因此都具有自身的合理性，都具有一定的涵盖面。各种文艺观念都具有概率论意义上的有效性和适用度，都在文艺理论的整体框架所属的位置和坐标点上，拥有自身的生存权利和发展空间。然而，任何真理都是有边界的。如果随意超越自身的适用范围，把一种文艺观念绝对化和最大化，推向极端，上升为压倒一切的总观念，有可能会流于荒谬，从而走向问题的反面。各种文艺观念之间的关系不是相互取代的关系，而是多元共生和彼此互补的关系，实质上是一种平等对话的间性关系。主张和信奉一种文艺观念的学者，理应包容多样，尊重他者，不断发展和完善自己。只有这样，才能呵护和维系文艺理论生态结构的良性循环。

当代中国的文艺理论的发展趋势是逐步从以分析思维为依托的微观研究走向以综合思维为基础的宏观研究。诚然，这两种研究都是需要的，或共时态并存，或历时态交替轮流凸显。文艺理论的生态结构好比一幅绘画，既要有宏伟的构图，又要有精美的细部。从总的发展态势看，如果说20世纪是以分析思维和微观研究见长的时代，那么可以预见，新世纪则是一个可能是或必然是以综合思维和宏观研究取胜的时代。这种走向符合人类思维的发展规律。20世纪以分析思维为基础的微观研究探索了文学和文论的各个层面，十分精细和幽深，取得了丰硕的学术成果，为新世纪从宏观的大视阈进行理论概括，提供了丰富宝贵的思想资源。进入新时期以来，许多有见识的学者，开始体认到文学的本质具有多层面性、系统性，文学的本质是系统本质，把握具有系统性和系统本质的对象，必须运用系统的、宏观的、整体的、综合的思维方式和研究范式，相继提出了"综合、创新"、"多样、主导、综合、创新"和"宏观、辩证、综合、创新"的主张，并越来越成为学界的共识。只有大综合，才有大创新。只有走向宏观、辩证、综合的创新研究，才可能为建构"大文艺学"即宏观文艺学或战略文艺学提供可行的和有效的思维方式和研究范式。

新中国文艺理论的发展道路，是伴随着马克思主义文艺理论中国化的深刻的历史过程。马克思主义文艺理论的中国化在现代西方文论的本土化和中国古代文论的现代转化的过程中，经过互化、顺化和同化，日趋成熟和日臻完善。特别是新时期以来，马克思主义文艺理论的中国化和西方现当代文艺理论的本土化、中国古代文艺理论的现代化转化，是同步进行的。这三种理论形态和学术话语存在着一个"互化"问题，并在互化中实现各自的强化和优化。马克思主义的文艺理论家，应当以建设马克思主义文艺理论为宗旨，吸取西方现当代文艺理论本土化和中国古代文艺理论的现代转化所取得的学术成果，丰富和发展自己，并努力凸显马克思主义文艺理论的中国特色和民族精神。我们应当自觉地躬行"以我为主"、"为我所用"的原则，博采众长，择善而从，优化组合，努力攀登文艺理论学科的巅峰。推动马克思主义文艺理论的当代发展，必须强调问题意识，倾听实践呼声，通过对时下文艺现象进行理论概括，提升中国文艺理论的当代性；积极实施"古为今用"和"洋为中用"的方针，对西方现当代文艺理论的思想资源加以内化、融通、重塑和改制，以增强中国文艺理论的世界性；促进中国古代文艺理论的思想资源的观念活化和当代生成，以优化中国文艺理论的民族性，从而创构当代性、世界性和民族性和谐有序、有机统一的中国文艺理论的新体系。

Literature and Art Theory Research in New China: The Historical Experience and Developing Trend

Lu Guishan

Abstract: The author summed up the historical experience of studying theory of literature and art in new China in the following aspects. Firstly, neither is it right to discard the aesthetic standards for the political standards of literature and art, nor to discard the political standards for the aesthetic standards. Secondly, the author put emphasis on fitting the modernity of literature and aesthetics in with the modernizations of social development. Thirdly, it's wrong to repel the humane studies for the social and historical studies, on the contrary, it's wrong to repel the social and historical studies for the humane studies also. Fourthly, the author thought that we should make use of the internal laws and external laws in studying literature, and shouldn't neglect either of them. In the end, on the base of historical experience of studying theory of literature and art in new China, the author pointed out the developing trend of theory of literature and art in the future.

Key words: theory of literature and art, trend of thought in literature and art, historical experience, trend of development

革新一种思路
——当代文艺学的问题域

金元浦[1]

摘要： 本文以对文学本质问题的叩问为起始点，探讨了当代文艺学的重要问题域：如何正确应对和处理当代中国业已形成的文化文学范式多样、话语丛集的多元共生的总体格局。这一格局的形成是文艺学范式逻辑运作的自然结果，任何文学范式都不是亘古不变的。而20世纪的西方各种文学批评话语多样纷呈的同时又相互对立、相互拒斥，中国80年代更是以新方法热为肇端，对西方百年来思想成果作了大量的引进和翻译，在打破了中国文学文化的独断论封闭局面的同时，也出现了严重的"读不懂"现象。这些问题和现象都呼吁着对话主义的历史性出场，以达成不同文学批评话语之间不可通约性的消泯。伽达默尔的"对话"、哈贝马斯的"交往理性"、列维纳斯的"面对面"、阿贝尔的"交往共同体"以及以巴赫金为代表的对话主义美学分别从对哲学美学和文学实践的探讨角度对此颇有建树和贡献。在此基础上，笔者认为在建设合理的对话交往语境的过程中，需要凸显文学研究的"间"性：文本间性、主体间性、学科间性、民族间性、文化间性等，这些应当成为文艺学和比较诗学必须研究的对象，和可以运用的方法论道路。

关键词： 文学范式 对话主义 文学的"间"性

---

[1] 金元浦：男，浙江浦江人，中国人民大学文学院教授，博士生导师。

创新是文学理论与批评始终保持强大生命力的动力源。对于传统理论的质疑，是改革创新的起点，而理论探索的开放则是一切创新和改革的前提。

问题一：文学是否拥有一种确定不移的唯一的本质，只要我们掌握了科学的方法，辩证地概括，正确地认识，就一定能揭示文学的确定不移的本质。真理只有一个，所以这种本质是统贯一切文学现象的，与之相应，必然有一种一统的文学理论体系来揭示文学唯一的本质？

问题二：文学的本质是文学固有的属性，是否恒久地存在于那里，像地下的矿藏，等待你的发掘。只要你去找，就一定能够找到。如果你没能发掘到它的本质，那是你的认识的失误和你的方法的无能？

问题三：文学是否是一种"永恒的真理"，是超越时间的亘古不变的东西。如果文学拥有真理，那么它是否是一种放之四海而皆准的真理，能够超越地域、超越国度、超越民族和超越文化，而具有面对一切文学难题都迎刃而解的能力？

当代知识考古学（知识谱系学）和文学解释学（阐释学、诠释学、释义学）告诉我们，文学并不拥有一种确定不移的唯一的本质，这并不是说文学不可以进行抽象的概括，而是说文学一直处于内外两个维度（现实与本体）的变动中，处在常态与转型两种形态的发展中。因此，文学理论史也从来没有真正找到文学唯一的本质，也不可能找到一种真正统贯一切的一统的文学理论体系。我们今天文学领域的所有知识体系和理论框架，都不是天生就有的，不是唯一的，不是亘古不变的，不是放之四海而皆准的，如同人们理解的那样，它是由人所建构的，是人们在一种历史的过程中发现创立的，是在一种文化传承机制和知识传播构架中阐释、选择和构建的。它不是客观的物质构成，而是主体间交互对话并约定的产物。

真理是永不完结的过程，真理是无尽真理性的集合。文学永远在过程之中，文学的过程永远不会完结，所以文学理论史上没有永恒不变的真理或最后的真理，而多元主义文学观展示了"范式多元、话语丛集"的历史的和现实的合理性。

文学当然有其自身发展的路径与方式，作为其理论掌握形态的文艺学的发展也有其相应的发展轨迹。当代文学是在不同的文艺学范式指导下的发展史，也是一部文艺学话语的演变史、更替史和丛集史。

文艺学的问题意识

人类对于对象世界的认识解释总是以一种有限的框架去对无限时空中生生不息的对象世界予以框定，唯其无限，才只能以这种有限的方式去把握，否则世界无以认识，而一旦框定又只能是对无限世界的割裂、剖分与固着，失却了其无限发展的本态和解释方式的无限多样性。人类的这种认识、把握、解释只能通过解释实践的无限的试错性而永远趋于接近世界本身的过程之中。在伽达默尔看来："人类生活的历史运动在于这样一个事实，即它决不会完全束缚于任何一种观点，因此，决不可能有真正封闭的视野。"[1] 文学像其他所有学科一样，不可能拥有固定不变的本质，这就是解释学给我们的深刻启示。

为什么？因为在文学研究中，任何一个研究者、解释者，任何一个共同体（作家共同体、读者共同体、批评家共同体）都不可能以清明无染的"白板"状态去"忠实"地反映生活、表现生活，或映照文学作品本身，而必然以一种前理解状态或前理解构架进入理解与研究。也就是说，他（他们）必然已经先在拥有某种关于文学的理念、范式、话语、范畴（不管他自己是否自觉意识到），并只能依照这种框架来理解和解释文学。不懂某种语言文字，不了解某一国度、某一历史时期的文学背景与特征，不具备有关文学的基本知识准备，不了解某一范式的游戏规则，就不可能进入文学的理解、解释或研究，就不能或无法玩这种游戏。一句话，前理解展开了理解的可能性，没有前理解构架就不可能有

---

[1] 伽达默尔：《真理与方法》，洪汉鼎译，上海译文出版社 1999 年版，第 390 页。（译文有改动。——引者注）

理解。而每一理解都是向文学对象提出问题，抛出问题，是理解主体（前理解）向对象的一种抛掷、投射，对对象的一种设计或曰筹划。人们读文学，理解、解释或研究文学，总是因为什么并把文学当作什么来阅读、来寻找、来幻想、来享受的。这种"因为什么"、"要做什么"，就是提问的根本性、首要性。文艺学的研究就是向着文学对象的理解或解释的可能性寻找或成就它的本己的存在。所以伽达默尔不无感慨地说："柏拉图关于苏格拉底的描述提供给我们的最大启发之一就是，提出问题比回答问题还要困难——这与通常的看法完全相反。"[1]这就是说，一种文学批评的范式总是首先向文学对象抛出问题，并等待着对这一问题的回应、回馈或回答，这种回拨的反弹是被问题所制约和限定的，有什么样的问题，就有什么样的回答。

从文艺学的发生发展史来看，对文学的理解解释从来都是依据一定历史条件下的范式规定性、方法论要求或不同话语的游戏规则来进行的。我国长期以来形成的从属论、工具论的一统论独断论文学观，依循一种黑格尔式的"绝对知识"的终极性主张，怀着对人类"无限理智"的绝对信仰，对文学采取一种删略前提、删略语境、删略条件的绝对论文学观，对认识和解释文学对象的多种可能性，即多种范式、多种话语采取坚决排斥的态度，只允许一种文学理论"独裁"或"专政"。大大阻碍或延缓了我们对文学的解释和理解。20世纪80年代以来，我国文学界对于文学本质的反独断论或非本质主义思考，就是通过重新提问或转换提问角度来实现的。所谓"重新提问"就是将文学"作为不同于过去设定的理念的另一种新的什么"或"当作新意识到的某种东西"来认识。一方面，任何"重新提问"都是对过去既成理念、规范和定义的怀疑和重审。怀疑或"重新提问"需要提供理由。另一方面，"重新提问"又表明文学自身发生了重要的变革或转折。重新提问使作为提问对象的文学再次处于悬而未决的状态，使它保有再次拥有各种解释的可能性。文学研究中的每一个真正的问题

---

[1] 伽达默尔：《真理与方法》，第466页。

都要求具有这种敞开性。

每一种新的文学范式，都是一种新的向世界提问的方式。选择了一种提问方式，就选择了一种区别真假命题的标准与尺度，也就选择了一种回答问题的方式。范式的实质即在于它是一种根本性的提问活动。过去时代不同文学范式间的不可通约性首先就表现为问题群的不同，其中此一范式的问题不构成他一范式的问题（不进入他一范式的视阈），或者此一范式的核心问题不构成他一范式的核心问题（不构成他一范式的主导因）。比如传统批评中的倾向性与典型论，作为在19世纪批判现实主义文学基础上产生的对文学本质的认识论的反映论的理解，它们无疑是传统社会—历史批评的核心问题。但是在20世纪语言论转向的现实条件下，对于俄国形式主义、英美新批评、结构主义等批评话语来说，它们就变得无足轻重或湮灭不彰了。独断论时代的"我们认为……"是一种代表真理和公众的标志语式，是建构黑格尔式的宏大叙事的"导语"，是发现规律和揭示规律的过程。这种观念下的"我们认为它是这样"，就意味着可以推断它就是这样，这就是"真理"，这就是"规律"。而在当下范式多元共生、话语多样并存的多元语境中，"在我（或任何一个人）看来……"它——文学——并不能被断定它被所有的人认定就是这样。所有的理论、范式、话语都只是一种理论假设、假说或预设。"在我看来……"已变成一种对自己所采取或遵循的何种范式何种话语的说明，是拥有何种"先见"或前理解框架的"夫子自道"，它成了一种对理论前提的设定，成了一种不可或缺的预程序。

当代文学的范式理论

文学的发展有其自身的规律，作为其理论掌握形态的文艺学的发展也有其相应的发展轨迹。当代文学是在不同的文艺学范式指导下的发展史，也是一部文艺学的演变史与更替史。

"范式"，英文为 Paradigm，该词源出于希腊文，含有"共同显示"之意。由此引出模式、模型、范例等义。库恩认为，任何一种常规科学都是一种模式，"这是任何一个科学部门达到成熟的标志"。库恩所说的范式，是指特定的科学共同体从事某一类科学活动所共同掌握并必须遵守的一般原理、模型和范例。

同自然科学研究相似，过去时代作为人文科学的文学研究也有本学科的主导范式。它是一定时期一定国度（民族、地域）内从事文学研究的文学共同体所共同遵守的文艺学的理论体系、方法论规定、价值标准、符号系统、逻辑运演程序和模态范例。文学研究在进入成熟的科学化形态之后，便拥有了占据批评主导地位的文艺学模式。每一种新的范式都必须对全部既定的文学原则进行重新解释，同时还必须确定批评、研究文学的基本方法论程序，也即创造一套解释文学作品的技巧和规则，由此也创造了解释的对象。

同科学范式具有自身的规定性一样，文艺学范式也具有自身的特殊规定性。它不同于文学中的一般流派或风格群，它是对全部文学现象进行的总体观照，是一定时期内文学共同体总的"看问题的方式"，是规范整个文学研究活动的整体框架。它以不同的哲学美学思想为其基础，但又具有具体学科所固定的范围和内涵。不同的文学范式又规定了不同的概念体系、核心范畴和价值功能取向；同时也就确定了不同的批评的方法论程序和逻辑运作模型，并据此产生不同的文学史。

以往大一统的文学理论只允许有一套文学批评的核心范畴和概念体系，但文学批评的现实已经打破了这一藩篱，展示并现实地运用着多种文学批评的话语体系。这就形成了不同的核心范畴的并展共陈，我们将之称为关键词。一套关键词不仅是文献检索的根词，也不仅是当下互联网超文本链接的漂移的能指，而且是内在地揭示着一种话语体系的构架、趋向与适用域。

每一种文学范式都须通过经典范例进行示范教育和本范式的理论学习，赢得并形成相当范围的文学共同体。文学共同体是某一文学批评流派推出的理论模型因重大的学术成果成为公认的主导范式后受到多数研究者拥护而形成的范式圈。它是一种具有共同范式的无界限的专业知识集体。其成员一般来说具有共同的文学理论原则，采用共同的批评模型，具有大致相似的前理解或期待视野。共同的目标或理论指向使他们具有较多的共同语言、更充分的互相交流。他们关注同一类文献、文本或文本中的要素，有共同的提出问题和解决问题的方式。不同的文学共同体专注于文学中不同的对象，或同一对象中不同的侧面。即使不同范式中所具有的相同概念，其含义和在各范式中的地位也是不同的。

文艺学的发展有着与自然科学发展大体相近的发展进程。文学研究并不是依靠一代代研究者不断积累文学事实和考据结果逐步接近文学本质的过程。文艺学的发展既有量变的常态研究时期，也有质的飞跃和范式的突变时期，而正是这种质的飞跃和范式的突变极大地推进了文艺学的发展。

在文学研究中，也不存在亘古不变的一统的批评范式。文艺学范式依据文学的发展、变革而移易、转型以至更替。在文学理论与文学批评中，某一曾经指导过文学研究的批评范式，不管它曾经如何有效如何成功地推进了文学研究的发展，也不管它是否曾经为文学共同体公认为"金科玉律"，只要它不再能够指导人们面对文学的现实问题去"解难题"，不再能够满足批评共同体大多数人的研究需要，它就必然会被扬弃，而被一种新的批评范式——一种更适应于文学的现实发展的，独立于旧范式的新范式取而代之或包而容之。

文学研究的转型期

纵观文学研究的历史，文艺学范式的运作有这样一个逻辑程式：

文艺学前科学→常规研究（形成范式）→反常→危机（非常态时期）→文艺学范式变革（新范式取代旧范式）→新常规研究

随着文学的前科学阶段的结束，文艺学在多种理论长期论辩和竞争的基础上，由于重大理论成果的突破或引进，形成了公认的范式，进入了常规研究时期。文学的常规研究本质上是文学共同体在某一范式支配下的"解难题活动"。这是一种基于其范式本质观的高度确定的活动，其研究定向聚焦于范式内部肯定有解的难题，而不是所有问题不论巨细一概研究。范式规定了研究的理论框架和方法论程序，常规研究进行具体对象的运演和操作。在这一过程中，常规研究须以文学批评实践和文学史研究的实绩验证、充实和扩展范式。常规研究追求量的积累和系统的精确化，不断扩大文学共同体的范围，努力排除或消化溢出范式的反常现象。常规倾向于聚敛式思维，这种思维要求研究者严格遵守范式，完全依据理论原则和运演规范，着力于范式提出的"疑点"研究，以求研究之"深"。

当文学创作和批评的现实越来越突破常规范式囿定的界限，出现大量使文学共同体无法依照原范式解释的难题时，当一种曾经相当完善的理论范式在新的历史条件下，面对新的文学对象显示出重大缺陷时，文学研究便出现了反常。反常逐步增多，引起人们对原有范式的整个概念体系的怀疑，激发研究者打开思路，开拓新的视野，去检验长期信奉的观念是否绝对正确，从而导致新的发现。

原有的范式则力图保持自己的主导地位，它往往不能容忍反常现象对理论的冲击，总要千方百计抵抗和消融反常。而且，旧范式的追随者由于视野和前理解的局限，对那些溢出旧范式的现象，实际上根本看不到，而对无法回避的反常则力图通过对范式的修补而达到消弭。反常引起发现，发现引起新的探索性的模糊的理论设计，发现越多，探索性的理论构想就越多。当反常积累到一定程度时，文艺学范式的危机时期便到来了。文学进入非常态的范式交替转换期。这时，人们纷纷开始向原有范式发难，检讨、审视其固有原则及各种概念，激烈否定其中已被淘汰的内容。随后各种竞争新的主导范式的预选模式竞相设计出来，各种理论往往以崭新的体系形态昭告于世，——在文学研究所面临的现实问题上初试身手，形成"百家争鸣"、异彩纷呈的热烈局面。

在非常态的危机时期，原有的文艺学范式的中心或主导地位丧失或被消解，文学研究呈多元或多中心状态。其表现为：

1. 对方法论的迫切需求与高度重视。由于原有范式已无法对现实生活中的文学现象作出令人满意的解答，曾经显赫一时的经典教条面对新的文学思路束手无策，因此人们转而到一切能够找到的理论武库中去搜寻合用的利器，尽力拓展研究的视野，探索各种新的方法。这首先表现为大量翻译和引进国外的最新理论成果，其次是展开学科的边缘交叉研究，移植包括自然科学在内的新方法；而跨国的比较理论研究有了特别重要的意义。

2. 更新观念，破除既定的陈规惯例。危机时期是文学观念发生巨大变革的历史转折时期，原有的观念体系和价值系统丧失了往日的权威，研究者的思维方式由先前的聚敛式思维转变为发散式思维，学科的批判与否定意识空前高涨。人们从历史巨人的庞大身影中走出，开始了对观念本身的叩问。与此同时，社会的理论创造机制异常活跃起来，众多流派纷呈，研究者们面对历史的契机，表现出一种强烈的"体系情结"，他们对创立新理论、新体系，对提出新观念具有异乎寻常的热情。"新"（新颖、新奇、创新）被推为文学的重要特征。

3. 建构新的概念系统的话语方式。在危机时期的创新热潮中，新名词、新术语扑面皆是，新概念、新话语层见叠出。形成了概念术语大爆炸的学术局面，出现了严重的"读不懂"现象。这一方面源于不同范式理论间的不可通约性，人们各遵其法，各称其是，如操不同方言的人互相交谈，双方难以会意；另一方面源于对引进理论的生吞活剥，未加消化。名词大轰炸和新话语方式造成思维短路和理解障碍，批评在热潮过后留下深长的困惑。

4. 文学共同体的分化与重组。危机时期，原有的文学共同体解体，其成员分化为两部分：一部分人已形成僵化固定的旧范式的思维模型，并真诚信奉自己原有的理论范式。尽管他们无法否认旧范式中频繁出现的反常现象，但总是企图修补、完善或重新解释旧范式，以消融或弥合反常，形成滞后的旧范式变形期。而另一部分人则不再盲目迷信旧范式，他们勇于探索，积极寻找、借鉴和创立新理论、新范式，以重新解释和吸收反常。在文学批评发展中，往往是一批年轻的批评家以卓越的理论贡献赢得普遍赞同，从而逐步形成新的文学共同体。

综而观之，从范式危机到变革的完成一般要经历一个相当长的时期。危机之后必须全面、深入、系统地消化、选择、改造、删汰各种引进的和新创立的学说，在认真比较、综合的基础上寻找对立学派间的融合与互补，建立一种更为包容的宏大开放的理论范式。在思维方式上，必须在发散式思维和聚敛式思维间保持必要的张力，既要有打破传统勇于创新的革新精神，又要严格遵守理论的逻辑运演规范，踏踏实实作细致严密的常规研究，将范式的实践引向深入。

需要特别指出的是，文艺学范式的转换绝不是一种范式打倒另一种范式，不是线型的因果替代，也不是全盘否定旧范式，而仅仅是否定或抛弃其为现实证明不合理的部分，其中合理的部分理所当然地已包容在新范式之中。这种变革实质上是主导因素的移易，是文艺学各要素重新调整，以形成新的"背景—突前"关系：原先处于背景地位的因素上升为突前的中心地位，而原先的突前的主导因素则隐入背景。正如雅各布森所言："诗的形式的演变，与其说是某些因素的消长问题，不如说是体系内种种成分之间相互关系的转换问题，换句话说，是转换主导的问题。通常在某套诗的准则中，尤其是在对某种诗的类型有效的一套诗的规范中，原来处于次要地位的诸因素成了基本的和主要的因素。另一方面，原来是主导的诸因素成了次要的和非决定性的因素。"[1] 在这里，文艺学作为人文科学，迥然相异于自然科学，充分表现了其特殊性。

---

[1] 雅柯布森：《主导》，任生名译，《文艺理论研究》1992 年第 1 期。

多元主义的文学范式观

我国当代文艺理论与批评经过20余年的引进、选择、删汰,已经形成了范式多样、话语丛集的多元共生的总体格局。10余种批评话语经过改造、融合和重建已经在当代批评中发挥着重要影响。它们是政治—意识形态批评、社会—历史—审美批评、心理—精神分析批评、人类学—原型—神话批评、审美—形式主义批评、结构主义—叙事学批评、解释—接受反应批评、后现代—后殖民批评,以及日见热烈的女性主义批评、新历史主义文化诗学、西方马克思主义批评与文化研究等众多的批评话语,另外比较文学与比较文化批评也有广泛的运用。这些批评话语有各自的概念体系、核心范畴、方法论要求和逻辑运演程序,而且还在运用于中国批评实践中创造性地建立了经典范例,并逐渐赢得了日益广泛的批评共同体。

多话语共生的批评形态是由文化和文学本身存在的多样性与文学的全息性生成的。人类的文化由于种族、地域、社会生活、语言、历史的不同,产生了多样化的社会形态、生活方式、语言交往规范、日常惯习和文化适用域。所谓世界上没有两片完全相同的树叶,人不可能两次涉过同一条河,讲的就是这个道理。多元化是世界文化的本然状态。文学的多样性还在于文学本体自身是多向度、多层次、多侧面、立体的、复合交叉的、有机融合的,它原本无所谓形式内容。形式与内容的划分起因于人认识与把握对象的需要,它是一种主体的假设,一种筹划或投射,一种框架的设定或到达对象的途径、角度的选择。实际上,它的每一要素在本质上都具有形式内容的直接同一性。内容与形式是相对的,其确定不仅相对于二者自身,而且还相对于所处层级、相位,相对于何者,居于什么语境,处在什么历史时段。居于不同层级中的不同的位置,面对不同历史时段不同语境中的不同的对象,从而生成不同的关系。文学要素中的每一要素都既可能是形式,又可能是内容。

文学的全息性是说,文学中全息地包含有所有人类生活中的全部要素,有机地凝缩了人类文化属人历史的全部成果，实际上，只要人类有过，曾经有过以及现在拥有的，从最形而下到最形而上，从"下半身"到"上半身"，从日常生活到终极关怀，都会以或隐或显的形式在文学作品中呈现出来。这就如同人的十月怀胎浓缩地经历和呈现了生物界从单细胞到高级灵长类的全部进化过程，儿童从出生到成人凝缩地再经历人类文明特别是大脑进化的过程一样。

但是这种全息性又不是全部社会生活要素的并置或平行呈现，那样就取消了文学，也取消了文学研究（文艺学），取消了一事物区别于它事物的独异性与特殊性。于是，全息性与主导，背景与突前，视野与主题构成了主导要素与其他要素间的基本关系。主导、突前和主题，确定了此一事物区别于它一事物的特殊性。这种特殊性是在历史中作历时状流动演化和变动的。突前构素的凸显和各层次间构素的升沉、移位与交换，构成了此一时代、此一种族、此一地域、此一语境下文学的主导品质。而各构素与突前构素间的关系是在历史中运动的：一种要素上升并凸前，成为主导的要素，曾经作为主导的要素则可能退居幕后，处于"二线"了，文学的变革、转换或转型就发生了。

据此可见，当线形的历史观被立体、多元、复合的历史观所代替，文学的独断论绝对论被多元范式和话语丛集所代替，多元批评便成为一种当下的现实。

多元批评是历史地形成的，是随着文学理论与批评的深化，本体研究的细化，社会、历史的发展，政治和文化的变异，甚至经济和国际关系的变革而显现、生成和构建的。

多元批评是文学批评的本然状态。它既对应于文学构成的多向度、多层面、交叉性和复合性，又开启了批评创造的多样性和阅读阐释的无限可能性。它既源于文化的、社会的、民族的、地域的多样性，又源于个体主体因精神娱乐需要而作出的文学范式选择的多样性。这种批评的多样性正是符合当代现实的合理形态，我们不必也不可能把它们一概统一于一或整合于一，甚至回到一种涵盖一切的大一统的批评模式中去。

因此，我以为，原先统贯为一的文学概论教学应当有重大的改革。多话语共生的批评构架可以也应该进入批评教学。多年来呼吁的理论的批评化应当具备实践性品格。批评实践的教学（教学生自由选择多种不同话语对作品进行批评）应当成为文学理论与批评教学的新的方式。

文学批评话语的不可通约性的消泯

20世纪的西方是一个真正"旋转的世界"。在文化转型的世纪性氛围中，各种新奇独特的理论频繁创立，各种文学理论范式迅速更迭，各种文学批评话语多样纷呈，争奇斗艳；各种文艺思潮涛推浪涌，高潮迭起。特别是60年代以后，当代文学批评愈益加快了转换的步伐，进入了一个话语急剧膨胀的时代。在后现代文化断裂的时代氛围中，各种理论话语如旋转的迷彩灯，使人目眩神迷。而各种理论之间又相互对立，相互拒斥，各种范式固持一端，互不通约，传统文学理论与批评的大厦几被拆为零落的断片。如何在各种对立的文学范式与话语中寻找沟通与交流的契机，在被拆散的零落的断片上进行诚实的对话与建设，这是历史摆在当代美学面前的严峻课题。

毫无疑问，当今世界文学理论与批评已不可能固着于一种批评范式，而必须面对多话语共生的转型期的基本现实。在西方哲学家批评家看来，在当代走向后现代的历程中，传统理论中那种作为对科学、道德、宗教、艺术的本体论问题或认识论问题进行裁决的哲学已悄然遁形。美国哲学家理查·罗蒂指出：在当代解释学与解构哲学影响日深的世界中，仍坚持认为存在一门只关心具有根本性问题的超级科学确实令人怀疑，那种在人类生活的思想和艺术实践中存在着一种涵盖一切、永世不移的第一原理的看法，已与飞速变幻的现实实践不相吻合。再固守独立于社会和历史发展之外的"永恒不变"的哲学问题，固守非历史的永恒模式，已不能解释现实世界向我们提出的课题。因此，从总体上来看，追求差异和特殊，反对"本质主义"，反元话语、反中心性以及反对二元论是当代西方批评的共同视野。但这并不是说，当代文艺学已完全听任各种范式，话语的"割据"、对垒和相互拆解。的确，在当代哲学与文艺学的多元世界，一方面，无数相互竞争而又不能互相改变的"理论"进行着无休止的战斗，另一方面，人们又在社会科学中到处都听到另一个声音：不存在什么"硬事实"，相反，似乎"什么都行"。一方面是绝对主义的偏执与封闭，只要我们关注哲学中的那些固有主题，如此我们马上就面临着许多不可通约的范式、理论、概念框架或思维方式；另一方面是相对主义对一切中心、一切框架的否弃，对一切沟通和交融的拒绝。相对于后结构主义、解构主义采取的拆除、消解的虚无主义立场，当代解释学美学、交往行动理论、巴赫金的对话主义、托多洛夫的对话批评，以及后期接受美学等都采取了一种积极的建构姿态，力图超越绝对主义与相对主义，在后现代碎裂的理论断片中高扬建设的旗帜，开辟一条通达未来的道路。这条道路就是对话与交流。

90年代初笔者曾说过："当代中国的文化转型、文艺学范式的转换呈现出极其复杂的样态，形成了一种前现代、现代与后现代文化杂然并陈，纠结交错的现实景观。一方面，两种'堂皇叙事'：注重人性的自由解放和启蒙文化观和黑格尔式的整体思辨真理仍然具有其存在的有效性与合理性；另一方面，多元并立、多话语共生的转换期特征又呼应了反中心、反体系、反元话语的后现代思潮。"同期，笔者还曾在与陶东风先生的对话《在悖论中开辟道路——关于中国文化发展战略》[1]一文中，谈到："如果说西方文化一直沿着'之'字形两极摆动的方式发展的话，那么今天的中国文化则是多极摆动，一个潮流与另一个潮流交错并进，多头多向运作。实际上我们今天至少面对着三重传统：中国古代文化传统、马列主义传统、西方欧美文化（特别是当代）影响，这三极时刻以自己的轨道交叉运作，形成前现代、现代与后现代三元并举的文化现状。这种突破了一统取向的文化体现了中国当代文化现实的复杂性与独异性。"从几年

---

[1] 见《中国文化报》1993年9月11日。

来文化发展的现实看,这一我国当代文化转型与文学范式转换时期的主要特征依然存在并且依然有效。但同时我们又想到,我国当代文化文学又发生了新的重要变化:这就是对当代多范式多话语的"狂欢化"共生现实的日益增长的不满和对交流与对话的迫切需要及呼吁。

以80年代新方法为热肇端的中国当代文学与文化的"狂欢化"历程,对西方百年来哲学、美学、文化理论及文学潮流作了大量的引进和翻译,打破了中国文学文化的独断论封闭局面,开创了众声喧哗的文化新纪元。但是这种文化输入,一方面完全忽略了每种文化存在于西方世界的当下语境和其发生发展的社会历史必然性,成为一种纯粹工具性的所谓"方法论";另一方面,又忽略了其作为一种过程的一百余年的历史性发展,成为一种平面的共时性输入的所谓"结论"。

"狂欢化"的"喧哗与躁动",是一个关于文化转型时代的历史隐喻。它是西方人从巴赫金的理论中发掘出来并加以阐发的重要概念或范畴。它很形象地描述文化转变时期众多话语、众多范式争相推出、杂然并陈的现实状况,也反映了那种激扬蹈厉、浮泛躁动的时代氛围。80年代狂欢化的直接效应是"术语大爆炸"和"读不懂"的特异现实,而其后留下来的严峻课题,则是多文学文化范式(或话语)间的不可通约性。

所谓"不可通约性",是指遵循各种不同的文学文化范式的共同体之间难以互相理解和交融的特性。我们知道,范式是一定时期一定国度(民族、地域)内从事创作或研究的文学文化共同体共同遵守或采用的文学文化的理论体系、方法论规定、价值标准、核心范畴、概念系统、逻辑运作程序和模态范例。它们建立在自身文化发展的基础上,是自身文化承结之链上的一个环节。不同的范式之间,由于先在理解框架不同,目标对象不同,即使是面对同一对象,所看到的也可能是不同的侧面,此一范式的视野很难进入另一范式的视野。在90年代我国文学的创作和研究中,既存在着关注于政治、意识形态的批评,也存在着注目于审美形式的创作;既存在着追逐低级感官刺激的"经济效益"运作,也存在着高雅艺术境界的不懈追求;既存在着对现实生活的原生态的摹写,也存在着对历史原型的苦苦求索。持多种不同理论的批评家，由于对文学本质的不同看法、批评过程的不同操作，特别是概念体系和核心范围的不同，造成了相互沟通、理解的巨大的障碍和困难。

有趣的是，范式不可通约性的提出者托马斯·库恩后来接受了解释学的理论影响，发现了不同话语间对话、沟通、交流的可能性，它们多样互补，构成了对文学的多层次、多侧面、多相位的认知与批评新模式。

对话主义的历史性出场

我国文学多范式多话语共生的现实迫切需要相互间的交流和沟通，热烈呼唤着相互理解和融合，而当代理论的发展也为对话主义的历史性出场提供了现实可能性。可以说，我国文学文化在 90 年代中期进入了对话与交流的新阶段。

从西方哲学和美学来看，交往（communication）和对话（dialogue）已成为当代世界全力关注的重要问题之一。交流（交往、沟通）（communication）[1]

---

[1] Communication 的汉译很不一致，通常被译作"交流"、"交往"、"交际"、"沟通"、"传达"以及"传播"等。本文一般译作"交流"，也在与论题相应情况下使用"交往"或"沟通"。Communication 的译名不一致，实际上源于该术语本身定义的多种歧义。几十年前，西方世界刚刚开始以一种"人类基本问题"的角度研究它的时候，就有不少讨论其定义的文章。如 R.N. 托马斯的《关于 communication 的定义》（1957）、米勒的《关于 communication 的定义：另一尝试》（1966）、G. 格柏纳的《关于 communication 的定义：又一透视》（1966）。1976 年，美国威斯康星大学的 F. 丹斯教授就曾统计过，人们关于 communication 的定义，已达 126 种之多，面对 communication 的众多定义，丹斯进行了归纳，指出 communication 的众多定义中，至少包含了 15 种概念因素：1. 符合、言店、讲述；2. 理角；3. 互动、关系、反馈；4. 不确定性的减少；5. 过程；6. 传输、传递、交换；7. 联系；8. 共有；9. 信道、载体、手段、线路；10. 复制记忆；11. 辨识性反应，行为修正反应；12.（可辨识）刺激；13. 意愿、意向；14. 时间、状态的转换；15. 权力行使机制。（见丹斯《人类交流功能》1976 年英文版）丹斯认为，上述 15 条概念要素的不同，源于三种不同的观点：一是"观察层次"的不同。有的抽象概括的程度高一些，宽泛一些；有的则具体，狭窄一些。二是要看其包括不包括"意愿、意向"因素。就是说有的定义只是把意向性讯息的发送和接受视作交流，有的定义则不考虑这种意愿因素，三是有涉于"判断评价"因素，即有的定义包含了对交流的评价，有的则并不包括。

和对话（dialogue）就日益凸现出来，当然地成为当今西方美学全力关注的重要问题。它既是哲学与美学对当代世界现实实践的迫切需要的应答，又是理论自身内在逻辑运演的必然趋向。

20世纪西方哲学与美学经历了一场"语言论转向"，许多不同传统的哲学家都阐发了语言与交流和对话在本体论上的极端重要性。语言被认为是人类知识的可能性和有效性的决定性前提，而美学则被看成一种在历史中动作的语言行为，一种社会的交流（交往）活动，一种具有特定形态的人类对话方式，是建立在主体间交往关系之上的意义的交互理解行为，是由人的存在状态确定的社会历史实践活动。20世纪初，马丁·布伯就关注人类相互关系的交往与对话问题。他的哲学体系将人类关系归结为两种基本的关系模式，这就是"我—你"关系和"我—他"关系。当人们摆脱功利的"我—他"的工具关系，便可能进入审美的艺术的"我—你"关系。60年代，德国哲学家、美学家伽达默尔将"对话"建构为人类存在、思维与经验的普遍原型。将"我们属于对话"的本体论作为其哲学解释学的基础。在他看来，真正的人类理解定然是一种主体间的对话与交流，它直接构成一种效果历史的"我—你"关系。在人与他人、人与传统、人与文化之间，"对话"所展开的就是我们的可能，"对话"的终结之处就是我们的界限。其后法兰克福学派的著名理论家哈贝马斯创立了交往行动的理论体系，他在从意识哲学转向语言哲学以后，把凭借语言进行的人类交往（交流）当作理想的交往模式，进而建立了他的交往合理化的理论体系。在他与伽达默尔之间进行的长期论辩中，语言的交往与对话一直是他们沟通关注的中心。与他们同时，法国人文主义哲学家列维纳斯（Levinas）也以语言交往与沟通的思路来检讨西方哲学传统里"主体"与"客体"之间的知识模态。在传统的知识模态下，人与人之间只是主体对客体的占有、解析和消化，是化彼为此（the reduction of the other to the same），是"我"的独裁，这里没有真正的"彼—此"（你—我）关系。而列维纳斯主张的彼—此关系是一种伦理关系，它的原型是"面对面"的交谈，它不是"知的支配关系"，也不是那种"与延缓之题保此不变"的"自由"。这种"面对面"不是接触,而是"直接/无媒介"(immediate),因此彼此不相互归属或占有,也不受媒介的遮蔽操弄。彼此在言语交谈中相会,超越彼此原有的界限,却不必否定彼此的独立性。另一位同期的德国哲学家卡尔-奥托·阿贝尔(Karl-Otto Apel)则进一步拓展了对于交往的语用学探讨。他提出一套以"语言交往共同体"为核心观念的先验解释学理论。在他看来,人类知识的可能性条件和人类伦理与审美活动的主体间有效性这一"先验"问题,必须在人类语言交往共同体的观念中寻找答案。人类必须把一个理想的无限无往共同体设为先验前提。人类知识和伦理生活所面临的种种困难,根本上可以归结为现实与理想的冲突,即现实的(实在的)交往共同体的语言游戏与理想的交往共同体的语言游戏之间的冲突。这就要通过"意识形态批判"在二者间实现"中介化"。

如果说伽达默尔的"对话"、哈贝马斯的"交往"、列维纳斯的"面对面"和阿贝尔的"交往共同体"多偏于哲学美学的探讨的话,那么以巴赫金为代表的对话主义美学则更为关注文学实践,更具文学批评的特征。巴赫金将其全部文学理论奠基于"对话"之上,从语言的开放性入手,主张生活的本质即是对话,人类最基本的相互关系就是对话关系。而小说则是一种多声部的全面对话。

历史上常有这种情形:一种理论思潮在其诞生和传播中,总会产生众多的误读与曲解。人们从不同的视角来观察同一对象,结果却得到迥然相异的结论,这就是解释学上讲的阐释多样性的必然性,以及在误读中进行选择与命名。前苏联历史上备遭颠沛流离之苦的巴赫金,到了七八十年代,却声誉鹊起。当代许多哲学家、美学家、批评家、小说理论家、语言学家似乎在一夜之间一齐发现了这块沉埋已久的真金,竞相趋鹜。他们根据不同的理论期待、知识结构和现实需要去解读巴赫金:或关注他的哲学建构,或倾心于他的美学思想,或注目于他的宗教论述,或留意于他的语言学创见。而更多的批评家和学者则在推崇他的复调式多声部的对话理论上达成共识。可以说"对话主义"是对原生态的巴赫金的一种选择、一种制作,也是误读的产物。

其实巴赫金从未使用"对话"或"对话主义"来命名他的任何一部著作。但他在法国和美国最有影响的权威解释者托多洛夫和赫奎斯特则都选取"对话"作为巴赫金理论的核心标志。托多洛夫用《对话的原理》来评介巴赫金的著作,而赫奎斯特则将他编译的巴氏论文集命名曰《对话的想像》。他们都将巴赫金的理论翻译、传释、介绍给他们的国人,并影响了后来的许多学者。所以有位名叫贝洛斯托斯基的巴赫金专家曾断言:"对话"的巴赫金是一个近年来为巴赫金学的学者们所提升的形象,对话批评则是以他为名制造出来的一个学术"企业"。

当然,巴赫金确曾反复论述,并从根本上认定人类生活的本质即是"对话",人类最基本的关系就是一种对话关系。巴赫金推翻了历来人们视对话为手段、方法的成见,断然宣称:"一切都是手段、对话才是目的。单一的声音,什么也结束不了,什么也解决不了,两个声音才是生命的最低条件,生存的最低条件。"巴赫金以这种对话观来分析陀思妥耶夫斯基的作品,发现了不同于独语(独白)时代的精神领域内的众多对话层次:作者与人物,人物与人物,作者与读者,人物与读者等一系列的交往方式。这是一种复调式多声部的对位性的全面对话。在"时空交融"的变异中,多重声音,多种解题方式"共展并陈",形成众声喧哗、百家争鸣的"杂语"局面。这种转型期的文化特征在民间文化中表现为"狂欢节"形式。狂欢节是一个没有观众也没有导演的自由平等的乌托邦,它嘲笑一切等级差异,亵渎神圣,颂扬平等。这种狂欢化实际上是对巨大的历史转型时期权威话语失去绝对统治地位而趋于多元、对话的现实景观的一种隐喻。

巴赫金的这一系列思想近年来迅速得到了西方理论界青睐。这一方面当然来自巴赫金对话理论自身的包容性和启发性,另一方面却在于西方理论界批评界的紧迫需要。20世纪以来,西方批评在经历了独标异说的片面深刻和理论创建期的轰动效应之后,又都不可避免地暴露出各自理论的局限与缺憾。而当代批评也的确已疲惫于无穷无尽的话语创造与拆解的游戏,转而寻求一种相互沟通、相互对话、相互交流与融合的新的建设性姿态。正是这种理论发展和文化实践的需要，使巴赫金翻旧如新。实际上，如果没有巴赫金，也会有另一个什么"金"出现。

巴赫金的对话美学产生了广泛的世界性影响。他在法国最权威的解释者托多洛夫，在其思想影响下提出了"对话批评"的美学理论。80年代中期以后，在广泛译介各种理论（包括巴赫金对话理论）之后，一直身处文学批评理论前沿的法国理论家托多洛夫第一次明确提出了对话批评的主张。在托多洛夫看来，批评即是对话，是关系平等的作家与批评家两种声音的相汇。对话批评从文艺本身的异质性出发肯定了美学与批评史上多种理论与批评话语共存的合理性及其各自的部分真理性，强调批评作为一种交流行为，意味着共同价值基础上主体间理解的可能性。

随着当代文艺学与批评的多元发展，众多范式、流派和话语间日益迫切地需要对话与交流，以打破长期形成的相互间的不可通约性。同时许多美学流派内部也随着理论视野的扩大，逐步放弃了各执一端的褊狭与局促，而转向对话与交流。如曾经登高一呼应者云集的接受美学，便从发轫初期的以读者为中心的立场逐步走向对话与交流。这当然与其当代哲学解释学的理论基础有关，但也可从中窥见美学发展的一种历史与现实的必然性。

当代对话主义是一个有着十分丰富理论资源的哲学美学文艺思潮，它并不仅仅囿于个别流派或话语，而是一种由理论和批评的现实发展呼唤而来的当代趋向。有鉴于此，对它的研究就有了更为重大的意义。对话主义的历史性出场是当代文化现实走出困境的必然要求，是实践运作的必然结果，也是走向新的文化建设的必由之路。

同样，90年代的中国文化和文学批评也进入了一个复调式多声部和全面对话阶段。多种范式多种话语的"多元并陈"，迫切呼唤各种范式和话语间的沟通、交流与对话。其现实特征为：

首先，这种对话始终保持着复调式多声部的特征。不同于我国历史上用某一种钦定意识形态来代替、取消或横扫其他理论范式或话语的唯一论模式，对话主义的基点在于肯定、承认当代各不同范式话语存在的合理性和必要性。正因为每一话语具有自身切入文学或理解文学的独特角度或框架，因而它才具有深入理解对象、把握对象的部分真理性和片面深刻性。取消了此理论的独特视角，也就取消了它借以立足的根基，实际上也就取消了对话。托多洛夫在谈到文学批评时特别强调了这一点："批评是对话，是关系平等的作家与批评家两种声音的相汇。公开承认这一点是很有益处的，不过，许多流派的批评家在拒绝承认对话批评上不谋而合。教条批评家、'印象主义'评论家以及主观主义的信徒们都只让人听到一种声音即他们自己的声音，而历史批评家又只让人听到作家本人的声音，根本看不到批评家自己的影子；'内在论'批评中的认同批评把与作家融为一体直至以作家的名义讲话奉为理想而结构主义又以客观描述作品为金科玉律。殊不知，这样禁止与作品对话，拒绝评判作品所阐述的真理无异于削弱了作品的主旨所在：探索真理。"在这里，对话主义的基本精神表现为两种声音的"相汇"，而不是一种声音的"独白"，是相互平等的对话，交流，而不是一方吃掉另一方。

其次，我国当代对话主义表现为以文化的交流与综合为特征的全面对话。所谓"全面对话"是指对话具有人类生活的根本性。它是"一种无所不在的现象，浸透了人类的语言，浸透了人类生活的一切蕴含着意义的事物"（巴赫金语）。我国近年文化批评的兴起，就是在努力寻求中国与西方之间，现代与传统之间，理论与创作之间，市场规律与道德理想之间的对话和交流，寻求冲突中的相互作用，撞击中的新的契机，否定中的新的希望与新的可能。在更深的层次上，这种全面对话又表现为跨越学科界限的科际对话。而它们又都体现出当代文化批评的综合的宏观视野。

其三，这种当代对话主义又表现为历史转折时期人类自身思维的内在冲突与内部对话。当代相对主义的兴起，以一个侧面启发人类重新检视其认识世界的有限性。人类所有对话中的理解、语言、历史以至整个人的存在，实际上都是未完成的，也是不完全的。在文学理论思维中，不仅作者与作者、作者与读者、作者与文本、文本与读者、读者与读者之间存在着对话与交流，而且在作者思维内部、作者与其人物、人物与人物之间、在读者自身思维内部（如读者"原我"与进入文本角色之"我"之间）都存在着极为丰富多样的对话。

第四，当代对话主义作为一种过程又体现着人类精神视野的不断融合。从当代社会生活和文学实践来看，文学对话主义包含着主体间互相作用、互相否定、互相协调、互相交流的主体间性。这种主体间性是对话实践所达到的主体之间共同拥有的协同性、有效性和合理性。

文学研究的"间"性的凸显

因此，建设并进入合理的对话交往语境，关注和寻找"间"性，重建文学—文化的公共场域，就成为逻辑的必然。所以，文学的"间"性，文本间性，主体间性，文学交流中的理论共同体、批评共同体及阅读共同体间性（群体间性），后殖民时代的文学的民族间性，以及学科间性、文化间性就成为我们必须研究的东西。不同于撷取合理要素后的"整合"、"融合"为一，找出统贯一切的本质，构造涵盖一切的宏大体系，也不同于前期解构主义的完全消解、拆除，间性的研究是要探寻不同话语之间在历史语境中的约定性、相关性和相互理解性，找出联系和认同的可能性与合法性（客观性）。间性秉持一种建构的姿态。

当代对话主义的历史性出场既是当代社会变革现实发展的必然要求，又是历史转折时期人类自身思维的内在冲突与内部对话。当代文化相对主义的兴起启发人类重新检视其认识世界的有限性。对话的语言性表明，我们不能狭义地仅仅将语言看做是对话与交流中理解的工具，因为文学、文化传统本身的存在即是一种语言的存在，或曰主要以语言的方式存在，人所能理解的存在就是语言，世界只有进入语言，才能表现为我们的世界。语言的局限，就是历史和对话的局限。前已谈到，人类所有对话中的理解、语言、历史，乃至整个个人的存在，实际上都是未完成的，也是不完全的。所以，传统的终极真理的绝对观以及由此产生的两极对立非此即彼的独白式思维与对话主义有着本质上的区别。在比较文学的理论思维中，不仅作者与作者、作者与读者、作者与文本、文本与文本、文本与读者、读者与读者之间存在着对话与交流，而且在多种学科之间、各个民族或国家之间、不同种类的文化之间，都存在着极为丰富多样的对话。正是这种对话展示了人类存在的深刻危机和人类精神世界的无比丰富性。

所以，文学作为学科的一种根本特质是对话、沟通和交往。对话交往理性作为一种过程体现着人类精神视野的不断融合：对话交往总是包含着主体间、学科间、文化间、民族间互相作用、互相否定、互相协调、互相交流的间性。这种间性是对话实践所达到的主体之间、学科之间、文化之间、民族之间共同拥有的协同性、约定性、有效性和合理性。作为一种"主体—主体"、"学科—学科"、"文化—文化"、"民族—民族"间的精神交往，"间"性体现了文学—文化中的对话实质，更多地表现出文学—文化交流的可传释、可互换（互相激发）、可再创造的特质。在这种精神交流中，两条不同的地平线（horizon）交汇，形成了一个更为广阔的人类精神的无穷天地。

在这里，主体间性的研究具有重要意义。它打破了长期以来文学研究主客两分的基本格局，而将文本作为准主体，实现文学作者与读者、作者与文本、文本与读者以及作者与作者、读者与读者、文本与文本的主体间交流。它的重要意义在于，恢复了文本的主体本位和人文创造成果的性质，而不是仅仅将之视为一个由纸张和印刷符号构成的客体。

因此，建设并进入合理的对话交往语境，关注和寻找"间"性，重建文学—文化的公共场域，就成为文学—文化内在逻辑发展的必然。所以，文学的"间"性：文本间性（intertextuality）、主体间性（intersubjektivity）包括文学交流中的理论共同体、批评共同体及阅读共同体间性——群体间性、文学与不同学科间的学科间性（interdisciplanariaty）、后殖民时代的文学的民族间性（internationality）、各种不同文化之间的文化间性（interculturality）就成为文艺学和比较诗学必须研究的对象和可以运用的方法论道路。

当然，间性的寻求，并不泯灭一切区别。相融性、共同性、交往性并不消泯各自的独特性。实际上，间性的存在正依存于文学—文化的多样性，而文学—文化的多样性则只能通过创新来实现。只有主体的、学科的、文化的、民族的不断创新，才可能保持持续的更加丰富的文化多样性。只有持续的更加丰富的文化多样性，才能激发主体的、学科的、文化的、民族的进一步的创新。创新是在历史中承继和在历史中衍化的，创新是一个变革的过程。

然而，创新又是一个竞争的过程，创新必然通过竞争来实现。因而那种将文化相对主义绝对化，将其推到极致的观点也是不可取的。文艺学学科的建设只能超越传统的客观主义和相对主义二者，在创新与竞争中曲折前行。

和而不同，同则不继。文化范式与话语的不同主体、不同学科、不同民族、不同文化的多样化引发了它们之间的比较、对话与竞争，比较、对话与竞争又进一步催生了创造的多样性。没有比较，就不能显现差异；没有对话，就没有彼此间的共同性，也就没有交流的基础；没有竞争，就没有创新的动力，也就没有创新。求同存异，学术文化通过竞争发展，竞争是优化发展的基本途径，而创新—创意、筹划、设计、投射，则是竞争中制胜的法宝。因此，在多样化现实中，当对话建立了同一性基础时，竞争就会倏然莅临。

文化范式与话语的竞争是一种博弈的过程，是一种各种要素的综合的角力，是一个赢得学术和社会认同，赢取学术共同体的过程，它不再是一言独大，一花独放，而是共赢，双赢，多赢的。当然这一切的展开或进行必须依赖学术民主的制度环境和学界氛围。

Innovate an Idea
—The Issues of Contemporary Literature and Art Study

Jin Yuanpu

Abstract: Starting with the inquiry of the nature of literature, the author discusses the important issues of contemporary Literature and Art Study: how to deal with the diversity of literary paradigm, discourse cluster overall pattern of symbiosis in contemporary Chinese literature. The formation of this pattern is resulted from the Literary Paradigm's logical working, and every literary paradigm is always changing. The 20th Century Literary Criticism in the Western emerges various diversity but also rejection at the same time. While in the eighties of China, beginning with "the new method", a large number of Western resources are introduced and translated. As a result, it breaks the arbitrariness of Chinese literature and cultural situation of closure, but also it brings lots of serious misunderstandings. These issues and phenomena have called on the historic appearance of Dialogism so that the incommensurability among various critical discourses could vanish. From this point of view, Gadamer's "dialogue", Habermas's "intercourse", Levinas's "face to face", Abel's "The Intercourse Community" as well as Dialogism represented by Bakhtin have made great achievements and contributions separately from the aesthetics and the literary practical points. On this basis, the author indicates that it is important to study the interaction of literature: intertextuality, intersubjektivity, interdisciplanariaty, inter-nationality, interculturality etc. Literature and Art Study and comparative literature should focus on all these aspects, and they can be directive methodologically.

Key words: literary paradigm, Dialogism, the interaction of literature

文学和图像关系研究中的若干问题

赵宪章[1]

摘要：文学是语言的艺术，但是语言并非文学的全部，这一观念使文学和图像的关系研究成为可能，而"语—图"关系则是其中的关键。"一体"、"分体"与"合体"是"语—图"关系的三大历史体态；与此相应，"以图言说"、"语图互仿"和"语图互文"是其各自的特点，其中包含并可能引出许多非常有价值的学术命题。特别是"语象"和"图像"的关系，作为语图之间的"统觉共享"，当是文学和图像关系研究的平台。只有这些深入的学理分析，而不是止于情绪表达和表态，文学遭遇"图像时代"的困惑才有可能自然释解。

关键词：文学 图像 语言 语象

文学和图像关系研究之可能

文学遭遇"图像时代"的问题是当下学界十分关切的问题，也是学术热点之一，特别是在文化研究的语境中，早已被翻炒得炙手可热。但是，统观有关论述，无非是"狼来了"之类的老调，情绪性的表达多于学理探讨；即使持肯

---

[1] 赵宪章：男，山东莘县人，南京大学文学院教授，博士生导师。

定意见或不以为然者，大多也停留在表态式的价值判断，鲜有学理层面的深度阐发。究其原因，没有对研究这一问题的可能性展开先验反思是其重要方面。这是长期以来我们提出和探讨学术问题的习惯——尽管康德关于"认识之可能"的追问已为学界所熟知，但是一旦进入自己的语境仍然我行我素，学术提问的自我置疑规则并未普遍践行。

文学遭遇"图像时代"的问题说到底是文学和图像的关系问题。文学和图像的关系问题是否属于一个"真问题"，是否可能进入我们的学术话语，并非全由这一问题的现实紧迫性所决定，也不是因为前人多有涉及便不言自明，而是学理逻辑使然。对于这一问题的历史反省将有助于明确我们在当下的言说立场和可靠的逻辑起点。而对于文学和图像关系研究之可能明确表示否定意见的当属美籍学者雷纳·韦勒克。

韦勒克最著名的理论之一是将文学研究划分为"外部研究"和"内部研究"。自从他和沃伦合著的《文学理论》于1984年被译为中文之后，这种划分曾在我国文学理论界激起不少批评：批评意见认为，文学的所谓"内部"和"外部"是统一的、不可分割的，机械地划分为"内""外"两部分，割裂了文学和文学研究的有机整体性。这种批评意见不能说没有道理，但在批评的背后可能另有隐情，那就是韦氏的划分带有明显的褒贬倾向，对于被他划为"外部研究"的"思想史"和"社会学"等方法，显然是一种"学术歧视"；而追寻文学的"思想主题"和"社会性"又是我国文学研究的传统和兴奋点，于是戳到了我们的痛处，贬抑了我们的主流话语，引起中国学界的愤怒也就在所难免。可惜，这种批评意见并未反思自己长期坚持的"主题学"方法恰恰是建立在"内""外"二分的基础之上的，黑格尔的"内容与形式"长期以来就是我们文学研究的基本范畴。

如果将目光回溯到此前的俄国形式主义，我们就会发现，韦氏的划分确实是文学观念的退步。在前者那里，黑格尔关于"内容与形式"的划分已被否定，文学本身就被定义为"形式"，是一种蕴涵着"内容"的"语言形式"。可能是

"矫枉过正"使然,"俄国形式主义"之后的"新批评"为了进一步凸显"形式"的意义,将文本之外的文学研究,包括思想史的、社会学和心理学的等研究方法一概斥之为"外部",甚至将文学和其他艺术关系的研究也排除在"内部"之外,其中包括文学和美术的关系研究,着实令人深感匪夷所思和难以接受。

韦勒克认为,文学与美术的关系研究"是一种毫无价值的平行对照",所谓"诗如画"、"雕刻似的"之类术语只是一个"朦胧的暗喻",意谓诗歌可以在某种程度上传达类似绘画或雕刻的效果,"但我们必须认识到诗中的清冷和接触大理石的感觉,或者和从白色联想到的感觉是完全不同的;诗中的宁静与雕刻中的宁静也是完全不同的"。[1] 这一观点显然源自英美"新批评"的"语言本体论",即把作家意图和读者反应等统统贬斥为文学的"外部",只有文学的语言文本才是文学本身("内部")。另一方面,韦氏又没有全盘否定文学和其他艺术之间的联系,因为这种联系显而易见和人所共知。既然这样,他为什么断定研究二者的关系"毫无价值"呢?韦氏解释说只是因为找不到"各种艺术可以进行比较的共同的因素","没有进行各种艺术间比较的任何工具",[2] 所以它们之间的比较研究才是不可能的。这就使韦勒克不得不陷入自己所设置的矛盾:文学和其他艺术的联系是存在的,但是研究二者的关系又是"毫无价值"的,也是不可能的;而"不可能"的原因,只是找不到它们之间的"共同因素",因而也就不存在比较二者的"任何工具"。

韦勒克的自相矛盾不是偶然的,说到底是他将"语言本体论"推向了极端,从而陷进了"语言唯一论"的泥沼。文学的语言本体论可以追溯到亚里士多德,他用"媒介"的标尺划分不同的艺术类型,并由此展开了他的全部诗学研究,从而最早确立了"文学是语言的艺术"这一观念。但是,如果将这一论断再向前推进一步,像韦勒克等"新批评"那样认为语言文本就是文学的全部,那就大错特错了。"语言唯一论"必然导致韦勒克不可能在不同艺术类型之间找到共

---

[1] 韦勒克、沃伦:《文学理论》,刘象愚等译,三联书店1984年版,第132—134页。
[2] 同上,第137页。

同的媒介，因为正是"媒介"的不同才使各种艺术之间有了区别，构成了艺术的"种差"。[1] 就此而言，韦勒克找不到文学和美术之间的"共同点"和比较的"工具"也就在所难免，他将文学和其他艺术的比较研究贬抑为"外部研究"也就自然而然了。

从历史上看，关于"文学是语言的艺术"的界定毫无疑问是一个共识，无论后人或国人如何变化文学的定义或将其意识形态化，都没能彻底颠覆这一朴素的表达，即使那些坚持文学意识形态本质论的学者也很难丢弃这张金字招牌；更重要的是，大凡将语言作为文学之本体存在的文学研究，都在文论史上留下了货真价实的遗产；反之，仅仅将文学作为非文学的言说工具，大多随着时代语境的变迁而远离文学而去。但是，将语言作为文学的本体存在不等于将其作为文学的全部，作家、读者、社会、心理等都有可能对文学产生这样那样的影响，进而浸入文学文本并改变着文学的本体存在，恰如阿布拉姆斯所精心勾画的"艺术批评坐标系"[2]，就比较客观地展示了文学的语言文本（作品）和其外部因素的多维联系。如果说被"新批评"绝对化了的语言本体论在20世纪上半叶还有一定的合理性的话（相对浪漫主义批评而言），那么，从20世纪下半叶开始，随着思想观念和科学技术等众多"外部"因素对文学媒介所产生的重大影响，韦勒克的文学观已经远远不能解释当下的文学现实。丹托的"艺术界"和迪基的"体制"理论就是对阿布拉姆斯"坐标系"的进一步扩展，"艺术"成了那些足以代表艺术世界的权威赋予待认定对象的一套"观念"，所谓"作品"已经延展到它的全部外在语境及其"相关性"，包括文学的"观念"在内。尽管这类"先锋"理论主要是针对"先锋艺术"的，但有着广泛的普适性，说明"文学"已经不仅仅被作为"作品"，同时也被作为"观念"、"体制"、"活

---

[1] 亚里士多德：《诗学·第一章》，罗念生译，罗念生、杨周翰编译《诗学/诗艺》（合订本），人民文学出版社1982年版，第6页。
[2] 阿布拉姆斯：《镜与灯》，郦稚牛等译，北京大学出版社1989年版，第1—40页。需要说明的是，他的这一"坐标系"也忽略了文学和其他艺术之间的关系，缺憾是明显的。

动"等复杂外因而被认定,新批评的"语言文本唯一论"也就失去了当年的现实性及其存在的理由。[1]

如果走出韦勒克和新批评的怪圈,我们就会发现,将文学和其他艺术进行比较的"共同点"和"工具"并非不存在,这当然不是韦氏所要寻找的用以划分艺术类型的"媒介",而是存在于作家、读者和文本三者之间的"统觉"。[2]"统觉"存在于作家和读者的头脑中,属于"观念",但其存在本身又是"媒介"的映射物,是审美主体面对"白纸黑字"并由它唤起的统觉联想,也是一种"虚拟的空间"。不同的媒介决定了不同的艺术种类,它们在物理世界的置换几无可能;但是,能通过联想和"统觉"实现互文共享,从而使不同艺术之间的比较研究成为可能。

廓清了这一问题,就可以谈论我们所面对的现实问题,即被文化研究所反复论及的文学遭遇"图像时代"的问题。文化研究较早、较集中提出这一问题是其学术敏感的表现,但是仅仅停留在大而化之的层面难免空泛,更难在语言和图像关系的技术层面提出任何建设性的理论并解决具体问题。于是,如何将这一问题从文化研究的"宏大理论"落实到具体的"文学理论",应当是将这一研究继续向纵深推进的关键。这并不是说我们的文学理论尚未涉及这一问题,而是说关于这一问题的阐发远未触及文学和图像关系的根本,宏观的、情绪性的和表态性的论述仍然是这一话题的主流,学理层面的深度阐发仍然显得相当薄弱,甚至缺乏最基本的学术调查。

文学遭遇"图像时代"尽管是一个非常现实而紧迫的问题,但是,关于这

---

[1] 包括新批评在内的活跃在 20 世纪上半叶的文学"本体论"毫无疑问有着不可抹杀的进步意义,无论是相对此前的浪漫主义而言,还是相对社会批评和心理批评而言,他们在文本纤读和语言形式方面的精雕细刻至今令人惊叹不已。此略。
[2] "统觉"和"通感"相近,但又有所不同:后者来自心理学,指视、听、触、嗅等各种感觉的相通性,钱钟书等学者已有专题论述。本文所使用的"统觉"取自康德所赋予的意义,特指将知觉、想象和概念进行综合统一的主体意识,从而使杂乱的感性经验得以认识成为可能。笔者将另有专论阐发审美活动中的"统觉"问题,此略。

一问题的学术调查还应该首先从历史出发,即在语言和图像的关系史中发现其中的蛛丝马迹。只有这样,我们所提出的问题才有可能是一个真问题,才有探讨的价值并具备充分的学术资源。

"语—图"关系史及其诸问题

既然我们坚守"文学是语言的艺术"这一观念,那么,关于文学和图像的关系研究,就应当定位在语言和图像的关系上,即"语—图"关系问题。关于它的学术调查,也应始终将"语言"作为基本参照。因此,我们有必要回溯语言的历史发展,通过语言史(主要是汉语史)的视角考察语言和图像的关系史。

相传黄帝史官仓颉始创汉字,造字时出现了"天雨粟,鬼夜哭"的奇观,足见文字的出现是人类历史上惊天动地的大事件,此前只能"结绳记事"的局限得以改变。因此,我国历有"敬天惜字"的传统,焚烧字纸居然成了一种礼仪,说明文字早已被人赋予了非常神圣的意义,对于人类文明的发展具有里程碑的性质。因此,文字的出现也应当是"语—图"关系史的里程碑。

文字出现的里程碑意义就在于以此为界语言有了"口语"和"书面语"的区分,即"口传语言"和"文本语言"的区分[1];文学也因此有了"口传文学"和"文本文学"的不同。那么,口语时代的口传文学是怎样的呢?鲁迅曾有这样的描述:

在昔原始之民,其居群中,盖惟以姿态声音,自达其情意而已。声音繁变,浸成言辞,言辞谐美,乃兆歌咏。……踊跃吟叹,时越侪辈,为众

---

[1] "文本"(text)的词源学意义是"编织物",一般意义是指显性的、书面的语言文本,但在具体使用中已被泛化为任何释义或分析的对象,诸如"社会文本"、"文化文本"、"意识形态文本"等。本研究仍然使用其一般意义,仅指相对"口语"而言的"书面语言",即所谓"白纸黑字"。

所赏，默识不忘，口耳相传，或迄后世。[1]

应当说，包括鲁迅在内的其他先贤，关于这一问题的描绘多为推测，很难完全真实地再现当时的面貌，因为口语时代并没有语言的文字记载，"结绳记事"只能应付最简单的记忆。相对而言，我们却可以通过当时的图像略窥一二。

口语时代的图像即原始社会留存下来的原始图像。就现有的考古学成果来看，原始图像包括人体装饰、陶器纹饰、史前雕塑和原始岩画等，题材涉及自然和社会、天文和地理、狩猎和农事、祭祀和礼仪、生殖和战争。它们和语言的关系明显地表现为"以图言说"的特点，即用图像表达人类的所见所闻、所知所行、所想所信。也就是说，图像应当是原始先民的最主要的语言符号（并非所谓"结绳记事"）。这就是"语—图"关系在口语时代的基本体态——"语图一体"。例如原始岩画，就是一种典型的原始语言，是原始先人以图像表达他们的认知和信仰的语言符号。

1999年发现的连云港将军崖岩画被认为是3000—5000年前活动在沿海一带的东夷部族的作品，刻画其上的人面像、天象图和动植物（农作物），以及它们的空间布局和联结线条等，就可以使我们轻易地从中解读出东夷部族关于"天·地·人"及其三者关系的观念。由于包括原始岩画在内的原始图像不讲究透视和比例，是原始人内心意念的直观的线条书写，其中有些符号很可能就演化为后来的象形文字，因此，将其作为汉字的来源之一也是合乎逻辑的猜测。如果这一猜测可信的话，那么，这当是对于"以图言说"的最好说明——在文字发明之前的口语时代，原始人主要是以图像符号表达他们对于世界的指认和自己的宗教信仰，描述他们的社会生活和内心世界。换言之，原始图像实则是一种原始语言，它是迄今为止我们所能发现的关于原始社会最真切的记录。

文字的出现使人类从"口语时代"进入"文本时代"，"以字言说"取代了

---

[1] 鲁迅：《汉文学史纲要》，《鲁迅全集》（第9卷），人民文学出版社1982年版，第343页。

此前的"以图言说"。文字符号的抽象性为语言表达展开了无限自由的空间,它的能指和所指的准确对应更使图像符号望尘莫及。于是,文字书写自然成了语言记忆和非口语言说的基本形式。这时,图像作为语言符号的记忆和叙述功能尽管没有消逝,但是,它只能降格为文本语言的"副本"而存在。于是,"语图分体"也就成了"文本时代"语图关系的基本体态,并必然表现为图像对于语言的模仿。例如目前我们仍然可以看到的许多汉画像石,就其内容而言,绝大部分都是对既往文献(经史子集)的模仿或演绎;也就是说,其中涉及的神话传说、寓言故事、史传记述、民间信仰和文学作品等,大多已有文本语言的现成品,鲜有图像本身的独创和新语。[1] 至于六朝和隋唐时代的佛教美术,更是严格的佛经文本的图像化,恕不赘述。

另一方面,我们也不能忽视此间也有语言对于图像的模仿,例如东汉王延寿的《鲁灵光殿赋》,就是因为它对殿内壁画的摹写而闻名于世,生动再现了宫观艺术的奢靡和华美。当然,单就这些被摹写的壁画题材而言,其中很多内容也已经被不同的语言文本记载过了,仍然属于图像对于语言的模仿。如果暂且不论究竟谁是最早的原本和后来的仿本,那么,将这一时期的"语—图"关系定义为二者的互相模仿比较恰当。这就是文本时代"语—图"关系的基本特点——以"图像模仿语言"为主导的"语图互仿"。

"文本时代"的"语—图"关系并不是一成不变的。这就需要我们将这一问题放在整个汉语言文学史和美术史关系的视阈中继续考察,那么就可以看到另一个惊人的变化,宋元之后,以纸张的普及和印刷术的发明为标志的"后文本时代"到来。[2] "后文本时代"是"近代汉语"的肇端,也是文人画繁盛的时代,

---

[1] 张道一的《汉画故事》(重庆大学出版社 2006 年版)将汉画分为"人事故事"、"神话故事"和"祥瑞故事",涉及中国的历史、神话和民间信仰三个方面,基本上全是可以溯源到既往典籍中的文字记载,是汉画模仿语言的很好例证。
[2] 为了与文字出现之前的"前文本"、文字出现之后的"文本"相对而言,我们在此姑且使用"后文本"这一概念,并同以当今的电子文本为代表的"超文本"相区别。"前文本"、"文本"、"后文本"和"超文本"的主要区别是语言的交流媒介不同,即声音交流、文本交流、纸印文本交流和电子文本交流。

语言和图像的关系又发生了重大变化，这就是"语图合体"和"语图互文"的开始。[1]

如果说从文字发明到中古汉语之前的语图关系是"语图分体"的话，那么，近代汉语以来的语图关系则呈现"合体"的趋势，主要表现为文人画兴盛之后的"题画诗"和"诗意画"，以及小说戏曲插图和连环画的大量涌现。"题画诗"和"诗意画"属于"诗画合体"，小说戏曲插图和连环画则是"文画合体"，都是将语言和图像书写在同一个文本上，即"语图互文"体，二者在同一个界面上共时呈现，相互映衬，语图交错。

"语图合体"是中国画从写实走向写意的必然选择。这是因为，由于写意画的叙事功能大大弱化，虚拟和玄想成为它的审美倾向，也就必然求助于语言表达[2]；另一方面，文本文学历经图像艺术的长期熏染，也受其色彩、笔法、构图和意象等审美元素的启发和影响，在语言文本中展现绘画的效果也成了中国诗文的审美需要，即追求所谓"诗中有画"的文学时尚。于是，语言艺术和图像艺术彼此需要、相互吸吮，"语图合体"的历史体态自然生成。相对"文本时代"的"语图分体"及其"语图互仿"而言，宋元之后的"语图合体"及其"语图互文"，由于是在同一个文本界面上相互映衬，也就收紧了语言和图像的

---

[1] 纸张的普及和印刷术的发明是公认的史实，这是我们从语言的交流媒介出发为语言划分历史形态的主要依据。至于"近代汉语"以及汉语史的分期，却是一个难以断定的问题，多有争论。其中，将晚唐作为"中古汉语"的下限、宋代作为"近代汉语"的上限，无疑是其中最有代表性的观点之一。汉语史的分期当然有许多理由，主要是指语法和词汇的变化，也就是汉语文本内部的变化，另一方面，交流媒介的变化也应是影响这一变化的重要因素，但是汉语史界从不涉及这一问题。就此而言，将宋代之后的"近代汉语"称为"后文本时代"也是可以的。这就涉及文本内部的变化在哪些方面以及在何种程度上决定了它和图像的不同关系，诸如"一体"、"分体"与"合体"、"以图言说"、"图语互仿"和"语图互文"等。特别是宋代之后汉语的"近代转型"，是否引发了它和图像关系的变化，即由"分体"过渡到"合体"、由"互仿"演化为"互文"？按说应在情理之中，但是，无论语言学界还是文学理论界同样也未涉及过这一问题，所以我们不敢轻易妄言，在此只能假定汉语文本在宋代之后的转型是存在的，从而影响到它和图像的关系。这只是一个朦胧而大胆的猜想，容待日后细究。

[2] "以图言说"说明绘画本身就具有叙事功能，但在写意画兴盛之后，中国绘画的叙述功能被大大弱化。"弱化"不等于"消失"，而是从"庙堂"转向了"民间"，民间美术担当起了图像叙事的主要功能。这是中国民间美术的重要特点，但是并不代表中国美术史和绘画史的主流。

空间距离，从而使二者的联系更加密切，甚或密不可分，直至融为一体。

尽管上述学术调查是非常粗略的，但是，语言和图像关系的大体轮廓已经基本显现，这就是我们以语言交流的媒介为参照所作出的区分：（1）文字出现之前的口传时代，"语—图"关系的体态表现为"语图一体"，"以图言说"是其主要特点；（2）文字出现之后的文本时代，"语—图"关系的体态表现为"语图分体"，"语图互仿"是其主要特点；（3）宋元之后的纸印文本时代，"语—图"关系的体态表现为"语图合体"，"语图互文"是其主要特点。现以下表总括这一关系史的大致轮廓：[1]

"语—图"关系史

历史时段	语言交流的媒介	语图关系的体态	语图关系的特点
文字出现之前	口传交流	语图一体	以图言说
文字出现之后	文本交流	语图分体	语图互仿
宋元之后	纸印文本交流	语图合体	语图互文

需要说明的是，无论是"语图一体"、"语图分体"，还是"语图合体"，都是关于语图关系的静态分析；如果将它们纳入"表演"等动态场景，二者的关系恐怕应当另论，例如莱辛的"顷间"理论就很难适用，此文暂不涉及。另外，就"语图分体"和"语图合体"而言，我们同样只是将其作为两种静态类型，尚未涉及语言和图像在"超文本时代"的体态怎样，同样不能在此论及。[2] 总之，尽管我们不能在此描述语图关系的全部和细部，但是，仅从以上最简单的历史回溯，已足以引发我们很多思考，至少涉及以下几个问题：

---

[1] 关于语言和图像的关系问题，我和我的研究生李彦锋同学有过多次讨论。其中，关于语图关系史的分期，就是我们在共同讨论的过程中形成的观点。现在，他已决定以此为题撰写博士论文，将对这一问题展开非常详细的阐发，恕本文从略。
[2] 所谓"超文本"，就是以互联网为代表的电子文本，例如"网络文学"。关于这一问题，可参见赵宪章：《论网络写作及其对传统写作的挑战》，《东南大学学报》2002年第1期。

一、文学和图像的关系，主要表现为语言和图像的关系，自有其分分合合的客观规律，不以我们的主观意志为转移。因此，鉴于当下文学遭遇"图像时代"的一切简单的价值判断和情绪性表达都是徒劳的，个人的、主观的好恶不会改变任何历史和现实。因此，探讨这一问题的关键在于深入的学理分析，包括作品层面的细读和技术分析，止于空泛的"宏论"和轻率的"表态"无济于事。

二、语言和图像是人类符号的两翼，同源共存，对立统一，缺一不可。从历史上看，文字出现之后，二者关系表现为越来越紧密的趋向；而所谓"表演"，更是二者"紧密接触"的高级形态。因此，它们之间的相互模仿及其"互文关系"当是这一研究的重心，而所谓"语图高低"论则是一个伪命题。因为语言和图像对于人类而言，无所谓谁"高"谁"低"，因而也是一个不可能讨论清楚的问题；即使言之凿凿，貌似说出什么名堂，也没有什么学理意义；就像当年"逻辑思维和形象思维"问题的讨论一样，关于它们谁高谁低的论争只能白费口舌，浪费精力。

三、单就文本文学之后的历史来看，图像对于文学的重要意义之一是它的传播作用。[1]例如明代，特别是万历、崇祯年间，被郑振铎称为版画艺术"光芒万丈"的时代[2]，图像艺术的繁荣就极大地推动了小说戏曲等文学的民间传播。晚清以来的近现代文学也是如此，图像艺术在文学的"大众化"进程中毫无疑问是一股强大的助推力量，从而也应当是所谓"中国文学现代转型"中的重要因素，可惜我们还没有从这一角度讨论过这一话题。[3]如果从这一角度思

---

[1] 佛教图像对于佛经义理在中国的广泛传播意义重大，已经人所共知，但不是严格意义上的"文学"，所以在此不论。

[2] 郑振铎：《〈中国版画史图录〉自序》，中国社会科学院科研局编选《郑振铎集》，中国社会科学出版社 2004 年版，第 433 页。

[3] 陈平原教授近年来编撰了两本关于图像文化的著作：一是《看图说书》（三联书店 2003 年版），一是《图像晚清》（与夏晓虹合编，百花文艺出版社 2006 年版），说明我国近现代文学研究已经开始关注图像问题，可惜其中较少涉及文学和图像的关系，更没有涉及图像文化在所谓"中国文学现代转型"过程中的意义和作用问题。

考这一问题，那么我们就可以说：不仅是社会、历史、语言和西学东渐等方面，包括图像文化在内，也是中国现代文学及其启蒙意识生成的重要因素。我们这样说不仅指"鸳鸯蝴蝶"派之类的"俗文学"，恰恰相反，主要是指以鲁迅为代表的伟大作家，他们的"现代转型"同样深受图像文化的助推和影响。

四、在语言和图像的关系史上，大凡被二者反复书写或描绘的题材，多为人类精神的"原型"。无论是神话传说还是历史故事，无论是《圣经》叙事还是中国的经史子集，无论是西方的莎乐美还是中国的王昭君、蔡文姬等，之所以在文学史和艺术史上反复出现，被文学和图像艺术反复书写或描绘，就在于其本身蕴涵着深厚的历史积淀，萦绕着某种足以使整个民族难以忘情的心结。因此，研究这些原型在语言和图像之间被长期复写、互仿和演绎的规律，探讨其中可变和不变的东西，当是"语—图"关系研究的典型个案。

五、如前所述，文学和图像关系的核心是语言和图像的关系，而语言和图像关系的核心就应当是"语象"和"图像"的关系。因为，语象和图像是文学和图像关系的"细胞"，是二者可能实现"统觉共享"的主要基因；因此，只有在这样的层面，而不是在其他层面，更不是在"大而化之"的层面，才能最终发现语言艺术和图像艺术得以"共享"的内在规律。换言之，所谓文学和图像的"统觉共享"，实则是语言文本和图像艺术之间"语象"和"物像"的相互唤起、相互联想和相互模仿。它们既是文学和其他艺术之间的"共同点"，也是我们对文学和图像的关系进行比较研究的平台和"工具"。离开这一关键，所有关于"文学遭遇图像时代"的表述都很难解决具体而实在的学理问题。

现在，我们就以鲁迅为例，对语象和图像的关系问题作一简要阐发。

语象和图像的统觉共享

鲁迅小说非常注重语言的色彩描绘，这一特点已被学界所认识。我们不妨摘录一段他在《补天》里的场景描写略作分析:"天边的血红的云彩里有一个光芒四射的太阳,如流动的金球包在荒古的熔岩中;那一边,却是一个生铁一般的冷而且白的月亮。"

这段场景描写一共 52 个字,和色彩相关或者可能使人联想到色彩的句段有"血红的云彩"、"光芒四射的太阳"、"金球包在荒古的熔岩中"、"生铁一般的冷而且白的月亮",合计 34 个字,超过总字数的 65%。也就是说,鲁迅的这一场景描写,主要不是描写场景的空间,而是描写场景的色彩;与其说这是用"语言"去表述,不如说是用"画笔"去涂抹,可谓浓墨重彩,酣畅淋漓,光艳刺目!说明鲁迅对于色彩的敏感和倚重。

但是,语言描绘的色彩并非物理世界的色彩,而是通过语言描述唤起了色彩的联想,是诉诸想象的色彩,即文学的"语象"色彩。这段语言书写之所以能够引发"光艳刺目"的视觉效果,关键在于色彩语词的强烈对比,诸如"血红"和"金黄"、"铁黑"和"月白"等。为了能使对比的效果更加强烈,鲁迅尽可能地制造语词的陌生化,例如将云彩说成"血红",将太阳喻为"金球",并被"荒古的熔岩"所包裹,等等。不仅如此,为了达到这样的效果,鲁迅甚至不惜违背常识,将(铁)"黑"和(月)"白"两个相反的意象叠加在一起,还将(热的)太阳和(冷的)月亮同时并置在一个画面,显然是有意为之。那么,这种强烈的对比是一种怎样的隐喻,或者说它的象征意味是什么呢?

细读《补天》全文可知,完全相同的这一场景描写先后出现过两次:最先出现在小说的开篇,即女娲惊梦之后和造人之前;第二次出现在女娲造人和补天成功但疲惫致死之后。如果将前者看做女娲在"开幕前"的"闪亮登场",那么,第二次复现则是她"谢幕后"的灿烂辉煌。无论是初现还是复现,这一场景全是大自然的造化,并非女娲的自我张扬。与这一自然造化两次复现相对应的是被置放其间的女娲故事,即其"捏泥造人"和"炼石补天"的剧情,同样是出自女娲的天性和本能——不是她有意为之,她也没有去想这样做的后果,更谈不上要实现什么"远大理想"或者完成"丰功伟业",以便"后世留名"等等,一切都是无意识的行为。[1] 相反,她在无意识中所创造的众生和尘世,却是一个嘈杂、龌龊、伪饰和争权夺利的世界。这便是《补天》所设置的两组对比:自然和人事、本能和伪饰。可见,《补天》的场景描写就是要刻意制造"对比"效果,不仅通过所叙之事,而且还通过语象的色彩对比——"血红"和"金黄"、"铁黑"和"月白"的强烈对比,直接映衬并隐喻女娲和众生的对比:纯粹和"庸俗"、伟大和"油滑",[2] 从而使叙事和描写相得益彰、故事和环境协调一致。

如果我们进一步分析就会发现:在"血红"和"金黄"、"铁黑"和"月白"这两组对比中,"黑白对比"当是其中的主色调,"红黄对比"服从于"黑白对比"。因为,那个"血红的云彩里"的"太阳"好像"金球""包在荒古的熔岩中"所造成的语象色彩和心理效果,仍然是"白光"(光芒的太阳)被"黑洞"(荒古的熔岩)所包裹,从而融入"铁黑"和"月白"的直接对比。这样,我们不仅可能从"血红"和"金黄"的组合中联想到西方的油画,更可能从"黑"和"白"的色调中联想到中国画——但不是以写意著称的中国水墨画,而是在中国有着悠久历史的以写实见长的版画,强烈的黑白对比恰恰是版画的基本色调。

如果我们将视野进一步展开,通观鲁迅的全部小说,那么就可以明显地感觉到,黑白对比其实是整个鲁迅小说语象的基本色调。《狂人日记》中"黑漆漆的,不知是日是夜",以及"很好的月光"和"全没月光"。《药》中"秋天的后半夜,月亮下去了,太阳还没有出来,只剩下一片乌蓝的天……街上黑沉沉的一无所有,只有一条灰白的路,看得分明"。《故乡》中的"深冬",天气"阴晦","苍黄的天底下,远近横着几个萧索的荒村,没有一些活气"。《社戏》中

---

[1] 鲁迅自谓《补天》(原名《不周山》)这篇小说"不过取了弗罗特说,来解释创造——人和文学的——的缘起"[《故事新编·序言》,《鲁迅全集》(第2卷),人民文学出版社1982年版,第341页]。"弗罗特"即弗洛伊德。

[2] "庸俗"和"油滑"是鲁迅在谈到《补天》创作时的自嘲,以此表示对当时批评界的不满。(参见同上,第341—342页)

的"白篷船"行使在月色朦胧的水汽里,"漆黑的起伏的连山,仿佛是踊跃的铁的兽脊似的"。《祝福》中鲁镇的"新年气象"则是"灰白色的沉重的晚云中间时时发出闪光……爆竹声连绵不断,似乎合成一天音响的浓云,夹着团团飞舞的雪花,拥抱了全镇"。《在酒楼上》的"深冬雪后……几株老梅竟斗雪开着满树的繁花,仿佛毫不以深冬为意;倒塌的亭子边还有一株山茶花,从暗绿的密叶里显出十几朵红花来,赫赫的在雪中明得如火"。

不仅仅场景描写,还包括人物肖像、故事细节和主题意象,在鲁迅的小说中始终贯穿着黑白对比的主色调。阿Q、祥林嫂和《示众》里的"白背心";秦益堂(《兄弟》)和万瑶圃(《告老夫子》)的"花白胡子";魏连殳(《孤独者》)和吕纬甫(《在酒楼上》)蓬松的须发、浓黑的眉毛和苍白的长方脸。还有《药》中的"黑乌鸦",《明天》中"黑沉沉的灯光",《奔月》中的黑色火。《狂人日记》共13则,其中7则注明了"晚上"、"全没月光"、"黑漆漆,不知是日是夜"、"黑沉沉"、"太阳也不出"等。阿Q向吴妈求爱、被抓,丁举人向赵家转移财物、赵家被抢都是在晚上。《长明灯》里的"疯子"在暮色中被关进黑暗、寂静的社庙。祥林嫂死在除夕夜。涓生在"昏暗的灯光"下写下了自己的悔恨和悲哀,发现那生路像一条"灰白的长蛇"游弋不定,最终"消失在黑暗里"。……诸如此类,以及萦绕鲁迅小说始终的主题意象"铁屋子"等,毫无疑问是鲁迅所精心书写的黑白语象,和黑白交错的版画图像何其相似乃尔!

据统计,在鲁迅的三部小说集(《呐喊》、《彷徨》、《故事新编》)中,使用描述性色彩词的地方有526处,使用频率由高到低依次是:白色系29.7%,黑色系21.5%,红色系15.9%,黄色系9.9%,青色系8.2%,绿色系5.5%,蓝色系4.4%,紫色系2.5%,拼色系1.5%,透明系1.1%。[1] 这组数据进一步证明鲁迅小说语象的色彩偏好主要是黑白交错,和版画艺术的色调完全吻合。也就是

---

[1] 金玲:《鲁迅小说色彩与知识分子形象》,《鲁迅研究月刊》2005年第9期。

说，小说语象和版画图像的统觉，在鲁迅这里实现了二者的"共享"。就此而言，将鲁迅小说的总体特点定义为"版画风格"也是恰当的。

当然，鲁迅的小说语象和版画图像之间的相似性，不仅表现在黑白色调方面，还可能表现在其他诸多方面，例如笔法的钢硬挺直，对于"力之美"的共同追求；构图的简练抽象，在结构布局方面的相似性；意象的诡异老辣，在陌生化效果方面的异质同构，等等，有待于我们日后进一步深入细究。我们在此只是为了说明：在鲁迅的小说中，文学语象和艺术图像之间确实存在着必然的联系，这种联系毫无疑问和鲁迅的美术情结有关，特别是和他对于版画艺术的偏好密切相关。

我们知道，鲁迅首先是一个文学家，但对绘画艺术却情有独钟。他自幼嗜画，不是一般地"喜欢"，而是"痴迷"。这方面的资料在知堂、许寿裳等人的回忆著述中多有涉及，他人和后学的评述也已很多。特别是他"弃医从文"之后，这方面的兴趣有增无减。尽管他几乎没有创作过绘画作品（只有很少几幅），但是对美术史论、美术教育和美术创作的评论、译介、组织和推广，毫无疑问作出了重大贡献。可以这样说，在中国现代文学史上，没有一个文学家能像鲁迅那样同时赢得美术界的巨大声誉，甚至被誉为中国现代版画运动的精神领袖。这就是鲁迅的文学语象深受图像艺术浸染的重要旁证。

纵观鲁迅的全部美术活动，尽管涉及的范围非常广泛，但是有一点应当是公认的，那就是在所有的美术和绘画品类中：版画是他的最爱。从《八戒招赘》和《老鼠成亲》的童年记忆[1]，到晚年在病榻上弥留之际对苏联木刻的反复品赏[2]；从对陈老莲等中国古代版画的好感，到对陶元庆、孙福熙等现代版画家

---

[1] 鲁迅：《狗·猫·鼠》，《鲁迅全集》（第 2 卷），第 237 页。
[2] 据萧红回忆，鲁迅先生在病中不看报、不看书，只是安静地躺着，"但有一张小画是鲁迅先生放在床边上不断看着的"（《萧红文集》第 3 卷，安徽文艺出版社 1997 年版，第 291 页）。这张"小画"就是在鲁迅逝世后，许广平在其背面用铅笔写上以下文字的那幅画："鲁迅病中收到苏联木刻家寄来，非常喜爱，为病中浏览珍品。"许广平还将这幅小画装入封套保存，又在封套上写明"鲁迅寄中国宣纸给苏木刻家，木刻家以之印成木刻，寄给鲁迅留念，鲁迅在病中常浏览的"。

的褒扬；从对比亚兹莱、柯勒惠支、路谷虹儿和新俄版画的译介，到身体力行组织版画展览和讲习班；从对中外文学插图资料的搜集整理，到为自己的文集和期刊设计封面和插图……毫无疑问，版画是鲁迅最为倾情的艺术。个中真伪是显而易见的，那就是版画的黑白逻辑所隐喻的是非分明和批判精神，和鲁迅的语言叙事和文学理想一脉相承。只有这样一种解释，只能有这样的解释。

鲁迅的小说语象和艺术图像之间的统觉共享还可以从另一角度得以证实，那就是鲁迅特别注重自己的文集、译著、编著与刊物等书刊的插图和封面设计，有时还亲自为之，这在当时可谓引领风气之先。早在浙江两级师范学堂任教时，他就曾为自己编写的讲义亲手绘图。《坟》的扉页装饰图就出自鲁迅之手，还有《朝花夕拾》"后记"中的"活无常"插图（题名《哪怕你，铜墙铁壁！》），以及《中国小说史略》、《热风》、《华盖集》、《呐喊》、《华盖集续编》、《而已集》、《三闲集》、《二心集》、《两地书》、《鲁迅杂感选集》、《南腔北调集》、《准风月谈》、《花边文学》等文集的封面，都是鲁迅亲自设计。鲁迅注重对自己的文集、译著和期刊的图像装饰，说明在他的心目中，已将语言表达和图像展示看做是相辅相成的统一体，二者的相互映射可以起到事半功倍的效果。当然，鲁迅的文学语象和图像的密切关联，更可以从旁人和后人对其作品的大量改编、摹写和图绘中得到更多的证实。这种热情之所以一直延续到今天，更能说明鲁迅的文学语象和艺术图像的密切关联，其间必有许多我们尚未认识的语图规律的存在。

需要说明的是，无论是对于语图关系的历史回溯，还是以鲁迅为例探讨文学语象和艺术图像的统觉共享，本文的论述都是十分粗略和相当简要的，并未详细展开。包括鲁迅的小说语象及其版画风格问题，也只是在色调方面的一致性略作分析，没能就笔法、构图、意象等其他方面的统觉共享进一步展开，更没能就统觉共享本身的规律做些探讨，仅仅是"举例说明"而已。这说明在文学和图像关系的研究中尚有许多未知应当去关注。也就是说，本文只是提出问题，并没有、也不可能穷尽所有问题并详尽探讨。但是有一点是肯定的，那就是我们坚信本文所涉及的这些问题，对于研究文学和图像的关系具有重要意义，当是文学和图像关系研究中具有普遍性的重要命题。例如语象和图像的统觉共享，是否主要表现为色调、笔法、构图和意象这四个方面？或者说表现在鲁迅身上的统觉共享是否具有普遍性？等等，有待于我们作出进一步的论证和探讨。

但愿本文所提出的这些问题能够引起学界的注意和兴趣，但愿这些问题能被越来越多的学者所阐发、所探讨，但愿由此引发学界提出更多和更有意义的"语—图"关系命题，但愿那些情绪性的诉说和表态式的判断远离我们的学术话语。

Several Issues in the Study of Relationship between Literature and Images

Zhao Xianzhang

Abstract: Literature is the art of language, but language is not all of the literature, this concept makes it possible to discuss the relationship between literature and images, and the relationship of "language-map" is the key. "One", "Split" and "Fit" is the three major historical figure of it; Corresponding to this, "to speak with the map," " the mutual imitation of language and map" and "Intertextual language map" is its own characteristics, which contains and may lead to many valuable academic questions. Especially the relationship of the verbal icon and the image, as the "apperception sharing" between the language and images, should be the platform to study. Only these in-depth theoretical analysis, rather than the emotional expressions and attitudes, it is possible to better explain the confusion that the literary experiences "Image Era".

Key word: literature, image, language, verbal icon

文学与思想

马克思主义文艺批评方法

略论现代艺术形式观念的嬗变

陈传才[1]

摘要：西方形式主义的艺术观念，超越了千百年来那种重艺术内容、轻艺术形式的观念，从而把艺术形式置于文艺创造与欣赏的重要地位予以探究，引发了现代艺术形式观念的深刻变化。虽然形式主义所依托的艺术本体论可以超越艺术认识论，却无法消除作品与客体的、主体的联系，以及艺术形式与意蕴的有机融合。理论和实践证明，唯有"有意味的"、"生命的"、"情感的"形式（符号），才是审美的形式和艺术的符号，才能与作品（文本）达成符合文艺特质的血肉关系，从而迸发出令读者常读常新的永久魅力。

关键词：形式主义　艺术本体论　形式美

30多年来，随着我国现代化变革的迅猛发展，文艺理论观念也发生了许多新的变化。比如，艺术形式的观念，由于西方形式主义批评理论暗合了我国传统的"使情成体"的文艺思想，以致文论界不少人超越认识论的理论视阈，运用形式批评的新观念、新方法，不再仅仅研究文艺的对象及其主客体关系，而是转向"艺术返回到自身"的本体论，将文艺作品（包括艺术材料和手段、技

---

[1] 陈传才：男，广东普宁人，中国人民大学文学院教授，博士生导师。

巧构成的感性形式）视为文艺创造（生产）与欣赏（接受）的重心。这对现代文艺理论与实践的深刻影响是毋庸置疑的。

然而，由于西方形式主义对认识论的内容与形式的划分，采取否定或排斥的姿态，致使不少人对这种批评理论的责难多于肯定，不能充分认识到它对现代艺术观念嬗变所产生的深刻影响。本文试图就这个问题进行探讨，并对形式主义的理论偏颇加以论述。

一

从西方文艺理论发生、发展来看，历史上不同艺术形式观念的冲突与更迭，总是同人们对文艺和美的本质（本体）的不同认识相联系。虽然后来者总是以否定姿态完成对此前或他者观念的超越，真正有生命力的创新观念却是在继承与借鉴中实现其超越的。因此，历代艺术形式观念的替嬗，总体上看是沿着肯定—否定—否定之否定的轨道前行的。

在古代西方的文艺观念中，作为本质、本体和整体的形式，是与内容和谐一致的。古希腊哲学家柏拉图把宇宙的本质和本体归结为"理式"，即一种超验的、永恒的、绝对的精神实体，具有本体意义的范式。在他看来，美的事物所以美，就因为它模仿了这种美的理式，而美的理式就是美本身，美的事物只是美本身的模仿和影子。艺术是美的事物的模仿，对美的理式来说，只是对美的理式的模仿的模仿。[1] 所以，他认为既然"理式"是美本身，那么艺术也就是美的形式了。

由于柏拉图先验的理式理论无法解释事物存在的根据，他的学生亚里士多德便继而从事物本身寻找事物存在的原因，提出了著名的"四因"论：质料因、

---

[1] 柏拉图：《文艺对话录》，朱光潜编译，人民文学出版社1962年版，第72页。

形式因、动力因、目的因。由于形式因包括动力因和目的因，因而他的形式概念主要是与质料相对而论的。他认为，事物之所以美，艺术之所以美，就因为它不是作为质料而存在的，而是作为形式而存在的。"石块里是找不到赫尔梅（艺神）像的。"[1] 艺术美不在质料（石块），而在形式（雕像）。所以说，美即形式、形式即美。形式是艺术家创造并赋予质料的，美的形式中有主体创造的动力因内涵和读者获得美的愉悦与享受的目的因内涵。在亚里士多德看来，形式是蕴含内容的形式，是能揭示（反映）事物本质的形式，所以"美与不美，艺术作品与现实事物，分别就在于美的东西和艺术的作品里，原来零散的因素结合成为一体"[2]。所谓"结合成为一体"，就是形式的有机整体性。从而体现了古希腊人将形式、美、艺术三者相包含的整体和谐观。

随着工业革命的到来，社会面貌发生了彻底的改变，人的活动也越来越复杂多样，古代的艺术形式观念面临危机。比如在康德美学中，形式已不再是本体。他把世界分裂成可知和不可知两大部分，世界的本体即他说的"物自体"是不可知的，人们不能赋予"物自体"形式，形式只能认识现象世界。于是，主体和客体不和谐，形式和内容相分裂。虽然他也提出"美在形式"，但并非认为美在形式之中，而是说这种形式能引起审美主体的美感，这种美感是不涉及思想概念、欲念、利害及目的的愉悦，因而引起美感的形式是没有任何内容的。康德所指称的"纯粹美"或"自由美"，正是这种不涉及任何内容的形式的美。但康德又很快发现，世间只拥有纯粹美的事物委实太少，于是他又提出了"依存美"的概念，即其形式含有善的或使用的目的。这种依存于内容的美具有道德意义，体现了他的审美理想。康德在美学中的这种分裂，不仅表现在纯粹美和依存美的矛盾中，而且还表现在美与崇高的对立上。这反映出近代艺术形式观念，已从古代形式即本体的整体和谐转为多元分裂的趋势。

在黑格尔的美学中，美被定义为"理念的感性显现"。但美和艺术并不就是

---

[1] 亚里士多德：《形而上学》，罗念生、杨周翰译，人民文学出版社 1962 年版，第 25—26 页。
[2] 朱光潜：《西方美学史》（上册），人民文学出版社 1963 年版，第 61—62 页。

形式。只有当理念在感性形式中显现出来，形式才是美的。所以，黑格尔的艺术理想就是理念和形式的和谐统一，而古希腊艺术（尤其是雕塑）正好符合这种美的理想。黑格尔用这种艺术形式观考察古典艺术之后的浪漫艺术，指出其无限的理念内容不能在有限的感性形式中完满表现自己，内容与形式处于不协调之中。而这种内容与形式的分裂不但导致浪漫艺术解体，而且艺术本身也要解体。因为，"艺术的形式已不复是心灵的最高需要了，我们尽管觉得希腊神像还很优美，天父、基督和玛丽亚在艺术里也表现得很庄严完善，但是这都是徒然的，我们不再屈膝膜拜了"[1]。黑格尔的艺术解体论，进一步确证内容和形式相分裂的近代艺术观念。

现代社会高科技迅速发展，物质主义、个性主义盛行，为艺术形式观念的新变提供了土壤。在 20 世纪西方众多文艺理论批评流派和学说中，尤以俄国形式主义、英美新批评和法国结构主义为代表的诸流派对现代艺术形式观念的嬗变产生了重大影响。正像西方人为"形式主义"（Formalism）所下的定义那样："通常包括两点：第一，在文学中排除或者缩减社会的、历史的、政治的或意识形态的因素；第二，将作品、文体乃至整体的文学视为一个相对封闭的系统。另外，'形式主义'也常常意味着更重视文学的形式——技巧方面，而不大重视意义和主题。"[2] 比如，俄国形式主义力图在历史、哲学、传论、心理学等等研究之外，为文学批评建立独立的规则，这就使它的文学研究有别于传统的社会学研究、作家传记和文艺心理学研究，转而返回到作品（文本）以及语言、结构的研究。这就是兰色姆在《新批评》一书中标举的"寻找本体论的批评"。在结构主义那里，艺术本体论的批评，就是一种"关于叙事的结构主义分析"。这说明，西方形式主义诸流派之所以提出有别于那些建立在认识论基础上的批评理论，就因为它们认为作品就是艺术的本体，具有自身完善的有机审美整体。从而潜心于作品结构及语言事实的探寻，强调文学研究的对象就是它的"文学

---

[1] 朱光潜：《西方美学史》（下册），人民文学出版社 1963 年版，第 148 页。
[2] 杨慧林：《西方文论概要》，中国人民大学出版社 2003 年版，第 194—195 页。

性","也就是使一部作品成其为文学作品的东西"[1]。如果说,艾略特追求艺术形式从表现内容中独立的话;那么,瑞恰兹的语义分析则完成了对独立形式的客观属性的阐述,使新批评(包括符号学)形成对作品本体研究的理论框架。结构主义与新批评的差别,"仅在于认为应当有一种方法认识结构,以便从作品的系统中重建一个'客体'"[2]。

形式主义诸流派正是从以作品为本体的理论基点出发,关注文本的内部规则,强调语言和结构是作品唯一的存在和价值,从而确立了形式主义的艺术观念。它超越了传统认识论视阈中的内容与形式的划分,如俄国形式主义代表人物日尔蒙斯基所说:"简言之,如果说形式成分意味着审美成分,那么,艺术中的所有内容事实也都成为形式的现象。"[3]于是,主张用"素材"和"手法"的划分去代替传统"内容"和"形式"的划分。他们认为,"素材"没有以前被称为内容的那种积极的决定作品形式的功能了,它只是一堆消极的等待选择和加工的材料,而"手法"才是艺术创造的决定因素。正是手法提炼素材,赋予它审美形式。由此确立了手法、技巧等形式因素在文艺作品中的重要地位。新批评派则用"肌质"和"构架"来代替"内容"与"形式",认为文艺作品是一种肌质化的本体存在,构架只是起着一种负载肌质的作用。其代表人物兰色姆认为,一首诗的构架是能用散文转述的东西,是使作品的意义得以连贯的逻辑线索,作品中无法用散文转述的则是肌质,即构成作品的全部细节,包括词语的音、调及所表示的能够感觉到的一切现象。在作品中,肌质不是构架的附属品,而是作品的本质及精华所在。结构主义则用"结构"这个有机整体的概念来替换"内容"与"形式"的概念,认为艺术形式就是一个由表及里的多层结构。结构是艺术本身诸构成因素的关系,而不是艺术与其他事物的关系。作品的意义就在关系中,就在结构整体中,每一作品的构成因素和细节只有在整体结构

---

[1] 中国社科院外文所编译:《俄国形式主义文论选》,三联书店1989年版,第212页。
[2] 奥尔德里奇:《艺术哲学》,程孟辉译,中国社会科学出版社1986年版,第55页。
[3] 中国社科院外文所编译:《俄国形式主义文论选》,第212页。

中才有它的意义。因此，结构主义与新批评不同，它重视整体意义而轻视感性现象，以便在艺术分析中探究深层结构的意蕴；而新批评却注重在"细读"中挖掘每个词的意义、字与字连接构造的秘密。

总之，形式主义发展到多层结构论，其旨在排除内容和客观外在关系的目的显然不能实现，因为实际上文艺无法回避对现实生活的审美反映和对人性的终极关怀；但是，它们所构建的相对独立的艺术形式观念拓展了人们的视界，吸引着人们超越社会历史批评和文艺心理学研究，深入到作品（文本）形式美的创造规律的探寻之中。

众所周知，根据马克思关于人是"按照美的规律来建造"的观点，人在创造活动中将主体与客体相统一、目的性与必然性相统一的特性，体现了人的活动的自由本性，而作为人的创造活动的产物（物质的、精神的），都是一种自由的形式创造。文艺作为人的精神创造的一种，也是自由的形式创造，但它的形式创造不同于科学、哲学等精神创造，不是创造一般的抽象形式（符号），而是创造一种旨在满足人的审美需求的特殊的感性形式，即美的形式或形式美。卡西尔说得好："科学在思想中给予我们以秩序；道德在行动中给予我们以秩序；艺术则对可见、可触、可听的外观之把握中给予我们以秩序。"[1] 这种美的形式是由体、线、面、质地、色彩和音响组成的复合体，是一种在空间和时间中可以感性直观的物质存在。在文学创造中，这种感性形式是通过语言间接塑造的。文艺借助物质的材料和媒介，按照美的规律（自然美的形式尺度和人的审美目的和需要的尺度的统一）来建造它的形式。所以，"违反了形式美的规律，不但扭曲了客体对象的存在状态，还进而妨碍了作品审美意蕴的美感显现。对于作家或诗人来说，运用语言符号及形式技巧，是否符合作品典型（或意境）的审美意蕴的内在需求，且富有独创性的美感魅力，就直接影响作品的艺术生命和审美价值。对于读者来说，他们也总是钟情于那些具有美的形式、能引发他们

---

[1] 卡西尔：《人论》，甘阳译，上海译文出版社1985年版，第34—35页。

阅读和欣赏兴味的作品,并于美的形式的体味和感悟中,进而把握、理解作品的审美意蕴"[1]。所以,富有个性和创新意义的艺术形式,总是同文艺作品的新追求、新创造水乳交融在一起的。可见,形式主义的艺术观念,超越了千百年来那种重艺术内容、轻艺术形式的观念,从而把艺术形式置于文艺创造和欣赏的重要地位予以探究,引发了现代艺术形式观念的深刻变化。

二

再从文艺实践来看,艺术创造虽是艺术形式创造,却不是纯形式的创造,而是创造美的形式或形式美。

按照现代心理科学的有关理论,人在整个生命活动中,无时无刻不感受到环境的形式因素,不断接受各种声音、颜色、线条等对感官的刺激,外界的这些形式因素、特征、结构被五官感觉接受,传导到大脑,引起人们生理、心理的种种愉快,产生适当的情感体验。如事物形式的对称、均衡的特征,是自然界生命力结构的一种表现,同时也是人的生理结构的特征。健全的人体四肢五官都是对称均衡的,因而这种形式能给人们带来愉悦。这说明,形式美根源于主客体的同质关系。形式若无同质的审美感知,是形不成美的形式的。

当然,人的心理结构是个不断发展的历史过程。五官感觉从生理器官变化为文化器官,从听声音的耳朵变成能感受音乐的耳朵,经历了长期的社会实践。起先人们对于事物形式特点的注意和掌握,是从有用、有利、有益等实用价值观出发,然后才发展到超实用的审美价值观。其审美掌握面向事物的形式,关照形式意味而不考虑形式的实用目的。原始民族以动物的皮、骨、牙、羽毛为装饰物,起先佩带这些物品是因为它标志着勇敢、灵巧和有力,后来这些物品

---

[1] 陈传才、周文柏:《文学理论新编》,中国人民大学出版社1994年版,第270页。

的形式引起快感，便成为美的象征，成为审美对象，变成具有独立意义的形式美。又如，人对形式节奏的美感，也是在长期的生产劳动中形成的。由于自然界运动的周期性，其中存在着一系列节律现象，如日夜交替、季节变换，还有人的心跳和呼吸。在劳动中，人们通过活动的秩序化形成了节奏，减轻了劳动负担，各种不同节奏通过工具与材料的接触发生种种音响而进入人的意识，训练了人的听觉，终于形成条件反射。当原始人把节奏变成集体性劳动的"伴奏"，使劳动变得轻松和愉快，节奏便向审美形式转化，被人们作为一种享乐来使用。而当节奏完全脱离了劳动，变成巫术模仿中声音和动作的一种形式因素，从而激发着人们的情感时，它就转化成为审美的形式了。

因此，形式美不是自然美，而是人所创造的美，是人的创造力、审美力表现在形式创造（生产）中所形成的美。艺术创造和艺术鉴赏都是一种创造性的审美关系，涉及主体与客体、精神与物质两个方面，没有主客体双方的同质条件，审美关系是无法构成的。20世纪80年代在我国产生较大影响的格式塔心理学派的"异质同构"说，就是从心理学上来说明形式美与主体审美感知是同质的。他们认为，客观世界那些不具意义的事物，如陡峭的岩石、落日的余晖、墙上的裂缝、飘零的树叶，甚至抽象的线条、色彩、形状都有人一样的表现性，这种表现性乃是知觉式样的一种固有性质。B.阿恩海姆在《艺术与视知觉》中则说："造成这种表现性的基础是一种力的结构，这种结构之所以会引起我们的兴趣，不仅在于它对那个拥有这种结构的客观事物本身具有意义，而且在于它对于一般物理世界和精神世界均有意义。像上升和下降、统治和服从、软弱和坚强、和谐和混乱、前进和退让等等基调，实际上是一切存在物的基本存在形式。不论是在我们自己的心灵中，还是在人与人之间的关系中，不论是在人类社会中，还是在自然现象中，都存在着这样一些基调。那诉诸人的知觉的表现性，要想完成它自己的使命，就不能仅仅是我们自己感情的共鸣。我们必须认识到，那推动我们自己的情感活动起来的力，与那些作用于整个宇宙的普遍的力，实际上是同一种力。只有这样去看问题，我们才能意识到自身在整个宇宙中所处的地位，以及这个整体的内在统一。"[1] 阿恩海姆的论述说明，对象之所以引起人的美感，是由于对象的力的基本式样与人的心理结构的力的基本式样是同构的。当然，这种同构的性质是从主体与对象相互关系的生成和发展中确立起来的。如同马克思所说："只有音乐才能激起音乐感；对于没有音乐感的耳朵来说，最美的音乐也毫无意义，不是对象，因为我们的对象只能是我的一种本质力量的确证，也就是说，它只能像我的本质力量作为一种主体能力自为地存在着那样对我存在，因为任何一个对象对我的意义都以我的感觉所及的程度为限。"[2] 马克思的话进一步指明，形式美与人的审美感的同构，是从生活实践和艺术实践中形成的。因而形式美不是指某一作品的具体形式的美，而是从文艺家创造的艺术形式的总体中抽象出来的，即从大量艺术现象的具体形式中提炼、概括出来的形式的共同美。正如柏拉图所说："我说的形式美，指的不是多数人所了解的关于动物或绘画的美，而是直线和圆以及用尺规和矩来用直线和圆所形成的平面性和立体性。"[3]

的确，在形式美创造中，作为形式外部特征和形态的，是由物质材料所构成的。其中，材料媒介的形式美直接影响作品的特质。绘画用的是油质材料还是水质材料，雕塑用的是青铜还是象牙，都会使作品的艺术风格迥异。材料媒介还是规定各类艺术形式审美特性的重要因素，如雕塑材料的硬度、光泽、纹理都会使雕塑作品各呈姿彩。工具媒介是艺术家用工具运用和改造物质材料，从而赋予艺术形式审美素质。画家靠画笔组织颜料并创造线条，雕塑家靠凿刀加工大理石并创造形体，在形式创造中笔和刀比颜色和大理石起更大的作用。手段媒介是艺术形式借以形成的手段，是其直接外壳，它包括声音、动作、色彩、线条、语言等媒介形式。语言是文学的手段媒介，虽不能直接提供直观形象，却能够通过想象间接塑造形象，表达出那些不可捉摸和未有形体的东西。

---

[1] 阿恩海姆：《艺术与视知觉》，滕守尧译，中国社会科学出版社1984年版，第625—627页。
[2] 里夫希茨编：《马克思恩格斯论艺术》（一），曹葆华译，人民文学出版社1960年版，第113页。
[3] 柏拉图：《文艺对话录》，第298页。

所以，语言的声、韵、节奏和格律等所造成的语言美，是其他艺术媒介手段难以企及的。这些媒介不仅参与形式美的创造，而且本身具有相对的美。然而，外在媒介和手段、技巧并不能止于此，还必须按照艺术创造的特点和规律，通过特定的结构组织方式，把它们与作品内在意蕴融合为整体的形式美。

对于形式美的结构组织规律，西方不同时期的美学家有不同的理论概括，如中世纪意大利美学家圣托马斯·阿奎那提出了三条美的规律：（一）完整或完美；（二）适当的比例或和谐；（三）鲜明。黑格尔则归纳为"整齐一体、平衡对称、和谐"三项。更多的人则强调多样统一的规律。这是因为形式美的创造体现了自然界和社会的多样统一，人的生理和心理结构的多样统一，人的行为和活动的多样统一，以及人的审美经验和审美要求的多样统一。现代形式主义构建的形式美结构系统，较之以往更为具体和完整。正像韦勒克、沃伦在《文学理论》中概述的那样："（一）声音层面、谐音、节奏和格律；（二）意义单元，它决定文学作品形式上的语言结构、风格与文体的规则……；（三）意象和隐喻，即所有文体风格中可表现诗的最核心的部分……；（四）存在于象征和象征系统中诗的特殊'世界'，我们称这些……为诗的'神话'。"[1]

在这个有机、自足的多层结构体中，每个层次相互关联。前两个层次属于表层现象（谐音、节奏、格律与文体规则），可称作文艺作品的外形式；后两个层次为深层结构（意象、隐喻、象征、神话），可称作文艺作品的内形式。外形式依存于内形式，内形式由外形式呈现出来，从而结成一个整体，作品的意义就在文本的结构中，每个构成部分只有在结构中才有自己的意义。

可见，形式主义的艺术观念之所以有别于传统内容和形式二分对立的观念，就因为它赋予创造形式美的媒介、手段（特别是文学语言）及其内在结构方式以重要地位和价值。结构主义—叙事学认为，文学语言是在对日常语言进行改造的基础上形成的，具有自身独立的审美特性。罗兰·巴尔特说：叙事作品的

---

[1] 韦勒克、沃伦：《文学理论》，刘象愚译，三联书店1984年版，第165页。

语言不是有声语言的语言。因为其"符号功能单位都与日常语言的词不同,其功能单位有大于语句的、长短不一的句群,或作品的整章、整篇、整段,乃至小到具有文学性的单词,它们不同于日常语言中词与物的纯对等关系,而是自身组成了一个独特的视界"[1]。在日常语言中,作为词典意义使用的词在具体文学创作中只能成为文学语言的潜在材料,以此来构造的文本只服从于文本自身的叙述,而非日常语言使用中的现实逻辑,这正是文学虚构成为文学重要特征的原因之一。象征符号学的苏珊·朗格也说:"那些真实的生命感受,那些互相交织和不时地改变其强弱程度的张力,那些一会儿流动,一会儿凝固的东西,那些时而爆发,时而消失的欲望,那些有节奏的自我连续",总之,"世界呈现出来的无数形式以及那无限多变的感性生活","都可以在一件艺术作品中呈现出来"。[2] 这就是文学语言经由特定结构方式的处理而生成的审美表现性。文本的叙述功能使它形成了不依靠对客观事物形态的忠实而存在的内在逻辑,即形成了与现实经验世界相互联系而又有别于经验世界的新世界。这样,人们阅读作品就不会停留在文本字面义的理解与感受,而是从整个文本系统的理解与感受中把握其深层含义。

与此相关的,关于语境的作用问题,也是形式主义某些流派强调的。因为文学创作与欣赏主体的语言活动具有双层语境结构,既有字面义层次的,更有体现文学语言特制的深层语境。同是具有深层语境的不同作品的情形又各有特殊。有的给欣赏者提供了较明晰的语境,如现实主义一类作品。正像恩格斯在谈到巴尔扎克的《人间喜剧》时,特别提到其作品"给我们提供了一部法国'社会'特别是巴黎'上流社会'的卓越的现实主义历史"[3]。有的所提供的语境,不仅需要从字面义中体验语义的深层结构,而且还要把它同整部作品结合起来才能把握。如鲁迅《祝福》的开头叙述,就为主人公祥林嫂的出场展开背景烘托,只有结合全文方知其用意深远。因为20世纪初叶的中国农村,郑重其

---

[1] 陈传才、周文柏:《文学理论新编》,第143页。
[2] 朗格:《艺术问题》,滕守尧译,中国社会科学出版社1983年版,第144页。
[3] 《马克思恩格斯选集》(第4卷),人民出版社1980年版,第462页。

事的新年气氛，深深表现了中国古老文化传统与习俗的惯性力，祥林嫂就出生于这种氛围，也死于这种氛围，这样的文学叙述便获得了全新的审美意蕴。

可见，艺术形式（语言、结构、叙事、文体等）在形式美创造中虽然具有相对独立性，但其审美表现功能的实现是不可能离开现实生活和文艺家的审美情感体验的。试想，如果离开了这些，作品中的意象、隐喻、象征、神话的意义又从何而来？而且，意象、隐喻、象征、神话本身不就有着艺术认识论的含义吗？这说明，形式主义所依托的艺术本体论可以超越艺术认识论，却无法消除作品与客体的、主体的联系，以及艺术形式与意蕴的有机融合。而这一切正是认识论、主体性艺术理论的合理内核，因为文艺毕竟不只是作品本身，更不是一个凝固的封闭的形式本体，而是源自现实人生、由文艺家创造和读者再创造互动生成的活动系统。文艺家主体与生活客体的认识和实践，必然凝结在形式与意蕴相融合的形式美创造之中，以致作品的整体形式和意义也必然向社会、读者的审美实践开放，使之成为一种"活的形式"（席勒）。这种"活的形式"，既是克莱夫·贝尔所说的"有意味的形式"，又是苏珊·朗格所说的"生命的形式，情感的形式，是与其他符号不同的艺术符号"。唯有"有意味的"、"生命的"、"情感的"形式（符号），才是审美的形式和艺术的符号，才能描绘和表现那种似真似幻、幽深微妙的艺术意境，才能与作品（文本）达成符合文艺特质的血肉关系，从而迸发出令读者常读常新的永久魅力。

On the Evolution of the Concept of Modern Art in the Form

Chen Chuancai

Abstract: The artistic conception of western formalism exceeds the one which paid more attention to the context than to the form of art for thousands of years, thus bringing the art form to the important place of art creation and appreciation to explore, causing the profound changes of the modern artistic conception. Although the formalism relying on the ontology can transcend the epistemology, it can not eliminate the objective and subjective links with works, as well as the organic integration of the art form and meaning. Theory and Practice have proved that only "significant", "life" and "emotional" form (symbol) is the aesthetic forms and artistic symbols, which can come to the artistic quality with works (text), thus bursting out the permanent charm of to readers.

Key words: Formalism, the ontology of art, beauty in form

马克思主义文学批评的困境与出路

张永清[1]

摘要：马克思主义文学批评处于"失语"状态，源于批评理论的创新能力不足与实践品格的被弱化。应在对马克思、恩格斯的文学批评理论与马克思主义文学批评作严格区分的基础上，回到两个"文本"，即马克思、恩格斯的批评文本自身与文学作品本身，强化马克思主义文学批评的实践品格。

关键词：马克思 恩格斯 文学批评 文本

马克思主义文学批评在我们的文学、文化事业的整体格局中占有十分重要的位置，起着其他文学批评难以替代的独特作用。那么，改革开放30多年来尤其是进入新世纪以来，马克思主义文学批评的境况究竟如何呢？本文拟从以下几个方面对这一问题作相关思考与探究：第一，对文学批评与马克思主义文学批评现状的基本判断；第二，导致马克思主义文学批评陷入困境的主要根源；第三，从根本上改变马克思主义文学批评现状、创新马克思主义文学批评的主要思路与可能路径。尽管这种思考与探索只是初步性、尝试性、探索性的，但希望能抛砖引玉，引起大家的关注与重视。

---

[1] 张永清：男，山西平陆人，中国人民大学文学院教授，博士生导师。

一

为了便于说明问题,我们将新中国成立至 2009 年的文学批评分为前后两个 30 年。从文学批评格局看,如果说前 30 年的文学批评就是马克思主义文学批评,马克思主义文学批评就是文学批评,两者是等同的,那么后 30 年即改革开放 30 年的马克思主义文学批评在整个批评格局中的位置就发生了显著变化。这种变化主要体现在两个方面:第一,文学批评经历了从"一"到"多"的历史性变革。尽管马克思主义文学批评是文学批评这个大家族中最重要的成员,但它毕竟只是其中的一员,还有诸如形式主义批评、新批评、后殖民主义批评、解构主义批评等等。第二,马克思主义文学批评的思想理论来源也经历了从"一"到"多"的历史性变革。如果将前 30 年的马克思主义文学批评称为传统马克思主义文学批评,其思想理论主要来源于俄苏文论与毛泽东《在延安文艺座谈会上的讲话》等,那么后 30 年的马克思主义文学批评除传统马克思主义文学批评之外,还有异彩纷呈的西方马克思主义文学批评或国外马克思主义文学批评,其思想理论主要来源于欧美文论。限于篇幅,本文将论题限定在后 30 年这一历史时期。

在对后 30 年马克思主义文学批评的现状作出基本判断之前,有必要对这一时期文学批评的整体状况作出客观描述与勾勒,尽管这种描述与勾勒可能还相当粗略。白烨在《文学批评的新境遇与新挑战》一文中指出:"概要地考察批评的变化与现状,可以说当下的文学批评显然是在不断发展和逐步分化的,甚至也有一分为三的趋势,这就是以传统形态的批评家为主体的专业批评,以媒体业者及媒体文章为主角的媒体批评,以网络作者尤其是博客文章为主干的网络批评。这样三种类型批评的共存与共竞,构成了当今文学与文化批评的基本态势,以各自的方式与特色支撑着新格局并影响着受众。"[1] 这

---

[1] 白烨:《文学批评的新境遇与新挑战》,《文艺研究》2009 年第 8 期。

说明，当下的文学批评确实发生了诸多令人惊异的变化，需要我们进行深刻的理论反思。我们将从马克思主义文学批评这一维度来审视后 30 年的文学批评。改革开放 30 多年来，文学批评确实取得了不俗的成就，有力地推动了社会主义文学、文化事业的健康发展。但是，也确实存在着各种各样的批评乱象，诸如"帽子批评"、"棍子批评"、"红包批评"、"友情批评"、"酷评"，等等。如果说前 30 年的文学批评蜕变的主要形式表现为一种动辄就上纲上线的政治审判，那么后 30 年的文学批评蜕变的主要形式则表现为一种处心积虑的商业秀，一种挖空心思的炒作风，一种无须细读作品就以"伟大"、"新高度"等超级语汇自由命名的文字游戏，等等。凡此种种表明，相当一部分文学批评丧失了自身应具有的主体意识、批评个性以及人文情怀等，庸俗化、商业化、时尚化、娱乐化、友情化等现象在文学批评领域表现得十分突出，这些问题已严重影响了文学批评功能的发挥与批评价值的实现，严重损害了文学批评自身的形象，背离了真正的文学批评精神。值得注意的是，真正有思想、有见地、有分量、有广泛影响力的文学批评尚不多见，在热热闹闹、风风光光的繁荣表象背后，实际掩盖的是文学批评的无力与虚弱，这是文学批评的真正困境与难以言说的尴尬。

与其他批评流派相比，马克思主义文学批评又处于何种境况？我们的基本判断如下：

第一，大体而言，20 世纪 70 年代末至 1984 年这一时期，是马克思主义文学批评的辉煌岁月，对文学理论的建设与文学创作的繁荣，起到了十分重要的作用。比如，通过对"现实主义"、"莎士比亚化"、"美学观点和历史观点"等经典作家批评理论的阐发，基本肃清了极"左"文艺观念、文艺政策等在批评领域的恶劣影响，在很大程度上恢复了马克思主义文学批评的本来面目。此外，马克思主义文学批评对这一时期的文学创作诸如伤痕文学、反思文学、改革文学的繁荣与发展也起到了有力的促进作用。

第二，1985 年之后，形式主义、结构主义、存在主义、精神分析、后殖民等各种新潮批评景象涌现，马克思主义文学批评被视为"僵化"、"过时"的批评方法不再受人青睐，从而形成了其他批评流派的"热"与马克思主义文学批评的"冷"这一强烈反差。从某种意义上讲，马克思主义文学批评经历了从改革开放初期的"独语"到中后期的"失语"这样一个发展态势。需要说明的是，马克思主义文学批评在中后期的"失语"并不意味着它在文学批评领域无声无息，而是说在其他批评理论的众声喧哗中，马克思主义文学批评的声音过于微弱，这与它自身的批评担当极不相称。

第三，从马克思主义研究阵营看，文学理论研究与文学批评实践之间也存在着强烈反差。这种反差主要表现为理论研究的"炙热"与批评实践的"冰冷"。具体而言，我们在马克思主义文学理论研究方面取得了值得称道的理论成果，但在马克思主义文学批评方面鲜有引人瞩目的成果。通过对相关研究文献的整理与分析，我们还发现：30年来，与马克思主义文学理论比较而言，我们对马克思主义批评理论的研究十分薄弱。如果进一步将马克思主义的文学批评理论分为马克思、恩格斯的经典批评理论，以列宁等为代表的传统马克思主义文学批评理论和西方马克思主义文学批评理论三个方面，那么前两者的"冰冷"与后者的"炙热"也形成了强烈反差。令人高兴的是，最近一段时期，国内一些学者已在努力改变马克思主义文学批评的这种状况，加强了对经典作家文学批评理论文本的细读，通过重新思考与诠释经典作家的文学批评理论，继而构建具有鲜明时代特色的马克思主义文学批评理论。

值得深思的是，马克思主义文学批评在当下的社会现实与文学格局中真的就过时了吗？真的难以适用于当今的文学现象、作家作品而应被抛弃吗？问题的症结究竟在哪里？我们认为，马克思主义的思想理论和文学批评实践处于某种疏离乃至对立之中，构成了本不应有的某种悖论。这种对立与悖论具体体现为：一方面，如萨特所论："马克思主义非但没有衰竭，而且还十分年轻，几乎是处于童年时代：它才刚刚开始发展。因此，它仍然是我们时代的哲学：它是不可超越的,因为产生它的情势还没有被超越。"[1] 从在世纪之交千年思想家的评选中,马克思位居榜首;从 2008 年世界金融危机大背景下,西方世界出现"马克思热"等方面,可以感知到马克思的思想对人类社会各个领域所产生的巨大影响力。另一方面,正如萨米尔·阿明所说:"抛弃马克思主义已成为今天的时尚。为了方便这种抛弃,人们首先把马克思主义归结为苏联的表现样式,然后指责它犯有'解释的滥杀'。所谓'解释的滥杀',是指这样一种在决定论框架内解释现实的倾向,该决定论框架使得每一事件不仅能够被解释,而且是资本主义发展客观规律的必然结果。许多马克思主义者或许应该受到这种指责。但以此来衡量马克思本人,也对他进行指责,那显然是不公平的。"[2] 换言之,马克思主义在思想观念、文学理论认知层面的"不可超越性"与其在文学批评实践中事实上的"被抛性"形成了某种对立与悖论,导致了马克思主义文学批评困境的出现。

二

造成马克思主义文学批评困境的原因无疑是多方面的,比如,历史与现实的原因。历史的原因主要是指前 30 年文学批评活动中的一些不良批评现象如"打棍子"、"戴帽子"等,给相当一部分文学研究者留下了难以忘怀的"创伤记忆",他们对马克思主义文学批评"敬而远之"。现实的原因主要是指,改革开放后,各种新理论、新批评纷至沓来,为众多的文学研究者尤其是从事文学批评活动的研究者提供了广阔的选择空间,批评主体选择批评理论、批评方法的自由度、自主性大大加强。但是,这些都不是导致马克思主义文学批评陷入困

---

[1] 萨特:《辩证理性批判》,林骧华等译,安徽文艺出版社 1998 年版,第 28 页。
[2] 阿明:《全球化时代的资本主义——对当代资本主义的管理》,丁开杰等译,中国人民大学出版社 2005 年版,第 122 页。

境主要的、根本的原因。在我们看来，以下两个方面的因素才是问题的症结与根本所在。

（一）批评理论自身的创新能力不足

马克思主义哲学是马克思主义的文学批评观念、批评原则、批评方法等的理论基础与方法论根基。我们的马克思主义文学批评理论之所以创新性不够，创新能力不足，主要受两种认识偏差[1]的影响。认识偏差之一在于，未能充分认识到马克思、恩格斯的文学批评文本本身的重要性、典范性，未能从批评理论这一视角对其进行认真探究、提炼与总结，而将探究的重心放置于根据其基本哲学理论如经济基础与上层建筑的关系、唯物史观、意识形态等理论问题，来探索、建构马克思主义的文学批评理论，诸如马克思主义的政治批评、文化批评、意识形态批评，等等。以往的种种研究确实对马克思、恩格斯的批评文本给予了诸多的理论解读与分析，也提出了诸多富有新意的理论洞见，但是，这种解读与分析不是从批评理论这一视角切入，而是从文学理论、创作原则等视角进行思考与探究的，比如，所谓马克思、恩格斯的经典现实主义理论等。

认识偏差之二在于，未能将马克思、恩格斯的文学批评理论与马克思主义的文学批评理论进行严格区分。我们丝毫不否认马克思、恩格斯的文学批评理论与马克思主义的文学批评理论之间的内在联系性与有机整体性，但是以往的研究确实存在着明显的不足，即只关注两者之间的共通性，而对两者之间的差异性注意得很不够，甚至在对共通性的解读过程中，还存在用后者推断前者的情况。比如，即使同为经典作家的批评理论，马克思、恩格斯与列宁、毛泽东的文学批评理论就呈现出很大的差异。再比如，从批评原则与批评视角看，马

---

[1] 本文所指的两个认识偏差，关系到对马克思主义文学批评的基本判断等重要问题，人们还未能给予足够的思想重视并进行切实的理论反思，需要系列文章对此作出进一步的理论解释。在此，只能提出问题并作简要论述。

克思、恩格斯就与马克思主义的文学批评存在着显著差异。[1]

马克思、恩格斯的文学批评是马克思主义文学批评的经典之作，其内涵十分丰富，值得我们进行深入细致的探索和研究。但是，在之后的马克思主义文学批评历史中，马克思、恩格斯丰富的批评思想被单一化、片面化、狭隘化，其批评理论及其批评自身蕴含的多维向度等可以进一步拓展的多种可能性受制于特殊的历史条件和文化语境，因而未能得到切实的理论阐发与批评实践。具体而言，马克思、恩格斯的文学批评理论被"马克思主义化"了，正如马克思曾声称他不是"马克思主义者"[2]，在某种意义上，马克思、恩格斯的文学批评也不是"马克思主义文学批评"。换言之，马克思、恩格斯的文学批评实践在之后的阐释过程中，被极端单一化即过于政治化、阶级化、倾向化，这样的阐释是极其片面的，是一种典型的"历史误读"。当然，我们必须承认，在特定历史时期，这种"误读"与诠释不仅是必要的而且还是必然的，这种"误读"有其自身不容辩驳的存在的合理性与现实针对性。不过，当社会条件、现实情况已经发生了根本性的变化之后，还固守此种批评模式，就很难说它是符合唯物史观基本精神的。

如果我们回到马克思、恩格斯的批评文本，悬搁既往的"马克思主义文学批评"的思维定式与认知模式，通过细读文本就不难发现，马克思、恩格斯的文学批评实践给我们呈现了一个令人惊异的新的批评空间。在这一批评空间内，首要的不是批评的政治之维、意识形态之维，而是审美之维、形式之维；不是

---

[1] 思想家、理论家、文学批评家，这是马克思、恩格斯、列宁、毛泽东的共同身份。列宁、毛泽东与马克思、恩格斯相比，还有另外一种身份，即新的社会制度的创立者与杰出的政治家。这一身份决定了他们对文学、文学批评的理解更加注重从社会主义制度，从无产阶级文学文化事业这一高度来认识，因此，政治视角、革命视角是其文学批评的显著特征乃至根本特征，由此也深刻影响了其后的马克思主义文学批评理论。所以，尽管他们之间在文学观念上基本一致，但各自面对的现实问题决定了各自切入的视角以及批评风格的差异。由于这是以往较少注意到的问题，需要专文就此作深入探究，此处不再赘述。

[2] 马克思曾针对19世纪70年代末在一些法国人中间广泛传播的"马克思主义"而说过"我只知道我自己不是马克思主义者"。

将政治性、倾向性与文学性、审美性完全割裂、截然对立，而是将两者辩证统一、有机融合；不是根据抽象观念演绎而成的空洞言辞与概念语言，而是立足于具体作家、作品，并结合当时的社会历史条件和文学语境，进而指出问题之所在的透辟分析与精当之论。下面我们选取马克思、恩格斯有关文学批评的几个经典文本，对其作扼要分析以佐证上述论断。在这几个批评文本中，马克思、恩格斯既有作家论又有作品论。此外，在批评原则、批评方法、批评文风等方面，马克思、恩格斯都为我们树立了批评的典范。

马克思、恩格斯将唯物史观的历史意识灌注在其具体的批评实践中：无论是对作家还是对作品的评论，始终都从现实的、具体的人而非抽象的人出发，始终从人类生活的各种错综复杂的具体社会关系而非抽象的观念出发。在他们看来，"历史就是我们的一切。我们比任何一个哲学学派，甚至比黑格尔，都更重视历史"[1]，"创造这一切、拥有这一切并为这一切而斗争的，不是'历史'，而正是人，现实的、活生生的人。'历史'并不是把人当做达到自己目的的工具来利用的某种特殊的人格。历史不过是追求着自己目的的人的活动而已"[2]。恩格斯在《诗歌和散文中的德国社会主义》中，反对格律恩从抽象的人的观点评价歌德，反对将歌德非历史化、政治化，主张在具体的历史语境与文化格局中来理解歌德、把握歌德。作家歌德的矛盾性与复杂性正是特定社会现实的折射："歌德在德国文学中的出现是由这个历史结构安排好了的"[3]，"歌德在自己的作品中，对当时的德国社会的态度是带有两重性的。……在他心中经常进行着天才诗人和法兰克福市议员的谨慎的儿子、可敬的魏玛的枢密顾问之间的斗争；前者厌恶周围环境的鄙俗气，而后者却不得不对这种鄙俗气妥协，迁就。因此，歌德有时非常伟大，有时极为渺小；有时是叛逆的、爱嘲笑的、鄙视世界的天才，有时则是谨小慎微、事事知足、胸襟狭隘的庸人。连歌德也无力战

---

[1]《马克思恩格斯全集》（第1卷），人民出版社1956年版，第650页。
[2]《马克思恩格斯全集》（第2卷），人民出版社1957年版，第118—119页。
[3]《马克思恩格斯全集》（第4卷），人民出版社1958年版，第254页。

胜德国的鄙俗气；相反，倒是鄙俗气战胜了他；鄙俗气对最伟大的德国人所取得的这个胜利，充分地证明了'从内部'战胜鄙俗气是根本不可能的。歌德过于博学，天性过于活跃，过于富有血肉，因此不能像席勒那样逃向康德的理想来摆脱鄙俗气；他过于敏锐，因此不能不看到这种逃跑归根到底不过是以夸张的庸俗气来代替平凡的鄙俗气。他的气质、他的精力、他的全部精神意向都把他推向实际生活，而他所接触的实际生活却是很可怜的。他的生活环境是他应该鄙视的，但是他又始终被困在这个他所能活动的唯一的生活环境里。……我们决不是从道德的、党派的观点来责备歌德，而只是从美学和历史的观点来责备他；我们并不是用道德的、政治的、或'人的'尺度来衡量他"[1]。

此外，马克思、恩格斯在分别致拉萨尔的信中，就剧本《济金根》存在的主题先行、对历史人物描写的非历史化、概念化等倾向提出批评，提出要"莎士比亚化"，不要"席勒式"。马克思认为，拉萨尔将悲剧归结为主要人物的性格缺陷而非人物所处的具体社会结构，因而未能恰当地描写历史事件，未能以农民和城市革命分子的代表（特别是农民的代表）构成其作品十分重要的积极的背景，未能描写出真正的历史冲突，指出："你所构想的冲突不仅是悲剧性的，而且是使1848—1849年的革命政党必然灭亡的悲剧性的冲突。因此我只能完全赞成把这个冲突当作一部现代悲剧的中心点。但是我问自己：你所选择的主题是否适合于表现这种冲突？……济金根（而胡登多少和他一样）的覆灭并不是由于他的狡诈。他的覆灭是因为他作为骑士和作为垂死阶级的代表起来反对现存制度，或者说得更确切些，反对现存制度的新形式。"[2] 与马克思的观点相近，恩格斯也认为："《济金根》完全是在正路上；主要人物是一定的阶级和倾向的代表，因而也是他们时代的一定思想的代表，他们的动机不是从琐碎的个人欲望中，而正是从他们所处的历史潮流中得来的。但是还应该改进的就是要更多地通过剧情本身的进程使这些动机生动地、积极地、也就是说自然而然

---

[1]《马克思恩格斯全集》（第 4 卷），第 256—257 页。
[2]《马克思恩格斯全集》（第 29 卷），人民出版社 1972 年版，第 572 页。

地表现出来，而相反地，要使那些论证性的辩论……逐渐成为不必要的东西。"[1]

　　文学作品之所以是文学作品而非哲学理论、历史著作，是因为其文学性与审美性。因此，作品内容描写的正确性与其艺术性并不必然处于正比关系，对绝大多数作品而言恰恰相反，两者往往处于反比关系。大量的文学实践证明，革命文学、左翼文学在这方面存在的问题尤为突出。基于此，马克思、恩格斯对文学的文学性与文学的倾向性的相关论述就格外值得我们重新思考。[2]

　　细读这些相关批评文本之后，我们不难看出，马克思、恩格斯的文学批评具有如下两个十分突出的特征，而这些特征在很长一段时间内被人们所忽视或遮蔽。

　　其一，马克思、恩格斯的文学批评首先是审美批评、形式批评，而非以往解读的政治批评、思想批判。马克思在致拉萨尔的信中，将审美形式放在批评的首要地位，这从马克思对剧本《济金根》艺术形式的肯定性与否定性评价中可以得到印证。在信中，马克思从艺术形式和艺术效果即"结构和情节"以及接受心理方面对《济金根》作出了十分肯定的评价，他说："首先，我应当称赞结构和情节，在这方面，它比任何现代德国剧本都高明。其次，如果完全撇开对这个剧本的纯批判的态度，在我读第一遍的时候，它强烈地感动了我，所以，对于比我更容易激动的读者来说，它将在更大的程度上引起这种效果。这是第二个非常重要的方面。"[3] 马克思还从某些艺术形式即韵文的安排、主要人物的性格描写以及细节处理的失当等方面谈到了作品存在的不足："这纯粹是形式问题——既然你用韵文写，你就应该把你的韵律安排得更艺术一些。"[4] 恩格斯在致拉萨尔的信中明确断言是在用最高的标准即"美学观点和历史观点"来审视拉萨尔的作品。值得特别注意的是，"美学观点"被恩格斯放置在"美学观

---

[1]《马克思恩格斯全集》（第29卷），第583页。
[2] 以往的研究认为，马克思、恩格斯是围绕倾向性来谈文学性等文学基本问题的。与此主张相反，我们认为，马克思、恩格斯是围绕文学性来谈倾向性等文学基本问题的。
[3]《马克思恩格斯全集》（第29卷），第572页。
[4] 同上。

点和历史观点"的首要位置,这与他在《诗歌和散文中的德国社会主义》中关于"美学的和历史的观点"的表述相一致。在恩格斯看来,《济金根》在艺术形式上是"美的文学","如果首先谈形式的话,那么,情节的巧妙的安排和剧本的从头到尾的戏剧性使我惊叹不已"。[1] 恩格斯同时也指出了《济金根》这部作品在人物性格描写方面存在着"恶劣的个性化倾向"等不足。与此相类似,恩格斯在评论敏·考茨基的《旧人与新人》时,认为其"情节有的地方是否发展得太急促了一些",把主要人物如阿尔诺德塑造得"太完美无缺了","个性就更多地消融到原则里去了"。[2] 这些论述充分说明了,马克思、恩格斯在对作家、作品进行分析、评论的过程中,将结构、情节、人物性格刻画等审美形式要素放在批评的首要位置,十分关注作品的文学性、艺术性问题,注重考察作家作品在文学艺术方面是否符合艺术规律,其作品的艺术效果是否能给人以"美的享受"。

其二,究竟如何看待马克思、恩格斯关于文学倾向性的相关论述。在回答这个问题之前,有必要对其产生的背景作简要说明。与歌德、巴尔扎克等作家不同,拉萨尔、敏·考茨基、哈克奈斯等不仅都是具有社会主义倾向的作家,而且在作品中明确体现出了其思想倾向与政治立场。不过,在马克思、恩格斯看来,这些作家的思想倾向和政治立场未能与作品的形式、情节、场面、人物性格等有机融合。针对这一突出问题,马克思、恩格斯反对"席勒式",主张"莎士比亚化",提出了"美学观点和历史观点"等批评理论。简言之,在文学性与倾向性的关系问题上,两者是辩证有机的统一,在统一的前提下,文学性应居于核心与主导地位。换言之,没有文学性、没有审美性的思想倾向性是恶劣的倾向性,文学的政治之维孕育于审美之维与艺术之维。"倾向应当从场面和情节中自然而然地流露出来,而不应当特别把它指点出来;同时我认为作家不

---

[1]《马克思恩格斯全集》(第29卷),第582页。
[2]《马克思恩格斯全集》(第36卷),人民出版社1975年版,第384页。

必要把他所描写的社会冲突的历史的未来的解决办法硬塞给读者。"[1] 正如瞿秋白所说:"仅仅有革命的政治立场是不够的,我们要看这种立场在艺术上的表现是怎样?"[2] 这是因为文学艺术毕竟不是哲学理论,不是政治宣传,不是标语口号,文学艺术作品只能通过文学的形式,通过其文学性、艺术性即审美形式这个中介来实现其政治、伦理等意图和思想倾向。总之,我们并不否认马克思主义文学批评的政治之维、意识形态之维,我们反对的是将马克思主义文学批评泛政治化、泛意识形态化,将其唯一化、绝对化的极其片面的思维定式与认知心理。马克思、恩格斯的批评实践已充分证明,马克思主义的文学批评也可以有其审美之维、艺术之维,等等。我们不能简单假定,传统的马克思主义文学批评就是政治批评、意识形态批评,而将对作家、作品以及文学文化现象的审美批评、形式批评等拱手让与其他批评理论、批评流派。事实上,西方马克思主义者诸如马尔库塞、詹姆逊等在发展马克思、恩格斯的审美批评理论方面已经做了许多有益的探索并取得了令人瞩目的成就。比如,马尔库塞的"审美形式"理论认为,审美倾向和政治倾向是内在关联的,"文学并不是因为它写的是工人阶级,写的是'革命',因而就是革命的。……艺术的政治潜能仅仅存在于它自身的审美之维"[3]。

(二)马克思主义文学批评的实践品格被严重弱化

实践性是马克思主义理论的本质特征之一,文学理论只有根植于当下的文学现实中,才能保有其旺盛的生命力。不过,在当下的文学活动中,理论、批评、创作三者之间并非有机联系、相互促进,而是"自说自话"。尤其对当下的马克思主义文学批评而言,此种状况表现得尤为突出,比如,一少部分从事文学理论活动的研究者是从理论到理论、从概念到概念,追求理论的自洽性而

---

[1]《马克思恩格斯全集》(第36卷),第385页。
[2] 瞿秋白:《谈谈〈三人行〉》,《瞿秋白文集》(文学编第1卷),人民文学出版社1985年版,第449页。
[3] 马尔库塞:《审美之维》,李小兵译,三联书店1989年版,第206页。

不关心实践，还有一少部分从事文学批评活动的研究者秉持"批评批评的是批评自身"这一极端的批评观念，使批评远离文学现象，远离作家作品，最终导致"批评的自我循环"，使得文学批评失去了其鲜活的实践品格。这两种倾向反映出理论界与批评界存在的共同问题，即对当下的文学文化现象、对作家作品的不甚了解甚至相当陌生，理论与实践存在严重脱节。此外，有的马克思主义文学批评即使对当下的某一文学现象、作家作品作出了某种分析，得出了某种论断，也给人一种"隔靴搔痒"、"有心无力"的印象，严密的逻辑推理难掩艺术感觉的贫乏与虚弱。对真正的文学批评尤其是马克思主义文学批评来说，"单是有无产阶级的思想是不够的，还要会像无产阶级一样的去感觉"[1]，如同马克思所言，尽管我们抱有理论与实践相"结合"的意志，但缺少将两者相结合的能力。这是因为，文学批评能力的真正获得，一方面固然需要哲学理论的武装与创新，但这仅仅只是问题的一个方面，还需要丰富的文学阅读经验与审美体验，需要敏锐的审美感知力与艺术修养。而阅读经验与审美体验的累积不可能从抽象的思辨、逻辑的推演中得来，它有赖于对文学、文化现象的密切关注，对作家作品的细读与体悟。对从事文学批评活动的批评主体而言，不仅要细读经典作家作品，而且还应当密切关注现实生活中的文学现象、作家作品，及时发现带有整体性、全局性、创新性的文学现象。只有从现实的文学境况出发，只有对现实的文学"了然于胸"，才能孕育出文学批评的问题意识。因此，文学批评能力的获得不仅有赖于理论创新，还有赖于批评实践的总结与提炼。马克思主义文学批评尤其注重理论与实践的统一。萨特说："理论和实践分离的结果，是把实践变成一种无原则的经验论，把理论变成一种纯粹的、固定不变的知识。"[2] 一段时期以来，有的研究者不是将文学批评视为把握文学现象、分析作家作品的"工具"，而是将其视为一种"知识"，将批评理论化。在此观念的支配下，不关注当下的文学现象，不关注作家作品，导致为理论而理论，为批

---

[1] 瞿秋白：《瞿秋白文集》（文学编第 1 卷），第 481 页。
[2] 萨特：《辩证理性批判》，第 22 页。

评而批评，丧失了马克思主义文学批评的实践品格，最终导致了文学批评对文学的整体"失语"、"无语"等现象的发生。

在马克思主义文学批评的话语体系中，究竟哪些是充满活力的东西，哪些是真正被称之为"教条"、"僵化"、"过时"的东西？正如卢卡奇所言，马克思主义文学批评"并不意味着无批判地接受马克思研究的结果。它不是对这个或那个论点的'信仰'，也不是对某本'圣'书的注解。恰恰相反，马克思主义问题中的正统仅仅指方法。它是这样一种科学的信念，即辩证的马克思主义是正确的研究方法，这种方法只能按其创始人奠定的方向发展、扩大和深化"[1]。对马克思、恩格斯文学批评理论的解读不能持有那种孤立的、片面的、机械的观点，而应持有一种科学的、辩证的、整体的研究方法与研究视野，将马克思、恩格斯文学批评的丰富内涵挖掘出来，促进马克思主义文学批评在当代的长足发展。不过，仅仅注重作为方法论的马克思主义还远远不够，要从根本上改变马克思主义文学批评的现状，还特别需要从以下几个方面作出坚持不懈的努力：第一，在严格区别马克思、恩格斯的文学批评理论与马克思主义的文学批评理论的基础上，回到马克思、恩格斯的批评文本自身，认真探究其批评原则、批评方法、批评文风，切实领会其丰富内涵与批评精神。在与其他批评理论对话、融合的基础上，构建具有鲜明时代特色的马克思主义文学批评理论。第二，回到文学现象、文学作品本身，密切关注文学发展的态势与走向，恢复马克思主义文学批评格外注重实践的传统。无论是从事理论研究还是从事批评活动，都必须密切关注文学现状，大量涉猎当下的文学作品，丰富自身的审美体验，切实提高艺术感知力。第三，必须坚定马克思主义的基本理论立场，坚守批评的人文精神与现实情怀，营造良好的批评环境，努力造就一支具有较高理论水平、具有敏锐的审美感知力、能够适应社会主义文学和文化事业发展需要的马克思主义文学批评队伍，促进文学、文化事业的大繁荣与健康发展。

---

[1] 卢卡奇：《历史与阶级意识》，杜章智等译，商务印书馆1992年版，第48页。

On Dilemma and Outlet of Marxist Literary Criticism

Zhang Yongqing

Abstract: Marxist literary criticism now is in a state of "aphasia", which stems from the shortage of innovation in critical theory and the weakening of application in practice. It means that we should return to the two "texts"—namely Marx and Engels critical texts in their theoretic works, as well as literary phenomenon and literary works as such—on the basis of drawing a strict distinction between Marx and Engels theory of literary criticism and Marxist literary criticism. Only then can we intensify the practicality of Marxist literary criticism.

Key words: Marx, Engels, literary criticism, text

对马克思、恩格斯美学与文艺思想关系的再思考

汪正龙[1]

摘要：从来源与构成、和现实主义的关系、对20世纪美学的影响三个方面来看，马克思、恩格斯的美学与文艺思想虽有联系，但又有重要区别。马克思的相关论述具有多重背景，其经典话题和次生话题蕴藏着可被延伸和拓展的能量。恩格斯主要是从文艺与社会的关系的角度来思考文艺问题，是对19世纪现实主义文学思潮的一种总结。恰当地厘定马克思、恩格斯的美学与文艺思想的关系，有助于当代马克思主义美学与文艺理论形态的建构。

关键词：马克思 恩格斯 美学 文艺思想

在谈到马克思主义批评家对马克思、恩格斯文艺思想的研究时，韦勒克曾经指出一个现象："他们（指马克思、恩格斯。——引者）的文学见解的年代顺序遭到忽视，两人的思想也尚未清楚地区分开来。"[2]——中国的情况也是如此。长期以来，我国学界对于马克思、恩格斯的美学与文艺思想的研究，基本上采取的是不加区分、笼而统之的态度。这里面又有两种基本的倾向：一是从美学角度入手，认为马克思、恩格斯的美学关注的是艺术与社会的关系，是一种艺

---

[1] 汪正龙：男，安徽南陵人，南京大学文学院教授。
[2] 韦勒克：《近代文学批评史》（第3卷），杨自伍译，上海译文出版社1997年版，第281页。

术社会学，比如李泽厚说："从马克思、恩格斯开始，到卢卡契、阿多诺，从苏联到中国，迄至今日，从形态上说，马克思主义美学主要是种艺术理论，特别是艺术社会学的理论。马克思、恩格斯讲现实主义，论歌德，评拉萨尔的悲剧，评论《城市姑娘》、《巴黎的秘密》，提及莎士比亚、巴尔扎克、席勒、狄更斯、乔治桑等等，主要讲的艺术问题"[1]。另一种做法是从艺术创作原则或审美规范入手，把马克思、恩格斯的文艺和美学思想归结为"现实主义"，这种情况在中国学界十分普遍。[2] 我们认为，忽视马克思、恩格斯美学与文艺思想的不同来源与构成及它们与20世纪美学、文艺理论的不同关联，把二者等量齐观，共同冠名为"艺术社会学"或"现实主义"的做法是不确切的，甚至是有害的；对马克思、恩格斯美学与文艺思想的关系进行再思考是有必要的。

一、马克思美学与文艺思想的来源与构成

马克思的美学和文艺思想具有多重来源与构成。马克思早年受到德国浪漫主义和欧洲古典艺术的熏陶。在波恩大学求学期间，他所选修的十门课程中有四门与美学有关：罗马和希腊神话；现代艺术史；荷马；普罗佩提乌斯的挽歌。德国浪漫主义的代表人物威廉·施莱格尔是其中两门课的老师。马克思早年还是一位浪漫主义诗人，创作了100多首诗歌。虽然马克思后来对之评价不高，但这段经历对其一生的美学兴趣甚至思想发展、学术风格的影响不容忽视。美国学者维塞尔认为，浪漫主义力图在大地上建立的一种新的神圣文化和对救赎的追求是其留给马克思的思想遗产，马克思对无产阶级神圣力量进行召唤，无产阶级"被确认为社会灵魂在绝对否定的国家中的神话诗学表象。这样的确认

---

[1] 李泽厚：《美学四讲》，《李泽厚十年集·美的历程》，安徽文艺出版社1994年版，第437—438页。
[2] 李思孝：《马克思恩格斯现实主义思想概述》，《齐齐哈尔师范学院学报（社会科学版）》1983年第1—2期；郎保东：《现实主义美学论稿》，南开大学出版社1986年版。

是象征主义之一，它赋予经验集团一种合格的新的根本力量，即神话诗学的效力。经验秩序上的革命行为变成了一种诗歌行为——创造出绝对价值，即一首社会诗的社会经验体现"[1]。维塞尔甚至认为："马克思真正的诗歌天赋在于创造了一个科学神话的能力，在于他以神秘的科学外衣戏剧化了人类的生存状态。"[2] 有人指出，更重要的是，马克思的著作集科学实证和激情想象于一体，"马克思将自己看做是具有创造性的艺术家，一个辩证法的诗人。……他透视人们的物质动机和利益，正是通过诗人和小说家而不是哲学家和政论家来实现的"[3]。正如马克思在给恩格斯的信中所说："不论我的著作有什么缺点，它们却有一个长处，即它们是一个艺术的整体。"[4] 以卢梭为代表的启蒙主义对马克思也有重要影响。这不仅体现在反抗压迫、追求人类自由和解放的精神层面上，也表现在论证逻辑上。启蒙哲学有一个惯常的论证思路，即认为"人的本质是从一开始就具有其全部规定性的既有的东西，但是它被社会生活的'不真实的'制度改变了形态"[5]，因而需要对这种不真实的制度加以改变。比如卢梭在《论人类不平等的起源和基础》中写道："人与人原本是平等的，就像其他各类动物，在种种自然因素使它们身上发生我们目前尚能观察到的变异之前，同类的动物从来都平等一样。"[6] 私有制使人变得贪婪，使人从"自然的人"变成"人为的人"。卢梭在《社会契约论》开篇就说："人是生而自由的，但却无往不在枷锁之中。"[7] 对人的"自然状态"的先在逻辑设定和"回归自然"的价值归宿就是一种典型的启蒙哲学论证。在《1844年经济学哲学手稿》中，马克思认为

---

[1] 维塞尔：《马克思与浪漫派的反讽——论马克思主义神话诗学的本源》，陈开华译，华东师范大学出版社2009年版，第244页。
[2] 同上，第189页。
[3] 弗朗西斯·惠恩：《马克思〈资本论〉传》，陈越译，中央编译出版社2009年版，第8—9页。
[4] 《马克思恩格斯全集》（第31卷），人民出版社1972年版，第135页。
[5] 拉宾：《〈1844年手稿〉对共产主义的经济和哲学论证》，中央编译局编译：《〈1844年经济学哲学手稿〉研究》，湖南人民出版社1983年版，第35页。
[6] 卢梭：《论人类不平等的起源和基础》，高煜译，广西师范大学出版社2009年版，第63页。
[7] 卢梭：《社会契约论》，何兆武译，商务印书馆1982年版，第8页。

私有制造成人的类本质的异化，使私有制社会成为人的史前史，而共产主义作为对异化的扬弃是人的全面性的复归和感性的社会人的生成。在这里，马克思的劳动异化理论预设了非异化的人的真实的状态、异化了的人的非真实的状态、扬弃异化达到真正的社会的人的逻辑运演，与卢梭等启蒙思想家的论证逻辑颇为接近。

马克思与席勒的关系也是一个国内学界关注不够的话题。美国学者凯恩指出："1848年之前的马克思的观点与其说更接近成熟期黑格尔，不如说更为接近席勒和古希腊传统，1848年之后马克思在许多方面与成熟期的黑格尔而不是席勒更为接近。"[1] 这个说法有一定的道理。其实，席勒不仅对早年马克思甚至对马克思一生的影响都依稀可辨。席勒《美育书简》对近代文明的批判和对审美王国的吁求，与《1844年经济学哲学手稿》所论证的消除私有制和感性的社会人的生成一脉相通。而席勒关于人的全面发展的思想更是贯穿了马克思思想发展的始终。席勒把审美与人摆脱物质羁绊所获得的自由联系起来，他说："对实在的需求和对现实的东西的依附只是人性缺乏的后果，对实在的冷漠和对外观的兴趣是人性的真正扩大和达到教养的决定性步骤。首先这是外在自由的证明，因为在受必然和需求的支配时，想象力就被牢固的绳索捆绑在现实的事物上，只有需求得到满足时，想象力才能发挥毫无拘束的能力。其次这也是内在自由的证明，它使我们看到一种力量，这种力量不依赖外在素材而由自身产生，并有防范素材侵扰的充足能量。"[2] "只有当人在充分意义上是人的时候，他才游戏；只有当人游戏的时候，他才是完整的人。"[3] 而马克思也以人类能力的充分发展为自由的根本内涵，以对物质必然性的超越为实现自由的前提，"事实上，自由王国只是在由必需和外在目的规定要做的劳动终止的地方才开始；因

---

[1] Philip J.Kain, *Shiller, Hegel, and Marx: State, Society, and the Aesthetic Ideal of Ancient Greece*, Kingston and Montreal: Mchill-Queen's University Press, 1982, p.115.
[2] 席勒：《美育书简》，徐恒醇译，中国文联出版公司1984年版，第133页。
[3] 同上，第90页。

而按照事物的本性来说，它存在于真正物质生产领域的彼岸。像野蛮人为了满足自己的需要，为了维持和再生产自己的生命，必须与自然进行斗争一样，文明人也必须这样做……但是不管怎样，这个领域始终是一个必然王国。在这个必然王国的彼岸，作为目的本身的人类能力的发展，真正的自由王国，就开始了。但是，这个自由王国只有建立在必然王国的基础上，才能繁荣起来。工作日的缩短是根本条件"[1]。在这里，马克思与席勒的看法很相似，满足物质需要的自由只是第一步，真正的自由存在于物质生产的彼岸，而这个自由的获得与工作日的缩短和随之而来的闲暇、游戏及审美活动相联系。

最后，马克思与黑格尔有一种颠倒和叛逆的关系。马克思得益于黑格尔的地方之一是其理性辩证法，这种辩证法使理性"可以从现实的同一性和差异中，即从现实的统一和多样性中把握一切的现实，使现实内部的矛盾和对立尖锐化，从而把一切导入运动，使世界不断发展"[2]。马克思对黑格尔的唯心主义辩证法做了唯物主义的改造，引入了现实的维度。而马克思用意识形态批判还原资本主义社会颠倒的现实关系，最先也是通过对黑格尔法哲学把国家视为绝对精神的体现，从而为普鲁士国家辩护的揭露开始，然后波及对德意志意识形态和英国国民经济学的批判，他说："人的自我异化的神圣形象被揭穿以后，揭露非神圣形象中的自我异化，就成了为历史服务的哲学的迫切任务。于是对天国的批判就变成对尘世的批判，对宗教的批判就变成对法的批判，对神学的批判就变成对政治的批判。"[3] 正因为马克思文艺与美学思想具有浪漫主义、古希腊传统、启蒙运动、德国古典哲学与美学、英国经济学、莎士比亚以来的近代文艺思潮等多重背景，马克思直接与间接谈论的美学与文艺问题才超出了他本人在世时美学与文艺理论的一般话题——其经典话题如世界文学、美的规律、艺术生产与消费、资本主义与艺术生产的敌对性、神话的永恒魅力等莫不如此；其

---

[1] 《马克思恩格斯全集》（第25卷），人民出版社1974年版，第926—927页。
[2] 科尔纽：《马克思的思想起源》，王谨译，中国人民大学出版社1987年版，第21页。
[3] 《马克思恩格斯全集》（第1卷），人民出版社1956年版，第453页。

次生话题如异化与意识形态批判、人的全面发展、感性与感觉的解放等，也具有在美学、文艺批评方面被延伸、拓展的潜能：以马克思的意识形态理论为例，"马克思的意识形态分析通常关注的不是审美现象，而是经济学理论中一方面暴露另一方面又掩盖资本主义社会关系的种种方式。但是对审美领域的批评的意识形态性是显而易见的。艺术作品需要探讨的不仅仅是其审美和社会内涵，还包括对使其功能合法化以及使社会历史关系普遍化和合理化的方式的洞察"[1]。马克思美学与文艺思想的现代性，恰恰就在于它蕴藏着可被延伸和拓展的能量。

从上面的分析可以看出，马克思的美学与文艺思想涉及的论题与范围非常广泛，远远不是艺术社会学或现实主义范畴所能涵盖的。

二、马克思、恩格斯与"现实主义"问题

把马克思、恩格斯的美学与文艺思想统称为"现实主义理论"或"艺术社会学"固然不妥当，却也不是毫无根据。的确，马克思后来也受到现实主义文学观念的影响；而恩格斯偏爱写实性艺术，着眼于从文艺与社会的关系来谈论文艺问题，提出了一套比较系统的现实主义理论。这就需要对二人美学与文艺思想的关系做出进一步的辨析。

马克思在文艺观上有接近现实主义的方面，倡导描写现实，反对在文艺中作抽象思辨，但马克思仍然受到浪漫主义的影响。在《神圣家族》中，马克思批评法国作家欧仁·苏的小说《巴黎的秘密》大多数人物的生活道路"是描写得很不合理的"[2]，并且就作家如何描写现实提出了自己的建议——"真实地

---

[1] Wilham Adams, "Aesthetics: Liberating The Senses", in *The Cambridge Companion to Marx*, Terrell Carver ed. Cambridge University Press, 1991, p.261.
[2] 《马克思恩格斯全集》（第2卷），人民出版社1957年版，第84页。

评述人类关系"[1]。马克思又赞赏作者不经意间对妓女玛丽花的"本来的、非批判的形象"[2]的描写,这表明马克思虽然在文艺与社会的关系上持一种接近现实主义的见解,但他对自然的、感性的人的推崇,又留有卢梭和浪漫主义影响的印记。马克思、恩格斯都推崇巴尔扎克,但二人的侧重点有所不同。恩格斯主要是从写实性、历史感等方面推崇巴尔扎克:"在我看来,巴尔扎克是塞万提斯之后一切时代的最伟大的小说家,同时也是从1815年到1848年的法国社会的最直言不讳的史料研究家。我喜欢巴尔扎克的一切作品。"[3]在致劳拉·拉法格的信中,恩格斯又说:"我从这个卓越的老头子(指巴尔扎克。——引者)那里得到了极大的满足。这里有1815年到1848年的法国历史,比所有沃拉贝耳、卡普菲格、路易·勃朗之流的作品中所包含的多得多。"[4]马克思比较看重创作主体的能动性。比如在《资本论》中,马克思称赞巴尔扎克"对现实关系具有深刻理解"[5],主要便是从主体方面着眼的。马克思还注意到巴尔扎克在心理描写上的成就,赞扬巴尔扎克"对各色各样的贪婪作了透彻的研究"[6]。他还向恩格斯推荐巴尔扎克的小说《未名的杰作》,这是一篇充满了怪诞意味和"值得玩味的讽刺"[7]的作品。它写的是一个著名画家花费十年工夫创作完成一幅肖像画,在让他的两位同行来审阅时,同行无意中说这幅画已经被反复描绘太多次,上面什么也没有留下。画家仔细看了自己的画,瘫软在椅子上,赶走同行,烧掉所有的画,自杀了。这些都是恩格斯论巴尔扎克时没有给予充分注意的。巴尔扎克在恩格斯眼中是最伟大的作家;而根据马克思的自白,马克思最喜爱的诗人是但丁、莎士比亚、埃斯库罗斯、歌德,最喜欢的散文家是狄德

---

[1] 《马克思恩格斯全集》(第2卷),第246页。
[2] 同上,第218页。
[3] 《马克思恩格斯全集》(第50卷),人民出版社1985年版,第484页。
[4] 《马克思恩格斯全集》(第36卷),人民出版社1974年版,第77页。
[5] 《马克思恩格斯全集》(第25卷),第47页。
[6] 《马克思恩格斯全集》(第49卷),人民出版社1982年版,第227页。
[7] 《马克思恩格斯全集》(第31卷),第280页。

罗、莱辛、黑格尔、巴尔扎克——也就是说,巴尔扎克在马克思喜欢的作家中居于比较次要的地位,马克思所喜欢的大部分作家及作品不能归于现实主义。

恩格斯主要是从文艺与社会的关系的角度来思考文艺问题。从青年时代起,恩格斯就更多地倾向于以原型化方式描写现实的文学样式和审美规范。在早期的文学批评中,他推崇的是"要对现实有非常生动的了解,要善于极其敏锐地刻画性格的差异,要准确无误地洞察人的内心世界"[1],"具体生动和富有生活气息"[2]。恩格斯在1859年致斐·拉萨尔的信中首次以"现实主义"指称自己所主张的文艺创作原则:"我认为,我们不应该为了观念的东西而忘掉现实主义的东西,为了席勒而忘掉莎士比亚。"[3]恩格斯在1888年致哈克奈斯的信中,进一步给现实主义下了一个定义:"据我看来,现实主义的意思是,除细节的真实外,还要真实地再现典型环境中的典型人物。"[4]在恩格斯看来,现实主义的特征首先是真实性。根据恩格斯的论述,真实性的基本要求是从生活出发,富有生活气息,与对社会关系的认识和描写相结合,朴实无华,以生活本身的形式呈现生活运动的样态、细节的真实等。这些论述表明恩格斯与不少19世纪现实主义作家一样,受到当时流行的实证主义和主客体二分思维模式的影响,把外在现实作为独立于主体的认知对象,主体可以对对象进行客观的认知。

对典型性的重视是恩格斯现实主义理论的另一主要内容,具体包括典型人物、典型环境以及二者之间的关系几个层面。应当说,恩格斯起先注意的是典型环境问题。早在《诗歌和散文中的德国社会主义》中,恩格斯就提出应该"把要叙述的事实同一般的环境联系起来,并从而使这些事实中所包含的一切特出的和意味深长的方面显露出来"[5]。他在给拉萨尔和哈克奈斯的信里也都论

---

[1] 《马克思恩格斯全集》(第41卷),人民出版社1982年版,第70页。
[2] 同上,第80页。
[3] 《马克思恩格斯选集》(第4卷),人民出版社1995年第2版,第559页。
[4] 同上,第683页。
[5] 《马克思恩格斯全集》(第4卷),人民出版社1958年版,第237页。

及典型环境问题。恩格斯所说的"典型环境"包含两层意思：一是要有总体观，要从时代的广泛联系中把握和描写人物，把人物、人物关系和时代特点三者结合起来；二是要有变化和发展的观念，把环境看做随人的社会活动和实践的改变而改变的东西。恩格斯的典型人物理论把人物看做个性特点和社会本质的统一，在社会本质里恩格斯注意到人物的阶级属性："主要的出场人物是一定的阶级和倾向的代表，因而也是他们时代的一定思想的代表，他们的动机不是来自琐碎的个人欲望，而正是来自他们所处的历史潮流。"[1] 恩格斯也看重对典型人物的个性描写，却是在肯定人物阶级本质的前提下谈到个性刻画的。可见恩格斯的典型理论注重时代精神和人物之间的相互作用而偏重于时代精神，带有浓厚的黑格尔痕迹。

比较马克思、恩格斯的论述，我们可以发现，马克思更为重视创作主体的艺术感知和创造力，对各种文艺现象和艺术风格比较包容，也对美、美感及其他与美学有关的问题作过哲学层面的探讨；恩格斯主要关注文艺与社会、政治的关系，他的美学和文艺思想是对19世纪现实主义文学思潮的一种总结，也可以说是一种艺术社会学理论。

三、马克思、恩格斯与20世纪美学与文艺理论的关系

除了来源和构成上的不同之外，马克思、恩格斯对20世纪美学与文艺理论的影响也有较大差异。马克思的美学思想及与美学有关的思想和20世纪美学有很大的兼容性，而恩格斯现实主义理论有一定的局限性，其对真实性与倾向性关系的探讨又有一定的生命力。

20世纪美学不像传统美学那样致力于对美和艺术本质的探讨，而是更为关

---

[1]《马克思恩格斯全集》（第4卷），第558页。

注艺术和人的生存境遇，出现了美学研究的社会文化批判转向。有学者用"批判理论转向"与"语言学转向"来概括 20 世纪西方美学的发展历程，并认为"马克思的政治经济学理论为批判理论奠定了坚实的基础"[1]，这个说法是符合实际的。马克思的理论之所以为 20 世纪美学的社会文化批判转向奠定了基础，主要是因为它确立了对资本主义社会文化的批判性维度。佩里·安德森说："鉴于马克思主义一开始就进行彻底的、不动摇的批判，可以说它是由其自身的动力迅速地带进文化批判的领域。"[2] 实际上，马克思对资本主义社会病症的诊断不局限于经济领域，还广泛地涉及政治、哲学、文化、历史与社会人生。"考察马克思主义话语一些最重要的领域——历史哲学、经济学、社会学、哲学理论——它们向我们提供了一幅从激进视野所揭示出的充满缺陷的全景图画，这幅图画提示了可供选择的也许更有效的对当代社会进行批判的方法。"[3] 所以，马克思在多方面推动了 20 世纪美学的社会文化批判转向，如他的异化学说、商品拜物教、货币拜物教的说法经卢卡契的物化理论开启了 20 世纪工具理性批判；马克思早年对感性的推崇与马尔库塞的新感性一脉相承；马克思的意识形态批判激励人们研究 20 世纪社会控制方式的变化，启发了文学与文化研究中的意识形态批评；马克思的艺术生产理论从正反两方面预示了本雅明、马歇雷等人的艺术生产理论以及鲍德里亚的消费社会意象结构分析和符号政治经济学批判，等等。詹姆逊认为，马克思主义具有开放性，"马克思主义是一种与众不同、得天独厚的思维模式……马克思主义的'特权'在于它总是介入并斡旋于不同的理论符码之间，其深入全面，远非这些符码本身所能及"[4]。尤金·伦恩也认为："马克思主义包含了对资本主义经济、社会和文化毫不含糊的富于穿透力的历史批评，以及强大的辩证分析方法。"[5]——这里所说的"马克思主义"，

---

[1] 周宪：《20 世纪西方美学》，南京大学出版社 1997 年版，第 3 页。
[2] 安德森：《当代西方马克思主义》，余文烈译，东方出版社 1989 年版，第 2—3 页。
[3] Alan Carter Marx, *A Radial Critique*, Brighton: Wheatsheaf Books Ltd., 1988, p.7.
[4] 詹姆逊：《晚期资本主义的文化逻辑》，陈清侨等译，三联书店 1997 年版，第 22 页。
[5] Eugene Lunn, *Marxism and Modernism*, Berkeley and Los Angeles: University of California Press, 1982, p.3.

指的主要是马克思本人的思想。

恩格斯的现实主义理论是以19世纪现实主义文学为论证背景的。到了20世纪，现代主义、后现代主义的兴起和现实主义文学思潮的式微，尤其是现代心理学的发展和人们对交互主体性的重视，动摇了现实主义所依赖的纯客观认知模式，恩格斯的现实主义理论因而失去了文学解释的有效性，其对时代精神、阶级性的倡导沦为为特定文艺政策辩护的教条。在苏联时期、东欧和中国当代，一度都曾把现实主义和世界观、党性、典型、英雄人物塑造等联系在一起，如马林科夫在苏共十九大报告中所说："现实主义艺术的力量就在于：它能够而且必须发掘和表现普通人的高尚的精神品质和典型的正面的特质，创造值得做别人的模范和效仿对象的普通人的明朗的艺术形象。……典型性是和一定社会—历史现象的本质相一致的；它不仅是最普遍的、时常发生的和平常的现象。有意识地夸张和突出地刻画一个形象并不排斥典型性，而是更加充分地发掘它和强调它。典型是党性在现实主义艺术中表现的基本范畴。典型问题经常是一个政治性的问题。"[1] 周扬也说过："要看先进的东西，真正看到阶级的本质，这是不容易的，真正看到本质之后，作家就是一个社会主义现实主义者了。"[2] 这种现实主义在恩格斯那里能够找到根据。

但是恩格斯的现实主义理论也有富有生命力的方面，那就是在谈到真实性与倾向性的关系时关于作家主观倾向应服从现实客观倾向的论述。恩格斯认为，生活本身包含着倾向，现实主义文学的倾向性是作家通过对生活的深入观察和研究，在作品中所揭示出来的生活本身所具有的客观真理。所以在恩格斯那里，真实性是倾向性的基础，倾向应通过对生活的描写体现出来。他在致敏·考茨基的信中就主张倾向应当从场面和情节中自然而然地流露出来，而不应当特别把它指点出来。恩格斯在给哈克奈斯的信中进一步提出："作者的见解越隐蔽，对艺术

---

[1] 转引自冯雪峰：《学习党性原则，学习苏联文学艺术的先进经验》，《文艺报》1953年11月25日。
[2] 周扬：《在全国第一届电影剧作会议上关于学习社会主义现实主义问题的报告》，《周扬文集》（第2卷），人民文学出版社1985年版，第198页。

作品来说就越好。我所指的现实主义甚至可以不顾作者的见解而表露出来。"[1] 恩格斯以巴尔扎克为例,指出虽然他的同情心是在贵族一边,却毫不掩饰地赞美他政治上的对头圣玛丽修道院共和党的英雄们,这说明作品的客观意义可能与作者的政治观点或倾向不一致,恩格斯称之为"现实主义的最伟大胜利之一"[2]。佛克马等认为恩格斯这种"不一致"理论"对于马克思主义文学理论是一个重大的贡献"[3]。"不一致"的观点表明,作家只要依从他对生活的直感和观察,依从于生活和历史的真实,便可超越他固有的传统观念和偏见,达到艺术的真实性。因此,恩格斯的现实主义理论又为作家反对意识形态对文学的不合理干涉,争取文学的自主性留下一条通道。安纳·杰弗森指出:"许多马克思主义者认为'恩格斯所说的现实主义的最伟大胜利'从理论上表明了现实主义对意识形态、对政治观点的胜利,尽管这些政治观点是相当自觉的……在这里,现实主义似乎是能高瞻远瞩,能透过作家的主观同情心的障碍看到历史的真实和运动。"[4]

卢卡契是较早意识到恩格斯论断重要性的理论家。他认为艺术具有间接的直接性,现实主义的使命不在于简单地模仿现实,而在于创造一个统一的、完整的、有别于日常生活的现实形象,艺术作品的统一性产生于对运动着的和有着具体生动联系的生活过程的反映,巴尔扎克现象在他那里被解释成一个现实主义作家正视现实的勇气与诚实阻挡了意识形态的干扰。按照卢卡契的归纳,巴尔扎克的诚实不欺表现在两方面:一是服从于观察,二是在艺术描写上忠实于生活,"不管自己在政治和思想意识上的一切偏见,还是用不受蒙蔽的眼光观察了已经出现的一切矛盾,并且忠实地描写了它们"[5]。受到卢卡契影响的胡风也是如此,他们都否认意识形态能够成为艺术作品美学成就的标准。马克思主义阵营中另类现实主义的存在,说明恩格斯文艺思想中也对马克思、恩格斯

---

[1]《马克思恩格斯选集》(第4卷),第683页。
[2] 同上,第684页。
[3] 佛克马、易布斯:《二十世纪文学理论》,袁鹤翔等译,三联书店1988年版,第98页。
[4] 安纳·杰弗森:《西方现代文学理论概述与比较》,包华富等译,湖南文艺出版社1986年版,第175页。
[5]《卢卡契文学论文集》(第二册),中国社会科学出版社1981年版,第180页。

的美学与文艺思想的关系存在着有待重新思考和发掘的方面。

合理地看待马克思、恩格斯的学术思想包括美学和文艺思想的关系,需要把握恩格斯所具有的双重身份,他既是马克思主义的参与创立者,又是马克思理论最早的解释者,他对艺术的见解既有阐述马克思理论的方面,又有自己理解和发挥的成分。正如有的学者注意到的,"'为人们所熟知的马克思的真相'在很大程度上是被晚年的恩格斯所建构的。这种建构很难达到本真的理解"[1]。从某种程度上说,现实主义或艺术社会学正是恩格斯晚年建构的马克思主义文艺理论。

令人遗憾的是,苏联、东欧以及中国当代不少学者恰恰根据恩格斯的论述,把马克思、恩格斯的美学和文艺思想笼统地归结为现实主义或艺术社会学,在很长一段时间里使现实主义或艺术社会学批评一统天下,成为最合乎马克思主义的美学范式与批评范式,马克思主义美学和文艺理论建构因而遭受了很大的挫折。

对马克思、恩格斯的美学与文艺思想的关系进行恰当的厘定,不仅有助于我们认清马克思主义美学和文艺理论研究史和发展史上存在的一个误区,更有助于当代中国马克思主义美学与文艺理论形态的建构。

---

[1] 特雷尔·卡弗:《马克思与恩格斯:学术思想关系》,姜海波、王贵贤等译,中国人民大学出版社2008年版,第140页。

Rethinking the Relationship of Aesthetics and Literary Theory Between Marx and Engels

Wang Zhenglong

Abstract: It can be seen that although the aesthetics and literary theory of Marx and Engels links, but there are some important differences between them. Their aesthetics and literary theory have different source and composition, what's more, their relationships with Realism and influences on 20th century's aesthetics are both not the same. Marxist discourses with multiple backgrounds, the classic topics and secondary topic bears can be extend. However, when Engels talk about literary and artistic, he prefer to put them in the relationship between art and society, which is a summary of 19th-century realistic literature. Properly determined the relationship of aesthetics and literary theory between Marx and Engels, is a good thing to the construction of contemporary Marxist Literary Theory.

Key words: Marx, Engels, aesthetics, literary theory

文学与思想

文化、政治与现代时空观念

消费·赛博客·解域化
——自然与文化问题的新语境

金惠敏[1]

摘要：我们正面临着使自然与文化之界线再次呈现为一个重大问题的新语境：其一，是消费社会的到来。它将商品变成符号，将使用价值置换为符号价值，将物质消费转化为符号消费，这结果就遮蔽了人之真实的和自然的需求。其二，当代高新技术正创造着一个跨越了自然与文化之传统畛域的新现实，哈拉维以"赛博客"名之，它既非自然亦非文化，而是二者的混杂。其三，由于文化总与地域性相关，全球化作为一种"解域化"便意味着文化间的相互越界和冲突，以及各种文化对其合法性的竞争性主张。这些主张无不诉诸一个超越自身而普遍和绝对的"自然"，但是，究竟谁是"自然"的权威代言人？新的形势迫使我们必须重新思考自然和文化的界定和再界定问题。

关键词：自然 文化 消费社会 赛博客 解域化

关于"自然"，威廉斯这位现代术语溯源大师说，它"可能是语言中最复

---

[1] 金惠敏：男，河南淅川人，河南大学文艺学研究中心特聘教授，中国社会科学院文学研究所理论室研究员，博士生导师。

杂的词语"[1]。这个"语言"在威廉斯当然是指英语,但是"自然"一词的复杂性并不只是限于英语,也不只是限于现代的或古代的西方语文,即使在汉语言里,同样包括古代的和现代的,情况亦复如是。这是因为,自从有了人类的文化思考,"自然"就无时不是我们之所是、所欲是,或者我们与之相交往的对象;它无论是什么,但都不在我们之外。那"自然"就从来是我们的"自然"。

而说到"文化",其复杂程度也许较"自然"有过之而无不及。威廉斯曾向采访者抱怨:"你不知道有多少次我希望我压根儿就未听说过这个该死的词语。"[2] 不过就他本人说,作为英国文化研究学派的先驱,他不仅未能澄清反倒是加剧了"文化"一词的语义混乱,因为由他启动的"文化研究"总是致力于将那些通常不属于"文化"甚或与之相对立的东西如"反文化"也容纳进"文化"的范畴。"文化"被扩大了,它无边无际,似乎涵盖了一切的人类活动,成了与纯粹"自然"相对的"人文"或"人文科学"的又一称谓。

面对如此语义超载的"自然"和"文化",任何的研究尝试都可能冒着无功而返或徒添乱象的风险。笔者所以仍然选择这一研究乃是首先基于一个原则性的认识:捍卫一个词语的边界并无多大的意义,重要的是人们何以要变更它的边界,而不是另立新词。这里从形式上看是有符号的惰性的原因,文字一经创制便不轻易改变,活跃的是对它的使用,在不断的使用中不变的字词被赋予新的意义。而往深处究问,此中则更可发现文化运行的一个内在规律:文化史就是对传统的尊重和超越。因而研究不变的"自然"和"文化"如何被不断地修改其语义界限,也就是对人类文化史、思想史轨迹的呈现,以及对其未来走势的窥测,或者说是意味着达到一种文化的自觉、省思和选择。

老话题是可以常说常新的,这一方面是由于其自身的普遍性和永恒性,而另一方面当是来自日日更新的现实以及我们相应的新感受、新理论的刺激。重

---

[1] Raymond Williams, *Keywords: A Vocabulary of Culture and Society*, New York: Oxford University Press, 1983, p.219.

[2] Raymond Williams, *Politics and Letters: Interviews with New Left Review*, London: Verso, 1981, p.154.

提"自然"和"文化"这种古老的话题，因而一方面就是由于它们来自传统，来自我们永恒的存在难题，我们总是徘徊在"自然"和"文化"的话语之间；而一方面或许更具决定性意义的是由于一个当代新语境的出现，它赋予我们之谈论"自然"和"文化"以新的必要性和紧迫性。

一、生产的终结与消费的兴起

如果说在古代名缰利索对人性的捆绑让我们的先人时时怀有回归自然的冲动，如老庄哲学之尚"自然"与"无为"，"无为"即从否定方面而言的"自然"——"希言自然"者是也，再如陶诗之所叹，"久在樊笼里，复得返自然"；如果说工业革命孕育了文艺上的自然主义倾向，例如在华滋华斯、劳伦斯和卢梭那儿；那么，以符号增值、"物符"以至"拟像"为标志的消费社会则再一次地提出了何谓"我"之"自然"的问题。

根据波德里亚的观察，真实的消费欲望已经随着生产的终结而终结了；进入消费社会，一切物品都变成了符号，都归属于一个符号系统，一个所谓的"物体系"，由此一切表面看来纯为个人性的消费都不再是个人之自然需求的满足，而是对商品作为抽象符号之价值的认同和追逐。我们日日所见的广告拟像，例如，不是将消费者引向具体之物，它不在乎物之具体性，即一件商品的使用价值，它关注的是，如何将消费者带向超越具体之物的但仍由它们所表征的符号天国。消费社会是自然的丧失，是个人性的磨灭。

但是，波德里亚有意识：

> 这并非要说不存在需要，或者自然用途，等等。而是说要认识到，消费作为当代社会所特有的一个概念，不是按照这些线索来组织的。因为，这些在所有的社会都存在。在社会学上对我们重要的以及给我们时代打下

消费符号之印记的,确切地说,是将此一初始层次(即需要或自然用途的层次。——引者)普遍化地重组进一个符号系统之中。这看起来就是一种从自然向文化的特殊的转变方式,或许,这也是我们时代那特有的方式。[1]

这样的意识和分辨,与其说是准备着承认真实需要在消费社会或者"自然"在"文化"中的留存,毋宁说是更加坚持了它如何消失在一个被符号化的过程之中。在符号所标记的消费社会,我们仍然是通过消费活动来满足我们的实际需要,不过这种需要一旦被整合进一个远远超越它之上的符号系统,便不再能够继续维持其本然的个性存在了。它被纳入一个系统,一个结构,一套语码,而成为其中的一个元素。借用索绪尔关于"语言"和"言语"的区分——前者是社会性的,后者是个人性的,波德里亚揭示说:"这就是当今的交流结构:一种语言(language),而与之相对,个人需要和享受不过是言语(parole)的效果罢了。"[2] 我们仍然在"言语",但我们所"言语"的不是我们个人的愿望,而是"语言"的社会给定或强加。同样,没有为"我"的消费,只有为"消费"的消费。消费成了索绪尔的"语言"。我们为"语言"所控制,我们为消费的"语言"即"符号系统"所控制。

人是"符号的动物",如卡西尔所言。自人类结绳以记事以来,符号从来就是用以把握现实、交流信息的工具。但是,在波德里亚标志着消费社会之特质的"符号",有必要辨别,并非卡西尔意义上的素朴的符号,亦非索绪尔那个虽不直接指称现实却通过指称"概念"而间接地意谓了现实的符号。对于索绪尔来说,既然"符号"包括了"概念"和"音响形象"或"所指"和"能指",那么也就用不着奇怪他有时是将"符号"作为"能指"而有时又是作为"所

---

[1] Jean Baudrillard, *Selected Writings*, ed. & introduced by Mark Poster, Stanford: Stanford University Press, 1988, pp.47-48.
[2] Ibid., p.48.

指".[1] 任何符号诚然对于具体之事物都是一种抽象,但抽象并不等于抽象了事物,相反恰恰是由于其作为抽象而浓缩了尽可能多的事物真实,这就是黑格尔所说的"概念"(Begriff)之丰富性、之能够作为"一切生命的原则"[2]。而发生于消费社会的符号制造术执行的是一套与此完全不同的抽象化指令,波德里亚指出:

> 今日抽象已不再是地图、替身、镜子或概念的那种抽象。模拟不再是对一个疆域、一个指涉物或一个实体的模拟。它是依据一个实在物的模型的生产过程,这个实在物没有来源或现实性:一个超现实疆域不再先于地图,也不再比它更长久。从此以后,是地图告于疆域——拟像先行——是地图造成疆域。[3]

"模拟"是对一个模型的模拟,作为其产品的"拟像"也就不再有所指涉,不再作为某物的"表征",它是"无物之词"。通过"模拟"和"拟像",波德里亚为我们描绘了一幅真实缺失的世界图景:迪斯尼乐园、水门事件、海湾战争、印度 Tasaday 原始部落、Lescaux 岩洞、足球赛事、民意测验等等,这一切当被"模拟"而成"拟像",便不再是其原本的存在了。"模拟"扼杀了"真实"并以

---

[1] 参见索绪尔:《普通语言学教程》,高名凯译,商务印书馆 2001 年版,第 100 页以后。另外,从德里达的一段话中亦可见到结构主义者对"符号"与"能指"或"所指"的混用:"'符号'这个词的意义一直是作为某物的符号被理解和被规定的,它又被理解和规定为指向某个所指的能指;因此,作为能指的符号总是不同于其所指的。"[德里达:《书写与差异》(下册),张宁译,三联书店 2001 年版,第 506 页] 在前一种情况,"符号"等于"所指";后一种情况,"符号"就是"能指"。不过对于我们更关键的是,结构主义语言学无论如何没有否定符号与事物的关联;即便作为后/结构主义的德里达,也不过是"延异"了这种关联。在理论史上,似乎没有人胆敢切断观念与现实的最后连接。有必要提醒,我们不能完全依照后结构主义之激进的符号观去诠释索绪尔,在他也许无意中对"符号"与"所指"或"能指"的混淆之背后,是符号与事物的藕断丝连。

[2] 黑格尔:《小逻辑》,贺麟译,商务印书馆 1980 年版,第 327 页。

[3] Jean Baudrillard, *Simulations*, trans. Paul Foss, Paul Patton and Philip Beitchman, New York: Semiotext(e), 1983, p.2.

"拟像"冒名顶替,我们知道,"拟像"从来就自诩为比原本更原本、比真实更真实,由此"拟像"就成了如今没有现实性的基本现实。陶醉于这种对"模拟"和"拟像""文化"现象的漫画化批判,后期的波德里亚似乎丢弃了前期的"消费社会"理论,但是只要我们愿意刨根问底儿,是谁创造了"模型",然后又是谁在"模拟",以及究竟谁更需要"拟像","消费"这一前期的视角就仍然是这一切仿佛是无根的后现代文化现象的最终解释,即一个现代性的解释,消费社会仍然是为资本主义所规定的消费社会。就此而论,波德里亚有绝对的理由拒绝一个"后现代主义"桂冠的赠予。消费社会在他是一个符号的社会,这是其前期的观点,但更切本质地说,是一个符号控制的社会,结合后期的观点,是一个为"模拟"和"拟像"所突显、所剧烈化的符号控制的社会。波德里亚将毕生的才华都献给了消费社会的符号分析。

在关于"消费社会"、"模拟"和"拟像"的论述中,波德里亚注意到新技术在其形成中所发挥的巨大作用,例如电子技术,原则上它能够无限地复制图像;再如克隆技术,更是将"复制"观念推向一直是上帝的权力范围,人的独特性、不可重复性在源头上就被剥夺了。技术在波德里亚这里,如同在法兰克福学派那里,尽管程度不同,实际上就是意识形态,即在虚假意义上的意识形态,它使人不再能够真实自然地"言说",而是纷纷认同于一种被抽象出来的"语言"系统,它如果不是虚假的,那至少也是远离于真实的言说和自然的欲望的。

马尔库塞深感绝望,在一个发达的工业社会里,也就是一个以技术为其本质的社会里,人们几乎不可复得地失掉了辨别其个人需要与社会需要即被强加给个人的需要的基本能力,一味地"按照广告的宣传去休息、娱乐、处世和消费,爱他人所爱,嫌他人所嫌"[1],而且"只要他们继续是不自主的,只要他们是受说教和被操纵的(甚至渗透到他们的各种本能),他们对这个问

---

[1] 马尔库塞:《单面人》,上海社会科学院哲学研究所外国哲学研究室编:《法兰克福学派论著选辑》(上卷),商务印书馆 1998 年版,第 494 页。

题（即什么是真实的需要和虚假的需要的问题。——引者）的回答，就不可能当作他们自己的"[1]。技术不是中立的因而也不是无辜的；技术所崇尚的是最大化效用，而最大化效用的实现标志就是能够被用于复制，被用于批量化生产，在这一点上我们不能再那么简单地说是技术推动了一个工业社会或消费社会的形成，事实上它本身就是消费社会。技术的目的是满足大众需要，它绝不在乎什么私人性的需要。中国广告目前流行的所有人性化的技术或设计，指的不是对单个人的体贴入微，而是着眼于许许多多的单个人的。技术通达于生产，通达于消费，它本质上归属于一个大众化的意识形态。马尔库塞同意阿多诺的一个观点："在一定意义上说，发达的工业文化比它的前身是更加意识形态化的，因为今天的意识形态处在生产自身的过程之中。"[2] 是生产、技术和商品制造了一个符码的系统，用所谓的"社会需要"置换了个人需要。在整个资本主义生产和流通体系中，波德里亚控诉广告拟像，它谋杀了真实的指涉，并试图取而代之，由此看来，不过是生产、技术和商品这些真正凶手的替罪羊。马尔库塞对技术所发起的意识形态批判或可能较波德里亚发展自索绪尔的符号论批判更及于资本主义反人性、反自然的本质。顺带指出，由于波德里亚对"生产"的终结，那么尽管他也注意到技术的意识形态性，但不可能像马尔库塞那样深刻地理解到技术的"生产"性，进而"生产"的意识形态性。

二、越界的赛博客

以上是就技术之"用"而言的，我们再就技术之"体"来看，如果可以认为科学是对自然的理论化，那么技术就是对自然的实际行动或手术。在技术的

---

[1] 马尔库塞：《单面人》，第495页。
[2] 同上，第499页。

作用下，自然无论将是什么，但都不可能是曾经的原初的自然了。即使不从意识形态批判的角度看，如今高科技对自然的改造也已经是触目惊心的了。这里不是指为科学和技术所支撑的工业化对自然的掠夺、榨取以及由此所造成的环境灾难，当然也不是说高科技战争化自然为荒原的能量及其演示，我们倒确也不必完全排除这些，因为在一定的强度上它们同样唤醒了人类对自然的意识，现在我们拟强调的是，技术对自然的介入、渗透和重构已经达到了技术与自然难解难分、浑然一体的境地，似乎自然成为人的世界，反过来，人成为自然的世界，正如仿生技术和基因工程等所谋求的那样。

根据唐娜·哈拉维（Donna J. Haraway）的描述，如果不是夸张的话，发展到20世纪末的美国科技已经使三个关键的界限不复存在：一是人类与动物的，二是动物—人类即有机体与机器的，三是物理的与非物理的，其结果就是她所谓的"赛博客"（cyborg）的出现，一个并非由她发明但被她实质性地扩展从而取得了广泛知名度的术语。我们已经步入了一个赛博客时代，一个"人机合体"的时代，这个时代的特点就是原本恒定的一切界限被逾越，一切似乎颠扑不破的分类原则被打破，哈拉维宣称："我的赛博客神话关乎被侵越了的边界，关乎有威能的融合，以及种种危险的可能性。"[1] 进而言之，赛博客意味着自然与文化之间传统上分明的界限正在变得暧昧起来：面对"基因改良食品"（genetically modified foods），诸如带有鱼类基因的番茄或致癌鼠等，我们无法说清它究竟是"自然的"还是"文化的"。有学者在阐述哈拉维的这一思想时指出："当一篇文章宣布一种改良蔬菜将'天然地'（naturally）抵抗疾病之时，这正是'自然'范畴不再存在的一个小小的征兆。它已经被一个至今还没有新名字的混血儿取代。"[2] 这个新范畴当然就是赛博客，如果我们不需要为每一位赛博客分别命名的话。在赛博客之中，"自然"被"文化"化而不再存在，"文

---

[1] Donna J. Haraway, *Simians, Cyborgs, and Women: The Reinvention of Nature*, New York: Routledge, 1991, p.154.

[2] 乔治·迈尔逊：《哈拉维与基因改良食品》，李建会等译，北京大学出版社2005年版，第105—106页。

化"被"自然"化即被赋予物质现实的形式也不再存在，准确地说，不再以先前的方式或者不再独立地存在，但混合地存在于赛博客之中。赛博客是一种新的主体或身份，一种新的社会现实。哈拉维宣布："到20世纪末，即我们的时代，一个神话的时代，我们统统都是喀迈拉（Chimeras，希腊神话中的吐火女怪，狮头、羊身、蛇尾，这里被引申为一种怪异的组合物。——引者），都是被理论化的和生造出来的机器与有机体的杂交品；一句话，我们都是赛博客。赛博客是我们的本体论；我们由它那儿得到我们的政治学。"[1] 这里所谓的"本体论"（ontology）就是那个挑明了"本体"为何物的另一汉译"存在论"（或"存有论"）。将赛博客作为我们的"本体论"，哈拉维至少有两重指谓：其一，赛博客是我们当前最本己的存在，既是我们存在的实际样态，又是我们存在的构成方式或本质；其二，我们这样作为"赛博客"的存在将重构我们关于这一世界的精神图景，因而赛博客就是世界观、神话和意识形态，就是她所称之为的"我们的政治学"。

当然对她作为一个女性思想家来说，这一"政治学"首先就是"赛博客女性主义"政治学，其中"性别、种族和阶级不能为那种对'本质性'统一的信仰提供基础"[2]，所有的"身份看来都是矛盾的、片面的和策略性的"[3]，正如被拼凑起来的赛博客一样。这于是也就超越了早先那种将女性作为男性之对立范畴的二元论的和普遍主义的女性主义。包括"女性"在内的任何身份都是碎裂的、复合的、混杂的和马赛克的，或者就是"喀迈拉"。没有纯粹的男人，也没有纯粹的女人，或许只有她所提示的"女性男人"（female man）。哈拉维的宣言是："我宁愿做赛博客，而不做女神。"[4] 这些绝非号召放弃作为女人，确切地说，是放弃隐藏于"作为女人"背后的单一身份；"女神"虽好，但她是被

---

[1] Donna J.Haraway, *Simians, Cyborgs, and Women: The Reinvention of Nature*, p.150.
[2] Ibid., p.155.
[3] Ibid.
[4] Ibid., p.181.

男性所建构的普遍主义的单一身份。

因此这"赛博客宣言"的最终意味又是超越于女性主义及其政治学的，它是"本体论"，是"哲学"[1]，它控诉的是"普遍而整体化的理论的生产"[2]，因为这种生产"可能总是但现在则肯定是错失了大部分的现实"[3]。由此而言，赛博客这一新现实的出现，无待于哈拉维为它宣言，其本身就是颠覆普遍主义乌托邦的革命性力量和声音。"成为一就是成为自主，成为权势，成为上帝；但成为一也是成为一种幻觉，即陷入与他者的启示辩证法。然而成为他者就是成为多元，边界不清，残破不全，无形无体。"[4]

赛博客现实瓦解了一切形式的二元对立，哈拉维举出的例子有"自我/他者，意识/身体，文化/自然，男性/女性，文明/原始，实在/表象，全体/部分，代理/本源（agent/resource），制造者/被制造，积极/消极，正确/错误，真理/幻觉，完整/片面，上帝/人"[5]等等，因而也就是瓦解了任何绝对化的实体，因为它们一直作为绝对实体而存在完全是依靠了我们的二元对立概念，它们以尖锐对立的方式相互区别、标异、宣示独特性，因而取得其似乎是各有独立不倚的存在，但其存在究竟是相互性的、辩证法的。赛博客现实解除了"二"，即二元论，于是也取消了"一"，即普遍主义的"一元论"。历史地说，一元论从来就假定和包含了二元论；或可换言之，二元论不过是一元论的两次述说，这在一切形式的形而上学那里都无例外。

在以上哈拉维所例举的诸多二元对立概念中，我们最关注的是"自然/文化"界限在赛博客中的内爆，这一方面是由于赛博客对它挑战的直接性，而且更由于"自然"一语从来所体现的本质主义而普遍主义的观念，即是说，因其

---

[1] 出于对西方认识论的反感，海德格尔、伽达默尔和德里达都将"哲学"作为"本体论"。这是对"哲学"概念的狭义用法。
[2] Donna J. Haraway, *Simians, Cyborgs, and Women: The Reinvention of Nature*, p.181.
[3] Ibid., p.181.
[4] Ibid., p.177.
[5] Ibid.

本质就必然地普遍。无论从技术上还是从哲学上，赛博客对于传统的"自然与文化"的二元对立及其中对它们各有纯净身份的设定都是一场足以使其灭顶的灾难。在赛博客面前，追询"自然"将是迂腐的，哈拉维通过赛博客取缔了"什么是自然"的问题。但是当哈拉维仍然试图"重建日常生活的界限，在与他者的局部性联结中，在与我们所有的构件中"[1]，当她指出赛博客形象"同时意味着建设和毁灭机器、身份、范畴、关系和空间故事"[2]，在这些拆毁和重建中，她将依据什么来进行赛博客实践？她反对批评者视她为相对主义者，但即使相对主义，也有言说的绝对性，言说那不可言说者，只要我们有意图去把握一个对象。只要有"重建"，甚或只要有"拆毁"；只要有"联结"，即使是局部的；只要有"沟通"，即使单个性的，它们都是意图行为，都是对对象的一种把握，这就必然要求一个原则，即使是临时的。简言之，只要哈拉维不是相对主义地或者即使是相对主义地对待"自然与文化"，那么"何谓自然"的问题仍将一再绽现。

按照我们的理解，赛博客绝非取消了"自然与文化"的问题，倒是以它对自然与文化之界限的凌越而突显了二者在当代技术社会的问题性以及作为一个问题的严重性。"自然"即"本质"，"本质"即"理性"，除非我们不再运用理性，不再作为理性的动物，否则我们就将一再地探问"自然"，尽管我们永远无法得到一个标准而普适的答案。

三、作为解域化的全球化

使"自然"与"文化"及其关系凸显为一个当代论题的另一语境是如今我们正在经历着的全球化。

---

[1] Donna J.Haraway, *Simians, Cyborgs, and Women: The Reinvention of Nature*, p.181.
[2] Ibid.

虽然就其实质而言，全球化是资本主义生产固有的逻辑，布罗代尔因而才宣称资本主义在欧洲一开始就是跨界的或者说世界性的，它内在地就有对垄断性的追求，这即是说，全球化根本上就是经济全球化，为经济所驱动，以经济为直接目的，但是经济作为人的活动另一方面又是文化性的，甚至如果依照英国文化研究所采取的一个人类学的"文化"定义，它以文化为"生活方式"，那么经济本身即是"文化"，并且由于经济活动在人类生活中所居的核心位置，它最基础，最日常，最必需，因而它或许应被看成最基本的文化存在形态。常见有学者将"经济全球化"与"文化全球化"相提并论，如果不是出于对文化的强调或为着某种论述的方便，这在内容上、在形式逻辑上毫无意义，因为简单说来，经济即文化。杰姆逊大概不知道这一点，所以我们才见他有那个流传颇广的说法，"经济的文化化"与"文化的经济化"。这当然是从波德里亚那儿学来的，不过波德里亚的着眼点是消费社会里的"商品"或者说"商品"在消费社会被赋予的与其在生产社会所不同的新特点：一方面物品要被消费，即变成"商品"，它必须首先成为"符号"，成为"物符"，因为它要取得意义；另一方面，所有的符号无论其是否由物品变来，如艺术品，都可以被当作商品出售。用波德里亚的原话说："现今消费——假如这一术语具有一种不是流行经济学所给它的意义——精确地界定了这样一个阶段，其中商品被直接地生产为符号、价值/符号，而符号（文化）则被生产为商品。"[1] 在此波德里亚所谈论的粗看似乎是如一本权威教科书所概括的，"不仅所有的商品都是符号，而且所有的符号都是商品"[2]，或许更简洁的说法是，"商品的符号化"和"符号的商品化"，但这绝非意在证明"消费社会是一个什么都可以拿来出售的场所"[3]，若此波德里亚就只是在重复马克思关于资本主义将一切都变成金钱关系的那个著名论

---

[1] Jean Baudrillard, *Pour une critique de l'économie politique du signe*, Paris: Gallimard, 1972, p.178.
[2] 乔治·瑞泽尔：《后现代社会理论》（社会学经典教材影印丛书），北京大学出版社 2004 年版，第 84 页。
[3] 同上。

断。[1] 波德里亚想做得更多，他要更进一步揭示金钱关系的实现需要经由一个符号关系的步骤，通俗地说，首先将欲出售之物变成另有意指的符号，然后才能将它变成金钱。消费的决定性特征因而就不是"符号的商品化"，而是"商品的符号化"，不是"商品的政治经济学"，如在马克思那儿，而是"符号的政治经济学"，更准确地说，是"商品作为符号的政治经济学"。对于波德里亚而言，符号被生产为商品即"符号的商品化"，在我看来，只是为着给出"商品的符号化"所发生于其间的一般背景即资本主义商品化生产的总体情况；并且，如果从"商品的符号化"角度看，即如果将符号化为一切物品之成为商品的前提，那么任何"符号的商品化"即任何既有符号之成为商品，则均需接受一个"再符号化"的改造程序，该符号将被重新结构，其能指—所指关系被重新调整，能指依旧是那个能指，而所指已被悄然置换。以艺术品为例，当其作为艺术品时，其使用价值就是审美价值，而当其例如被拍卖时，即当其作为商品时，其价值就几乎与它真正的审美价值一无干系了，它往往被竞拍者或收藏家注入了他们个人的与艺术旨趣相外的种种意指，诸如对财富的拥有、对时间性的拒绝、对名望和成就的分享以及对个人品位的炫耀等等。

　　波德里亚关于消费社会商品特性的所有描述，往往都是将"经济"作为"文化"，"经济"本身即是"文化"。由此说来，我们根本不能像杰姆逊那样，从"商品的符号化"和"符号的商品化"导出"经济的文化化"和"文化的经

---

[1] 波德里亚可不愿意这么做，让他感到兴奋的是他自己所发现的从"一般等价法则"（la loi de l'équivalence générale）向"符码法则"（la loi du code）的转变，是"向着符号的政治经济学的转变"，他明确地区别说："这不是一个简单的所有价值的'商业卖淫'问题（此观点归根结底是浪漫的，它来自《共产党宣言》的一个著名段落：资本主义践踏一切的人类价值，艺术，文化，劳动，等等，以赚取银子——此为指向牟利的批判浪漫主义）。它涉及的是所有价值在符码的霸权下向交换/符号价值的转变。这种符码，也可以说，是一种控制和力量的结构，它比剥削结构要更微妙、更极权。"（Jean Baudrillard, *Le Miroir de la Production, ou L'Illusion Critique du Matérialsme Historique*, Paris: Galilée, 1985, p.136-137.）转换成我们的语言说，波德里亚是刻意将他的"商品的符号化"与《共产党宣言》批判资本主义的将一切的"符号的商品化"区别开来。不留心这一点，就会把符号学的波德里亚与经典的马克思主义者相混淆。

济化"来。由于经济本身即是文化,"经济的文化化"之措辞便成了同义反复的废话。需要指出,波德里亚的"商品"(marchandise)一语就其未完成态说是"物品"(objet),而其完成态则就是严格意义上的"商品",即被符号化了的"物品",这时它已经不再是仅有使用价值的"物品"而是更具符号价值的"商品"了。波德里亚未予严格区分,理解的混乱(如杰姆逊)当是不可避免。我们不想纠缠于如此的小节或细部,在波德里亚更严重的问题是,由于将生产与消费相对立,它们代表了资本主义发展的两个阶段,粗疏但概要地讲,"生产方式"的19世纪和"消费方式"的20世纪[1],那么好像是处于以"生产"为中心之阶段的资本主义经济就无文化性可言,至少比较于"消费"资本主义是不怎么具备文化性的,这是波德里亚刻意突出消费社会之独特性所必然付出的理论代价。历史地看,资本主义经济不是后来才演变为一种文化,它一开始就是一种新的文化;而若是逻辑地说,既然承认先于"消费方式"的"生产方式"存在,那么它就如威廉斯的"生活方式"一样理所当然地归属于"文化"的范畴。不苛求于波德里亚,他毕竟在人类学的"文化"视角之外,为我们放大了经济活动在消费社会的"文化"属性,我们因而就可以断言,当今的经济是愈来愈显出其固有的文化属性了。对于人们的理解力而言,任何事物的本质都要有一个显现的过程。经济的文化本质当不外之。

既然经济的即文化的,那么以经济为主导的全球化当也是文化的全球化。我们知道有宗教的传教士,有文化的传教士,如果将经济方式作为一种文化方式,那么可以说,也有"经济的传教士",这不在比喻的意义上,这甚至是在严格的字面意义上对经济作为一种文化方式、作为一种神秘的教义及其背后的神明的称谓。经济绝不仅仅是生产和交换的一种物质性活动,它是被实践出来的

---

[1] 乔治·瑞泽尔的一个概括性描述值得借鉴:"消费所取得的核心位置表明了资本主义一个深刻的变化。19世纪,资本家全神贯注于对工人的调控,而对消费者则基本上不管不问。20世纪焦点移向了消费者,他们不再被允许对是否消费、消费多少或消费什么行使决定。"(乔治·瑞泽尔:《后现代社会理论》,第82页)但波德里亚关于生产与消费的划分,其力量与其说是时期性的,毋宁说是理论上的,因为例如早在19世纪中叶的英国伦敦,奢侈性消费就已蔚然成风。

一种精神活动，是人类建构其生命意义的一种最本要的表现形式。就此而论，"经济基础"同时就是"上层建筑"乃至"意识形态"；"社会存在"如果它不是纯粹的、自然状态的存在，而是社会性的、被社会化了的存在，那么同样道理它也是"社会意识"，是"社会意识"的存在性样态。这当然不是要否定"上层建筑"、"意识形态"或"社会意识"的相对独立性，必须承认，正是由于它们之抽身于"经济基础"并因而能够反观后者，将其作为一种被镜像、被反思的对象，经济实践才得以具有了更高程度的自觉性、目的性，进而文化性即作为意义生产的场所。但如所周知，这只是社会分工的历史结果，而无伤于对经济作整体性的文化观照。

经济全球化的文化性首先来自经济实践本身所具有的文化内蕴。约翰·汤姆林森写过一部关于全球化与文化关系的专著，虽于此基本上未曾触及，而我们觉得一项致力于从"文化"角度把握"全球化"的研究仿佛理应将此列入其议事日程，但其于"文化"和"全球化"的界定并在此界定中对二者关系的阐发则在另一条路线上揭开了全球化之内在的文化性或深刻的文化后果。这些定义，单独来看，其实都不怎么新鲜，甚至或有可能使人产生一种熟腻的疲惫：所谓"全球化"就是"解域化"（deterritorialization），就是"复杂联结"（complex connectivity）；而"文化"则是那总与一定的地域性相关联的日常生活实践。然就是这些皮相的老生常谈却在一个理论之相勾连中将他带入了隐藏于全球化深处的文化奥秘：他发现，全球化，"其文化影响的关键点在于地方性本身的转型"[1]，"解域化是……全球联结的主要的文化影响"[2]。他的意思是，全球化以其解域化而必然地重塑了文化体验所依赖的地方性，于是全球化就一定与文化相关，可以进一步说，全球化本身即是文化性的。

但是借此我们必须强调和引申汤姆林森这里不太在意或者说在其先前的《文化帝国主义》一书为他所反对和嘲讽的一个关于文化主体性的理论：全球

---

[1] John Tomlinson, *Globalization and Culture*, Cambridge: Polity, 1999, p.29.
[2] Ibid., p.30.

化既然作为一种"解域化",终究是具有"解域化"的行为主体的,如果不单纯是那个"文化帝国主义",应该也包括反抗"文化帝国主义"的被殖民者的反作用力量。汤姆林森原本是不承认什么文化主体如民族、国家等的存在的,追随B. 安德森(Benedict Anderson),认为那不过是虚构、想象和发明。而现在,他是终于看见了:"有一个简单而重要的事实,作为人类我们都是被肉身化的和被身体定位的。在这个基本的物质意义上,文化与地域的联结永远不能被完全切断,地域性作为我们生命世界的物理环境将持续对我们行使它的要求。"[1] 这是一个根本而重大的转变——承认地域性的不可解除性,也就是承认了主体性与地域性的相始终。这是因为,地域性可远不只是庸常所以为的我们的立足点,我们的活动场地,我们的"身外之物"等等;地域性通过不断地与我们发生种种交换活动,最终将内化为我们最本己的存在。可以认为,地域性是我们的肉体性和主体性,是我们的文化身体和文化主体。一句话,地域性就是我们的文化本体论。

由此,全球化便可以被更准确地描述为以地域性为其根本的各种文化之间的主体性竞争过程。哪里有"解域化",哪里就有"再域化"(reterritorialization);而无论"解域化"或者"再域化",其中都必定充满着各种力量的矛盾、斗争和相互施加影响的努力。全球化之作为文化性的实质恰在于不同文化之间所发生的这种种的关系,对抗性的或协商性的;更明白地说,全球化的文化性恰在于它的"文化间性",在于汤姆林森所谓的"文化影响"(cultural impact),即在于它的影响性,其越界影响和相互影响;虽然对汤姆林森或许已经是不言而喻的了,但他似乎仍是不够重视或者不能重视,因为他曾经根本上是批判的,这样我们就仍需强化和伸张全球化的主体性方面:在很大程度上,即使说不是全部,越界的经济就是越界的文化,经济的主体也是文化的主体。

---

[1] John Tomlinson, *Globalization and Culture*, p.149.

"文化间性","主体间性",我们不怀疑,这些概念的提出是为了在不同的文化之间、主体之间建立对话性和交往性的关系,但这只是一种理想的状态。凡对话或交往之进行,必涉及两个前提性假定:第一是对自我身份及其特殊性的确认,第二则是对自我之局限的意识从而对他者的开放。当前解域化所引发的剧烈的文化冲突当来自前者,即来自自信、自我确证和自我中心的文化主体意识,而绝非是对他者的理解、对其异质性的德里达意义的"宽恕",包含了"先行给予"的宽恕。

全球化或者说就是解域化引发了文化间的冲突,如果说作为解域化的全球化内在地就是文化性的,那么我们也可以略嫌极端但仍是合理地说,全球化本身即意味着文化冲突。汤姆林森之文化地界说全球化在继续地启发我们由他出发、由他前行:文化冲突既是全球化的显在形式,更是它自身的内在构成或本质存在,进而文化冲突也必然涉及文化的自我辩护,即前述全球化的第一种假定。自我的确立依赖于对超于自我的一个普遍合理性的诉求。找不到一个合理性的支撑,自我的建构将是脆弱不堪的。这外于自我的合理性不可能出自"文化",因为"文化"显系人为,是二级的和派生的。德国文化哲学家李凯尔特指出:"自然产物是自然而然地由土地生长出来的东西。文化产物是人们播种之后从土地里生长出来的。"[1] 基此自然与文化之本原性对立,李凯尔特意在发展"文化"作为"价值"的思想:"在一切文化现象中都体现出某种为人所承认的价值,由于这个缘故,文化现象或者是被产生出来的,或者是即使早已形成但被故意地保存着……价值(wert)是文化对象固有的……所以,如果把价值和文化对象分开,那么文化对象也就会因此而变成纯粹的自然了。"[2] 对于我们来说,这"文化"与"价值"在本质上的统一性,或是二者在实践的传统中的统一性,即意味着"文化"不能援引"文化"来为自身的存在辩护;那么,"传统"呢?这要看是在哪一意义上的"传统"了:如果视"传统"为某种

---

[1] H. 李凯尔特:《文化科学和自然科学》,涂纪亮译,商务印书馆 2000 年版,第 20 页。
[2] 同上,第 21 页。

"精神价值",那么"传统"就远不是自明的;而若是将"传统"作为在一切集团内部为多数人认可的"生活方式"或"习俗","习"久而成"俗",即"文化"取得了物质性的形态,在此"传统"的自我辩护在主观上则已经溢出了作为"精神价值"之承载物的"传统"而以为"天人合一"了,即这种辩护形式上诉之于"自然"而实质上则是那被文化化了的"自然"。但问题是,一个被文化化了的"自然"就纯粹是非自然甚或反自然吗?我们暂不管它,因为它太复杂了,太有争议了,李凯尔特在其既相对立又相联系的意义上对"自然"和"文化"的界定,"文化"高于"自然"但又本于"自然",多多少少触碰到"文化"合理性自古以来就如此的论证方略,即总是对一个悠远的"自然"的溯认。

前现代神化"自然",现代性似乎祛魅"自然",其实那是现象的"自然",在作为规律性、普遍性的意义上,"自然"仍是其最终的依据。以当代世界一个最基本的价值"自由"来说,其论证在启蒙哲学家例如卢梭那里就是以"自然"为不可继续解释的即绝对的本体论的。请看他的名言:"人是生而自由的,但却无往不在枷锁之中。"[1] 人的"自由"也包括"平等"[2] 是与生俱来的,是生命存在的本然状态,是所谓"天赋人权"。生命具有无上的权威,我们可以由它来解释一切,而它自身却是无须解释的,它是自明的,如斯宾诺莎所说的"自然",是以其自身为原因的。这是卢梭格言所表达的基本意思,而联系于其法语原文的分析将向我们揭开卢梭所言的"生"与"自然"的同义,与生俱来的权利就是从无须证明的"自然"那里得到承诺的权利,"自然"的无可问辩的权威保证了从它那儿所得到的权利的无可置疑:

L'homme est né libre, et par-tout il est dans les fers.[3]

---

[1] 卢梭:《社会契约论》,何兆武译,商务印书馆1963年版,第6页。
[2] 卢梭又言:"每个人都生而自由、平等。"(同上,第7页)
[3] J.-J.Rousseau, *Oeuvres Complètes* Ⅲ, Paris: Gallimard, 1964, p.351.

其中"né"是汉语所不习惯的一个思维"被生",即生命是被给予的,但这个被动式中实质上又不存在施动者,生命是生命的自我呈现,因为这个"生"就是"自然",是自行作为的。在法语中,"生"的原形为"naitre","自然"是"nature",二者共有一个拉丁词根"na"。而在拉丁文中,"生"是"natus","自然"是"natura",相似性则看起来更多一些。这种"生命"与"自然"的同源性暗示了它们在原初上的同一,它们根本上就是同一个东西。其他如"纯真"(naif)、"民族"(nation)都与"生命"或"自然"具有微妙而可见的千丝万缕的联系。

全球化作为现代性通常即采取卢梭这样的合法性论述。一切原本属于西方文化传统和理想的东西,都被说成是本之于自然的,具有普遍的有效性。例如说,资本主义是"历史的终结",因为它反映了"自然"本身或人性"自然"的要求。[1] "文化"尽管由"自然"而来,如李凯尔特的定义所指示,但它毕竟经过了人的"耕作",因而便不再等同于"自然"。文化间的相异性由此而生。全球化使相异的文化相遇、相冲突,而与文化冲突必然地相伴生的则是援之于"自然"的自我申辩。如果说全球化本身即意味着文化冲突,那么它同时也是意味着对"自然"的不同阐释间的竞争和斗争。全球化使古老的哲学问题"自然"和"文化"及其关系呈现出新的迫切性,当然还有新的复杂性和新的魅力。

---

[1] 正是从人性论的角度,弗朗西斯·福山论证了"自由民主制度"作为"人类意识形态发展的终点"、"人类最后一种统治形式"和"历史的终结"的。在其《历史的终结及最后之人》一书中,他将"获得认可的欲望"作为"自由民主制度"的心理基础,借鉴于黑格尔,作为人类区别于动物的精神追求。他概述黑格尔的观点说:"人对别人的欲望也会有某种欲望,即人渴望得到别人的认可……作为一个具有一定价值和尊严的人而被认可。"(弗兰西斯·福山:《历史的终结及最后之人》,黄胜强等译,中国社会科学出版社2003年版,第7页)他也引述柯耶夫以为支持:"柯耶夫认为获得认可的欲望是人最基本的愿望。根据这个观点,他认为人类已经走到了历史的终点。对他来说,获得认可的欲望从人类第一场血腥战斗开始一直是历史的动力;由于人人平等的国家体现了完全满足这种愿望的相互认可,历史因此而终结。"(同上,第326页)福山的错误是把人类一种普遍性的理想与某一具体制度等同起来,其结果要么是美化了资本主义制度,要么是贬低了人类的理想。

以上我们只是从当代语境中挑选出三个突出的方面：消费，赛博客，作为解域化的全球化，以证实"自然"与"文化"作为一个问题的永恒的当代性。岂止是这些，在女权主义对男性话语的颠覆中，在对当前所发生的各种伦理道德问题如克隆人、堕胎和反堕胎、死刑之存废、乞讨的权利等等，在对环境问题的讨论中，在动物保护者组织那里，其实在人的一切文化行为方面，也就是说，凡有文化问题的地方，都有"自然"问题之存在，因为我们总是生活在文化的自然中或自然的文化中。没有无关乎自然的文化，也没有无关乎文化的自然，永远地"剪不断，理还乱"。[1] 大概永远地去剪理"文化"与"自然"的问题将是人类难以逃脱的宿命。不过既然如此，我们倒不如当它为一项事业好了。

---

[1] 因此，威廉斯才说："虽然常被忽视，自然的观念却是包含了极其丰富的人类历史的。"（Raymond Williams, *Problems in Materialism and Culture: Selected Essays*, London: Verso, 1982, p.67.）

Consumption, Cyborg, Deterritorialization:
Problematizing Nature and Culture

Jin Huimin

Abstract: There arise three new urgencies, among many others, which problematize the traditional notion of nature and culture. The first is "consumption". Contrarily to "production", it feathers a proliferation of signs in which all objects become signs, and then what we consume is not the objects but the signs of them. In a consumer society we no longer know what we naturally want but what we are told culturally. The second is "cyborg" as Donna Haraway terms it. High-tech creates a new reality such as "cyborg" which is a product neither of nature nor of culture, but a hybrid of both. The third is globalization as deterritorialization. Since culture is associated with a location, deterritorialization means conflicts between cultures. In the conflicts, more precisely, contests, every culture resorts to a nature and claims the identification with it, but who can be really the representative of nature? The blurred boundary of nature and culture forces us to reconsider what they really are and how they relate to each other.

Key words: nature, culture, consumption, cyborg, deterritorialization

政治经济学与象征：两种死亡逻辑的对立
——鲍德里亚对诸种死亡观的批判及其超越

夏莹[1]

摘要：鲍德里亚在《象征交换与死亡》一书中对死亡问题着墨颇多，他对于这一问题的关注依然延续了其思想中惯有的二元化批判模式：理性化倾向与象征性存在方式。本文从这一批判模式出发，揭示了鲍德里亚以此区分了两种死亡逻辑并且断定象征性死亡是对政治经济学价值逻辑的唯一有效的超越和颠覆。鲍德里亚对于诸种死亡观的超越是建立在对其彻底批判基础上的，无论是逃避死亡还是直面死亡，抑或弗洛伊德与巴塔耶这种貌似已经逃离政治经济学逻辑的死亡观，都招致鲍德里亚十分犀利的讨伐。本文通过对鲍德里亚的这一系列批判的解析，彰显出了其对当下社会批判态度的彻底性。

关键词：鲍德里亚 死亡 政治经济学 象征

虽然鲍德里亚的早期与晚期思想之间存在术语上的断裂，但他对当下社会所持有的批判态度始终不变。而且鲍德里亚的批判一向是彻底的。因为他不再寻求体系内部的修补，而是要求一种整体性的颠覆。由此导致鲍德里亚思想中总是存在着一种二元化的分析模式：即一方为发端于启蒙的理性化

---

[1] 夏莹：女，江苏南京人，南开大学哲学系副教授。

倾向——在鲍德里亚那里常常被视为与政治经济学的价值逻辑具有共谋关系——所操控的某种现象，另一方则为超越这一逻辑体系的唯一途径：象征性或者交互性的存在方式。而由于后者的产生基于莫斯所推崇的原始社会特有的交换方式——象征性交换，由此使得鲍德里亚的批判总带有一种抹不去的浪漫主义色彩。

写于1976年的《象征交换与死亡》是鲍德里亚运用这种批判方式对于当下社会诸多现象所进行的个案式的研究著作，其中涉及了身体与时尚、易位书写与死亡等诸多话题。其中死亡的问题作为一个颇具哲学内涵的话题在鲍德里亚的分析中具有举足轻重的地位。从对死亡的分析中，我们不仅可以清楚地体验到鲍德里亚所特有的二元化批判模式，同时还可以映射出鲍德里亚对于传统哲学中死亡问题的种种批判。

一

在鲍德里亚眼中，对死亡的排斥是现代社会进行"歧视性分割"所采取的最初行动，因此可以被视为是其他歧视性分割的基础所在。

所谓"歧视性分割"是鲍德里亚分析当下社会的一种言说方式。在他看来，理性的逻辑习惯于将任何事物分割为二元对立的模式：人与非人，黑人与白人，男人与女人，强势群体与弱势群体等等。并且在这种分割中，总是一方占主导，另一方不过是这一主导的派生性存在，因此这种分割是歧视性的。由此产生了普泛意义上的种族主义，以及反对种族主义的人道主义的二元对立。然而只要在理性的逻辑体系内部，人们无法看到的一个事实是：任何一种人道主义在本质上都是一种种族主义。两者的逻辑基础都是理性逻辑本身。因为在人道主义宣扬人之为人的本质的时候，当人们将"非人"，如动物、植物也施以"人道主义"的时候，前者不过是正面凸显了人的价值，由此凸显了人与非人的对立，而后者则在对非人的人性化对待中从反面凸显了这种对立。于是，人道主义就是理性逻辑的产物，因此，它对种族主义的批判从根本上说是不可能的。仅就此而言，鲍德里亚与海德格尔有相似之处。海德格尔也曾明确指出："任何一种人道主义都是形而上学的。"[1] 然而同样基于对整个固有体系的颠覆，海德格尔用以颠覆形而上学的仍然是对人之本质的设定，将人设定为"绽出之生存（Ek-sistenz）"[2]，也就是在更为纯粹的意义上将人从诸多存在者中凸显出来，由此，我们或可断定，海德格尔用以反人道主义（也即形而上学）的途径是一种更为纯正的人道主义。而鲍德里亚则在这一批判中比海德格尔更为彻底。任何一种试图凸显人的差异性的观念，甚至包括那些宣称人的无差异的概念都导致了种族主义，因为它们在前提上都已经是基于一种歧视性的分割。两者在对这一问题所显现的不同批判必然将直接影响到他们对待人之死亡这一问题的基本态度。

由此可见，在鲍德里亚看来，对理性或者政治经济学的批判同样可以被包含在理性或者政治经济学体系内，那么要真正地超越理性所带来的歧视性分割是不可能的。作为这一歧视性分割得以产生的源头：死亡本身也必须在对整个理性体系的颠覆的意义上获得说明才能使其成为对现代社会批判的一个有效途径。于是问题在于，能够颠覆理性体系的死亡究竟是一种什么样的死亡？

按照鲍德里亚的理论惯性，原始社会总是他的乌托邦。因此，原始社会的秘传仪式中存在的死亡就是他对死亡的理想设定。在秘传仪式中，已经死去的祖先"吞下那些申请接受秘传的年轻人"，这些年轻人为了再生而"象征"地死去。这里的"象征"一方面有"表演"的意义，另一方面则意味着鲍德里亚所津津乐道的"象征性"，其本质的内涵就是"交互性"。在这种死亡中，生者与死者之间进行了一次相互的交换，"它不是造成一种断裂，而是在合作者之间建

---

[1] 海德格尔：《路标》，孙周兴译，商务印书馆2000年版，第377页。
[2] 同上，第379页。

立一种社会关系,建立一种馈赠与返馈赠的流通……这是不断回应的游戏,死亡不再可能作为终结或作为体制在这里得到确立"。[1]。这是原始社会中死亡的基本内涵,它富有"象征性"。

象征性的观念是鲍德里亚吸收莫斯的礼物交换的理论基础上形成的。[2] 在"价值"的观念还未形成的原始社会中,交换本身就是目的。象征性只有在馈赠与返馈赠中得到诠释。这是一个双向流通的过程。在这一过程中,形成了交换,或者更确切地说是一种交往,被鲍德里亚称之为象征性交换(交往)(symbolic exchange)。这是一种脱离价值逻辑的交往,它是反生产的,因为在这种交往中不再有剩余价值的产生。这是问题的关键所在。

在象征性交换中,不能有剩余。这正是原始人的观念。当拥有了一些不能被自身全部消耗掉的东西的时候,他们就以象征性交换的方式,例如夸富宴,或者向神明祭祀的方式将所有的剩余都消耗掉,由此才能确证当下所得的合理性。而这显然与现代社会的价值逻辑相反。在理性的即政治经济学的视阈下,资本的运作一定要产生剩余,价值的交换就是这一剩余价值实现的手段。就此而言,象征性交换的目的是消解剩余,而经济交换的目的则是产生剩余。因此前者是反生产的,而后者则就是生产的一个必要环节。于是对理性的即政治经济学的逻辑的超越,只能通过象征性交换。而对象征性交换来说,其交换的动力来自"象征"。因为就象征本身而言,鲍德里亚认为,它"不是概念,不是体制或范畴,也不是'结构',而是一种交换行为和一种社会关系,它终结真实,它消解真实,同时也就消解了真实与想象的对立"。[3]

象征本身就是一种社会关系,它意味着一种交互性的产生。在这种交互性中没有哪一方是主导性的,它们相互作用,交互本身是其最终目的,而不是如在经济性交换中那样,任何一种交换都是为了证明其中一方的价值或者

---

[1] 鲍德里亚:《象征交换与死亡》,车槿山译,译林出版社 2006 年版,第 204 页。
[2] 参见马塞尔·莫斯:《礼物》,汲喆译,上海人民出版社 2002 年版,第 21—23 页。
[3] 鲍德里亚:《象征交换与死亡》,第 206 页。

意义。象征所带来的社会关系必然是在相互作用的过程中互相依赖，相互确认。于是，象征性最终消解的就是任何一种歧视性的二元对立。再一次，象征性以这种消解的力量证明了自身是逃离理性逻辑，也即政治经济学逻辑的唯一出路。

于是，在秘传仪式中所显现的原始人的死亡观就是一种"象征性死亡"。在这种死亡观中，死不是与生对立着的存在。一方面，死是生的一面，或者生是死的一面，它们通过仪式或者节日的形式相互交往着，成为可以沟通的两种存在。"生者与死者没有区别。死者只不过是具有另一种身份罢了。"[1] 另一方面，象征性死亡在某种意义上成为人社会化的一个必经环节。在秘传仪式中，只有经过了秘传的生/死象征事件，一个生物学意义上的儿童才能被社会认可为真正的存在。于是，我们或可这样说，在原始社会中，人只有经历象征性的"死"才能真正地确认自身的"生"。

由此可见，对于象征性死亡来说，死不仅不是生的终结，而且还是生的确认，并且它作为生的一部分始终存在着，生正是在与死的交互性中延续着。在这样一种观点之下，没有所谓"不朽"、"复活"，也没有所谓的"向死而生"所产生的意义。所有这些宗教的与哲学的死亡观在象征性死亡这里终结了。象征性死亡是包含生的死，死是生的一个延续，生也是死的一种显现，两者共存着，并具有交互性。

二

然而，在鲍德里亚看来："从野蛮社会向现代社会的演变是不可逆转的：逐渐地，死人停止了存在。他们被抛到群体的象征循环之外。死人不再是完整的

---

[1] 鲍德里亚：《象征交换与死亡》，第207页注1。

存在，不再是值得与之交换的伙伴。"[1] 死亡成为了一种生命的终结点，遭到了生命的歧视，被分割出生命的领域。在鲍德里亚看来，最先在宗教领域，随后在国家政治生活之中，死亡都是一个需要宗教团体以及国家利用各种手段来加以消解的对象。因为，在他们眼中，死亡是反生命。正是这种生/死的对立成为歧视性分割的最初显现。

宗教和国家正是在对死的消解过程中建立了自身对生的管理权力。这种权力所发挥的作用主要集中在对一切象征性死亡的肃清。各种原始修会或者"异端邪说"都试图在与死亡的交互性中直接实现自我救赎，而教会则固守在天国即死后生存的观念中建立一种"个体拯救的政治经济学"：即通过一种善行和功德的积累，在死亡来临的时候进行一种结算，天国是这种结算的结果。于是在这种个体拯救的政治经济学中，孤独的苦修就成为了必需的。积累的观念也随之建立起来。而在鲍德里亚看来，这正是新教与资本主义精神之所以存在内在关联的关键所在。当宗教中修行的积累变成了世俗的资本的积累的时候，理性的逻辑就变成了政治经济学的逻辑。

政治经济学的逻辑在本质上意指一种线性的积累，受到政治经济学操控的死亡由此失去了与生命的交互性，因为任何一种交互性都必然表现为一种非积累性。死亡在线性逻辑之下成为了生命向前发展的一个终结。然而，在鲍德里亚看来，这种终结并非意味着生与死之间没有交往，只是在价值逻辑下，生中不包含死，生与作为生之终结的死之间是一种纯粹的经济交换。死成为了生的等价物。生在与死的交换中体验到了一种焦虑。这种焦虑来自对死亡的"恐惧"。生试图通过积累来消除死亡，然而结果却使死亡成为了一个更为凸显的事实、一个终结点而与生对立起来。鲍德里亚将这种对待死亡的困境称之"政治经济学的绝对困境"："政治经济学想通过积累来消除死亡——但积累的时间本身正是死亡的时间。不能指望这个过程的终点有一场辩证革命，这是一种螺旋

---

[1] 鲍德里亚：《象征交换与死亡》，第 195 页。

形上升。"[1]

死亡之所以在政治经济学中成为了一个不能被消除的存在，就是因为死亡作为一种终结彰显了生的有限性，在政治经济学的语境下这种有限性或者可以转换为生的稀缺性。由此生的积累只是从反面不断印证了这种稀缺性的存在，也就是印证了死亡的存在，这就是鲍德里亚将"积累的时间"等同于"死亡的时间"的原因所在。于是死亡在政治经济学的语境下不再具有颠覆性的力量，它恰恰是政治经济学持续积累的内在动力所在。于是，在这种情形下，"人们进入了一种把生命当作价值来积累的过程——但同时也就进入了死亡的等价生产领域。这种成为价值的生命不断受到等价死亡的侵蚀"[2]。

然而对于任何一种价值交换来说，其最终目的都是为了实现积累，而积累的实现则在于剩余价值的产生。当鲍德里亚将死亡放入政治经济学的价值逻辑之下的时候，那么问题就在于死亡所带来的剩余价值究竟是什么？

鲍德里亚在行文中虽然没有对这一问题给出明确的回答，但在其对已经存在的种种死亡观的批判中，我们或者可以得出这样一个结论：生的意义就是死亡的剩余价值。所谓生的积累在本质上是意义的积累，因为只有在这种积累之中才最终使死亡在经济计算中获得"死得其所"的确认。在鲍德里亚看来，在现代西方思想中，这种以生之意义的积累来确认死亡的观念始终贯穿其中。从基督教到马克思主义，再到存在主义，无一例外，因此他们都是政治经济学所操控的死亡观。

对于这些死亡观，在我看来，鲍德里亚将其分为两类来进行批判：其一，逃避死亡。例如帕斯卡尔与费尔巴哈，鲍德里亚在对他们思想的引述中显现出死亡作为一种非存在而不应被人的理性所把握的论断。于是他指出："这是理性的表演，它从来不是对生命的过度放纵或对死亡的热情接受的结果：人文主义

---

[1] 鲍德里亚：《象征交换与死亡》，第 228 页。
[2] 同上，第 229 页。

寻找的是死亡的自然理性，是一种以科学和启蒙思想为基础的智慧。"[1] 而共产主义运动，则由于同样囿于政治经济学的语境而试图以理性的逻辑来消解死亡，死亡仍然是作为生命的否定而有待被克服。以上对于死亡的态度是完全否定性的，死在与生的对立中显现为一种消极的存在。其二，直面死亡。如果不将死亡视为是一种消极的存在，死能成为一种象征性存在吗？在政治经济学操控的死亡观中仍然不可能。在此，两位重要的思想家得到了鲍德里亚的关注：他们是黑格尔与海德格尔。他们都有对死亡问题的分析，他们都不再将死亡仅仅看做是对生命的一种简单的否定，恰恰相反，死亡在他们那里都是产生生之意义的直接源泉。然而，两者显然又在死亡问题上存在着不同之处。我们或者可以按照鲍德里亚的批判将其再划分为两类：在黑格尔那里，死亡是一种积极的否定性。在黑格尔的辩证法中，否定性的存在正是为了最终的肯定性确立的必经之过程。由此死亡作为这种辩证的否定性恰恰是进步、发展等诸观念的内在动力所在，因此鲍德里亚称黑格尔的死亡观为死亡的"辩证理性"，"这种漂亮的辩证法描绘出了政治经济学的上升运动"[2]。死亡有效地推动了政治经济学的运演，死亡作为否定性的中介环节，恰恰构成了政治经济学的积累的肯定。而在海德格尔那里，死亡或者应该被概括为消极的肯定性。在鲍德里亚看来，黑格尔精致的辩证理性在存在主义那里出现了问题。死亡不是一个可以被扬弃的否定性环节，而带有了"不可还原性、不可超越的紧迫性"[3]。于是死亡成为了一种绝对的否定，这种否定是消极的，但其最终没有导致消极的结果。因为按照鲍德里亚的看法，遭到挑战的辩证理性在本质上"仍然是意识主体的辩证法，意识主体在其中找到一种悖论式自由"[4]。这种自由带来一种荒诞与恐慌，并被海德格尔视为是人的一种真实的存在状态，而这种真实状态得以产生的根

---

[1] 鲍德里亚：《象征交换与死亡》，第232页注1。
[2] 同上，第232页。
[3] 同上。
[4] 同上。

本就在于死亡的存在。也就是说，生正是有死的存在才是可能的。这确实是抓住了海德格尔的基本观点，但对这一著名的死亡观，鲍德里亚的批判也是异常犀利的："死亡成为'真实性'：相对于致命的系统本身，这是一种令人眩晕的抬价，有一种挑战，但它实际上是一种深层的服从。"[1] 在此，鲍德里亚一方面指出了海德格尔的死亡对于理性体系所构成的批判，但同时更确切地指出，海德格尔的反叛是有限的，他在本质上仍是理性体系内的反叛，因为当海德格尔以死作为设定生之存在意义的时候，他在死亡与生命之间仍然坚持了一种政治经济学的交换原则。其中死亡作为生命的等价物，因为它的存在产生了作为生之意义的"剩余价值"。

综上所述，无论是逃避死亡，还是直面死亡，显然它们都在以死来为生寻找意义。在前者之中，生命通过对死亡的克服来实现自身的价值，而在后者，生命则通过与死亡的对照中映射出自身的意义。但不管怎样，两者都产生了政治经济学操控下生／死交换的剩余价值：生之意义。

三

鲍德里亚对诸种死亡观的批判是彻底的。即使某些理论已经不再以死亡作为生产生之意义的理论，鲍德里亚仍会不遗余力地挖掘其中囿于政治经济学逻辑之内的种种相对隐蔽的观念、说法，从而彰显了其批判的彻底性和颠覆性。

弗洛伊德与巴塔耶对于死亡问题的看法就是貌似已经逃离政治经济学逻辑，但最终仍被鲍德里亚再次归于政治经济学藩篱之中。

弗洛伊德的死亡冲动本身已经构成了与西方思想的决裂。因为在死亡冲

---

[1] 鲍德里亚：《象征交换与死亡》，第 232 页。

动的话语体系之中，生与死的对立已经不再存在。因为死亡冲动分解、拆散有机的生本能，让一切重新回到无机性当中。这种分解与拆散在某种意义上消解了价值逻辑中的剩余价值，并打破了线性的积累性。就此而言，显然超越了政治经济学的逻辑假定。鲍德里亚虽然指出了这种死亡冲动不再可能落入任何辩证法，仍需继续追问的是这种死亡冲动"本身会不会是一种对死亡的合理化"[1]？

让·鲍德里亚产生这样一种质疑的原因在于弗洛伊德为死亡冲动找寻生物学的合理性，从而使死亡冲动很难逃离实证主义的藩篱。虽然已经有思想者对弗洛伊德的这种倾向表示遗憾（如维斯曼的《超越快乐原则》[2]），但鲍德里亚并不仅仅停留于这种遗憾。他试图说明弗洛伊德的生物主义倾向不是一种理论的失误，而是一种理论的必然。因为在鲍德里亚看来，弗洛伊德的死亡冲动就作为一种"冲动"而言已经暴露了其重新陷入理性，也即政治经济学逻辑之内的特质。

"冲动"在鲍德里亚看来作为理性的对立，恰恰诠释了理性逻辑对理性与非理性的二元划分，这种划分，正如我们在本文的开始提到的那样是一种歧视性的分割。它作为与理性对立的一极是被理性想象出来的，因此是理性的派生物。那么由此以"冲动"来对抗理性逻辑本身就是一种体系内的反抗，而找寻死亡冲动的生物主义基础本身就是理性逻辑的必然要求。由此，弗洛伊德的生物主义倾向是不可避免的。即使死亡冲动被视为是拆解生本能使其重新回到无机性当中，也即回到非生物当中，这种非生物的存在也恰恰作为生物的对立面由理性的逻辑生产出来。因此，死亡冲动尽管表达了不同于西方死亡理论的种种内容，但就其形式而言，它仍是理性逻辑的产物。

相对于精神分析，巴塔耶的死亡理论似乎应与鲍德里亚的象征死亡最为接近了。因为在巴塔耶那里，他旗帜鲜明地要求摒弃经济交换，并由此推崇奢侈、

---

[1] 鲍德里亚：《象征交换与死亡》，第 235 页。
[2] 同上，第 235 页。

浪费、牺牲等无价值的优势。而死亡，在巴塔耶的视阈中就是这些无价值的存在之一，并且代表着一种最大程度的奢侈，因为死亡是对生命的否定，如果这种否定逃离了价值逻辑，即成为了一种无价值的死亡，那么必然是一种最大程度的奢侈。巴塔耶正是看到了死亡所具有的这种特质，从而认定死亡是逃离价值逻辑的唯一替代方法。

然而，当巴塔耶在强调自身所推崇的奢侈与浪费的时候，鲍德里亚抓住了他所特有的一个参照系，那就是"自然"。在巴塔耶看来，自然是慷慨的，并没有经济的计算与价值的逻辑，因此以死亡为其极端表现的奢侈与浪费本身比价值逻辑更符合"自然"。正是这一点，在鲍德里亚看来，显然是"受到自然主义的诱惑，甚至受到生物主义的诱惑"[1]。这种诱惑的直接后果则使巴塔耶将非自然的存在推演出来，例如人对生命的延续需要对这种更为自然的倾向（如无价值的死亡）加以禁忌，这一推演实际上使非自然的存在也自然化了，非自然也是自然的产物。于是在鲍德里亚看来，巴塔耶的死亡最终并没有成为他所推崇的象征死亡，其根本原因在于巴塔耶的死亡最终建立在"关于消耗的自然定义"和"关于经济的本体论定义"的基础上，建立在"禁忌与违反的主体辩证法"[2]之中。由此一种符合理性逻辑的二元对立再次被建构了起来。只不过在这种对立中，作为消耗的，带有非理性色彩的一元（非自然）派生了理性的、经济（自然）的一元，然而两者就对立的形式与对立的衍生关系而言，并没有逃离理性所特有的歧视性分割。因此鲍德里亚以极为彻底的批判挖掘出了在巴塔耶哲学反经济性价值交换的外表之下所内在的理性逻辑。这一逻辑与政治经济学具有共谋关系。所以鲍德里亚不无惋惜地说：在巴塔耶那里"死亡向经济组织发出的挑战被伟大的形而上学抉择替代了"[3]。这种形而上学对于鲍德里亚来说就是理性逻辑，就是一种政治经济学。

---

[1] 鲍德里亚：《象征交换与死亡》，第 245 页。
[2] 同上。
[3] 同上，第 246 页。

当鲍德里亚完成了对弗洛伊德和巴塔耶死亡观的批判之后，对政治经济学所操控的死亡观的批判也达到了一种理论的彻底性。无论是囿于生与死的对立之中（如追求生之意义的诸种死亡观），还是在表面上超越了它，但通过反理性的姿态重新落入理性的二元对立的逻辑之中（如弗洛伊德和巴塔耶），它们都没有可能为颠覆理性逻辑，即政治经济学逻辑提供任何理论的或者实践的可能性，也因此没有触及到死亡真正的颠覆性。然而，在鲍德里亚看来，对这一点的揭示应是当下对死亡的分析中需要解决的问题。

如何恢复死亡的颠覆性？按照鲍德里亚的一贯观点，当然是用象征死亡来替代政治经济学所操控的死亡，用交互性来替代线性的发展逻辑，也即要用象征性交换来替代经济交换。它们在本质上是一种策略的不同表达方式。然而在此需要指出的是，对于鲍德里亚来说，就死亡本性来说从来都应该是象征的，在这种死亡中，生与死在可逆性当中消解了生与死的对立，从而也就消解了两者之间可能存在的交换以及交换产生的剩余价值。而政治经济学所操控的死亡在本质上已经不是人的一种死亡，而只能是人的一种生物性的终结而已。

在鲍德里亚看来"既然政治经济学是为了终结死亡而进行的最严肃的尝试，那么很清楚，只有死亡才能终结政治经济学"[1]。也就是说，既然价值逻辑的最初设定起源于对死亡的歧视性分割，那么也只有恢复死亡的象征性内涵才能终结这一逻辑体系。

鲍德里亚的死亡观在本质上是象征交换在死亡问题上的一种运用，但同时由于死亡的特殊性，即理性逻辑得以确立就建立在对死亡的歧视性分割的基础之上，又使得死亡自身就能够担当起一种颠覆性的策略。从这一意义上说，象征性交换与死亡的关系，不是一种理论与理论的运用之间的关系，而是并列的关系，象征性最早也是最直接的显现就在原始人对死亡的理解当中。因此就其批判性与颠覆性而言，鲍德里亚的死亡自身就包含着一种彻底性。

---

[1] 鲍德里亚：《象征交换与死亡》，第290页。

The Political Economy and Symbol: The Two Opposed Conceptions of Death
—Baudrillard's Critique towards Several Conceptions of Death

Xia Ying

Abstract: Baudrillard talks a lot about Death in *Symbolic Exchange and Death*. In this book, he is still following the dualistic critique mode: the rational trend and symbolic existing. Starting with this critique mode, the author indicates that Baudrillard distinguishes two different logics of Death and concludes that the symbolic death is the only effective way to subvert the logic of Value of the Political Economy. This subversion is based on the thorough critique towards several conceptions of Death. Either to escape Death or face Death, even Freud and Bataille who seem to have escaped the logic of Political Economy, all these conceptions of Death confront Baudrillard's sharp critique. Through the analysis of Baudrillard's critique, the author highlights the thoroughness of his critical attitude towards contemporary society.

Key words: baudrillard, death, the political economy, symbol

德勒兹的差异哲学与感性问题

胡新宇[1]

摘要：贯穿德勒兹的全部著述，对表象体制的批判一直是其差异哲学的一个主要目标。德勒兹将这一批判建立在对强度概念的强调上，并由此建构了自己的差异思想与理念论。强度这一概念不仅对于我们理解差异是至关重要的，在对感性问题的理解上它也具有举足轻重的地位。正是从强度这一角度，我们可以将德勒兹的差异论视为一种感性的哲学，而这一差异论无论对于哲学本身还是对于美学来说，都具有基础性的重要意义。

关键词：差异哲学 强度 感性

差异乃是德勒兹哲学的核心问题。本文就德勒兹由差异观念出发的对感性问题的思考略作讨论。笔者认为，这一讨论无论对马克思主义美学还是一般的美学问题来说，都具有重要的意义。

一、反对表象：从差异出发

要思考差异，我们必须从差异自身出发。那么，差异能够自在存在并被

---

[1] 胡新宇：男，吉林公主岭人，复旦大学中文系在读博士研究生。

思考吗？在德勒兹看来，只要差异仍隶属于表象体制之下，这一要求就是不能实现的。差异总是被桎梏于表象体制的四重束缚之中：概念之同一性（l'identité dans le concept）、感知之相似（la ressemblance dans la perception）、谓项之对立（l'opposition dans le prédicat）以及判断之类比（l'analogie dans le jugement）。[1] 相对于差异，表象体制总是超验性幻觉寄身之所在，而上述四重束缚也正对应于传统哲学中关于思想、感性、理念与存在的四种幻觉。

首先，差异正是通过思维主体的同一性而隶属于概念之同一性，这一点我们在笛卡尔那里看得最为清楚。对于笛卡尔来说，概念不是柏拉图意义上的理念，它仅仅是认识的原则，而这种原则的根据在于"我思"（Cogito），概念之同一来自"我思"自身的同一。在《第一哲学沉思集》中，笛卡尔强调日常的感性的、肉体性的把握方式是混乱的、不确定的（差异），而只有在意识的内在领域中所把握到的纯粹观念才是清楚的、明白的（同一）。同样，对于康德来说，认识主体作为诸官能的和谐运用也即共通感保证了自身的同一性，而这一主体又通过识别这一认识模型将对象置于不确定概念的同一性之下。由此一来，思想中的差异就被抹消了。而在德勒兹看来，正是差异使思想得以可能，差异是思想的起源。[2]

其次，就感性而言，差异在感知之相似性中被取消。德勒兹认为，感性"差异必定倾向于在包裹它的质量中被取消，而同时不等性也必定倾向于在它展布其中的广延中被等同化"[3]。在表象体制中，我们只能通过质量与广延来"把握"感性，而在这种把握中，我们其实已经错失了真正的差异。我们知

---

[1] Gilles Deleuze, *Difference et Repetition*（《差异与重复》）, Presses Universitaires de France, 1968, p.337。英译本见 *Difference and Repetition*, trans. Paul Patton, The Athlone Press Limited, 1994, p.262。在这里，德勒兹的思想可以与福柯的思想结合起来，关于差异对于概念同一性与感知相似性的从属，参考《词与物》第三章"表象"，尤其其中"秩序"与"相似性的想象"两节。

[2] 对于德勒兹来说，思想由外部而来，它是一种遭遇，因一种绝对必然性的冲击、因一种原初暴力而生。"思想是一种非法侵入，一种侵犯，它是敌人，并且没有什么能够预设哲学：一切都是从对智慧的憎恨开始。"（参考同上，法文版第181—182页，英文版第139页）

[3] 同上，法文版第342页，英文版第266页。

道，在笛卡尔那里，广延是物质最根本的规定之一，也是他的几何学的同一性抽象秩序得以彻底实施的最终根据。但这样一来，广延实际上变成了只有通过我们的理性才能真正把握的同一性的"概念"。同理，质量的规定使杂多可以统摄于同一之下，也就是使概念可以在感知连续性中得到具体的分殊和确定。由此，"感性"仅是"理性"得以确立自身的同一性所必需的环节，而"相似性"无非是"感性"的对象与"理性"的概念之间的"相似"。比如在康德哲学中，相对于"理性"形式，"感性"很显然是"质料"，但这一质料从根本上来说就已经是形式化的了，因此也就已经为理性的操作奠定了基础。德勒兹认为，（感性）差异既不在质量之中，也不在广延之中，相反，差异是强度性的，而强度才是差异的差异性自身，而不是差异所奠基的那种同一性。对于这个概念，我们下文还要详细讨论，这里只需要强调指出，对于德勒兹来说，"强度并不是可感知物，而是可感知物之存在，在强度中差异与差异联系起来"[1]。

第三，正是基于上面那种幻觉，差异在表象体制中总是被认为是消极的，它总是与限制（limitation）或对立（opposition）联系起来。"正是在质量与广延中强度被反转并本末倒置，而它肯定差异的力量也被量与质的限定、对立这些形象所背叛。限定与对立只是一维与二维表面效果，而在活生生的深度中则充满了无否定的差异。"[2] 实际上，这涉及的是对理念（idea）的不同理解，对于德勒兹来说，"理念作为本真的客观性，是由差分元素与关系组成的，并且以一种特别的模式存在——问题式的"。也就是说，理念是问题式的存在而不是否定性的存在，它建立于"（非）—存在"[(non)-being] 而不是"非—存在"（non-being）之上。而如果我们遵循表象体制中的辩证法传统、从"非—存在"出发，我们就再一次将差异以否定性的虚幻形式置于同一性之下。从这一点上来说，黑格尔正是德勒兹差异哲学的最大敌人。在《精神现象学》中，黑格尔

---

[1] 德勒兹：《差异与重复》，法文版第 342 页，英文版第 266 页。
[2] 同上，法文版第 342—343 页，英文版第 266—267 页。

对意识现象的探索也是从无限丰富的感性确定性（差异）出发，但他随即指出，这种作为差异自身的丰富性实际上仅仅是表面性的，或者说，"感性确定性的这种具体内容使得它立刻显得好像是最丰富的知识……但是，事实上，这种确定性所提供的也可以说是最抽象、最贫乏的真理"[1]。而对于德勒兹来说，他要做的即是从作为强度的差异出发，以差异之差异化而不是否定之否定[2]来建构起真正的理念，而这一理念则是与问题紧密联系在一起的。

第四，将差异隶属于表象体制之下带来的最后一种幻觉聚焦在"存在"这一问题上，而这表现为判断之类比。具体来说，概念之同一性并没有为我们提供对世界的完全决定（determination），因为它只是一个不确定（indeterminate）概念的同一性：存在（being）或"我是"（康德意义上作为摆脱了任何确定性的对某一经验之感知与感觉的"我是"）。由此，在表象体制中，还需要可确定的（determinable）一些终极概念或原初谓项，这些概念与谓项被视为与存在物（being）保持着一种内在关系。正是在这种意义上，这些概念或谓项只是一些类比，而存在相对于它们来说则是类比性的。亚里士多德在《形而上学》第三卷第三章中曾说："如若我们通过定义来认识个别，而种是定义的本原，所以种也必然是被定义的东西的本原。"[3] 但对于亚里士多德来说，存在却不是最高的种，它是所有的定义（种加属差）的规定得以可能的最根本的条件，它自身却是无法被界定的。海德格尔在《存在与时间》中曾提出："存在的'普遍性'超乎一切族类上的普遍性。……亚里士多德已经把这个超越的'普遍者'的统一性视为类比的统一性，以与关乎实事的最高族类概念的多样性相对照。"[4] 如

---

[1] 黑格尔：《精神现象学》，贺麟、王玖兴译，商务印书馆1979年第2版，第63页。
[2] 对黑格尔矛盾概念以及否定之否定的批判甚至可以延伸到政治历史领域，正如德勒兹在《差异与重复》中所说："矛盾并不是无产阶级的武器，不如说，它是资产阶级为自己辩护并保存自己的一种方式，正是在它的阴影下，资产阶级继续保留了它决定什么是问题的权利。"对于这一点的进一步阐述，以及"德勒兹与马克思的碰撞"，参看德勒兹与瓜塔里合著的《资本主义与精神分裂症》两卷本（包括《反俄狄浦斯》与《千高原》）。
[3] 苗力田主编：《亚里士多德全集》（第7卷），中国人民大学出版社1993年版，第72页。
[4] 海德格尔：《存在与时间》，陈嘉映、王庆节合译，三联书店2006年第3版，第4页。

果说海德格尔从存在与存在者之间的差别出发，建立起他以时间为核心的存在论，那么德勒兹则将重点放在了对由亚里士多德开启的表象主义传统的批判之上。[1] 对于表象体制而言，仅有不确定概念的同一性作为基础是不够的，这一同一性还必须每次被一些可确定概念所表象。而这些源生性的概念正是存在之范畴或种，存在通过这些范畴或种得以展布（distributed）并被秩序化。差异在这一类比世界却没有藏身之处，差异本质上是个体化着的差异（individuating difference），但在存在的如上一种展布中，个体仅仅是、并仅仅被理解为普遍中的不同，这也就是说，通过判断之类比，差异最终还是被隶属于存在的同一性之下。

我们看到，通过上面的分析，德勒兹要做的实际上是把差异从以表象体制为代表的哲学传统中解放出来，而这涉及的是对整个哲学传统的一种再解读。在德勒兹看来，整个西方哲学传统构成了一部对差异进行压制与驯服的历史，而这一历史正是从柏拉图开始。他认为，在柏拉图哲学中，首先存在着一种原型（model）与摹本（copy）之对立，而其次更重要的则是摹本（copy）与影像（simulacrum）之对立。而柏拉图之所以区分并将原型与摹本对立正是为了将摹本与影像分离开来，其中前者建立在与原型的内在关系之上，而后者则既没有通过摹本这一层考验、更无法达到原型之要求。如果我们把原型看做本质，那么这里就存在着两种现象，首先是作为摹本的阿波罗式的、庄严的、具有良好奠基的现象，其次则是作为影像的那些狄奥尼索斯式的"潜生的、邪恶的、有害的现象"[2]。德勒兹认为，正是柏拉图主义中对影像的这一驱逐造成了对差异的压制与驯服。因为如果说原型通过同一性之设置被定义为同（same）之本质，那么首先摹本将通过一种内在的相似性（similar）被定义；其次，如果说这一相似性是内在的，那么摹本自身必须与存在物和真理具有一种内在关系，

---

[1] 关于德勒兹对海德格尔差异哲学的评论，参考德勒兹：《差异与重复》第一章，法文版89—91页，英文版64—66页。
[2] 同上，法文版第340页，英文版第265页。

而这种关系只能是对原型的类比（analogous）；最后，如果说存在着两个对立的（opposed）谓项，那么摹本必须通过一种选择方法被建立起来，以便获得与原型一致的谓项。正是通过所有这些操作，摹本与影像被区分开来，而也正是这种区分开启了西方哲学中的表象主义传统（从亚里士多德起）。并且，德勒兹又在这一表象主义传统中区分了两种体制，其中第一种可以称为有限或有机表象，这或许可以以亚里士多德"种加属差"对大与小这一差异的驯服为例，而另一种表象体制则可以称为无限或狂欢式[1]表象，这种表象体制则以黑格尔与莱布尼茨为代表，其中前者提供了一种处理无限大差异及其消解的方法（通过矛盾运动），而后者则提供了一种处理无限小差异及其消失的方法（世界之可共通性与不可共通性）。[2] 但无论是哪一种表象体制，最后都将差异压制于上面分析的四重束缚之下。

通过上面这种梳理，我们可以看到，在刚刚脱离哲学史写作阶段的《差异与重复》中，德勒兹仍不可避免地陷于"对立"这一思维框架之中，也就是说，差异此时还呈现为非理性的、无意识的元素。如果我们把《差异与重复》中对哲学史的这一更多是否定性的解读与其后期和瓜塔里合作著述的《什么是哲学？》中对哲学史更多出于肯定态度的解读相对照，将会是很有意思的一件事情。在《什么是哲学？》中，德勒兹提出了也许是他关于哲学最著名的论述："哲学是一种形成、发明、制作概念的艺术。"[3] 或简言之，哲学是一种创造概念

---

[1] 所谓"狂欢式"（orgiastic）表象，或许是因为"这是一个促使一点狄奥尼索斯的血液流在阿波罗的有机静脉之中的问题"（德勒兹：《差异与重复》，法文版第 338 页，英文版第 262 页），虽然其结果并没有什么改变。

[2] 对于德勒兹来说，黑格尔与莱布尼茨具有完全不同的、甚至是对立的意义，这首先是因为两者的哲学方法是截然不同的，其次，莱布尼茨之所以还被束缚于表象体制之下，或许只是因为通过对差异的演绎，他最终还是采取了一种否定性的态度（世界之不可共通性），参考《差异与重复》第一章，法文版第 61—71 页，英文版第 42—50 页。"这儿是差异的一种决定性体验……"

[3] Gilles Deleuze, Félix Guattari, *Qu'est-ce que la philosophie*？ Les Éditions de Minuit, 1991, p.8；*What is Philosophy*？ trans. Hugh Tomlinson and Graham Burchell, Columbia University Press, 1994, p.2；德勒兹：《什么是哲学？》，张祖建译，湖南文艺出版社 2007 年版，第 201 页。

的艺术。但这仅仅是问题的一个方面,哲学创造不仅产生了概念,而且这一概念是与各种各样不同的内在性平面(plane of immanence)联系在一起的,同时每位哲学家的创造也都少不了需要一位概念性人物(conceptual persona)——正是通过这三条路径,德勒兹与瓜塔里重新解读了哲学史,并提出将哲学史转化为一种地理哲学(geophilosophy)的重要主张。简要来说,哲学概念(必须)由几种要素组成,而它自身作为一个奇点或独特性(singularity)保证了各要素之间的一致(如笛卡尔之"我思"概念由怀疑、思维、存在三个要素组成,而"我思"保证了这三个要素之间的一致),而在比喻意义上来说,内在性平面则是哲学家进行创造的出发点,正是在这一平面上思想作为一种绝对运动、作为一条线从混沌中涌现而出,并使得概念有了依托(比如对笛卡尔来说,意识领域成为他的内在性平面),最后,哲学家还需要通过一个概念性人物来"发言"(比如,哲学家笛卡尔的概念性人物是"愚人")[1],而通过所有这一切的交织,哲学变成了一种领土化、去领土化与再领土化不断运动的地理哲学。这里面当然也有幻觉(比如哲学作为静观、作为反思、作为沟通,比如德勒兹自始至终不断批判的超验性幻觉),但哲学已不再是体系的接替,而是平面的共存,甚至,"柏拉图是一位概念大师"[2]。我们看到,德勒兹已不再以一种"对立"的思维框架来思考哲学,而是具备了一种如福柯知识型考古学一般建构性的眼光。由此,我们不禁要问,这一转变是怎样产生的呢?或者,我们不如这样问,如果只有压制、驯服,差异将如何自在存在并被思考?脱离了表象体制,差异的建构性从何而来呢?即使是在《差异与重复》中,德勒兹就可以完全脱离哲学史无所借助、毫无依附地进行创造吗?答案当然是否定的,而这就将我们引入到差异的建构论之中。

---

[1] 以上所举笛卡尔的例子分别参看德勒兹:《什么是哲学?》,第一、二、三章。
[2] 同上,法文版第 33 页,英文版第 29 页,中文版第 239 页。

二、作为自在差异的强度

首先，我们从强度出发。我们看到，强度这一概念与原则正是德勒兹从康德那里借用而来的，在《纯粹理性批判》中，康德提出了"知觉的预测"[1]（或"知觉的预先推定"[2]）原理，"其原则就是：在一切现象中，实在的东西作为感觉的一个对象具有强度的量（intensive Größe, intensive magnitude），即具有一个度"。对康德来说，知觉作为经验性意识，不同于只包括空间和时间中杂多的形式的（先天）纯粹意识，因为其中还存在着感觉这样一种意识。同样，现象作为知觉的对象，除了空间和时间纯粹直观之外，还包括"任何一个一般客体所需的质料（由此某种实存的东西才在空间和时间中被表象出来），即包含感觉的实在的东西，因而仅仅包含主观的表象，对这种表象我们只能意识到主体受到了刺激，我们将它与某个一般客体联系起来"。"因而也有对一个感觉的量之产生的综合，从这感觉的最初阶段即等于零的纯粹直观开始，直到它的随便一种什么量。既然感觉本身根本不是什么客观的表象，在其中既找不到空间的直观也找不到时间的直观，那么虽然不能把任何广延的量归之于它，但毕竟应归给它某种量（也就是通过对它的领会，在这种领会中，一定时间中的经验性意识可以从等于零的无生长到这感觉的给定的限度），因而应归给它某种强度的量，而与之相应，也必须赋予那包含这感觉在内的知觉的一切客体以强度的量，即对感官发生影响的某种度。"这也就是说，我们的感觉（先天的）是强度性的，感觉是一个强度的量的连续统（continuum），正如康德所言："我把那种只是被领会为单一性、并且在其中多样性（Vielheit, multiplicity）只能通过向否定性等于零的逼近来表象的量，称之为强度的量。……这样一来，任何感觉、因而还有现象中的任何实在性，不管它是多么微小，都有一个程度，也就是说有一个强度的量，而这个量还可以一直消失下去，而且在实在性和否定性之间有一个

---

[1] 康德：《纯粹理性批判》，邓晓芒译，人民出版社2004年版，第157—165页。
[2] 康德：《纯粹理性批判》，李秋零译，中国人民大学出版社2004年版，第181—188页。

各种可能的实在性及各种可能的更小知觉的连续的关联。"比如说,"每一种颜色,如红色,都有一个程度,它无论多么小,也永远不是最小,这同样也是热、重力的力矩等等一切场合的情况"。但在康德那里,矛盾之处在于,他把广延的量(主要是空间直观)与强度的量截然分离开来,这也就是德勒兹所说的,"康德把强度的量仅仅局限于在某种程度上填满那一空间的质料之上"[1],我们看到,这一质料正是质(Qualität, quality)。如康德所说,"对于一般的量,我们能够先天认识的东西只是某种唯一的质,也就是连续性,而对于一切质(即现象的实在的东西),我们所能够先天认识的东西却无过于其强度的量,即认识到它们有一个程度。一切其他的事都是留给经验来做的"[2]。而德勒兹则认为,不仅质,而且"空间作为纯粹直观或 *spatium* 是一种强度的量,并且强度作为一种超验原则不仅仅是知觉的预测,还是一种四重起源的起点"[3]。而这涉及德勒兹意义上空间的综合,这种综合与对强度的感觉是密不可分的,"因为正是我们经验到的强度的削减这种力量为我们提供了对于深度(profondeur, depth)的感知"[4]。这句话或许可以用德勒兹在《感觉的逻辑》中所说的另外一段话来解释:"一切张力(tension)都被经验为一种坠落。康德得出了强度的原则,把它定义为一种即时即刻感受到的量:他从而得出结论说,在这种量中包含的多样性只能通过它与否定(等于零)的接近来表现。不论是怎样的感觉,它的强度性现实都是一种具有或大或小'量'的在深度中的下降,而非一种上升。感觉与坠落不可分离,是坠落构成了它最内在的运动,它的'clinamen'。"[5] 我

---

[1] 德勒兹:《差异与重复》,法文版第 298 页,英文版第 231 页。
[2] 以上的译文综合参考了李秋零及邓晓芒译本,同时参考了 Raymund Schmidt 编 *Kritik der Reinen Vernunft*, 1956 年版,第 220—229 页;及 *Critique of Pure Reason*, trans. Paul Guyer and Allen W. Wood, Cambridge University Press, 1998, pp.290-295。
[3] 德勒兹:《差异与重复》,法文版第 298 页,英文版第 231 页。
[4] 同上,法文版第 297 页,英文版第 230 页。
[5] Gilles Deleuze, *Francis Bacon: the Logic of Sensation*, trans. Daniel W. Smith, Continuum, 2003, pp.81-82. 在该书的中译本(《感觉的逻辑》,董强译,广西师范大学出版社 2007 年版)中,译者在此处的翻译(第 95—96 页)是有错误的,他将意为"量"的 grandeur/magnitude 翻译成了令人匪夷所思的"伟大性"。

们看到，所谓"坠落"，正是"强度的削减"，对于德勒兹来说，在由"强度的削减"所产生的深度、张力中，存在着各种各样的距离（distances）。而包裹（envelop）着这些距离的强度被外展（explicate）于广延之中，这些广延发展、外化并将这些距离同质化了。与此同时，一种质以质料形式占据了这个广延，而一个客体也通过这一广延被指定。这就是德勒兹所说的以强度为起点的四重起源：以图式形式存在的延展性，以延展性的量形式存在的广延，以占据这一广延的质料形式存在的质，以被指定的客体形式存在的质体。[1]

我们之所以不厌其烦地进行如上的理论演绎是因为这一强度理论或原则不仅对于理解德勒兹（包括哲学、美学、政治历史哲学）的建构主义思想来说至关重要（比如，上述关于感性的第二种幻觉就可以消释了），它还可以帮助我们廓清康德哲学与美学自身中存在的许多矛盾之处，并且，这一"知觉的预测"原理本身在西方形而上学传统中就占据着重要的地位。比如，我们都知道，对于康德来说，美是一种无利害的愉悦，是对象无目的的合目的性形式，是无概念而普遍、必然令人喜欢、愉悦的对象。总体来说，通过质、量、合目的性与模态这四个契机，康德得出的是一种建立在各认识能力自由游戏之上的形式美学。不过，正是在《判断力批判》中，我们却发现康德还面对着一种来自质料的疑难问题，具体来说，这就是关于颜色、声音的"魅力"问题（乃至自然美问题）。如康德所说，一方面，声音与颜色只有具有一定形式之后才能够为我们的审美趣味所接受，才能够构成美："对颜色以及音调的感觉只有当两者是纯粹的时，才被正当地称之为美的"[2]；可另一方面，我们单单从比如百合花的白色之中就可以领略到纯洁的理念，自然界中各种各样的质料成为了理性理

---

[1] celle des extensio comme schèmes, celle de l'étendue comme grandeur extensive, celle de la qualitas comme matière occupant l'étendue, celle du quale comme designation d' objet./ that of the extensio in the form of schema, that of extensity in the form of extensive magnitude, that of qualitas in the form of matter occupying extensity, and that of quale in the form of designation of an object. （德勒兹：《差异与重复》，法文版第298 页，英文版第 231 页。）

[2] 康德：《判断力批判》，人民出版社 2002 年版，第 59 页。

念的象征,我们从一种声音(鸟的歌唱)和一种颜色的纯粹质料之上就感觉到了美。[1] 我们看到这两种说法在康德那里似乎都讲得通,而为了解释这一矛盾,康德甚至提出了感觉中存在两种层次的理论:客观感觉、主观感觉,这两种感觉分别对应着质料与形式。("但在一个单纯感觉方式中的纯粹性意味着这感觉方式的一律性不被任何异质感觉所干扰和打断,这种纯粹性仅仅是属于形式的;因为我们在这里可以把那种感觉方式的质抽象掉……") 或许这也是为什么德勒兹认为在康德那里存在着两种美学,认为康德给"关于趣味的形式美学添加上一种质料的元美学"、"给关于线条和曲式即形式的美学添加上一种关于内容、颜色、声音的元美学"[2] 吧。如果我们遵循着上面提到的这种感觉的强度原则,我们就可以看到,感觉中并不存在着如此两种分立的层次,相反,强度自身就构成了可感性的整个领域,而质料与形式两者也根本不是什么对立统一的关系[3];我们不妨提出,如果说康德的美学原则适用于古典主义的艺术创作(古典音乐、古典绘画、古典建筑……),那么德勒兹从强度出发提出的美学则将视野延伸到了范围更加广阔的现代主义艺术创作之中(现代音乐、现代绘画、现代建筑……)。

值得一提的是,海德格尔对康德这一"知觉的预测"原理也给予了相当大的重视。《物的追问:康德关于先验原理的学说》[4] 一书,是由海德格尔1935年到1936年在弗赖堡大学关于康德的讲座文本结集而成的。在这本书中,海德

---

[1] 康德:《判断力批判》,"对美的智性的兴趣",第144—145页。

[2] Gilles Deleuze, *Kant's Critical Philosophy: The Doctrine of the Faculties*, trans. Hugh Tomlinson and Barbara Habberjam, The Athlone Press, 1984, p.57. 关于这一点以及康德美学中的起源问题,也可参考德勒兹:《康德美学中的起源观念》["The Idea of Genesis in Kant's Esthetics",收录于 *Deserted Islands and other Texts: 1953-1974*, Semiotext(e),2004, pp.56-71] 一文。

[3] 在德勒兹那里,质料与形式的问题与个体化过程不可分割地联系在了一起,并拓展为内容之质料、内容之形式、表达之质料、表达之形式这四个层面。这个问题非常重要且复杂,这里不详细讨论。

[4] Martin Heidegger, *Die Frage nach dem Ding: Zu Kants Lehre von den transzendentalen Grundsätzen*, 见其1984年版全集第41卷;英译本见 *What is a Thing?*, trans. W.B.Barton, Jr. and Vera Deutsch, Gateway Editions, Ltd., 1967. 中译本见海德格尔:《物的追问:康德关于先验原理的学说》,赵卫国译,上海译文出版社2010年版。

格尔主要对康德《纯粹理性批判》中"一切纯粹知性原理的体系"这一章进行了解读，并对"什么是一个物？"这个问题进行了深入探讨。而关于"知觉的预测"，海德格尔评论道："这条基本原理对于康德来说有多么新鲜，我们很容易察觉到，因为康德自己就对这条原理的奇怪之处惊讶不已。还有什么能比这更令人奇怪的吗，也就是说，即使在我们处理感觉——那些侵扰我们而我们只能接收的感觉——的时候，恰恰在这'朝向我们'（toward us, auf uns zu）之中一种由我们发出的迎向或预测才是可能的并且是必要的？初看上去，知觉作为纯粹的接收和预测作为一种迎向与预先把握（reaching and grasping beforehand, entgegen-fassendes Vorgrefen）是完全矛盾的。然而，正是在对实在性的这样一种迎向着的、预测着的表象之中感觉才成为一种可接收物，并使我们遭遇着这样或那样的东西。"在海德格尔看来，康德在这条原理中所定义的强度性的感觉"遭遇"[1] 到的正是"某物"（something, Etwas）或"什么"（what, Was），或者说，是对象的对象性或现实的现实性（实在的实在性）。"可感事物的'什么'一性（what-character）必须在可接收物的领域中并且作为可接收物的领域被预先—呈现（pre-sented beforehand）和先行预测。没有现实性也就没有现实，没有现实也就没有可感物。而因为这样一种先行预测在接收和感知范围内是最不可想象的，为了表明这种怪异性，康德将'预测'这个名字赋予了知觉原理。"海德格尔进一步指出，这种知觉活动的预期性正是使我们区别于动物的东西，而即使就我们迄今为止对知识的理解而言，这种预测原理也是足以令人惊讶并叹服的。因为康德的综合判断正是要在这种先行给出的"是什么"领域中才能"超出主词—谓词关系而走向一个完全不同的东西，对象"。"先行把握着的对现实性的表象打开了我们观看任何一般'是—什么'（being-what, Was-seiendes）（这里意味着'存在'）的视阈。"作为结论，海德格尔对康德的这一伟大发现赞叹不已："如果我们考虑到，一方面，他对于牛顿物理学的自恃，另

---

[1]　参考本书第 150 页注 1。

一方面，他在笛卡尔主体概念中的根本性位置"[1]……而如果我们联系起海德格尔自己在这本书中得出的结论："我们必定永远在人与物之间、在这种'之间'（between, Zwischen）中活动；而这种'之间'只有在我们活动其中的时候才存在；这种'之间'并不像一条绳索那样从物延伸到人，这种'之间'作为一种预测（anticipation, Vorgriff）越过了物又退回到我们这里。先行—把握（reaching-before, Vor-griff）就是向回—抛掷（thrown back, Rück-wurf）"[2]，如果我们联系起上面对强度这一原理的解读，那么关于海德格尔对"知觉的预测"原理的重视以及他对康德的赞叹不已，也许我们就不必那么惊讶和奇怪了。

三、强度与感性之存在

上面我们已经看到，在强度这一原则自身中存在着深深的"矛盾"或者说二重性：一方面，强度作为一种起源性原则衍生出质量、数量、空间、时间[3]；另一方面，强度又只能在它所衍生出的时间、空间中，通过它外展其中的质量与数量来得到把握。纵观德勒兹的思想历程，我们发现他的建构主义哲学（包括政治历史哲学在内）始终为这样一种二重性所贯穿并深深刻画，而当强度原则与感性问题联系在一起的时候，我们在德勒兹的建构主义美学中更可以感到这种二重性的存在。而通过对这一美学的初步描述，我们会看到，这种表面上的"矛盾"或者说二重性最终指向的，其实始终是德勒兹一贯坚持的主张：差异的一元论。

那么，什么是感性之存在（l'être du sensible, the being of the sensible）呢？

---

[1] 以上译自 *What is a Thing ?*, B.II.7, e4. "What is strange about the anticipations. Reality and sensation", pp.220-222. 同时参考了 *Die Frage nach dem Ding*，第 222—224 页。
[2] 同上，英文版第 243 页，法文版第 245 页。
[3] 强度所存在的时间只是它外展并取消于质量、广延中的时间，而这与德勒兹意义上时间的第三种综合紧密联系在一起，参考德勒兹：《差异与重复》第二章"自为的重复"。

对于德勒兹来说，它是自相矛盾的"某物"（quelque chose，something）：它是不能被感觉到的（从感官之经验性运用的角度来说），同时又是只能被感觉到的（从感官之超验性运用的角度来说）。对这一点，我们可以举例来加以说明。在《理想国》的第七卷中，柏拉图曾区分了两类事物："感觉中的东西有些是不需要求助于理性思考的，因为感官就能胜任判断了。但是还有一些是需要求助于理性思考的，因为感官对它们不能作出可靠的判断。"我们看到，这后一类"需要求助于理性思考的"事物，正是自相矛盾的"某物"，比如，"如果触觉告诉灵魂，同一物体是硬的也是软的，心灵在这种情况下一定要问，触觉所说的硬是什么意思，不是吗？或者，如果有关的感觉说，重的东西是轻的，或轻的东西是重的，它所说的轻或重是什么意思？"我们看到，对于柏拉图来说，"在认识这一类性质时，不是事实上所有的感觉都有缺陷吗？"也就是说，正是这类性质向我们的感官提出了挑战，并进一步唤醒了记忆，使思想萌生。但柏拉图自己则仅仅将这"某物"视作"引起相反感觉的东西"[1]，也就是说同时向心灵传递两种相反信息的事物。或者如柏拉图在《斐莱布篇》中所论证的，感性质量或关系自身与一种对立甚至矛盾是不可分的，"较热"和"较冷"、"温和"与"强烈"、"较干"和"较湿"、"较高"和"较矮"、"较快"和"较慢"……"它们都带有'较多'或'较少'，但消除了确定的量。如我们刚才所说，这是因为如果它们不消除确定的量，而是把确定的、可度量的量接纳到'较多或较少'和'强烈或微弱'存在的地方，它们自身的性质就发生变化了。……确定的量是某种停滞发展和僵化的东西"。[2] 在这里，柏拉图将所有这些性质都"归入一个类别，亦即无限这个类别"[3]之中，但即使在这一类别中，柏拉图也给

---

[1] 柏拉图：《理想国》，郭斌和、张竹明译，商务印书馆1986年版，第284—286页。
[2] 《柏拉图全集》（第三卷），王晓朝译，人民出版社2003年版，第195页。如中译者注释中所言，"此处提到的'较多'和'较少'实际上是希腊语中表示比较级的两个词，相当于英文的'more'和'less'，宜在抽象意义上理解，表示'比较……的'、'更……的'。"
[3] 同上，第196页。

"它们贴上统一的标志,'较多'及其对立面,把它们视为单一的"[1]。这也就是说,感性的生成仍被束缚于以给定质量中多与少的并存这一形式存在的对立面之同一中。而德勒兹认为,这种"某物"的存在,这种自相矛盾,正是建立在强度性的量(les quantités intensives, intensive quantities)之上,而它之所以会给我们带来两种相反的信息,是因为我们只能在强度的量之发展过程中亦即在强度外展于其中的质量中来识别它;也正是因此,柏拉图才会错误地以质的对立(la contrariété dans la qualité, contrariety in the quality)来指定感性之存在。事实上,柏拉图所定义的相反感觉(sensible-contraire, contrary-sensible)或质的对立性仅仅指定了通常意义上的感性存在(l'être sensible, sensible being),它们绝没有达到感性之存在。"是强度的差异,而不是质的对立性,定义了感性之存在。质量性的对立仅仅是强度感的一种反照,这种反照通过将强度外展于广延之中而背弃了强度。是强度或强度的差异组建了感性独特的限度,并且以此方式,它具备了那个限度自相矛盾的特点:它是不可感知的(l'insensible, imperceptible)、不能被感觉到的(ne peut pas être senti, cannot be sensed),因为它总是被异化它或与之对立的质量所覆盖,总是展布在翻转它并取消它的广延之中;而在另一种意义上,它又是只能被感觉到的(ne peut être senti, can only be sensed),它定义了感性的超验运用,因为它提供了那可被感觉到的,并由此唤醒了记忆,迫使思想萌生。"[2]也正是因此,强度才不仅仅成为"知觉的预测",而是定义了感性之存在。

其实上面我们可以看到,在柏拉图那里,感性质量已具有了流变、生成的性质:正是在流变过程中,某物变得比它所曾是的更硬(更重、更热、更快……),但与此同时,某物又比它所正是的更软(更轻、更冷、更慢……);或者我们不如举德勒兹在《意义的逻辑》中所提出的那个例子:在《爱丽丝漫游奇境》中,"当我说'爱丽丝变大了',我的意思是说她比她曾是的样子更

---

[1] 《柏拉图全集》(第三卷),第 198 页。
[2] 德勒兹:《差异与重复》,法文版第 305 页,英文版第 236—237 页。

大。然而在同一种情况下,她变得比她现在的样子小了。当然,这并非说她同时更大或更小。……然而是在同一个时刻她比曾是的更大而比她正在变成的更小。正是流变的同时性逃避了当下的在场"[1]。只是因为柏拉图要保证质的同一性,这种流变才没有被把握,而生成(或译"流变",devenir, becoming)正是德勒兹哲学中极为重要的一个概念。从上面的论述我们可以看出,要真正理解、把握生成这一概念,我们只能从强度出发:生成是强度性的。或许,这一点可以用德勒兹(与瓜塔里合著)《千高原》一书中第十章"高原"的标题来说明:"1730,生成—强度性的,生成—动物,生成—不可感知……"[2] 在这一章中,德勒兹讨论了各种各样的生成,而这些不同的生成则构成了某种序列或进展:"生成—动物只是各种生成中的一种而已。我们似乎可以在我们身处其中的生成之各片段间建立起某种序列或表面上的进展:生成—女人,生成—儿童;生成—动物,生成—植物或生成—矿物;生成—各种类别的分子,生成—粒子。"[3] 对德勒兹来说,"尽管包括生成—女人在内的所有的生成都已经是分子化的,但必须明确,所有的生成都以生成—女人开始并贯穿其中"[4]。那么,"如果生成—女人是第一个(强度)量或分子片段,而生成—动物紧随其后并与其密切相连,所有这一切生成都通向哪里呢?毫无疑问,(它们都通向)生成—不可感知。不可感知正是生成的内在目的,它的宇宙性公式"[5]。在这里,我

---

[1] *Logique du Sens*, Les Éditions de Minuit, 1969, p.9;*Logic of Sense*, trans. Mark Lester with Charles Stivale, Columbia University Press, 1990, p.1. 或可参考柏拉图《巴曼尼得斯篇》第 154—155 页:"年少些的变得比年老些的年老些,年老些的变得比年少些的年少些;然而它们都不能变成如此。因为如若它们变得如此,它们不再变,但即是如此了。"柏拉图:《巴曼尼得斯篇》,陈康译注,商务印书馆 2008 年版,第 249 页(原文将第三个"年老些的"误译为"年少些的")。

[2] Gilles Deleuze, Félix Guattari, *Mille Plateaux*(《千高原》),"10.1730–Devenir-intense, devenir-animal, devenir-imperc-eptibe…", Les Éditions de Minuit, 1980, pp.284-380;*A Thousand Plateaus*, trans. Brian Massumi, "10.1730: Becoming-Intense, Becoming-Animal, Becoming-Imperceptible…", University of Minnesota, 1987, pp.232-309.

[3] 同上,法文版第 333 页,英文版第 272 页。

[4] 同上,法文版第 340 页,英文版第 277 页。

[5] 同上,法文版第 342 页,英文版第 279 页。(括号内容为引者所加)

们又与上文中的"不可感知"相遇了，我们已经知道，它同时又是只能被感知的。生成是强度性的，正是在这样一种强度性的感觉中，我们生成—女人、生成—动物、生成—分子、生成—不可感知……"生成绝不是一种类比，也不是模仿，甚至，在其极限处，它也并不是认同。"[1] 或许我们可以说，类比、模仿、认同，所有这些范畴仍局限在质量与广延所定义的组织化、类别化世界之中，而对于生成来说，重要的是被生成紧紧裹挟的两项进入一种不可分辨（l'indiscernable, indiscernible）区域，而在此一区域中，我们早已是非个人的了（l'impersonnel, impersonal）：亚哈船长与莫比·迪克（梅尔维尔）、潘西莉亚与狗（克莱斯特）……也正是在这一意义上，生成—不可感知才具有了如上重要的意义："首先我们可以说，这意味着变得和每个人一样。……但这绝不是说每个人变成了每个人（意为，每个人都一样），而是从每个人/每件事物中去获取一种生成。……生成每个人/每件事物意味着去世界化，去创造一个世界。……使世界变成一种生成……"[2] 正是因为达洛维太太"像一把锋利的刀穿入一切事物的内部"[3]，她才变得不可感知……由此我们也可以看到，强度、生成等概念与美学或艺术创作是分不开的。在《什么是哲学？》中，德勒兹将艺术作品定义为"一个感觉的聚块"（un bloc de sensations, a bloc of sensations）[4]，换句话说，"一个感知与感受的复合体"（un composé de percepts et d'affects, a compound of percepts and affects）[5]。我们该如何理解这一定义呢？"感知（les percepts）已经不再是感知物（perceptions）了，它不再依赖感知它的人的状

---

[1] 德勒兹、瓜塔里：《千高原》，法文版第291页，英文版第237页。
[2] 德勒兹、瓜塔里：《千高原》，法文版第342—343页，英文版第279—280页。在这儿，我们似乎可以将这一段论述与海德格尔关于"常人"以及"在世界之中存在"（沉沦）的论述加以比较，参考海德格尔《存在与时间》第一篇（尤其是第四、第五章）。
[3] 弗吉尼亚·伍尔夫：《达洛维太太》，谷启楠译，人民文学出版社2003年版，第6页。
[4] 德勒兹：《什么是哲学》，法文版第154页，英文版第164页，中文版第434页。
[5] 同上，译文有修改。

态；同样，感受（les affects）[1]也不再是感情（sentiments）或情感（affections）了，它超出了经历者的掌控。感觉、感知与感受，是拥有自身价值的存在物，并超越了一切经验。不如说，它们存在于人缺席的地方，因为人，当他被石料、画布或一行行的词语所占据的时候，其自身就是感知与感受的复合体。艺术作品是感觉的存在物，并且除此之外别无它是：它自在地存在。"[2] 我们毋宁说，感知与感受是感觉的两个分支。首先，就感知而言，"它是先于人存在的景物，人不在场时的景物"[3]，比如在小说中，我们可以看到哈代笔下的荒原、梅尔维尔的海洋、伍尔夫的城市或镜子、福克纳的丘陵、托尔斯泰或契诃夫的草原……这里为什么一定要强调"先于人"或"人不在场"呢？这是因为，一般意义上的感知物仍处在经验性感知的质量与广延之中，换句话说，它们仍然是个人化的（personal），而对于德勒兹来说，艺术创作的目的即是使我们的感觉上升（或坠落）到强度性的层次，或者说，使感觉回到其条件自身，而在这一层次上，我们是非个人化的。正是在这种意义上，感知才是那不可感知而又只能被感知的感知物（percipiendum[4]）；同样，如果说小说只能通过其中人物的眼光来使我们看到景物，那只是因为"人物只有当不感知，而是融入景物之中、本身变成感觉的复合体的一部分时才能够存在，作家才能创造他们"[5]，正如塞尚关于绘画所说的："人虽不在场，却完全存在于景物之中。"总而言之，感知是非人类的自然景物（les paysages non humains de la nature），而在另一方面，感受则恰恰是人类的那些非人类的生成（les devenirs non humaines de l'homme）：生成—动物、生成—植物、生成—分子……"我们并非存在于世界之中，而是和它

---

[1] 这里译为"感受"，取其在斯宾诺莎《伦理学》那里的意义，参考德勒兹《斯宾诺莎的实践哲学》（冯炳昆译，商务印书馆2004年版）第四章《伦理学》主要概念之引得"，"情状、感受"条，第55—59页；关于affections与affects译名的讨论，参考该书第56页。
[2] 德勒兹：《什么是哲学？》，法文版第154—155页，英文版第164页，中文版第434页，译文有修改。
[3] 同上，法文版第159页，英文版第169页，中文版第442—443页。
[4] 德勒兹、瓜塔里：《千高原》，法文版第345页，英文版第281页。
[5] 德勒兹：《什么是哲学？》，法文版第159页，英文版第169页，中文版第443页。

一起生成"……生成—不可感知。我们看到，如果说感知与感受构成了感觉的两个分支，那么这两个分支是紧密地——或许我们可以说强烈地（intensely）——联系在一起的，它们一起构成了艺术作品之自在存在的内容。

这里还有一个问题需要我们加以辨析，那就是：什么是感官的经验性运用？什么又是感官的超验性运用呢？这里也就涉及德勒兹在《差异与重复》中着力批判的一个概念：共通感（sens commu, common sense）。我们看到，共通感作为康德哲学中的重要概念意味着诸官能（faculty）之间的和谐运用，这种和谐运用进一步保证了认识主体的同一，而从另一方面来说，共通感又使得主体可以通过识别（recognition）这一认识模型将对象置于不确定概念的同一性之下。在德勒兹看来，这种"共通感"或"识别"正是感官的经验性运用，而我们看到，"共通感"无论在康德的哲学中还是美学中都带来了不可消解的矛盾，更进一步说，正是共通感以及它所预设的主体的同一（我思）构建起德勒兹所着力反对的表象体制。举例来说，无论在笛卡尔还是在康德那里，思考这一官能都先天地具有一种良好本性，一种健康的和正直的本性，似乎哲学思考（作为对真理的寻求）只是这种官能的自然操练。而我们都知道，人们其实很少思考，即使我们进入一种思考状态，那也更多的是由于一种震惊所带来的紧迫感，而不是由于所谓思考的兴趣带来的满足感。其次，如果说在康德所完成的哥白尼革命中，主客体之间存在一种预定和谐的观念被客体对主体的必然服从所取代，那么，康德是否只是把这种预定和谐的观念转移到主体这一层面上来了呢？如果情况果真如此，那么主体中这一不同官能间的和谐从何而来呢？我们看到，这个问题一方面显示了康德哲学中的"心理主义"残余；而在另一方面，它也通向了对官能的一种新的、更具启发意义的思考，换句话说，这里涉及的也就是官能的超验运用。在《判断力批判》的"崇高的分析论"一节（章）中，康德第一次——也是唯一一次——使得官能进入了一种超验运用，这就是面对其自身界限的想象力。当面对自然界中绝对地大的对象或是强力对象的时候，想象力想要在"一个想象力的直观"中将对其的感知统摄（comprehensio aesthetica, comprehend）起来，但它做不到这一点。想象力达到了自身能力的极限，并发现自己的能力被削减。这种"无能为力"造成了一种痛苦，同时也在主体之中造成了想象力（那能够被想象的）与理性（那能够被思考的）之间的一种断裂。因为正是理性这一官能将想象力推到了它的极限，并且强制想象力尝试着将感性世界的"绝对地大"和"强力"在一个直观中统摄起来。但我们已经知道，绝对地大或者强力只是理性的理念，这些理念不能被认识或是想象，它们只能通过理性去接近。由此，崇高为我们揭示了理性的要求与想象力的能力之间的一种冲突，一种官能间"不一致→和谐"的状态。当我们达到这一和谐状态之后，想象力所感受的痛苦也转化为一种愉悦（即使是一种消极的愉悦）："崇高的分析论"使我们见证了一场想象力的"受难记（passion）"。[1] 从经验主义的视角来看，理性理念的界限是不可接近甚至不可想象的，但从超验视角来看，它又是只能被想象的，它只能由在其超验运用中的想象力所接近。"超验的绝不意味着官能将自己应用于世外的客体，相反，它意味着官能把握到了在世的、只与它相关的并把它带到世上来的东西。"[2] 而正是这一点定义了如上所述官能的超验运用，同时，也正是这一点使得我们可以理解思想如何诞生。如果说在柏拉图那里，那只能被感觉到的"信号"（相反感觉或质的对立）作为问题或疑问，使得回忆进入它的超验运用（对一"形式"的回忆），那么思想也就作为那只能被思考的诞生；同样，思想绝对不是某种具有良好本性的官能的自然操练，相反，"官能间的不一致，沿着力量的链条与熔丝使每个官能从其他官能那里收获（或交流）一种暴力，这暴力使得每一官能都面对着它自己的界

---

[1] 以上参考康德：《判断力批判》，"崇高的分析论"。德勒兹认为，正是"崇高的分析论"中提出的官能间"不一致→和谐"的过渡一方面揭示了康德美学、哲学中"共通感"的缺陷与不足，另一方面也为我们提供了超越这一"共通感"的途径，甚至具体到美学中，我们可以据此将《判断力批判》各部分的顺序重新调整，参考本书第159页注2。

[2] 德勒兹：《差异与重复》，法文版第186页，英文版第143页。关于德勒兹从官能角度对康德哲学的重新解读与批判，参考其《康德的批判哲学》一书。中译本参考《康德与柏格森解读》，张宇凌、关群德译，社会科学出版社2002年版。该译本错讹颇多。

限、面对着它独特的元素，就像面对着它本身的消失或是完美化"[1]，而"在通往什么是思想的路上，一切都开始于感性"[2]。

我们看到，强度作为自在的差异，是一种不包含任何否定性的肯定力量，而也正是从这一肯定性力量出发，德勒兹才得以从某种与哲学传统对抗性的框架内走出，并建立起他积极的、充满无限活力的建构主义思想。比如，就思想而言，在《什么是哲学？》中，德勒兹将思想定义为一种内在性平面（我们可以把这一平面理解为强度等于零）上的绝对运动，而这一绝对运动只能从一种纯粹直觉、换句话说即强度性的感觉中而来，[3] 并且，这一绝对运动同时是不可感知的却又是只能被感知的。[4] 自始至终，德勒兹的哲学与美学思想都将感性放在了首要的位置。在《差异与重复》中，德勒兹认为尼采的"永恒回归"作为肯定性差异的重复"既不是质量性的，也不是延展性的，而是强度性的，纯粹强度性的"，而"权力意志中的差异正是感性的最高目标，一种'高涨的情绪'（hohe Stimmung）"。德勒兹提醒我们，"不要忘了，权力意志首先是作为一种感觉、一种对距离的感觉而呈现的"[5]，或许对于德勒兹本人的思想，我们也可以这样来提醒自己：不要忘了，"在我看到、我听到……我思考之前，都有一个更深层次的我感觉（Je sens，I feel）存在"[6]。而如果脱离了这种原初性的感觉，我们将不仅无法理解与进一步深入探讨德勒兹的思想，甚至对一般的感性与美学问题也不会有那样深刻的认识。

---

[1] 德勒兹：《差异与重复》，法文版第 184 页，英文版第 141 页。关于由强度决定的"官能间的差分理论"及其与理念的关系，参考《差异与重复》第四章，法文版第 247—253 页，英文版第 191—195 页。

[2] 同上，法文版第 188 页，英文版第 144 页。同样，我们看到在海德格尔那里，思想也只有在摆脱了共通感摆脱了思考这一官能预设的良好本性之后才得以可能："就人具有思想的可能性而言，人是能思想的。只不过，这种可能性尚未保证我们真的能够思想。"参考其《什么叫思想？》一文（《演讲与论文集》，孙周兴译，三联书店 2005 年版）。

[3] 德勒兹：《什么是哲学？》，第二章。

[4] 德勒兹、瓜塔里：《千高原》，法文版第 344—347 页，英文版第 280—282 页。

[5] 参见德勒兹：《差异与重复》，法文版第 313 页，英文版第 243 页。

[6] Gilles Deleuze, Félix Guattari, *L'Anti-Oedipe*, Les Éditions de Minuit, 1972/1973, p.25；*Anti-Oedipus*, trans. Robert Hurley, Mark Seem, and Helen R.Lame, University of Minnesota Press, 1983, p.18.

Deleuze's Philosophy of Difference and Aesthetics

Hu xinyu

Abstract: With overturning the representational regime as one of his main philosophical aims, Deleuze proposed a philosophy of difference which focused on the concept of intensity. Intensity as difference in itself is crucial not only for our understanding of difference but also for the renewal of our aesthetic perception. Based on the concept of intensity, Deleuze's constructivism of difference can be seen as a philosophy of sensibility, and this constructivism is important not only for philosophy itself but for aesthetics as well.

Key words: philosophy of difference, intensity, sensibility

今日乌托邦
——《未来考古学》导论[1]

弗雷德里克·詹姆逊著　龚晓虎译　黄金城校

摘要：在后全球化（post-globalization）时代，左派对乌托邦的口号越来越感兴趣了。与此同时，资本主义的历史替代物被证明为不可能，那么，乌托邦的意义何在？乌托邦的政治目的在于想象，想象另一种可能，其对象不是个体的经历，而是历史的和集体的愿望满足。乌托邦是一种意识形态，一种社会批判的工具，每一个时代都有自己的乌托邦。对乌托邦的检验不在于它在实践中的运用，而在于它的新的批判社会的能力。

关键词：后全球化　左派　乌托邦　意识形态

乌托邦一直都是一个政治问题，一种对于文学形式而言不寻常的命运，然而，就像这种形式的文学价值永远饱受质疑一样，其政治地位从结构上讲也是模棱两可的。这种可变性无法在起伏不定的历史语境中获得解决，同时也无涉于鉴赏判断或个人判断。

冷战期间（在东欧则是冷战结束后不久），乌托邦成为斯大林主义的代名词，从而命名了这样一个程序：它无视人性的脆弱和原罪，暴露出一种追求一

---

[1] 本书所收录的译文均保留原文的特殊体例，如特殊字体及符号等。——编者注

致性和一个理想而纯粹的完美体制——而这种完美体制总是以胁迫的方式强加于不完美和不情愿的主体——的意志。(在进一步的发展中,鲍里斯·格罗伊斯已经认识到这种政治形式的统治和审美现代主义的律令是一回事。[1])

这类反革命的分析——自社会主义国家解体后右翼对之就不再有多大兴味——之后就被反极权主义的左翼所采纳。左翼的微观政治以差异为口号,并开始意识到,他们在传统无政府主义者们对马克思主义的批判下的反国家立场,在这种集中化和极权主义的意义上,是一种乌托邦的幻想。

自相矛盾的是,老一辈的马克思主义者们,他们从马克思与恩格斯在《共产党宣言》[2]里对乌托邦社会主义的历史分析中不加批判地汲取经验,且因循布尔什维克的惯例[3],痛斥乌托邦缺乏任何组织观念和政治策略,并将乌托邦主义定义为一种结构上深恶痛绝于既存政治状况的唯心主义。当乌托邦作为一个政治口号和一种政治上激活的视角似乎已恢复活力之时,乌托邦与政治状况之间的关系,连同关于乌托邦思想在政治实践中的价值的疑虑,以及社会主义与乌托邦间的认同问题,至今仍是有待解决的课题。

对共产党人、连同社会党人的不相信和对革命的传统意义的怀疑已经扫清不相关的讨论领域,在这种情境下,一整代全新的后全球化左翼,包括老左翼的残存、新左翼,此外还包括社会民主派中激进的一翼、第一世界中有文化的少数派、第三世界中无产阶级化的农民,以及失地的或结构性失业的大多数,已越来越经常地倾向于采用乌托邦的口号。随着这一突然出现的世界市场(因为在所谓的全球化中世界市场才是真正岌岌可危的)的巩固,人们最终可以期待着发展出一种新的政治媒介(political agency)。与此同时,为了符合于撒切

---

[1] Boris Groys, *The Total Art of Stalinism* (Princeton, 1992).
[2] 见本书第三章 "Socialist and Communist Literature",亦可见 Friedrich Engels, "Socialism Utopian and Scientific"。然而,列宁和马克思著作中都提及了乌托邦:前者见 *State and Revolution*,后者见 *Civil War in France*。
[3] 所谓的 "极限理论" 或 "就近目标理论" (teoriya blizhnego pritsela),见 Darko Suvin, *Metamorphoses of Science Fiction*, New Haven, 1979, pp.264-265。

尔夫人的名言[1]，除了乌托邦已别无选择（there is no alternative to Utopia），因为晚期资本主义似乎不存在天敌（那些反对美国与西方帝国主义的宗教原教旨主义是无论如何也不会支持反资本主义的立场的）。然而，争论不休的，不仅是资本主义的战无不胜的普遍性，还有不知疲倦地消解自社会主义和共产主义运动开始后的所有社会成果，废除所有的福利政策、安全网、工会权利、调节工业与生态的法律措施、主动将养老金私有化和消除挡在全球市场自由化道路上的一切障碍。真正致命的，不是某一敌对的存在，而是那些普遍的信条；不是这种不可扭转的趋势，而是资本主义的历史替代物被证明为不可能，无法构想其他的社会经济系统，更不用说实践的可能性了。乌托邦不仅提供了关于替代性的体系的构想；乌托邦形式（Utopian form）本身便表征着一种关于激进的差异、激进的他性和一种对社会总体性的本质结构要有所表达的沉思，就像彗星擦出的无数火花一样，如果不首先产生一些乌托邦的图景，那么人们根本不会想象得到社会存在会发生什么本质的改变。

任何乌托邦政治（或政治乌托邦主义）的原动力将因此系于同一和差异[2]的辩证法。在某种程度上，这样一种政治目的在于想象，有时甚至实现一种根本有别于当下（this one）的体制。我们可能由此循着欧拉夫·斯塔普敦（Olaf Stapledon）的时空旅行者（space-and-time travelers）——他们渐渐意识到他们对异质和外来文化的感受是基于一些被赋予人性的原则。

起初，如果我们的想象力完全限于我们自己的世界的经验，我们也只能与那些类似于我们自己的世界接触。而且，在这些活动的尝试阶段中，我们总能在这些世界遭遇到与我们相同的精神危机时碰上它们。这种精神危机就是今天智人（Homo sapiens）的困境之根源。事实就是这样，如果我们要完全进入一个

---

[1] 撒切尔夫人因坚决捍卫与推行新自由主义信条而获得"铁娘子"名号。关于新自由主义，其名言是："There is no alternative."（"别无选择。"）简称"TINA"。——译者注
[2] 见 G.W.F.Hegel, *Encyclopedia Logic*, Book Two, "Essence", Oxford, 1975。

世界，那么在我们与我们的东道主[1]之间，必须存在一种深层的相似或认同。

正如我们之后会了解到，斯塔普敦并不是严格意义上的乌托邦主义者；但没有一个乌托邦作家能如此直率地面对这条经验主义原则：存在于理智中的，无不先已存在于感觉中。这一原则断言，即使是我们最狂野的想象也不过是琐碎的当下经验与观念的集中拼贴："荷马当初关于奇美拉（Chimera）的念头，只是将分属不同动物的不同部分集中于一种动物；狮子的头部，山羊的身躯，和巨蛇的尾巴。"[2] 倘若真是这样，这一原则将不仅意味着作为一种形式的乌托邦的终结，也意味着通常意义上的科幻小说的终结。在社会层面，这将意味着，我们的想象力只是被我们自己的生产方式（还可能包括所保存下来的过去的全部残余）所绑架的人质。这表明乌托邦顶多能够在消极的意义上让人们更加清楚地意识到我们精神和意识形态上的囚笼。（偶尔，我也说服自己去承认它。[3]）因此，在这个意义上，最好的乌托邦即为最彻底的失败。

将关于乌托邦讨论的焦点从内容转到表征本身，这一提议颇有价值。这些文本被如此频繁地当作政治观点或意识形态的表现，以致为了公正地对待这些文本，就必须坚定不移地以形式主义的方式进行言说（黑格尔和叶尔姆斯列夫[Hjelmslev]的读者知道在任何情况下形式都是具体内容的形式）。从这个视角出发，值得关切的不仅是乌托邦构想中的社会和历史的原材料，而且是它们之间所建立的表征关系，诸如封闭、叙事和拒绝或是倒置。同别处一样，这里的叙事分析中，最具揭示意义的，不是说出来的东西，而是无法说出来的东西，是在叙述装置上所无法显示的东西。

用乌托邦生产的心理学（psychology of Utopian production）——一个我有所犹豫的术语——来完善这种乌托邦形式主义是很重要的：这是一项关于乌托邦想象机制的研究，其对象不是个体的经历，而是历史的和集体的愿望满足。

---

[1] Olaf Stapledon, *The Last and First Men/Star Maker*, NY, 1968, p.299.
[2] Alexander Gerard, *Essay on Genius*, quoted in M.H.Abrams, *The Mirror and the Lamp*, Oxford, 1953, p.161.
[3] 见本书第二部分第四篇"Progress Versus Utopia, or, Can We Imagine the Future？"

这样一种乌托邦幻想生产的进路将必然阐明其可能性的历史条件：因为，毋庸置疑的，我们的最大关切在于理解乌托邦何以一时荣而一时枯。如果人们像我一样，效仿达克·苏文（Darko Suvin）[1]，相信乌托邦是一种更广泛文学形式的社会经济学方面的次文类（sub-genre），那么很明显，科幻小说就应被纳入上述问题的研究范围。然而，接下来，我会主要处理科幻小说中那些与乌托邦的同一与差异的辩证法关系最为紧密的方面。

所有这些形式和表征的问题都指回我们开初提及的政治问题，但如今，这些政治问题已相当尖锐化地转变成形式上的两难困境：假定历史终结的努力何以提供可加运用的历史冲动？旨在消弭所有政治差异的努力何以在任何意义上的仍是政治性的？意在战胜肉体需求的文本何以保持其唯物主义的本质？"睡眠的岁月"的图景何以给我们注入能量并驱使我们采取行动？

我们有充分的理由相信所有这些问题是不可决断的：这未必就是件坏事，只要我们能继续尝试着做出决断。的确，就乌托邦的文本而言，最可靠的政治尝试，与其说在于对被讨论着的个别作品作出判断，不如说在于其作出新的判断的能力。乌托邦的图景包含过去之物，并修改和纠正它们。

然而，这种不可决断性（undecideability），实际上是一个深层次的结构问题而不是一个政治问题；这也解释了那么多的评论者（诸如马克思和恩格斯，他们对傅立叶满怀赞赏[2]）关于乌托邦的评价为何本来就是相互对立的。另一

---

[1] Suvin, op.cit., p.61.

[2] Marx and Engels, *Correspondence Selected*, Moscow, 1975. 如 1866 年 10 月 9 日（致库格曼）抨击普鲁东是一个卑微的资产阶级乌托邦主义者，"然而在傅立叶、欧文等人的乌托邦里，是有一种对新世界的期盼和富于想像力的表达"（p.172），亦可见于恩格斯："德国理论社会主义将永远不会忘记它是站在圣西门、傅立叶和欧文三位巨人的肩膀上的。尽管其中不乏幻想，不切实际的成分，但他们的思想无论何时都将被视为最重要的思想之一。因为他们天才地预见到无数的问题，其准确性我们现在能科学地证明。"（引自 Frank and Fritzie Manuel, *Utopian Thought in the Western World* [Cambridge, Mass., 1979] p.702.）本雅明也是傅立叶的一位伟大的赞赏者："他期待着傅立叶所称的普遍规则之来临所带来的完全解放，他对此寄予了无限度的倾慕。我不知道，在我们的时代，还有哪个人会比他更深切地活在圣西门和傅立叶时期的巴黎。"（见 Pierre Klossowski, "Lettre sur Walkter Benjamin", *Tableaux vivants*, Paris: Gallimard, 2001, p.87.）同时，巴特也是一位满怀激情的读者。

个乌托邦幻想家——赫伯特·马尔库塞，20世纪60年代毋庸置疑最有影响力的乌托邦主义者——在其早期的论断中对这种含混性给出了一个解释，虽然他名义上的研究对象是文化而非乌托邦本身。[1] 然而问题是一致的：文化具有政治性，也就是说具有批判性甚至是颠覆性？或者说文化乃是社会系统的一部分，它必为社会系统重新占用和役使？马尔库塞论证道，正是文化和艺术从社会分离出来——这种分离对文化本身加以界定，并将文化作为一个具有自身权利的领域创造出来——成为艺术顽固的模糊性的源泉。文化与社会语境保持的距离，使文化得以发挥批判和控告的作用，同时断定文化的干预定将无效，并将文化与艺术降格到轻浮、琐碎的空间里，在其中，文化与社会的交集事先就被中立化了。这种辩证法能更雄辩地解释乌托邦文本的模棱两可：因为一种既定的乌托邦愈是宣称其与现状的根本区别，它就愈发难以实现，更糟的是，变得愈发不可想象。[2]

这不是让我们回到开头——对立的意识形态的成见试图对乌托邦作出这样或那样绝对判断。因为即便我们不能再以一种纯粹的良知来坚守这种并非可靠的形式，我们现在也能借助于萨特那匠心独运的口号而发现他那种置身于有瑕疵的共产主义和更加难以接受的反共产主义之间的办法。也许，可以对乌托邦的同路人提出类似的建议：的确，对于那些过于在意批评者动机，但仍能意识到乌托邦结构上的模糊性的人们，那些时刻留心着乌托邦的理念和规划的真正

---

[1] 见 "On the Affirmative Character of Culture", in *Negations* (Boston, 1968)。
[2] 从另一个角度来说，这种关于文化的含糊不清的现实性的讨论（也就是说，在乌托邦本身的语境下）是一个本体论的讨论。我们假定，着眼于未来或是不存在（not-being）的乌托邦，只存在于现在（在其中，它主导着一种有欲望和幻想但相对无力的生活）。但这没有把存在及其暂时性之双重性考虑进去：就此而言，乌托邦只是一个开始于时间的另一端的踪迹（trace）的哲学类比。这种踪迹颇为棘手：它同时属于过去和现在，从而构成了一种存在（being）与不存在（not-being）的混合物，迥异于传统的关于生成（becoming）的范畴，而且让理性有点难以接受。乌托邦将未来之尚未存在（the not-yet-being of the future）与处于当下之中的一种文本性存在联结起来，它仍有考古学研究的价值。在这项研究中，我们所乐意于首肯这种轨迹。对于后者的哲学讨论，见 Paul Ricoeur, *Time and Narrative*, volume III, Chicago, 1988, pp.119-120。

政治功能的人们，反—反乌托邦主义（anti-anti-Utopianism）的口号兴许能提供最好的斗争策略。

Utopia Now
—The Introduction of *Archeologies of the Future*

Frederic Jameson

Abstract: In the post-globalization era, the Left are interested in the Utopia slogan more and more. At the same time, the alternative of capitalism is proved to be impossible, then, what is the meaning of Utopia? The political aim of Utopia is Imagination, to imagine another possibility, its object is not an individual experience, but of history and collective desire to meet. Utopia is an ideology, a tool of social criticism, each era has its own Utopia. The test of Utopia is not on the use in practice, but in its new function to criticize the society.

Key words: post-globalization, the Left, Utopia, ideology

阿多诺与哈贝马斯的批判策略：意识形态理论与理论意识形态

黛博拉·库克著　黄婉玉译　常梦虹、李慧敏校

摘要：哈贝马斯对前辈阿多诺持高度批判的态度，他认为阿多诺否认了理性在现代性文化中的潜能。在哈贝马斯看来，阿多诺对意识形态的批判不断地在一种表述的矛盾间循环，唯有承认理性在现世资产阶级文化中的潜能，他才能克服这一冲突。这是一种误解。本文将对哈贝马斯关于意识形态的观点进行分析，批判哈贝马斯对阿多诺的误解。并将对比阿多诺和哈贝马斯关于交往行为的理性潜能的主张。阿多诺与哈贝马斯的主要区别不在于哈贝马斯承认现代性的合理潜能，阿多诺却对其不信任，而在于他们对于这种潜能的观念不同。而且与阿多诺不一样，哈贝马斯并不把交往理性当成意识形态批判的基础，他将理性的现代性潜能视为社会批判的基础。在一个有争议的举动中，哈贝马斯甚至否认了意识形态在我们世俗文化理性中的可行性。

关键词：哈贝马斯　阿多诺　意识形态　现代性　理性

作为其众多隐喻性的术语变化之一，哈贝马斯在《现代性哲学论著》的主题思想中谈到了当代哲学家并未采取的一种方法，这一方法原可以将哲学家引向他的交往理性的主体间性理念。哈贝马斯对前辈——西奥多·W. 阿多诺和马克斯·霍克海默——持高度批判的态度，因为他认为他们否认了理性在现代性

文化中的潜能。阿多诺和霍克海默看到"文化"一词就想要批判它，就好像人们一看到暴徒就伸手去摸自己的左轮手枪一样。19世纪40年代以前，阿多诺和霍克海默对现代文化苦涩的幻灭感胜过对其的自信。的确，在哈贝马斯看来，这些早期的批判理论家的自信都被纳粹主义和斯大林主义严重地动摇了，以至于他们最终不是在怀疑理性本身，"他们发现自己的意识形态批判标准已经让步于资产阶级的理想"。所以，阿多诺和霍克海默都被迫转而质疑他们自己对现代性的内在批判：意识形态批判自身开始"被怀疑不能生产任何更多的真理"。这些哲学家恐怕只得使他们的怀疑性批判"独立于哪怕与之相关的基础"。[1]

哈贝马斯这种对早期批判理论的评价是有争议的并且不免有自夸之嫌。在《现代性的哲学话语》一书中，哈贝马斯事实上将自己视为现代理性、文化和启蒙的唯一领袖，而与此同时将阿多诺的意识形态批判工作全部视为哲学史上一个误导阶段的垃圾箱。在哈贝马斯看来，阿多诺对意识形态的批判不断地在一种表述的矛盾间循环，唯有承认理性在现世资产阶级文化中的潜能，他才能克服这一冲突。我将在本文的第一部分批判这种对阿多诺的误解。尽管阿多诺的意识形态及其批判观念本身并非没有问题，但阿多诺从不否认理性在现代文化中的潜能。与那些将文化完全视为对现存状况的虚假反映的马克思主义者相反，阿多诺坚持文化在面对交换原则的谎言时的价值。在论文的第一部分，我还将对比阿多诺和哈贝马斯关于交往行为的理性潜能的主张。

在论文的第二部分，我将对哈贝马斯关于意识形态的观点进行分析。尽管哈贝马斯关于交往行为的观念意在还原理性，并至少在原则上为一种意识形态的批判奠定基础，还在《交往行为理论》中完全抛弃了意识形态批判。在哈贝马斯描述的日常生活合理化的过程中，现代文化似乎变得无法忍受意识形态的扭曲。在后来哈贝马斯的说明中，意识形态的所有特征都消失了，意识形态批判已经脱离了客体。然而，正如我将在论文第三部分指出的，哈贝马斯关于意

---

[1] 哈贝马斯，1987a，第116页。

识形态死亡的主张是夸大其词的。具有讽刺意味的是，或许在他的新作《在事实与规范之间》一书中，他关于意识形态的定义本身在性质上即是意识形态的。在另一个常常是鼓舞人心的"激进"民主理论中，哈贝马斯削弱了资产阶级自由民主理想和其在西方国家中实证实例的区别。

理性在现代文化中的潜能

阿多诺关于意识形态批判的观点在《否定辩证法》中有充分的发挥，在《否定辩证法》中这种批判既有理论上的根基又有实践上的应用。对阿多诺来说，意识形态最终存在于"观念和事物的隐秘的一致性之中"[1]。正如"非我最终是我"[2]所说，这种事物被观念的强制同化，在历史上就成为"意识形态的原始形式"。阿多诺整个哲学理念的核心在于他对意识形态一致性的主张的批判：否定辩证法就是不断地尝试去"打破这种试图取得一致性的冲动"[3]。尽管这种取得一致性的要求赋予自由主义意识形态以活力，否定辩证法的主要批判对象却不是资产阶级文化，而是相对较晚出现的实证主义。实证主义比自由主义意识形态更加明确更加有害。它更加明确是因为它对现存条件过于简单化而又同义反复的主张：所是者是其所是。不过，正是由于其双重肯定——这就是事物存在的方式，事物就是如此——实证主义意识形态指出现存条件是不容置疑和不可改变的。面对这种表面上不容置疑的同义反复，顺从或许就是唯一的选择了。

从卡尔·波普尔的《开放社会及其敌人》和实用主义哲学，到好莱坞电影和电视脚本，阿多诺发现到处都存在实用主义思想的例子。电视和电影对现实

---

[1] 阿多诺，1973，第 40 页。
[2] 阿多诺，1973，第 148 页。
[3] 阿多诺，1973，第 157 页。

生活的伪现实复制、对经验世界的"中立的"科学描述以及对功效与效率的哲学赞美都为实用主义的合理性奠定了重要基础。当前，对现存条件的仅有的观察、形容和描述通常都被认为足以支持它们。实用主义意识形态可以进行自我认同，它成为自身的意识形态，一种对自身的宣传，就其合理化的影响来说，它跟过去更加带有规范性色彩的意识形态一样有效。在1954年一篇关于意识形态的文章《对意识形态理论的贡献》（*Beitrag zur Ideologienlehre*）中，阿多诺把这一新的意识形态[1]描述为一种过度地复制事件的存在状态的意识形态。他写道，在实证主义看来，"除了对存在本身的认识之外其他都不是意识形态"[2]。现存的事物被认为是合情合理的仅仅是因为它们存在，因此，我们当下生活的状况越来越多地成为它们自身的规范。

　　尽管仅仅通过对比它的惯常主张和现实状况就可以拆穿自由主义意识形态的谎言，但实证主义的真相并不能如此简单地被揭露。在阿多诺的许多著作中，他都谈及了他试图批判这一新的意识形态的困难。比如在《最低限度的道德》一书中，他抱怨由于实证主义的理论主张，意识形态与现实之间的差别"消失了"，因为实证主义意识形态"现在听任其自身仅仅通过复制来确认现实"，所以，现在没有一个"理论漏洞可供讽刺家们开始进行批判"。[3] 同时，实证主义也向阿多诺的内在的意识形态批判暴露了一个其自身难以克服的问题，除非它成功地完全取代了其自由主义的前身才能解决这个问题。在阿多诺看来，它尚未做到这一点：自由主义意识形态依然保持其有效性，尽管这种有效性有所削弱，人们仍然会认为，自己现在觉得内疚是不是"因为他们没有成为他们应该成为的那个样子，并且没有做根据自我设想应该做的事情"？[4] 尽管实证主义带来了破坏，自由主义的理念仍然存在于我们关于自身的充满争议性的理解里

---

[1] 即实用主义意识形态。——译者注
[2] 阿多诺，1972a，第477页。此文亦收于阿多诺1972b，第12章。
[3] 阿多诺，1974a，第211页。
[4] 阿多诺，1993，第32页。

面，即把自己视作自由、平等以及自主的个体。[1]

　　虽然自由主义意识形态的衰败已被确认，实证主义对其强调的概念也有破坏作用，阿多诺仍然继续使用这些思想作为他自己批判的基础或背景。由于能够唤起潜藏在现代性中的更好的可能，个体性、自由、自治和自发性这些自由主义的观念是合理的。正如阿多诺在他关于意识形态的论文中所使用的那样，这些观念在它们之中是"真实的"[2]。尽管它毫无根据地宣称这些理念已经与现存的现实一致，自由主义确实证实了思想能够构想某种更好的东西、能够思考被给予的东西之外的力量。自由主义文化内在是自我批判的，它的规范性论断能够反对它自身的自命不凡：即现实已经是如此，比如自由和平等。这就是阿多诺的现代文化批判缘何导向到了对于现代文化的实证主义倾向的强烈反对。在实证主义的影响之下，文化逐渐堕落，不经批判地支持现存状况，变得仅仅对缺少真实内容的自由主义现实进行标记。作为解决办法，阿多诺调动自由主义那垂死的理念来反对实证主义的肯定和同义反复的论断。

　　阿多诺并不否认 19 世纪 40 年代以后资产阶级文化的理性潜能。在他的作品中，他始终如一地使用自由主义所着重强调的概念作为他的意识形态批判的背景。马克思坚持认为宗教信仰在其限度内有真理性的内容，因为它设定了一个超越或者使工业资本主义的现实黯然失色的一个世界。跟马克思一样，阿多诺也认为自由主义的意识形态同样充当了真理的象征的角色。实际上，他甚至认为某些概念的观念内容不完全和它们历史起源时期的功能一样。就像某些马克思主义者一样，他宣称所有的概念仅仅表现特定的和历史的（阶级的）利益，这就是"为了根除虚假，诸如此类的所有的真实，无论它们如何地无力，它们都试图努力从普遍实践的限制中摆脱出来，即使这种限制是每一个对于更为美好境况的空想的期待"[3]。一方面，一个像自由这样的概念，只要我们按照经

---

[1] 参见阿多诺，1993，第 23—24 页。
[2] 阿多诺，1972a，第 473 页。
[3] 阿多诺，1974a，第 44 页。

验来使用它，它就总是滞后于自身。因为历史的状况总是篡改概念。另一方面，假如概念被剥夺了用来指称它们观念的哲学术语，与它自身所指的观念相比，它就会被其功用性的一面武断地贬低。[1]

我接下来所谈的是，阿多诺与哈贝马斯的主要区别，不在于哈贝马斯承认现代性的合理潜能，阿多诺却对其不信任；而是在于他们对于这种潜能的观念不同。可以通过把阿多诺关于自由主义的观点与康德纯粹理性的论断进行比较，来阐述阿多诺观念的理论类型。阿多诺表面上在附和康德，把自由主义观点称作哲学意义上自身正确的观点，但实际上与哥尼斯堡思想家们的思想有着本质的区别。康德称诸如自由的概念为先验的观点，认为没有经验或者现实物体为它们提供基础，[2] 阿多诺则断然否定了康德的论断，宣称这些概念绝对是由历史现实决定。另外，对于阿多诺而言，这些概念不是规定性而是推理性的原则。[3] 相比康德思想的特点，自由概念在本质上更受黑格尔思想影响，它是指这样一种潜能，部分存在于现存条件内部，但还有待成熟。

康德从未承认自由的概念在本质上是历史的，"不仅仅是一个概念而是有着经验主义的本质"。与康德相反，阿多诺主张这个概念（以及与此同一类型的概念）是在人类历史上某个特定阶段出现的。[4] 自由不断地从现实中、事物本来的背景下出现，由这一背景产生。我们之所以能构想出自由这一概念，仅仅是因为我们"经历过自由，经历过不自由"[5]。这种本质上历史性的自由和非自由的经历本身，是自我反省和自我意识出现的先决条件——"对于康德来说，是一种必然"。在缺乏自我意识时，阿多诺认为"谈论自由是不合时宜的，无论

---

[1] 阿多诺，1973，第 151 页。
[2] 康德，1929，第 308—309 页。
[3] 感谢霍·布鲁克霍斯特对康德的引介，我不同意他的观点，在阿多诺著作中"现代性重新获得了康德自由观点的调节力"（参见布鲁克霍斯特，1992，第 165 页）。然而，当适时的获取资格时，这种说法可以被估计为哈贝马斯关于交往理性的见解。
[4] 阿多诺，1973，第 218 页。
[5] 阿多诺，1973，第 299 页。

将自由作为一种现实还是一种挑战"[1]。确实,正是因为自由不会"大幅度超越经验的范围,以至于没有经验过的事实能与之一致"[2],这样,在意识形态批判的大潮中,自由就可以抵制经验主义的现实了。这种思想唤起了现存条件中更好的潜能,甚至作为真理性内容来控诉现存条件并且使其承担责任。

现代性自由文化自身提供了合理化的标准,依据这个标准来看,现代性的自由文化是可以被评判的,是社会所需要的。当然,哈贝马斯也声称现代文化有着合理的潜能。但是,与阿多诺形成对比的是,哈贝马斯认为这种潜能一直都历史性地潜藏于凡俗的日常生活中。[3] 由于生活世界的合理化,它最终更加完满地呈现于现代性中——这样一个过程,导致客观事实、规范公正和主观真实或美之间的明显区别。神话和宗教曾经是我们生活中的权威,它们决定什么是对的,什么是好的和什么是美的;更为完善的论证之力取代它们成为权威,同时也取代世俗的和启蒙的权威,揭示了我们话语实践内在的合理化核心。哈贝马斯称这种核心为交流理性:"它代表了论证的不受限制、统一的、共识力量的经验,其中不同参与者克服它们主观意见,并确信客观世界的统一性和他们生活世界的主体间性。"[4] 尽管存在着它们继续给予认知—工具理性的不相称分量,个人确实使现代性中的合理潜能现实化,因为"他们相互提出这样的观点,即他们的话语适应世界(客观的、社会的或是主观的),并且他们批评、肯定那些合理的论断、解决分歧、达成共识"[5]。

交往理性的特点已经被哈贝马斯指出:它是一个调解的理想[6],一个反事实,一个形而上学的残余。通过一个吸引人的隐喻,哈贝马斯开始将其描述成一个"摇晃的船","这艘船不会在意外事件中沉没海底,公海中的颠簸是它唯

---

[1] 阿多诺,1973,第 218 页。
[2] 康德,1929,第 310—311 页。
[3] 哈贝马斯,1987b,第 194 页。
[4] 哈贝马斯,1984,第 10 页。
[5] 哈贝马斯,1987b,第 126 页。
[6] 参见贝恩斯,1992,第 113、210—211、137 页。

一需要应对的意外事件"[1]。尽管公海里的海浪不断地威胁这艘船的安全，但交往理性这艘船仍然安稳地行驶在海面上，因为它享有哈贝马斯以康德式的语言表述的"不受制约的时刻"[2]这一说法。然而，交往理性同时也受到质疑或屡屡碰壁。它受到质疑，是因为它"完全变成了一种像批判程序那样不确定的绝对的事情"[3]，虽然交往理性既不受条件限制同时是绝对的，但是交往理性与公海海域相契合的是，两者都尽力在一些可塑特征上保持了不确定性。它的灵活性或机动性应归咎于这样的事实，即"它已经融入交往活动的过程之中"。一个较为理想或确切的交往理性在现实中也的确存在，它"依据其属性体现在交流活动的语境中"。[4]

交往理性的两面性使得将之与阿多诺的自由理念概念作比较显得多少有些困难。然而，像赫伯特·斯纳德巴斯那样的评论家已经找到了这两者间最基本的共同点："正如在马克思之后的批判理论通常指涉的是全人类的自由和平等那样，这种自由观念据称已经被纳入了资本主义社会——至少在声明的形式上——而且资本主义社会从这一源泉中吸收了其批判的精神。因此，哈贝马斯尝试使用一种规范的能够被理解的概念，这种概念建立在交流活动本身之中，可以将之作为他的'达到理解的既定关系评论'以及现代性矛盾和偏差的基础。"[5]哈贝马斯和阿多诺都认为，现代性存在着理性潜质。就像马克思相信存在着包含更为人性化秩序的经济条件一样，这两位哲学家也认为现代性更好的潜能一部分存在于现代文化之中。通过反思马克思关于人类解放的热忱，阿多诺和哈贝马斯把人类的解放与启蒙理想所倡导的自由、平等、自主、自发性或（哈贝马斯所说的）"不受损害的主体性"[6]等内容联系了起来。最终，按照这

---

[1] 哈贝马斯，1992b，第 144 页。
[2] 哈贝马斯，1987a，第 322 页。
[3] 哈贝马斯，1992b，第 144 页。
[4] 哈贝马斯，1987a，第 322 页。
[5] Schnädelbach，1991，第 20 页。
[6] 哈贝马斯，1992b，第 145 页。

两位哲学家的观点，现代文化中的理性潜能能够建构起对于生存境遇的批判。

阿多诺与哈贝马斯关于现代性的理性潜质的理解重要差异之一在于他们关于各自历史特征（historical character）的概念，哈贝马斯曾特意将这一潜能置于历史之中，特别是在就18世纪资产阶级公共领域的"理性批判"的辩论中，哈贝马斯现在将"社会批判理论的规范基础"置于"一个更深的层次"。不再将公共领域"理想化"至"一个单一的时代"，哈贝马斯现在主张现代性的理性潜能一直是不易察觉的，或者"内在于日常交往行为"。[1]然而，他仍坚持这一潜能在现代因为日常生活的合理化已经得到更充分的实现。其中一种解读方式就是，哈贝马斯关于现代性的潜能的概念可以被描述成万有神在论：交往理性内在于各种话语实践，同时也超越了它们。哈贝马斯赋予了其理性观念一种康德哲学无限制的瞬间，他几近辩解地表示"一种形而上的幻觉的阴影伴随着它"[2]。

与哈贝马斯强调的理性的无限制的瞬间相反，阿多诺坚持现代性的理性潜能完全内在于它自身。阿多诺关于理性的激进的历史观念，跟他幻想奥威尔式的梦魇一样不明显：理性的潜能在自由思想之下"可能会再次彻底消失，或许不留下任何痕迹"[3]。在阿多诺看来，像康德的可理解的品质（一种自由的、理性的、人的意识）那样的概念的"真正实质"，"或许历史地成为最先进的、成点状的、闪耀而又迅速熄灭的存在着做正义之事的冲动的意识。它是对于可能性具体而又间歇的期待，不与人性相异也不与之相同"[4]。（此处让人想起阿多诺将烟火描述成短暂的炫耀，它曾是经验主义的，并且摆脱了经验现实的重负。[5]）然而，还须注意到，正是因为自由思想构思的内容完全是历史性的，甚至可能消失无踪，所以阿多诺的意识形态批判的基础是极其不稳定的。阿多

---

[1] 哈贝马斯，1992a，第442页。
[2] 哈贝马斯，1992b，第144页。
[3] 阿多诺，1973，第218页。
[4] 阿多诺，1973，第297页。（译文有所更改。——原注）
[5] 阿多诺，1974b，第113页。

诺在《惯性真理》中对自由主义消逝的批判的不稳固的基础与交往理性提供的超然而永恒的基础形成鲜明的对比。尽管摇摆不定，这一说法看来提供了一个更加安全的堡垒来抵制历史的沧桑。

不像哈贝马斯的关于理性的规范化观点，阿多诺关于现代理性的潜能的观点仍有推测的成分。自由思想效仿亚里士多德学派的方式到了这样一个程度，[1] 即它们暗示或唤起了一种只有事物的存在状态彻底改变才能完全实现的状态。然而与此同时，阿多诺主张自由主义的思想并非完全荒诞，因为它们在我们的经验和自我理解中依然有存在的基础。阿多诺主张理性的现代性潜能不是白日梦，哈贝马斯赞同这一观点并且发展出了不同的论点来支持这一主张。首先，交往理性并不能作为"生活的妥协形式的总体"被实质性地填满。理性具有形式的和程序的特点，[2] 它存在于为取得相互理解、需要被满足的那些程序之中。其次，也是更重要的，理性已经植入到已有的各种层次的话语实践之中；它"总是已经"在那里了。与阿多诺关于现代社会中理性的持续的消极性质不同，哈贝马斯主张交往理性在现代社会中是很蓬勃发展的，尽管并不是以一种完美的形式。因此，尽管阿多诺悲叹现代文化中理性的无实质性，哈贝马斯却以善辩的言语为它的正式存在喝彩，以求达成理解。

批评与批判

哈贝马斯并不把交往理性当成意识形态批判的基础。与阿多诺不一样，他将现代性的理性潜能视为社会批判的基础。在一个有争议的举动中，哈贝马斯

---

[1] 阿多诺，1973，第 150 页。
[2] 哈贝马斯，1992b，第 145 页。然而，在同一页，哈贝马斯也暗示了他的交往理性概念确实有某种内涵：相互了解的必要条件使我们发展了"完整的主体性的观点"，这种观点产生了"一种由自由和相互认知为标志的对称关系的闪光"。

甚至否认了意识形态在我们理性的世俗文化中的可行性。同时，交往被歪曲了，因为限制性的宗教和形而上学的世界观把"结构性暴力"强加给了理解的形式。居于信仰和信念的谜一样的领域里，宗教和形而上学以一种方式融合了"合法性的本体的、惯常的和表达的方面"，从而使得它们"在日常交往的认知范围内已经对异议免疫"。[1] 对哈贝马斯来说，这种合法性领域的融合（或者说混淆）正是意识形态的特点。借助这种对意识形态的新的定义，哈贝马斯还进一步宣告了意识形态的终结：在现代文化中，合法性的客观、惯常和表达方面已经区别于一种关于"'文化'已经失去了那些使其具有意识形态功能的正式的资本"[2] 的观点。

既然意识形态不再可行，意识形态批判就变得多余了。取代意识形态批判，哈贝马斯对现代性的分析在某种程度上构成了一种关于现代文化的意义缺失的批判，或者是关于"文化贫乏和日常意识零碎化"的批判。有些自相矛盾的是，哈贝马斯可能把这种贫乏和零碎化归因于意识已经被"剥夺了其综合的力量"这一事实，这一力量曾产生出了致命的总体性概念或者全球性的诠释，包括各种意识形态。犯下这种剥夺之罪行的是晚期资本主义的政治经济的"子系统"。这些系统通过阻止全面解释的实现，剥夺了日常生活世界的一个重要的功能，这一生活世界通常是以它的成员们通过主体间性的方式分享全球知识的形式构成的。因此，现在，这些政治经济系统进一步昭然于世；它们普遍直接地通过它们自身的"对意识形态的等同功能"，即殖民化，来干预日常生活世界。[3] 与其针对一种已被宣称死亡了的意识形态，哈贝马斯将交往理性瞄准了殖民化，或者瞄准日常生活世界的商品化和官僚主义。

当然，阿多诺自己也关注日常生活的商品化，尽管他坚信这也被意识形态地加强了。跟乔治·卢卡奇一样，阿多诺注意到交换的原则已经渗透以及改变

---

[1] 哈贝马斯，1987b，第 189 页。
[2] 哈贝马斯，1987b，第 196 页。
[3] 哈贝马斯，1987b，第 355 页。

了远远超出严格意义的经济领域的生活范围。由于这一变动,每个事物和每个人都沦为可量化的价值。结果,忍受变成许多个体的命运:"甚至是在他们认为自己已经逃离了经济至上的地方,在他们的内心深处,他们仍然在整个世界的重压下生活。"[1] 尽管他已经远离了他的马克思主义的起源,在那里他质疑了这样的经济征服的范围,哈贝马斯坚信它最终不能破坏日常生活的完整性,尽管如此,他的观点依然跟阿多诺的观点在许多方面有明显的相似。哈贝马斯认为:"在某种程度上,经济制度使私人户主的生活方式以及消费者和受雇佣者受制于它的规则、消费主义和占有欲的个人主义、表现的动机以及规范行为的力量的竞争。"[2]

哈贝马斯附和黑格尔说现今的个体往往采用"'没有灵魂的专家'这一功利主义的生活方式"或者"'没有感觉的感觉主义者'这一审美主义生活方式"[3]。作为消费者与生产者,我们的"目标,交往与服务,生命空间与时间",都换来了货币价值与意义。作为福利国家的公民与受庇护的人,我们的"职责和权利,责任和依赖性"都被重新定义。[4] 因此,我们私人和公共生活的方面已经从生活世界中分裂开来,这使我们想保持生活的一贯方向的想法变得更难了。然而,再次地,哈贝马斯否认这种殖民化在思想上是合理化的;他认为,一旦意识形态的特征凸显出来,我们就不会再犯这类范畴错误。作为理性的继承者,我们越发聪明,不会被思想的神秘化或变形所欺骗。哈贝马斯的《意识形态的结束》这篇论文最终得出这样的结论:我们获得了不可逆转的智力上的成熟。

认为我们足够成熟而不会被意识形态所愚弄但又不具备抵抗更加明显和直接的殖民化冲击的能力,这一观点不仅是存疑的,也可以用哈贝马斯一种貌似可信的论调——即殖民化在意识形态上被加强,尤其在广告宣传方面——来解

---

[1] 阿多诺,1973,第 311 页。
[2] 哈贝马斯,1987b,第 325 页。
[3] 哈贝马斯,1987b,第 323 页。
[4] 哈贝马斯,1987b,第 322 页。

释。阿多诺也痛切地指出，我们大多数人都被现代文化的政治和经济支配的意识形态合法性欺骗了。可以确定这种支配将更为直接——一个国家的事务，将通过自身，使经济和政治制度免受意识形态的影响[1]——阿多诺认为意识形态是存在的。出现变化的是它以一种更加弱化和更显而易见的方式出现：意识形态"不会显示出超过事情本来面目的其他事情"，因此，甚至它自己的谎言缩小为虚弱的公理，即事情还是那个样子。实际上，实证主义思想"不再是经济支配挡箭牌"[2]。相反，仅仅通过复制世界表面的威胁，实证主义意味着统治交换原则是自然的、不可置疑的，由此就将它合理化了。以同样的道理，阿多诺认为，自由主义的思想也继续履行合理化职能。（因为很明显的，当今任何时候，西方国家都企图通过自由和民主来为它们的军事干预辩解。）

很明显，哈贝马斯将意识形态定义为一种范畴错误的观点跟阿多诺的观点不完全一致。尽管如此，哈贝马斯却从来没有直接挑战过阿多诺的意识形态作为趋同性思考（identity-thinking）的观点。尽管哈贝马斯反对阿多诺对意识形态的批判（这种批判几乎针对全部的《启蒙辩证法》），但哈贝马斯完全无视阿多诺关于实证主义作为晚期资本主义的最新合理化思想的说法。实际上，哈贝马斯简单地通过声明（就如一个信条）来满足自己，即意识形态随着自由主义后来的意识形态性质的继任者——无政府主义、法西斯主义、共产主义——的消失而消失。他甚至谈到了自由意识形态的消亡——或者"自然理性法则的、功利主义的、资产阶级社会哲学以及一般历史哲学的""资产阶级意识形态"的消亡。与之相伴的还有这样一个令人怀疑的主张，即理解的现代形式现在是"如此的透明以至于日常生活的交往实践不再给意识形态的结构性暴力提供任何新鲜血液"[3]，尽管如此，哈贝马斯的"意识形态终结"的命题仍缺乏足够的实证支持。

---

[1] 阿多诺，1972a，第 465 页。
[2] 阿多诺，1972a，第 477 页。
[3] 哈贝马斯，1987b，第 354 页，也见于第 196 页。

即使我们接受哈贝马斯有点奇特的关于意识形态的定义，但也很容易地就能看出，资产阶级的意识形态即使腐朽，却仍然继续使用，通过模糊现实界限的方法使当前情况具有合理性。对哈贝马斯的直接回应，杰弗里·亚历山大采取这种策略。除了勉强承认如今的范围的有效性，实际上被明显地区别于以往，亚历山大也认为"武断的，无意识的，杂糅的，非理性成分文化并没有消失"。现代文化还没有完全成型并具有启蒙教化的作用："当代的理性的人们仍然继续将对未知与神圣的敬畏灌注到价值、体制，甚至单调的物理位置之中。"[1] 更一般地，正如特里·伊格尔顿所断言的，关于意识形态的终结宣言是"大大不可信的"：如果这是真的，几乎没有人能明白"为什么这么多的人依然涌向教堂，在酒吧为政治争吵，关心自己的孩子在学校的教育，并且为社会的服务被逐渐侵蚀而失眠"[2]。

哈贝马斯对自己的违背

一旦日常交往被"从完整的文化传统之流中切断"，它就可以被片面地合理化。[3] 根据哈贝马斯所说，"资本主义现代化遵循的模式如下：认知工具的理性超越了经济和国家的界限，进入到其他交往性的结构化生活领域之中，而且以牺牲道德政治以及审美实用理性为代价在那里取得了主导地位……这也干扰了日常生活世界的象征性生产"[4]。由于他对意识形态将终结的看法备受争议，之后，哈贝马斯完全放弃了意识形态批判，转而批评被金钱和权力殖民化的生活世界。他向人们展示交往理性卓越的内涵，通过这种反事实的但理想的言说

---

[1] 亚历山大，1991，第71页。
[2] 伊格尔顿，1991，第42页。
[3] 哈贝马斯，1987b，第327页。
[4] 哈贝马斯，1987b，第304—305页。

来反抗殖民化的病态影响。肯尼思·贝恩斯对哈贝马斯的批判维度作了一种广受赞同的解释，根据这种解释：交往理性成为了"一种用来批评实际论述的标准化思路"[1]。反对交往理性概念的这种背景，批评家可能想展示经济和政治系统的规则如何迂回巧妙地进入生活的交际结构式领域。

最近，交往理性也被赋予了更多的公开的政治功能。在《在事实与规范之间》中，哈贝马斯在概括一个繁荣民主的政治文化所必需的条件时，重新阐述了他对理性的看法。几乎逐字地重复他在《现代性的哲学话语》[2]的评论，哈贝马斯着重指出交际的无条件性瞬间[3]。正如贝恩斯观察到的，在法律和政治中"社会存在的超越环境的理性是真实性和有效性之间紧张的来源"[4]——这也是《在事实与规范之间》的中心主题。真实性和有效性之间的内部紧张也影响了法律。作为存在的事实，民主国家的法律有强制性质，用以维持秩序，稳定市民的期望。同时，这些法律也要获得规范的有效性，用以表明他们宣称的有效性是值得的。然而，关键的评论如下：我应该关注哈贝马斯所谓的真实性和有效性之间的"外部紧张"，也就是，我将考察现行宪法民主国家和它们有待发现的价值或合法性之间的紧张。

我想着重于真实性与有效性之间的外部紧张的原因在于，就在这里交往理性以令人费解的形式表明了它的两面性。在《在事实与规范之间》中，哈贝马斯实际上下了很大的决心并且"承担着风险"去试着"理解"真实性和有效性之间的紧张。[5]而在他的社会批判中，哈贝马斯用发展现代理性潜能的方法来抵制经济和政治系统对生活世界的殖民化，他似乎更多地主张在他的政治理论中对交际理性的正面使用。马尔库塞曾经对黑格尔的《法哲学原理》这样说：尽管它用来准备作为符合现实的理性，"当这种尝试威胁到了声称理性为人类权

---

[1] 贝恩斯，1992，第113页。
[2] 哈贝马斯，1987a，第322页。
[3] 哈贝马斯，1996，第20—21页。
[4] 贝恩斯，1995，第204页。
[5] 哈贝马斯，1996，第8页。

利的社会的时候，黑格尔宁可在任何情况下都保持通行的秩序"[1]。从而，理性也失去了它批判的杠杆作用。理性的实现不再是任务，而是现实："法治就在手上，它在国家中得以体现，并构成了充分的历史性理性的实现。"[2]

哈贝马斯冒险地下决心把自由民主国家描绘成理性的状态，而拒绝让它们"在原则上"被否定。[3] 他的决定是基于一个有说服力的但却对他交往理性概念的可疑的修正之上。因为他坚持认为，交往的理性是在实践中存在的，也只在这样的实践中存在，哈贝马斯也可以始终认为，现实和理想实际上并不是相互对抗的。在接下来的文章中他也正是这样做的：

> 争论参与者的反事实的假定，的确提出了这样一个观点，允许它超越局限的合法性实践，超越时间空间的背景的粗鄙……这种观点也使得他们评判超越环境的有效要求的含义。但是伴随着超越环境的有效要求，他们不再是理想世界的本体了。我们在理想之光的烛照下区别理想与现实的差异，与突出这些理想相反，"无论什么时候我们想达成相互理解，我们现有的理想都不会牵扯到任何理想和现实间的对照"。[4]

正如我解释的，交往理性（它已经不像很多激进的人所希望的那么具有批判性了）这一概念所拥有的效力却由于理论的花招消失掉了。由于理性的维度和现有话语实践不能作出显著的区分，交往理性该如何继续服务社会，甚至是作为社会批判的规范的基础，变得让人难以理解。另外，建立一个批判政治秩序的基础的期望也变得更加薄弱。根据最近哈贝马斯的学说，将自由民主的经验之谈和交往理性联系起来的概念并不"暗示了理想与现实的对立"。理想和现

---

[1] 马尔库塞，1941，第 177 页。
[2] 马尔库塞，1941，第 182 页。
[3] 马尔库塞，1941，第 177 页。
[4] 哈贝马斯，1996，第 323 页。

实之间没有对立是因为"'存在理性'的颗粒与碎片不管如何被扭曲,已经被包含在政治实践中了"[1]。自此,社会学已经承担起这样一个任务,那就是识别和定位那些已经内含着理性的实践。社会学家将去证实哲人哈贝马斯显然已经知道的情况:现实是理性的。实际上,带着对于黑格尔的同样具有肯定意味的《法哲学原理》的尊重,马尔库塞注意到:在这一点上,批评的哲学实际上抵消掉了自身。[2]

如果说在他早期的作品中,哈贝马斯倾向于强调理想和现实的对抗,他现在更强调理性对于其自身超越性品质的损害的内在性。理想仅仅变成了实际上被假定的东西;有效性和现实性的紧张现在"进入了社会现实的世界";它应当被理解为"社会真实的一刻"。[3]当然,这种重点的转移总是可能被赋予交往理性的特殊地位——哈贝马斯在一次采访中完全认可了这种地位:"话语有效性的规范性思想,被矛盾地宣称着对于社会现实具有构成性,而这种社会现实是通过交往行为所引发的。"[4]卓越却内在、有规范性但有构成性,交往理性一直都是一种奇怪的混合物。尽管交往理性的两副面孔总是允许其强调重点的这样一个转移,有趣的是,这种转移恰恰发生在哈贝马斯正在发展他的政治理论的地方。理想和现实并没有发生对抗,不是因为交往理性不允许,而是因为哈贝马斯已经事先决定强调自由民主国家的理性特征。

谈到《在事实与规范之间》,伯恩哈德·彼得斯建议(遗憾的是,没有就这一点进行展开)哈贝马斯本应该很清楚地区分"规范的理论化与文化理念系统或社会机构的规范内容的经验主义重建"[5]之间的不同。换句话说,哈贝马斯本应该区分出了他归因于宪法民主的规范内容与现存意识形态和体系中的经

---

[1] 哈贝马斯,1996,第287页。
[2] 参见马尔库塞,1941,第252页。
[3] 哈贝马斯,1996,第35页。
[4] 贝恩斯,1992,第210—211页。哈贝马斯在接受T.Hviid Nielsen的一个采访时作出了这一评论,此采访后收录于《追补的革命》(*Die Nachholende Revolution*)中。
[5] 彼得斯,1994,第127页。

验显现的区别。虽然这种奇特的事实与价值混为一谈并不能阻止哈贝马斯批评当代的民主制度——他尤其关心公民社会的有效性以及民主思考和决策的制度渠道的缺乏——他的批评却是零碎的。而且，尽管有人可能会同意哈贝马斯关于理想的交际社区不被自己所控制并且需要处理不可避免的社会的复杂性，这种让步并不能避免哈贝马斯对交往理性的肯定性重塑所带来的所有问题。尽管"复杂的社会不可能与纯粹的交往性的社会关系的范例相一致"[1]，这种范例没有被认为仅仅是一种思想实验而站不住脚。标准的范例应该被允许保留它的批判效力。

由于他自己意识到把现在的民主制度描写成理性的是"危险的"举动，哈贝马斯似乎认为他面临的危险仅仅是不得不面对那些更加意识形态和总体化的马克思主义者的理论的反对，而他早已预言了这些理论家的死亡。死者是无言的。不过，可以进行反驳的是，哈贝马斯甚至没有重提那些被他极度夸张地称其已经死亡的大量著作，根据他自己关于意识形态的定义，《在事实与规范之间》本身对于现在的自由民主国家而言，就起到了意识形态的作用。哈贝马斯以"融合"规范的和客观的有效性领域来结尾，这就使得自由民主不受反对意见的影响，这些反对意见却已经存在于每一个人的认知范围内。那些关于理性的卓越而理想化的臆想，是制度民主的有效性最终倚重的根基所在，现在这些臆想都被哈贝马斯认为是完全"内在世俗的"——曾经伴随交往理性的先验的幻想的阴影似乎已经消失无踪。

20年前，在《交往行为理论》一书中，哈贝马斯声称宗教和形而上学的世界观都假定了一个在表象世界之后的"真实"世界中的基础秩序。当他们试图将"一个阶级社会中的秩序"解释成"与世界秩序一致"时[2]，这些世界观可以假定为意识形态。然而，或许具有讽刺意味的是，通过《在事实与规范之间》

---

[1] 哈贝马斯，1996，第326页。
[2] 哈贝马斯，1987b，第189页。

中的"去理想化"[1]理性这个概念，哈贝马斯赋予其交往理性概念一种意识形态功能，这种功能极类似于他所批判的宗教和形而上学世界观的功能。援引一个哈贝马斯反对他自己的事实：如果可能将当代的自由民主秩序解释成与交往理性假定的理想秩序相一致时，理性自身就起到了意识形态的作用。之前哈贝马斯已经公开宣布了他对自由民主的"偏见"，如今他又以一种新的方式表达这一偏好：在对他的核心理论概念之一进行重新构想的掩盖之下。一旦被重新构想，交往理性将占据了它在所有现存的意识形态的神殿中的位置。

在自我授权的激进民主事业的伪装下，也许交往理性作为哈贝马斯对于现在的非现存的自然规律的答案并不意外。自由民主的交往的核心与自然规律的宗教基础一起共享了那些在一百多年之前就归因于宗教的特征。在《在事实与规范之间》一书中，交往理性已经成为我们这个倒转了的社会的"普遍理论"，"它知识广博的概略，它大众形式的逻辑，它荣誉的圣歌，它的热情，它的道德制裁，它的庄严的完结，它作为安慰和辩护的广博基础"[2]实际在地上却如同置身天堂：它们的错误包括对"一种通过市场操作的经济的系统逻辑"[3]的夸大的尊重，现存的民主国家被认为有着一种合理的和规范的核心，这一核心仅仅需要进一步的苦心经营和发展就能完全实现。交往理性就是在晚期资本主义经济条件特征下对自由民主制度不太可能的神化。

结论

表面上哈贝马斯担忧的是经验主义者和怀疑论者可能会轻率地对待纯粹交

---

[1] 哈贝马斯，1996，第19页。
[2] 马克思，1963，第227页。
[3] 哈贝马斯，1996，第xiii页。

往的理想性,"表现了一个不是以这种方式建立的世界的真实性"[1],而让他的想法看起来很荒谬,[2]哈贝马斯以一种意识形态上的怀疑的方式重塑他的理性观念。实际上,《在事实与规范之间》也基于阿多诺对于意识形态的定义而承担了一些意识形态的功能。它重申了阿多诺之所言:"真正的意识形态……'其本身'可能是正确的,就像自由、人道和正义一样,但它们表现得就好像它们已经实现了一样。"[3]哈贝马斯将交往理性的理想预设和真实的信仰、实践及西方政治体系的制度等同起来,仿佛这些预设已或多或少地被经验地证实了,而且他止步于使现有的自由民主国家合法化。哈贝马斯没有试图以一种更加推测性的方式将本属于他的批判性保留和运用到他关于理性的观念中,而是不加批判地肯定地预言了现实的合理性。

在哈贝马斯有关意识形态的主张中甚至可能存在一个实证维度。事实上,无法明确指出哈贝马斯是在断言现有的自由民主制度形成了自己的准则,还是他在为西方的政治界提供一种更为自由的政治思想的合法化方式。鉴于哈贝马斯在《在事实与规范之间》中作出的其他评论,这个问题更是难以决定。一方面,正如我在这里强调,曾为交往理性带来两面性的真实性和有效性之间的张力看似已被消解,因而哈贝马斯得以保留"与某种经典概念的关联,这种经典概念有关社会与理性的间接的内在联系"[4]。另一方面,哈贝马斯偶尔也想要保留真实性和有效性之间的对立与张力,例如,《在事实与规范之间》的后记中,哈贝马斯强烈反对奥诺拉·奥尼尔的假设:认为一种规范应当得到普遍认同的反事实的想法,已被吸收和中和于一种致力于公共话语法制化的事实性中。[5]

哈贝马斯在这里对混淆理想与现实似乎有些犹豫。更重要的是,尽管在意识形态上闪烁其词,哈贝马斯的一个蓬勃发展的民主政治秩序的观念,以某

---

[1] 哈贝马斯,1996,第325页,也见于第136、461页。
[2] 哈贝马斯,1996,第461页。
[3] 阿多诺,1972a,第473页。
[4] 哈贝马斯,1996,第8页。
[5] 哈贝马斯,1996,第458页。

种方式设法保留其不容置疑的规范性内容,而这一观念是通过实行自由、平等和没有扭曲的形式的交往来取得合法性的。阿多诺之后,许多自由观念也是如此;它们有推理性的维度,这种维度掩饰了它们得以确立的某些条件。对比马克思有关宗教的更为宽容的观点,哈贝马斯对于理性的顽固呼吁,表达出对于我们的根本上不合理的世界的苦恼以及对这种苦恼的清晰有力的抗议。[1] 交往理性远远不只是虚假意识的虚幻性、想象性的产物,它其实是对现代性的更好潜力的一种历史的和内在的暗示。它提醒那些想要防止被意识形态渗透的读者,一个完全合理的民主秩序不是一个待庆祝的事实,而是一个尚未完成的规范性任务。哪里有不合理性,哪里就有理性。对于这种弗洛伊德式的热望,阿多诺无疑会给予祝福。

参考文献

1. Adorno, Theodor W.1972a, *Beitrag zur Ideologienlehre*, Frankfurt am Main:Suhrkamp Verlag.

2. Adorno, Theodor W.1972b, *Aspects of Sociology*, translated by John Viertel, Boston:Beacon Press.

3. Adorno, Theodor W.1973, *Negative Dialectics*, translated by E.B.Ashton, New York:Continuum Books.

4. Adorno, Theodor W.1974a, *Minima Moralia: Reflections from Damaged Life*, translated by E.F.N.Jephcott, London:Verso.

5. Adorno, Theodor W.1974b, *Théorie Esthétique*, translated by Marc Jimenez, Paris:Klinksieck.

6. Adorno, Theodor W.1993, "Theory of Pseudo-Culture", translated by Deborah Cook, Telos

---

[1] 参见马克思,1963,第 227 页。

95：15-38.

7.Alexander, Jeffrey 1991,"Habermas and Critical Theory：Beyond the Marxian Dilemma?" in *Communicative Action: Essays on Jürgen Habermas's The Theory of Communicative Action*, edited by Axel Honneth and Hans Joas, translated by Jeremy Gaines and Doris L.Jones, Cambridge：Polity Press.

8.Baynes, Kenneth 1992, *The Normative Grounds of Social Criticism: Kant, Rawls, Habermas*, Albany：State University of New York Press.

9.Baynes, Kenneth 1995, "Democracy and Rechtsstaat: Habermas's Faktizität und Geltung", in *The Cambridge companion to Habermas*, edited by Stephen K.White, Cambridge: Cambridge University Press.

10.Brunkhorst, Hauke 1992, "Culture and Bourgeois Society: The Unity of Reason in a Divided Society", in *Cultural-Political Interventions in the Unfinished Project of Enlightenment*, edited by Axel Honneth ,Thomas McCarthy,Claus Offe, and Albrecht Wellmer, translated by Barbara Fultner, Cambridge, MA：MIT Press.

11.Eagleton, Terry 1991, *Ideology: An Introduction*, London：Verso.

12.Habermas, Jurgen 1984, *The Theory of Communicative Action, Vol.I: Reason and the Rationalization of Society*, translated by Thomas McCarthy, Boston：Beacon Press.

13.Habermas, Jurgen 1987a, *The Philosophical Discourse of Modernity: Twelve Lectures*, translated by Frederick Lawrence, Cambridge, MA: MIT Press.

14.Habermas, Jurgen 1987b, *The Theory of Communicative Action, Vol. II : Lifeworld and System: A Critique of Functionalist Reason*, translated by Thomas McCarthy, Boston：Beacon Press.

15.Habermas, Jürgen 1992a, "Further Reflections on the Public Sphere", translated by Thomas Burger, in *Habermas and the Public Sphere*, edited by Craig Calhoun, Cambridge, MA: MIT Press.

16.Habermas, Jurgen 1992b, "The Unity of Reason in the Diversity of its Voices", in

Postmetaphysical Thinking, translated by William Mark Hohengarten, Cambridge, MA: MIT Press.

17. Habermas, Jurgen 1996, *Between Facts and Norms: Contrition to a Discourse Theory of Law and Democracy*, translated by William Rehg, Cambridge, MA: MIT Press.

18. Kant, Immanuel 1929, *Critique of Pure Reason*, translated by Norman Kemp Smith, New York: ST.Martin's Press.

19. Marcuse, Herbert 1941, *Reason and Revolution: Hegel and the Rise of Social Theory*, London: Routledge & Kegan Paul, Ltd.

20. Marx, Karl 1963, "Introduction to the Critique of Hegel's 'Philosophy of Rright' ", in *Reader in Marxist Philosophy: From the Writing of Marx, Engel, and Lenin*, edited by Howard Selsam and Harry Martel, New York: International Publishers.

21. Peters, Bernhard 1994, "On Reconstructive Legal and Political Theory", *Philosophy and Social Criticism 20*, 4: 101-34.

22. Schn ädelbach, Herbert 1991, "The Transformation of Critical Theory", in *Communicative Action: Essays on Jürgen Habermas's The Theory of Communicative Action*, edited by Axel Honneth and Hans Joas, translated by Jeremy Gainers and Doris L. Jones, Cambridge: Polity Press.

Critical Stratagems in Adorno and Habermas: Theories of Ideology and Ideology of Theory

Deborah Cook

Abstract: Habermas is especially critical of his predecessor, The odor W.Adorno, because, he believes, he repudiated the rational potential in the culture of modernity. On Habermas's reading of it, Adorno's critique of ideology constantly circles within a performative contradiction that Adorno could have overcome only by acknowledging the rational potential in secular bourgeois culture. This is a flawed interpretation of Adorno. The author will examine Habermas's views about ideology, criticize flawed interpretation of Adorno, and contrast Adorno's ideas with Habermas's claim about the rational potential of communicative action. The major difference between Adorno and Habermas lies, not in Habermas's recognition of the rational potential of modernity and Adorno's loss of faith in it, but rather in the conception each philosopher has of this potential. Again in contrast to Adorno, Habermas makes use of modernity's rational potential as the basis for social criticism. In a controversial move, Habermas even denies the viability of ideology in our rational secular culture.

Key words: Habermas, Adorno, Ideology, modernity, rationality

系住蝴蝶：回到詹姆逊的《后现代主义与消费社会》以及抗拒的悖论

杰森·伯格著　朱杉译

摘要： 詹姆逊在1988年的论文《后现代主义与消费社会》中提到抗拒资本主义制度和资本主义逻辑的可能性要素，但他在之后的一系列文章中并没有继续对之进行分析。晚期资本主义社会在最近十年发展出新的理解，因此必须回到1988年詹姆逊论文结尾提出的问题，并且质询在后现代主义社会是否可能存在抵抗资本主义消费逻辑的因素。根据詹姆逊对波拿文都拉宾馆的超空间分析可以发现，通过"解地域化"，后现代主义确实产生了对晚期资本主义的抗拒。本文通过对"解区域化"一词的溯源，试图寻找这一概念所包含的悖论之处。

关键词： 抗拒　解区域化　块茎　重新叙述

我们已经看到了后现代主义复制或再造—强化—消费资本主义逻辑的方式；而更为有意义的问题是，它是否也有某种抗拒那个逻辑的方式。[1]

1. 詹姆逊在1988年题为《后现代主义与消费社会》的论文的结尾句中充满了征兆——他的马克思主义辩证法和后现代主义及晚期资本主义相关，以一个

---

[1] 该段译文采用胡亚敏对詹姆逊《后现代主义与消费社会》一文的相关翻译，见詹姆逊：《文化转向》，胡亚敏译，中国社会科学出版社2000年版，第20页。——译者注

"重要的问题"作为结尾，毫无疑问，为散乱无章的分析指明了一个方向。最近出版了一本詹姆逊关于后现代主义论文的汇编《文化转向》，佩里·安德森在其前言中写道，"后现代主义与消费社会"的发表"构成了詹姆逊之后所有著作（关于后现代主义）的基石"[1]。虽然在《后现代主义与消费社会》之后的论文中，詹姆逊扩充并修改了他对"后现代主义"的定义以及"晚期资本主义"的马克思主义概念，但是他并没有回到他在1988年的论文结尾提出的那个有趣的问题——可以说是对研究后现代主义概念最重要的一个问题。思考詹姆逊不选择继续分析对抗后现代主义中资本主义和资本主义逻辑的可能性因素是很有意思的，尤其是考虑到近年来发展起来的对晚期资本主义的新理解。在最近的"文化与金融资本"中，詹姆逊对晚期资本主义的批判提供了关于后现代主义的深刻洞察，这种洞察自从1988年他的论文形成时的里根时代就已获得，为这种再分析提供了一个合适的文本。因此，我们自己必须重新回到詹姆逊1988年论文的结论中提出的那个最初的问题，并且质疑，在后现代主义中是否存在一个"抗拒""消费资本主义逻辑"的因素。通过使用詹姆逊自己作品中的一个重新诠释，我将会证明他在1988年原来的论文中对波拿文都拉宾馆内部超空间的分析提供了这一证据，即通过空间的"解区域化"确实创造出了一种对晚期资本主义的抗拒。接着我会把我的分析延伸到这个术语的来源——一个德勒兹式的新词——在《千高原：资本主义与精神分裂》中，试图进一步探究围绕这一概念的悖论之处。

詹姆逊的晚期资本主义和后现代主义

2. 在《后现代主义和消费社会》中，詹姆逊探究了"后现代主义空间"的

---

[1] Anderson Perry, "Forward", *The Cultural Turn*, Fredric Jameson, London: Verso 1998, pp.xi-xiv.

概念，他将之称作一个"建筑空间本身的突变"——在那里人类开始在身体上迷失方向，因为他们还没有发展出"感觉上的准备去对付这个新的超空间"[1]。根据詹姆逊的论述，这个超空间从后现代主义中显露出来，是直接和晚期资本主义的概念相连的。詹姆逊将这种类型的资本主义称为一个"后工业社会"，其"跨国资本主义"及新的无所不在的媒体和科技类型代替了二战前的社会。詹姆逊阐释了后现代主义，除了来自晚期资本主义外，是怎样通过"(消弭)……高雅文化和所谓的大众或流行文化之间的旧有差异"[2]，直接把经济领域并入的。"高雅艺术"和"商业形式"的这种影响是后现代主义的一个显著特征——一个帮助确立超空间概念的特征。因为，如果艺术和商业形式被融合，那么20世纪后半叶无数的科技和通讯系统本身将变成艺术的一部分。这转而使得这些商业形式不仅成为文化本身的一部分，也成为社会自身产品和现实概念的一部分。

3. 因此，晚期资本主义的概念，进而后现代主义在詹姆逊后来的论文《文化与金融资本》(1996)中得到发展。这里，詹姆逊使用乔瓦尼·阿里吉在《漫长的20世纪》中的研究来分析金融资本的概念以及它对一个不断发展的经济体制的抽象的影响。詹姆逊将晚期资本主义描述成一个金融资本"循环"体系的"第三阶段"，在这个阶段，"生产的目的不再是依赖特定的市场，特定的消费人群或社会和个体的需要，而是在于它所转化成的没有内容、没有区域并且没有使用价值等等的元素，即货币"[3]。这样一种立足于经济向金融资本的转变改变了资本本身的概念——使之抽象甚至远离了它以前的概念。"资本本身"，詹姆逊写道，"成了自由浮动的东西……从它产生地的'具体语境'中分离出来"从而"金钱成为……一种第二层次的抽象"[4]。这种更高的金融资本的抽象概念被通讯科技的发展增强，促使詹姆逊将之描述为"就像蝶蛹中蝴蝶的蠕

---

[1] Jameson, Fredric, "Postmodernism and Consumer Society", *The Cultural Turn*, London: Verso 1998, pp.10-11.
[2] Ibid., p.2.
[3] Ibid., p.153.
[4] Ibid., p.142.

动","(金钱)从那培育它的大地中挣脱出来,准备展翅高飞了"。[1]正如在《后现代主义与消费社会》中那样,詹姆逊表明在现代主义时期抽象概念的"不和谐的"和"令人反感"的形式现在已经"汇入到文化消费的主渠道",以至于"我们整个商品生产和消费体系都建立在那些老的、一度是反社会的现代主义各种形式的基础之上"[2]。那么,在这种意义上,后现代主义已经消解了现代主义抽象概念的异常形式,把先前的抽象和不和谐转变成了后现代主义"超空间"社会的寻常的东西。因此,人们不会再被后现代社会中不断描述的"令人反感的"和抽象的形式所震惊,因为在某种程度上,这些形式在各种各样的媒体和科技领域已经变得具体化。但是,重要的是记住詹姆逊将后现代社会的经济基础——金融资本——本身看做是抽象的最高层次。

4. 这种新背景和对晚期资本主义的洞察能够让我们更仔细地观察詹姆逊以前的著作以及一个例子,这个例子可以说是后现代主义中对晚期资本主义抗拒的最明显的方面——在詹姆逊对波拿文都拉宾馆所创造的"超空间"的分析中,这方面被首次揭示出来。

抗拒的种子:"解区域化"和波拿文都拉宾馆

5. 在《后现代主义和消费社会》中,詹姆逊把他对后现代主义空间的分析专门集中在约翰·波特曼的波拿文都拉宾馆上。威斯汀·波拿文都拉宾馆建于1976年,是洛杉矶商业中心区的一个地标。它的未来主义的建筑结构(根据它自己的历史定位)由三个反射玻璃塔组成——玻璃电梯穿过一个环形大厅的顶棚,朝向宾馆的客房不断上升,一个5英亩的商场,一个室内"湖",和一个旋转的顶部酒吧厅。詹姆逊宣称,像波拿文都拉宾馆这样的后现代建筑不是寻

---

[1] Jameson, Fredric, "Postmodernism and Consumer Society", *The Cultural Turn*, p.142.
[2] Ibid., p.149.

求"将一种奇异的、耀眼的、或一种乌托邦的语言插入环绕城市的俗气的、商业化的符号系统之中",相反,而是试图"使用（商业主义的）词汇和句法,讲那种语言"。詹姆逊断言,这些建筑物"渴望成为一个总体的空间,一个完整的世界,一种微型城市",不是想要"成为城市的一部分,而是想成为城市的对等物、替代物或者替身"。[1]但是,他解释说,不同于高级现代主义建筑物寻求从周围"堕落的城市建筑"中显现一种引人注目的与众不同,波拿文都拉宾馆——用它的反射玻璃外墙——不寻求这种差别。事实上,根据詹姆逊所言,反射玻璃外墙将宾馆自身隐藏起来,因为当你凝视建筑物的时候,所有你看到的东西——当然除了建筑的外观之外——都是"建筑物周围一切事物的扭曲形象"[2]。这里重要的元素是詹姆逊对波拿文都拉宾馆的描述是由词汇和商业形式组成的,因此是晚期资本主义的。因此,这个建筑物是晚期资本主义社会的一个有形的表现——城市本身内部的一个迷你城市——尽管它有非常大的吸引力,并且在建筑方式上非常奇异,但是,它是城市的一部分——是洛杉矶人和形象流动的运作机制。詹姆逊尤其阐释了他希望把波特曼的建筑和在像迪斯尼乐园这种地方发现的"专门娱乐性"的空间区分开来——一个明显的对鲍德里亚辩证法的暗示,即迪斯尼乐园是一个"威慑机器",其建立是为了展现一个想象的有形的概念以便将外部世界投射成现实。那么,我们知道,由于它在城市中的经济功能,波拿文都拉宾馆是整体的一个正常元素。它为了适应城市的物质和经济景观而设计,而当你进去的时候,它构成了它本身的"新"世界。但是,这个新世界不是意图像迪斯尼乐园一样和外部城市相对立,而是设计来代替它——从而成为外部世界（因此,从某种意义上来说,解构了内外的概念隐喻）。

6. 詹姆逊对后现代主义超空间和场所的分析——我将会证明——一股对晚期资本主义的抗拒因素出现在他关于宾馆大堂空间及其对客人、进而对宾馆生

---

[1] Jameson, Fredric, "Postmodernism and Consumer Society", *The Cultural Turn*, p.11-12.
[2] Ibid., p.13.

意的影响的评判中。詹姆逊描述道，需要乘自动扶梯和电梯来到大堂，它们被安置在任何一个进入大楼的入口以下的楼层，作为"寓言式的装置（人的移动器）"机械地执行旧有的步行功能——用一种意指旧有方式的象征性运动的形式取代了"叙述性"的散步。那么，我们可以断言，大堂（宾馆功能的"中心"）的关闭行动将这个空间和宾馆其他地方及外部城市隔断。通过机械装置进入大堂并且存在于这个新空间里可以看成一种共时性的经验：在那里，一种单独的、包含了"新"世界的经验使得对于外部世界的旧的、历时性的经验黯然失色。

7. 但是，詹姆逊宣称，在宾馆大堂"四座对称的住宅塔楼"之间的空间的经验最能体现这种后现代超空间的经验。詹姆逊写道：

> 这样的空间使得我们不可能再使用体积或多少体积这类术语去衡量，因为这些最终是不可能被抓住的。悬挂的饰带充塞了这个空旷的空间，用这种方式蓄意地分散你的注意力，使你难以想象空间可能具有怎样的形式；而这里经营的繁忙景象则又使你感到这个空间已被塞满了，你自己置身于这个氛围中，完全没有先前那种能够从透视或体积的角度观察到的距离感。你全身心地沉浸在这个超空间中 [⋯⋯]。[1]

根据这段话，大堂的外观设计混乱了人们的理解，致使预想的语言和空间的概念不相符合。但是，由于大堂是完全独立的，并且人为地充满了"忙碌"（"忙碌"大概是用来描述人的运动和各种各样的分散注意力的琐事），它成功地替换了旧世界的空间概念。后现代超空间的有形表现因此是能够实现的，詹姆逊认为，"深度的压抑……后现代的绘画或文学"已经能够生产。这是重要的一点：波拿文都拉宾馆的超空间事实上是后现代艺术或压抑的一种形式，和艺术的其他形式相似。但是，如果你愿意那样说的话，它在建筑领域内的显现使它

---

[1] 该段译文采用胡亚敏对詹姆逊《后现代主义与消费社会》一文的相关翻译，见詹姆逊：《文化转向》，第14页。——译者注

跳出了油画布或者印刷页面，并且在三维空间的"新媒体"中表现自己。然而艺术的其他形式，比如书或绘画，存在于"正常"世界的历时性空间中，这个空间是艺术本身，因而缺少定期的世界化形式或者用以稳定或确立观察者观念的参考。这里，超空间——经过建筑学媒介创造出来的后现代表达——完全代替了旧的世界，使人们沉浸其中。我们将看到的是使我们能够揭露出抗拒晚期资本主义模式和类型的一股元素，根据詹姆逊所言，这个元素正好是被同一个后现代表达所生产并且处于其中。

8. 当詹姆逊简要地讨论这个后现代空间中商业的命运时，这种抗拒被揭示出来。他写道，"四座塔楼的完全对称"使得"在大堂里找到方向几乎是不可能的"。这种"空间的变异"，他说，为楼厅里的店主制造了一个"臭名远扬的窘境"：指称性事物的缺少和随之而来的方向错乱使顾客不能定位相应的商店——导致商店降价来吸引顾客并因此降低了收入。[1]

9. 这种超空间对它内部的商店所造成的不利影响，只是预示着后现代主义中资本主义的潜在问题，但是正是资本主义回应这种状况的方式揭示了后现代主义包含着抗拒的方面这一事实。詹姆逊描述了"带有色彩的符号和表示方向的标志，企图恢复以往的空间坐标是怎样一种可怜的、怀旧的甚至是绝望的努力"[2]。根据詹姆逊所述，这里要记住的重要方面是，这种超空间是由晚期资本主义本身所创造的。但是，为了维持这个空间内的商业，资本主义必须对它已经制造的混乱做出反应，通过设立标志和标记来指导商业的运转——从某种意义上解构超空间并且创造一种模拟的指称意识来允许它发挥作用。人们可能会争辩说，即使宾馆里的商店一直在努力，但是从整体来看，宾馆已经是一个非常成功的商业投资，它吸引了来自世界各地的游客并且出现在一些电影巨片中，包括《雨人》、《忘情巴黎》、《银翼杀手》和其他电影（电影还充当了另一个虽然不是很明显的"符号"战略的作用——向美国主流社会展示了宾馆的大

---

[1] Jameson, Fredric, "Postmodernism and Consumer Society", *The Cultural Turn*, p.15.
[2] Ibid., p.15.

堂，因此使它和每日生活的环境融合在一起）。但是，重要的是弄清这样一个事实，即宾馆作为一种旅游和电影商品，存在于外界的空间里，因此在经济上受益于并依赖外界环境。只有在这种后现代空间中商店和资本主义才遭受损害。然而詹姆逊认为在波拿文都拉宾馆看到的晚期资本主义后现代超空间是"全球性跨国公司和非中心的交流网络"的代表。因此，这个超空间可以被看做"真正的"晚期资本主义——超空间处在所有资本主义的标签和颜色编码的虚假能指之下。那么，我们会看到在晚期资本主义和后现代主义抗拒性／破坏性因素之间存在一个福柯式的交错关系：资本主义制造出了它自身的抗拒（根据詹姆逊，对后现代主义来说，是晚期资本主义的一个反映），并且同时试图颠覆或扭转那种抗拒，以维持其自身和它的生产消费系统。但是，到底我们怎么定义后现代主义形象具体化中揭示的空间变异呢？是什么原因导致这种方向混乱并因而瓦解了宾馆中的商业呢？

10. 要回答这些问题，我们必须回到詹姆逊最近在《文化和金融资本》中对晚期资本主义的批判。如前所述，詹姆逊将晚期资本主义看做是归因于货币系统和经济转变的一个有更高抽象概念的时代。他使用了德勒兹式的新词"解区域化"来描述经济转型和它对后现代时代造成的影响。詹姆逊说，"解区域化"指"一个新的本体论和自由的状态"，在这里"产品的内在属性变得无足轻重，仅仅是市场营销的托词"。他说这一点来自"本地甚至外国市场的饱和"，资本主义借此抛弃了旧的"那种特定的生产"，并且"飞往其他更有利可图的地方[货币市场]"（因此，如他的蝴蝶的比喻，资本主义由于缺乏新的市场，把本身连根拔起并扩展到一个抽象的境界）。[1] 根据马克思的现实物质观，即"人们的想象、思维[和]精神交往[……][是]他们物质行动的直接产物"，在晚期资本主义中这种经济和生产上的转变因此必须转变或变革我们的思维和观念。[2]

---

[1] Jameson, "Fredric, Culture and Finance Capital", *The Cultural Turn*, p.153.
[2] Marx, Karl, and Frederick Engels, *The German Ideology*, 1932. *The Marx-Engels Reader,* Ed.Robert C.Tucker. 2nd ed., New York: W & W Norton & Company, Inc., 1979, p.154.

因此，波拿文都拉宾馆的空间是这种后现代观念的一个具体代表——晚期资本主义本身解区域化的一个直接反映。这个解区域化的代表的物理性质使波拿文都拉宾馆创造出了晚期资本主义经济状况的物质体现，暂时消除了旧世界的（因此，旧资本主义的）指称概念，并且反过来消解了其他旧的能指：时间、历史等等。但是，我们要记住，这个空间并不意图要作为一个非现实（实在）或独立的现实（实在）存在。它确实和外部世界不同，但是这种区别又被宾馆的造型和目的（取代旧世界）所消解。没有了旧世界的空间概念——它可能只是一个类似在宾馆大堂看到的超空间顶部的一个模拟参照物——这个后现代超空间的解区域化和随后的解语境化（一个"新的"虚假参照物取代旧的参照物系统）歪曲了自身、他者和世界的概念。正如我们看到的，这种歪曲也瓦解了这个领域内的商业。

11. 那么，我们看到，经济向金融资本的转换和随之而来的解区域化——蝴蝶飞离了"物质"世界的基础——改变了世界。但是，使用这种解区域化的物质实体中商店的经验，这种改变可以说对资本主义的自身事业是有害的。因此，资本主义试图通过重新标记或标志新的空间来掩盖解区域化——标记着它建立在旧世界历时性空间的基础之上。

12. 因此，波拿文都拉宾馆是抗拒晚期资本主义被植入到后现代主义中的一个合适案例。如我们所看到的，正是波拿文都拉后现代表现的空间表达使我们看到了它的解区域化和它给商店、进而给资本主义带来的困境。但是，资本主义对这种威胁的回应——基本上是解区域化的重新符号化——即是想要掩盖晚期资本主义的自我颠覆因素。詹姆逊自己提及了这一进程，尽管是在一个不同的背景下，而不是在资本主义试图掩盖或推翻它所创造的抗拒这个前提下。在讨论波普艺术的概念，比如电影预告片中的碎片时，詹姆逊引入了"重新叙述"的概念——借此资本主义能够"重新赋予"世界的碎片以"文化和中介的意义"。那么，对于詹姆逊来说，"在套话式的后现代语言中，被叙述的形象碎片"

就成了"独立于原有的现实世界的新的文化领域或层面的一部分"。[1]

13. 我们可以断言，正是这种重新叙述要颠覆晚期资本主义已经制造出来的抗拒，随后掩盖并否定了最初抗拒的证据。基于这个原因，很难找到其他这样晚期资本主义自我颠覆效应的例子。但是，我们可以说，正是这种重新叙述自身标志着晚期资本主义已经做出的以及正在做的掩盖后现代时期解区域化的暗中努力。

14. 在鲍德里亚《拟仿物的形构进程》一文关于迪斯尼乐园作用的上述定义中，可以找到这种试图用意义重新叙述超空间碎片的一个例子。鲍德里亚说，今天，类似于詹姆逊解区域化的重新叙述的概念，世界是由"仿真"所组成的，"仿真"力图产生"没有起源或现实的一种真实的类型：一种超真实"。鲍德里亚引用了迪斯尼乐园作为"威胁性的机器"的例子，迪斯尼乐园作为"意识的地毯"起作用，以展现一个想象的空间／世界"来使我们相信（世界的）其他部分是真实的"。接着，对鲍德里亚来说，"洛杉矶被这些'想象的地点'所包围，它们供给现实［……］对它的神秘性，精确地说仅仅是无止境的网络，不真实地循环的城市［……］没有空间和维度"。因此迪斯尼乐园可以被看做是一个重新叙述的工具，试图通过创造一个喧嚣的、想象的世界来给世界重新提供意义，并确定"真实"的、模拟的参考。

15. 我们可以断言，这种相同的后现代主义自我颠覆因素在重新叙述中被发现，被我们文化的许多当代元素如电影《黑客帝国》系列和《绝命大反击》所预测到，它们提及到有形的"真实"世界或我们当代世界中隐藏在虚假性背后的事业，或者"前"、"后"及"家"对因特网非空间的超空间之概念的运用。尽管以上的例子只涉及重新叙述，但是正是这种后现代空间和思想的重新标记和重新确定，正如我们已经看到的，揭示了一个隐藏的抗拒因素。

---

[1] Jameson, Fredric, "Culture and Finance Capital", *The Cultural Turn*, p.161.

背叛性的抗拒：块茎、解区域化和重新叙述

16. 为了更好地理解詹姆逊的后现代超空间概念和我们已经在其中揭示出来的抗拒性方面，最好来看一下詹姆逊所使用的"解区域化"的来源：德勒兹和瓜塔里的著作《千高原：资本主义和精神分裂》。这部作品和它的"块茎"系统的概念也为詹姆逊对波拿文都拉宾馆的空间解区域化的分析提供了一个恰当的关联：一个关于逻辑和知识获取的后现代空间模型。但是，不同于波拿文都拉宾馆和其他提供的例子，德勒兹和瓜塔里的块茎概念可以看做是一个蓄意的尝试：想要对晚期资本社会和它建立的基础产生一种抗拒。因此，块茎中的解区域化来自他们的革命理论，而不是像表面上那样发源于资本主义自身。尽管如此，我们应该看到，存在于晚期资本主义和后现代主义之间的悖论性关系也存在于块茎和它有意的抗拒之间：块茎背叛了抗拒，似乎在促进并转而支持资本主义。

17. 在《千高原》中，德勒兹和瓜塔里描绘了像乔伊斯和尼采这种类型的现代主义艺术家，他们的风格是创新的和"多样的"，但是最终没能摆脱传统制度。他们接着——显然是建立在巴尔特文本概念的基础上——提出了他们的"块茎"体系。这个体系旨在摆脱传统的二元论／一对一和现代派"束状"系统集中控制的性质。块茎被描述成"一个没有领导和组织记忆或中心自动化的无中心、非历史性、非阶层、无指称的体系，纯粹被定义为一个国家循环"[1]。和二元论逻辑的结构性质不同，块茎体系"仅仅是由线构成的：裂变性的和分层的线作为它的维度，飞行的或解区域化的线作为最大维度［……］多样性之后经历着蜕变"[2]。然后这个体系从旧的逻辑／思想模型中摆脱出来，"没有开始

---

[1] Deleuze, Gilles, and Felix Guattari, *A Thousand Plateaus: Capitalism and Schizophrenia*, Trans. Brian Massumi, 1980, Minneapolis: University of Minnesota Press, 1987, p.21.

[2] Ibid., p.21.

或结尾 [……] 来来去去而不是开始和结束"[1]。

18. 但是，德勒兹和瓜塔里关于这个体系的空间构想，使我们能够直接把它和詹姆逊对波拿文都拉"大堂"的批评联系在一起。块茎系统被描述成是由"总是在中间"的高原和"不是由单元而是维度，或者是运动的方向"构成的。[2] 它也是以一个"主根"[3] 的多样性的循环系统呈现。尽管德勒兹和瓜塔里是在描绘一个逻辑系统，但是他们是通过使用一个空间的隐喻来描述它的——这个解区域化的超空间隐喻和詹姆逊对波拿文都拉大堂所做的分析相似。

19. 因此，可以说波拿文都拉宾馆中被晚期资本主义生产并且对它进行破坏的后现代超空间是直接和后现代逻辑中块茎系统的概念相联系的（空间的隐喻连接了二者）。但是，这里不同的是，德勒兹和瓜塔里的块茎系统是作为对资本主义的一个抗拒提出的，而非来源于它（尽管解区域化的抗拒都是相似的，但是它们的起源和原因是不同的）。当他们恳请读者"制造块茎，不是根，也从来不栽种"[4] 时，该系统试图革命的性质就被清楚地看到了。之后他们直接将该系统称之为革命，写道，美国和英国文学已经"表明了这个块茎的方向 [……]；他们知道在事情之间如何移动，建立一个和的逻辑，推翻本体论，破除基础，[和] 使结束和开始无效"[5]。

20. 那么，德勒兹和瓜塔里的后现代逻辑和知识获取的系统，可以看做是与资本主义和西方传统逻辑斗争的一次尝试，它建立在这一事实基础之上——其提供了一个多样、解中心的对本体论和基础的颠覆。逻辑，在这个解区域化的系统内，逃离了已有上层建筑稳定的、线性的"旧"式模式，为资本主义机器外部控制的多样性提供了可能。是不是这样呢？这个系统是否像它看起来那样激进呢？事实上，它假设的功能是不是无意中颠覆了它本来要助长的抗拒，并

---

[1] Deleuze, Gilles, and Felix Guattari, *A Thousand Plateaus: Capitalism and Schizophrenia*, p.25.
[2] Ibid., p.21.
[3] Ibid., p.5.
[4] Ibid., p.24.
[5] Ibid., p.25.

且转而支持资本主义呢？

21. 关于德勒兹和瓜塔里体系问题的一个最基本的例子可以在块茎作为在"中间"的定义中找到。尽管在"树根之书"[1]的树状结构外部它是一个"多样性"和一个"组合"，但是中间在本质上不是依赖于一个开始和一个结束——即使这个体系从来不敢碰这些极点——来把它自身定义为一个中间的吗？因此，这个体系根据它试图推翻的"旧的"、古典体系来定义它本身，使它依赖于此。那么，人们必须质问，块茎是否真的能够完全推翻这个旧体系，因为如果它推翻了，它怎么定义它自己呢？

22. 当我们分析块茎系统的语言和能指的使用时，这种对古典体系的依赖就更加有问题，甚至德勒兹和瓜塔里也承认其本身保留了"根—树作为[他们的]基本形象"[2]。那么，即使这个系统设想它本身不属于主导西方艺术和思想的古典体系二元论和一对一的关系，它的语言和能指依然是这个旧有体系的一部分。因为尽管块茎宣称是多样的并且逃离知识获取的基础，它的语言——它表达的本质——依然充满它潜在的意义和联想。迪克·赫伯迪格在《亚文化：风格的意义》中写道"每一个含义都有一个意识形态的维度"[3]时提到了这个事实。那么，根据这个观点，一个组合和一个多样性，一个"互生"连词"和……和……和……"依然——由于它语言的使用——符合统治语言学和世界的古典体系意识形态的方面和构成，并且建立在其基础上。被用来在块茎中创造这种解区域化隐喻的言语本身成为所指，类似于悬挂在波拿文都拉大堂中的彩色编码招牌，来重新叙述空间。那么，这一系统的实际形式，破坏了其意图的抗拒。

23. 我们已经看到，迄今为止，块茎系统如何不像它意图的那样是革命性

---

[1] "树根之书"：德勒兹和瓜塔里的块茎图示和树状模式的对比涉及三种类型的书，第一种是"树根之书"。——译者注

[2] Deleuze, Gilles, and Felix Guattari, *A Thousand Plateaus: Capitalism and Schizophrenia*, p.5.

[3] Hebdige, Dick, *Subculture: The Meaning of Style*, Ed. Terence Hawkes, New York: Methuen & Company Ltd., 1979, p.13.

的,以及它的定义和重要组成部分是怎样建立在它试图抵制的旧系统之上并且融入其中的。但是,也可以说,块茎系统超越了对其自身意图抗拒的否定,并且本质上成为促进资本主义自身发展的一个工具。

24. 块茎可能无意中采取行动支持资本主义的一种方式——尽管我们认为它的那些方面的确是革命性的——是在这样一个事实中存在的,即它存在于一个非政治的、非物质的领域。虽然它假设创造了类似于在波拿文都拉大堂里看到的解区域化,但是,块茎只存在于一个空间的隐喻中,投射了这个系统,然后进入到存在于旧世界语境中的后现代艺术领域。这为潜在的革命性的思想和逻辑创造了一个手段和平台,但是,重要的是,这个活动存在于块茎的"安全"领域——一个有着一种假设的、实验的、开玩笑般的感觉的体系(作者保证他们创造它的层面只是"开玩笑")[1]。因此,这个安全领域为知识分子和其他人提供了一个平台,来替代性地满足他们要求革命的思想和行动的愿望,并且,结果是使得这种行动在一个真实的物质世界中的可能性减少。从而,块茎通过提供一个和物质世界没有实在连接的、无害的革命性出路来支持现状和旧体系。布朗·多纳休在《马克思主义,后现代主义和齐泽克》中,引用齐泽克《意识形态的假想主体》中对信仰的精神移位的分析,揭示了意识形态"不是建立在意识而是实际活动的基础上"[2]。这就表明,如果一个人所宣称的信仰和他在真实世界中的行动无关的话,那么信仰就是毫无意义的。因此,人们可以在这种块茎的革命领域中书写并思考,但是如果人们继续在块茎隐喻性地进行逃避的"传统"系统内发挥作用,那么人们就会否定并且不承认块茎及其可能创造的任何革命或知识。

25. 块茎可能采取实际行动来支持资本主义以第二个方法存在于它和商品化的关系中。马克思在《资本论》第 1 卷写道,产品的商品化和"劳动力的社会

---

[1] Deleuze, Gilles, and Felix Guattari, *A Thousand Plateaus: Capitalism and Schizophrenia*, p.22.
[2] Donahue, Brian, "Marxism, Postmodernism, Zizek", *Postmodern Culture* 12.2 (2001), January 2001. 2 February 2003, par.19. http://muse.jhu.edu/journals/pmc/v012/12.2donahue.htm/.

性质，[在我们看来]是产品自身的一种客观性质"相联系。马克思接着澄清，商品自身"只因为他们的行动和对作为价值尺度的再行动才能获得固定性"[1]。于是通过这种方式，商品被彼此定义，而不是被它们在社会劳动力中的起源定义——这在本质上使得这些产品摆脱了物质世界生产并存在于多样的（跨国公司）领域中，借此它们只是被"相对价值的波动"[2]定义。可以说，块茎系统通过模仿它的逻辑来支持这一体系，源于这样的事实，即它存在于中间并且总是复制它自己：体现着"和……和……和……"这样的连接词。那么，这岂不是也支持自由市场资本主义的意识框架——宣传资本主义灌输给大众的自我放纵的购买行为？当我们考虑到这样的事实，即块茎是作为"确立某些多样性之间的联系"而呈现，并且总是在"事情之间"时，我们可以看到块茎系统和商品化之间更加直接的联系。[3]因此，在块茎系统内，思想、书籍和其他的表达形式可以认为脱离了源头——就像商品化的产品一样，建立在彼此的基础上。那么，块茎可以被看成一个类似于资本主义商品化的系统：增加了相互间联系的多样性，而不是和它们的源头相连。

26. 那么，我们看到块茎象征性地创造了一个类似于在波拿文都拉宾馆中看到的解区域化，但是它的解区域化只存在于一个隐喻性的空间领域里，最终阻止它抗拒资本主义。但是，正如我们所看到的，块茎没能创造出解区域化和抗拒，因为它存在于被"旧"世界的意义灌输了的一种语言之中，导致它模仿，并因此支持资本主义商品化的概念。从本质上说，块茎，试图通过语言的平台来创造解区域化，总是重新叙述自身并且使真正的解区域化不可能实现。虽然块茎，或一个新的——甚至更有效的——多样性的系统成功地摆脱了旧体系和资本主义，但是资本主义重新标志完全不同和革命多样性的能力（正如我们看

---

[1] Marx, Karl, and Frederick Engels, *Capital, Volume 1*, 1867. *The Marx-Engels Reader*, Ed. Robert C. Tucker, 2nd ed., New York: W & W Norton & Company. Inc., 1979, p.322-3.
[2] Marx, Karl, and Frederick Engels, *Capital, Volume 1*, p.323.
[3] Deleuze, Gilles, and Felix Guattari, *A Thousand Plateaus: Capitalism and Schizophrenia*, pp.23-25.

到的波拿文都拉）将会，从本质上取消革命并且通过重新叙述意义来将多样性纳进自己的体系中。

27. 总之，使用詹姆逊自己在最初的论文里对波拿文都拉宾馆的分析，以及他之后关于晚期资本主义的分析来回答 1988 年他在《后现代主义和消费社会》的结尾提出的问题是可能的。晚期资本主义可以被看做经济抽象概念的一个新阶段，反过来影响了人们的思想和观念并创造了后现代主义。在建筑空间中后现代主义的有形（物理）表现里，我们很可能会发现，方向混乱的超空间和它的解区域化可能是一个抗拒，或者至少，是资本主义的一个障碍。事实上，这种抗拒的最好证据可能是资本主义对这种建议性威胁的反映：写上能够重新确立旧世界参考物的能指（实际上再辖域了空间）。在德勒兹和瓜塔里块茎系统内关于革命的概念中，可以找到一个类似的场景——在那里，逻辑领域中的解区域化，不是要误导人们并破坏商业，而是可以看成是想要使知识和思想摆脱上层建筑的束缚。但是，事实上，块茎有意创造一个类似于詹姆逊解区域化概念那种抗拒的尝试，我已经表明那种尝试是怎样颠覆抗拒本身并支持资本主义的。尽管块茎是革命性的，但是，我们可以看到资本主义如何，假设性地，颠覆系统的解区域化：用"旧"的二元论系统和它的信仰重新叙述多样性——正如它在空间领域内做的那样。

28. 这个分析揭示了后现代文化和晚期资本主义之间的关系比原来的思想更加有活力，并且为马克思主义者研究当代艺术和文化提供了动力。在这样做的时候，它含蓄地表明，在质疑这种方法论的晚期资本主义社会中，正如布朗·多纳休在《马克思主义，后现代主义和齐泽克》中主张的那样，这种马克思主义研究本身依然是有意义的。[1] 资本主义体系通过重新叙述来颠覆自我生成的和外来的新生阻力，想要了解它是怎样无处不在的，一个重要的方法是进一步分析重新叙述本身的功能——一项关于它多样性标记策略的研究。

---

[1] Donahue, Brian, "Marxism, Postmodernism, Zizek", *Postmodern Culture* 12.2（2001），par.1.

Tethering the Butterfly: Revisiting Jameson's "Postmodernism and Consumer Society" and the Paradox of Resistance

Jason Berger

Abstract: Jameson analyzed the possible elements of resistance to capitalism and capitalistic logic within postmodernism in his 1988 essay "Postmodernism and Consumer Society". However, he did not continue to do this in the following articles. Considering the new understandings of late capitalism that have developed in the last decade, we must return to the original question posed at the conclusion of Jameson's 1988 piece and ask if there may be an element within postmodernism that "resists" the "logic of consumer capitalism". According to Jameson's analysis of the Bonaventure Hotel, we can find that the postmodernism does create a resistance to late capitalism through spatial "deterritorializatio". This paper attempts to analyze the source of this term and explore the paradox that surrounds the concept.

Key words: resistance, deterritorialization, the rhizome, renarr-ativization

文学与思想

马克思主义的宗教之维

"空无"之信仰：让-吕克·南希的神学解构

夏可君[1]

摘要：面对上帝缺席的后现代处境，如何重建一个不可能的信仰？让-吕克·南希从基督教解构出发作出了回应，他重新解释了"从无创造"的神学思想，对"无"进行了丰富的思考，并且从"无"之生长的可能性上丰富了马克思的自由创造的观念。

关键词：让-吕克·南希 "无" 神学解构

让-吕克·南希对神学的思考开始于20世纪西方最为严峻的事件：奥斯维辛的大屠杀事件，"奥斯维辛"意味着上帝的销蚀，神的隐退，上帝的死亡，神的缺席，等等。奥斯维辛这个事件让西方明确了整个唯一神论本身的内在困厄：在奥斯维辛之后，神在哪里？信仰如何可能？宗教如何可能？

神的缺席，即"缺神论"或者"神缺论"，其实并不是一个晚近的末世现象，而是构成了西方思想以及唯一神论神学的一个潜在的隐秘背景，从宗教的一开始，在其开端就构成了内在解构的可能性，这是解构对另一个谱系的发现：

1. 从古希腊的悲剧开始，神明已经缺场了，按照荷尔德林对俄狄浦斯与

---

[1] 夏可君：男，湖北人，中国人民大学文学院副教授。

安提戈涅悲剧的解释，神与人的双重的不忠实，英雄的命运并不是作为中保，而是保持这个居中之地的空无，保持神与人双重分离的这个区分的纯洁性，如同布朗肖所解释的，以及对"神缺论"的进一步展开，而南希无疑继承了这个思想。

2. 从犹太教神学那里，如同索勒姆的研究指出的，后来被南希展开的犹太教卡巴拉神秘主义神学对"从无创造"的解释：神的创造不是一个流溢的外泄，而是收缩、回撤与后退，而且是放弃自身，而为世界让出一个空间，敞开一个原始的神秘空间，这个因为后撤而产生的空无，也是南希进一步要发挥的。

3. 从耶稣基督在十字架上的被离弃开始，"离弃"神学的思想，从布尔特曼的上帝离弃上帝，到海德格尔的存在离弃的思想，一直到德里达对礼物不可能馈赠的思想，直到南希本人对被离弃者谱系的发现，已经为神学的解构提供了可能性，离弃的法则也是法则本身的离弃，神子的被离弃也是神本身的自我离弃！

面对神的缺席，就产生了两种态度：或者试图以新的发明的诸神或者其他的名目——比如英雄、神人、教会、国家以及人道主义的人等等，去填补这个缺席的空洞；或者保持住这个缺席，使这个空缺出来的场域一直保持"敞开"，使这个敞开的场域成为共通存在的"通道"，永远不被任何名目占据，而是一直保持为"无"，保持为"空无"。通过前者我们看到了各种极权主义的兴起——最终导致了纳粹的神话，后者则开启了一种新的"非神学"的可能性；对于南希而言，前者是要解构的，从纳粹神话的打断一直到神话的解构，最后是对整个唯一神论的解构，尤其集中在基督教的解构上，对于后者，则是解构的重新发现，解构并不是否定，而是重新肯定：肯定在历史中的信仰的可能性、作为唯一者或独一者彼此共在的非神学的信仰的可能性。

因而，我们这里的论述也将分为两个部分：第一部分讨论南希对纳粹神话和唯一神论的解构；第二部分讨论他的空无的非神学的信仰。

一、对神话与唯一神论的解构

南希的思想（与他的朋友拉库-拉巴特一道）从一开始，就是对奥斯维辛这个事件，即对德国纳粹出现的思考，对德意志神话的思考，他们一起合写了《纳粹神话》一文。[1]

纳粹的神话绝不简单只是一个种族神话，而是一个从种族到文化、到新神话的虚构，乃至试图成为唯一神论代替的总体神话，纳粹的神话反映的是神退场与缺席之后的历史命运，或者说被颠倒、被自我蒙蔽了的命运。

首先，南希分析了纳粹神话作为种族神话：所谓的血与土的神话，血缘的纯净与高贵，土地的生命空间扩展。但是，这个种族神话是有深刻的文化命运根源的。在南希看来，如果说纳粹神话最初被确定为"种族"的神话，那是因为它是神话的神话，是神话创造力的神话，种族就其本身而言首先是对最高权力的梦想类型。

其次，在南希和拉库-拉巴特看来，这是一个关于创造的"模仿"的问题，因为近代的德国一直落后于法国、意大利与英国，民族国家的兴起都是通过与古代保持关系——无疑也是在虚构的想象的关联中——来获得合法性与再生的可能性的，晚熟的德意志文化试图回到西方文明最为早先的开端，即古希腊，试图通过模仿开端的发生来回到古代。但是既然是模仿，如何可能有自己的个性？会有新的可能性？这就产生了语言的神话，所谓语言的亲缘性与回归的神话："这个发现显然考虑了对尚未发现的新的历史模式的宣传，考虑了如何摆脱新古典主义的希腊（法国的希腊）的问题。同时，它还使德国和希腊获得了身份上的认同。需要说明的是，这种认同最初是建立在德语和希腊语（首先在哲学中实现的）同一化基础上的。"

再次，为了超越模仿，必须创造，因而出现了所谓的德国浪漫派的新神话。

---

[1] Jean-Luc Nancy, avec Ph.Lacoue-Labarthe, *Le mythe nazi*, La Tourd'Aigue, ed.de l'Aube, 1991. 这里引用的文字是郭建玲从英文翻译的。

南希发现:"以埃克哈特(Meister Eckhart)为首的德国神秘主义者是现代世界伟大的雅利安人。因为埃克哈特将神话视若自由精神,从而不屈不挠地为神话开辟了现代的可能。在神话体验中,纯粹内在的精神(以种族为外在性)觉得自己比宇宙还大,觉得自己不受任何约束,尤其不受上帝的约束。神话以其全部的纯粹性表达自身:重要的是形构自己,类化自己,将自身类化为绝对的、自由的创造者(因而也是自我—创造者)。"——无疑,这里有着多重的复杂性,因为埃克哈特大师的祈祷词"我祈祷上帝让我摆脱上帝"——其实也隐含着上帝自身消解,自身消失的另一种新的可能性!并不一定被纳粹解释为种族神话建构的前提!其根本的差异在于:纳粹是种族的,是抹煞个体性的,而埃克哈特大师是指向个体的,自我的,是祈祷!当然,这里也是有着彼此浸染和污染的双重性:自我创造的问题也是一个危险的问题,并没有确然的保障,因为,在这里,神明和至善已经是缺席的,这是对生命混沌领域的深入,当尼采召唤自由的精神时,必然是超越了善恶区分的,在这个意义上,尼采后的神学,必然面对这样的双重性:试图回避创造中混沌与暴力的危险是幼稚的,而为创造中必然出现的可怕幽灵简单辩护也是轻率的。这也是对根本恶的思考的问题,在推进康德对根本恶的思考为魔灵之恶之后(可以参看齐泽克的相关思考),如同南希在《自由的经验》中的思考,尊重独一体的个体生存,而不是作为献祭的诱惑,而所有的宗教和开端的建构似乎都离不开把死亡作为献祭,作为交换条件!如何把献祭转换为供奉,这是南希对信仰的重新思考!

显然,德国浪漫派依然没有解决模仿的问题!

为了打断这些新神话,南希接着思考了巴塔耶对"神话的缺席"的思考!

南希认为,知道神话是虚构的,这也许远远不够。说神话是神话,这个同语反复隐含着更多的悖论。"神话是神话"——南希巧妙分析了这个同语反复的双关语句的内在矛盾:一方面,神话确实就是自身,是自身的自同性和同一性,它是自身的真理,神话有着开端、奠基与创造的权能,神话是一切真理的本源,是真理本身,创建也离不开神话,所以有了德国浪漫派对新神话的梦想;

另一方面，神话之为神话，神话之为虚构，神话就只是神话而已，隐含着——神话是不真实的，在现代人的耳朵中，尤其意味着只是虚构、假象而已，相对于现实而不真实。而在源初的意义上，神话有虚构性，却是真的，或者说在柏拉图那里，被另一种真实（也离不开虚构，谎言和神话，诗学等）的虚构（或神话：或所谓高贵的谎言）所取代。因此，如何在这两种含义之间书写，而不是辩证的统一，超越同语反复或同一律的真理保证，这是南希要反思和解构的。同时，也是对"创建"的解构，无论是海德格尔对创建或开端的"神话（/迷思）"还是阿伦特在政治上对"罗马创建"的推崇，可能都是没有彻底面对"虚构"的疑难，都有待解构。

神话的逻辑还有待证明，神话如何走向了自身认识的极限，想象我们如何与神话脱离联系，而且与神话似乎必然走向终结有关。而且尤其关键的是，我们可能还会陷入另一种幻觉，即对神话力量的丧失表示哀悼，或者希望这种力量在反人性的罪恶中结束，都使我们走入了一个虚构的神话资源严重缺乏的世界。而以这种"缺乏"（défaut）来思考我们现在所处的这个世界，也许即是我们责无旁贷的重任了。

南希以巴塔耶的思考作为转换的出发点——巴塔耶把这个我们命中注定的处境称之为：神话的缺席。南希则宁愿代之以"神话的打断"这个表达，南希认为："假定神话被标记为超越了神话，甚至反对神话本身，但神话这种东西是不会简单消失的，那么赌注就在于进入神话界限上的通道，在这个通道（过道：passage）中，围绕这个界限，神话本身发现自身与其说受到压制，还不如说是被悬搁，被打断了。"[1] 这个假设也许只是说出了巴塔耶的想法，巴塔耶曾经提出，应该将神话本身的缺席视为一个神话；要想对巴塔耶的这一说法做深入的分析，我们首先应该说，它在形式上定义了一种极限的情景、一个被打断的神话、一个神话——处于被打断的轨道上。

---

[1] 让－吕克·南希：《解构的共通体》，夏可君编校，上海人民出版社2007年版，中文版序言。

南希分析了两种打断,或者说,神话的力量在两个打断之间展开着:"一个是纯粹自然的打断,一个是神话本身的打断。"因此,南希认为,"从本质上说,神话对权力的欲望产生了极权主义(总体主义)。甚至它也许规定了极权主义(或者,我将它标记为内在主义的 [immanentism])"。[1]

而真正的打断发生在边界上:"更加确切地说,它产生了边界(border),在边界上,诸多存在相互触及、相互外展,相互分离,从而沟通并传播它们的共通体。正是在这个边界上,献身于这个边界中,以及被它所挑起,打断开始了,这就是激情——你可以说,这是神话的遗留,或者倒不如说,它本身就是神话的打断。"[2]

对这个边界的发现,是独一体本身彼此接触,触感的可能性!而神话所建构起来的共同体,都是对绝对的共同体的总体意志的追求:"神话——并非个体的完全融合,而是共同体的意志:欲望被神话表现的共同(融合:communion)的神话的权力所操纵,也是作为一个共同或作为意志的交流而表现。融合的结果是:神话将多样的生存的内在性表现为它的专有的唯一的虚构,而虚构则将这些生存者汇集到一起,在虚构的言语中和作为这个言语,作为它们共有的形象而给予出来。"[3]因此,对神话的打断必然也是共通体的打断。我们后面将会看到,南希对基督教的解构也是从基督教作为共同体的灵契观念开始的。

这样的共通体也是对边界的触感!这样就把我们转向对基督教的解构了!因为在南希看来,基督教神学作为独特的贡献是对神人共在的经验,在最深的层面上则是触感的神学!因此有必要对基督教乃至整个唯一神论进行解构!

如果西方文明在起源上是希腊-犹太的历史,但是,事实上,难道不是基督教的?因为正是基督教在二者之后,整合了二者,转换了它们,同时也浸染了它们,不再可能纯然地回到某个没有被基督教所浸染渗透的纯粹的希腊和犹

---

[1] 让-吕克·南希:《解构的共通体》,第 92 页。
[2] 同上,第 99 页。
[3] 同上,第 94 页。

太教了！也许，基督教或基督性正是事情本身——让我们思想的事情本身？这是让-吕克·南希在他的《基督教的解构》中提出的问题。

基督教作为思想的事情，也是作为解构的事情，如何相关起来？解构如何与基督教一起成为思想的事情？思想的事情——这是海德格尔后期思想在哲学终结之际，也是整个西方传统，从古希腊直到基督教，被尼采宣称上帝死了的哲学之事情的终结，之后的思想的事情，如何还再度"返回"到后发的基督教哲学和神学的事情之中？南希正是在回答尼采刻骨铭心的提问："在什么意义上，实实在在的我们如何就是基督徒？"当下的虚无主义和无神论也是发生在这个基督教的背景和它的现实的根基上的，甚至也是在基督教核心之中的。

而在南希看来，西方文明的历史现实性，就是尼采所言的"上帝之死"的虚无主义困境。但是，这并不意味着尼采本人和我们理解了这个时代的意义，因为这个虚无主义本身中隐含了自身所尚待思的意义的过度，哪怕是那个"无"的意义的极少或过度。同时，如果基督教的上帝是西方的历史和命运，如果"解构"在其出生上与基督教相关（如同拆构这个词，是海德格尔从路德新教神学所继承的，当然有所差异），到底如何回应尼采呢？以此再度思考解构和基督教的关系。

南希认为，解构本身就是基督教的，基督教本身也是解构的，二者是相互依存的。

一方面，解构的姿态是内在于基督教的，是在其里面被构成的，也只能在其里面、在一个开放的松弛中，拆散才能被实行，任何哪怕是要回到基督教诞生之前的希腊和犹太的所谓源初开端或者是超越西方本身的企图，也只能通过基督教的解构来实现，所以尼采主要也是把自己定义和命名为"敌基督者"。南希总结了基督教与西方的三个原则上的关联[1]：

1. 基督教是不可和西方分开的，基督教出现在西方不是偶然的，基督教与

---

[1] Jean-Luc Nancy, *La déclosion*（*Déconstruction du christianisme*, 1）, Paris, Galilée, 2005.p.208.

西方共存，是基督教自身再吸收和自身克服的过程。我们甚至可以补充说，全球当今的西方化也是世界化，不过是基督教的普世化。

2. 西方的"解—基督教化"也不是一个空洞的说辞，西方解基督教化越是明显和坚持，越是与基督教紧密编织在一起，如同尼采使之尤为清晰的，我们是在上帝之死的阴影之中，这需要被照亮。这个原则"预设了我们所有的思想，我们所有的存在，彻彻底底是基督教的"。当然，尼采的提问"我们如何一直是基督徒"把西方带到了基督教的限度上。因此，可以说南希思想的意义从一开始起就在面对尼采思想的挑战，解构是否也可以在尼采那里找到一些隐秘的召唤？在对未来的哲学家的期待中？

3. "西方自身就完成在一种意义的特殊经脉的展示中：一个某种意义上空虚或有生命的脉络，如同意义之为意义的环扣扣入到意义的限度之中或意义的可能性之中。因此，基督教的解构，这是跟随西方直到这个限度，直到这一步（pas），或者在这一步中，西方能够拥有自身，通过转离自身，如果它要继续还是西方的话，或者为了它是事物自身而超越它自身。这一步，它应该摆脱自身，这是西方摆脱（déprendre）自身和基督教摆脱自身所共有的姿态。当然，这一步——而且这是它专有的和必然要产生的步伐，我相信，解构的姿态——断然并不拒斥传统，脱落某种特别的皮，而是，正好是面向那个比临到西方和基督教二者自身更远的东西，从我们传统的根基上，面向比基督教本身更本源的东西（在本源起源 [arkhè] 的意义上，而非在历史开始的意义上）。换句话说，问题在于我们是否能通过回到我们基督教的根源，在基督教的中心放置一个比基督教自身更深刻的根源，这个根源可能会允许另外的可能性发生——带着一种辩证的扬弃（Aufhebung）的黑格尔的姿态和不提供这样的辩证救助的姿态之间的所有的模糊性，对此，我暂时完全接受。为什么有这样的模糊性，如果我们接受西方与基督教具有同一性，我们也就会接受这个后果，即我们只是要找到一个彻底代替了基督教本源的本源出路，就不必去无力地还原或辩证地恢复它。要补充的是，我们或许同样不知道这是黑格尔辩证扬弃的真实性，我们或许不知道这是否定性的：为了学习它，应该深入它的内心之中，而且这颗心冒着极大的存在的风险，如果我敢说，即是一颗基督的心[1]。"

南希要去思考的是基督教自身松弛的运动，它的开放和它的消融，而关键在于我们应该有勇气："通过回到我们基督教的根源，在基督教的中心放置一个比基督教自身更深刻的根源，这个根源可能会允许另外的可能性发生。"

如果基督教本身的起源和出现就是在自身超越中形成的，基督教的解构意味着在本源的关照中或者是以解构的意义来进行拆构的操作。基督教在这个所谓的后福音时代，后现代社会，不得不寻求对基督教的克服，基督教它自身，基督教作为自身，已经被超越（dépassé），因为它自身和其自身就是自身超越的（antodépassement）。[2] 但在南希看来，这个基督教的自身超越恰好也许是专门属于基督教的，可能是它最基本的传统，虽然这里存在模糊性。南希把这个自身超越与前面的那个对更为本源的从远处而来的动力结合起来，就成为基督教自身解构的姿态，因为基督教自身就是在整合之中自身松弛（distension）的运动，它根本上就是它自己的松弛的运动，仅仅在这个松弛之内，基督教成其为自身，在南希看来，基督教就其自身而言，作为自身解构，在其起源之际，就打开了间隔与间隙，其本源即是已经敞开的。与这个松弛和间隔一致，解构指明了基督教的本质的观念是敞开："如果上帝既不能被表象也不是可表象的，而是活生生的，而圣子也是'不可见的上帝的可见的形象'，圣子是不可见的可见性，这个可见如其本样是不可见的，不是神显现上的意义，而是在在场的宣称的意义上的意义。活生生的上帝因此将自己展现为一种如同超越它自身的成己—去己[3] 的生命。'所有这些带来的东西，向着新的，向着敞开的，如同意义

---

[1] 这是南希在暗示尼采在《敌基督者》中所说的基督之真正的"一颗心的经验"。南希在 *Jean-Luc La déclosion*〔(*Déconstruction du christianisme, 1*)，Paris, Galilée,2005〕中有同名的文字专门讨论这个问题。其中也包括他自己在《闯入者》中思考的技术之心，暗含对基督教割礼之心的解构。

[2] Jean-Luc Nancy, *La déconstruction du christianisme*, Les Etudes philosophiques n 4,1998, p.505.

[3] appropriation-dépropriation：或翻译为：居有—剥夺的，无疑，南希受到了海德格尔和德里达对这对词思考的影响。

自身的结构。这是如其本样地敞开（l'Ouvert comme tel），宣称、计划、历史和信仰的敞开，这通过活着的上帝在基督教的核心被揭示出来。'"[1]

南希接着写道："因此，如果这种敞开，作为意义的地平线和地平线的碎裂的敞开，聚集/分散了基督教的结构（未对意义的地平线起作用，以便于转到一种垂直性中：一种无限的破裂的瞬间在场），为了将一个仍在发展中的工作做一个临时的总结，在这个失败的结构（解构）之中，但也是突然出现，地平线作为问题，地平线作为有限的专有的名字转向面对它的专有的无限。"[2]

当然，敞开（或者说"解放"[le libre]，就像荷尔德林所称谓的那样）本质上是模糊的（它是基督教的完全的自我破坏或自我解构的模糊性）。在它的绝对性上，它无限地将自己打开，也仅仅将自己打开：这样基督教是虚无主义的，并且永不停止地与虚无主义、上帝之死相纠缠。因而这需要进一步追问虚无主义之为"无"的问题！

基督教的解构就在于思考这个敞开，向着"无"的敞开！而这个敞开正是意义，言成肉身就是意义的敞开和意义作为敞开。

另一方面，还需要深入基督教之谜的核心，而基督学的核心正是基督的化身，是在圣父和圣子之间的存在和实体的共通体或者是他们的同一化和共实体化，是共通存在（homoousia）的教义——在南希看来[3]，这是全新的基督教的思想。但是，南希强调对这个共通存在的思考不应该再作为实体（substance）和本质（essence）来思考，父和子的共通体是全然根本上不同于单一性的共同存在，那是哲学上的自然或本质的共同体，那只是对同一性和同化力（identification）的追求。

因此追问这个父和子的共通体如何形成乃是基督教思想的核心，也是解构的思想的事情。而耶稣对最后晚餐仪式的设立，特别是在《约翰福音》第六章

---

[1] Jean-Luc Nancy, *La déclosion*（*Déconstruction du christianisme*, 1），p.226.
[2] Ibid.
[3] Jean-Luc Nancy, *La Déconstruction du christianisme*, Les Etudes philosophiques n4,1998, p.514.

的详细的叙述中，已经预言了晚餐的仪式的意义，"这里是我的身体"——这是对触摸和触感的召唤！这是对触感神学的进一步思考。南希是联系对"身体"的意义而展开思考的：我们的身体不是需要被记号和符号化、象征化的身体，我们只是要回到身体上，把记号和意义还原到身体，而不是相反。这里南希无疑也是在指着基督受伤的身体说的：

既然身体是一道伤痕，那么符号也就不过是一道伤痕而已。我们是否仍然能够、我们是否已经能够面对符号的伤痕、面对意义丧失之处的这种折磨？在这种纯粹的意义上，意义的丧失也就是伤痕的丧失。伤痕关闭了身体。它繁殖意义，而意义在身体之内消失。

一切都是可能的。身体抵制。身体的共通体抵制。一个奉献自身的身体的优美总是可能的。一个受折磨的身体的痛苦始终存在着。身体再次要求创造。不是把符号的精神生命吹入身体的那种创造。而是诞生，是身体的分离和共享。

不再有那种创造意义的身体了，而是意义生成和共享身体。不再有身体的符号学、征候学、神话学或现象学支柱了，而只有从给予的思想和书写，过渡到身体的思想和书写。作为与身体分离和共享身体的名称总汇的书写，共享着存在的身体，又被它所享有，于是从自身分化出来，从其意义分化出来，从外部描写它自身的刻写。这就是实际的书写：一个意义的身体永远不会讲述身体的意义，也不会把身体化简为符号。[1]

我们可以这样来理解：耶稣的身体可以展现为不同的"意义"：1.这个身体是一个个体的肉身；2.这个身体在受难，疼痛；3.身体上的钉痕作为伤口，作为受难的标记（sign）——这三者是在触及和感受（sens）的领域。但

---

[1] Jean-Luc Nancy, "Corpus", in *Thinking Bodies*, Stanford Uni. Press, pp.22-23.

是，这个感受的触感方式，被传统基督教神学转换为：1. 这个伤口是在天上的圣父或 logos 的言成肉身的身体了：一个不可见的神显现了，这个神给予"意义（sens）"——耶稣的死洗净人类的罪过，人类应该通过悔改皈依基督教，这里开始有了以意义为价值的交换；2. 这个身体在最后的晚餐仪式中转化为面包和葡萄酒——这是换喻，通过换喻，意义符号化了，成为了"象征"，身体不再是耶稣的那个唯一的身体了；3. 这个身体在圣餐礼的仪式中，成为教会的身体，身体完全变成了意义的符号。而南希要做的是要把这个"意义"一般化，观念化的身体还原到它本然的身体的触感上，"意义"不是一般性的符号，而是意义还原为"意感"或"感受"，身体只是可以触感和不可以触感的，是对界限的触感[1]。

  南希对基督教的解构是与对整个西方唯一神的解构联系在一起的，他深刻认识到了唯一神作为圣书的宗教（犹太教、基督教都可称为"圣书的宗教"），作为从亚伯拉罕开始的宗教的一般性，同时，他尤为强调了对基督教的解构，因为在南希看来，基督教就其自身，在自身之中，即是解构的，而且是自身解构的！因为基督教以最积极的方式指出了，而且也是最腐蚀自身的方式，最虚无主义的方式，在一定方面——如何唯一神论寄宿在自身之内——或者更加明白的说就是：在自身之内比自己更加亲密，更加自身缺乏或者更加超越自身——以一个没有上帝的世界原则。联系现代性和启蒙的困境，与解构相关，现代性本身即是对进步，超越，未来的许诺的期待，因此，解构的事业在于，打开启蒙的悖论性的空间——其对在场的追求是以缺席为目的，同时，也是深入和返回到整个唯一神的开端，发现那些被埋藏的本源和不可觉察的未来，挖掘出埋葬在基督教，唯一神和西方之下的资源。总之，南希的解构是要敞开如下的一个未来：

---

[1] 关于南希对触感的思考请参看笔者的相关文字。

这样，再次自问那新的东西，它既不拒斥基督教或回到基督教，会引导我们向着一个点——向着一个资源——在基督教下面埋藏着的，在唯一神论下面埋藏着的，在西方下面埋藏着的，并且它此后应该显现出来的一个点：因为这个观点简单来说，会为世界打开一个未来，这个世界既不是基督的也不是反基督的，既不是一神的也不是无神的，也不是多神的，而更确切的是要敞开一个超越所有这些范畴的那一点（在已经使它们所有都成为可能的后面）。[1]

这个未来如何敞开呢？这样我们就走向南希对空无之敞开的思想！

二、空无之敞开

如何解决古今之争或自身与他者之间的悖论关系？如果德国浪漫派的模仿问题无法解决，而且，据说在尼采之后，我们的时代进入了虚无主义的时代，但是我们似乎并没有思考何谓虚无主义，或者追问：在虚无主义之外还有什么呢？还有一个"外在"的（不）可能性吗？也许，就只是剩下这个"无"了？或者说"一无所剩"了？但是，也许，就还剩余这个"无"呢？如何经验这个剩下的"无"？如何在虚无中思考这个虚无？这构成南希回应尼采，展开新的神学思考的出发点！把"无"与虚无主义的背景联系起来，自然要从尼采的虚无主义的思考出发。

对"无"的思考是深入尼采思考的细节：这就有了南希《无——在虚无主义之外》这篇奇特的文字。[2]

南希写道：《无——在虚无主义之外》——这个标题首先是在德语中宣称的，

---

[1] Jean-Luc Nancy, *La Déclosion*（*Déconstruction du christianisme, 1*), p.54.
[2] Jean-Luc Nancy, *La pensée dérobée*, Paris, Galilée, 2001. 见其中的同名文章。

同时，它也允许，或好或坏地，同时产生出这样的理解，即"在虚无主义之外一无所有（il n'y a rien au-dela du nihilisme）"，甚至也可以是"在虚无主义之外，（只有）无，无本身（au-dela du nihilisme, rien, le rien liu-meme）"。[1]

——显然南希的说法非常奇特，围绕这个奇特的"无"，展现了尼采思想的两面，或者这也是尼采要求我们去阅读他的方法：健康者和病人。

我们知道，20世纪开始于魏玛，即在1900年，与尼采的死一道开始。他彻底地思考了虚无主义，而这个世纪的经验，证明了也剥夺了确信，因而南希认为，它是重新思考谁抵达我们的问题的时候了。这就是"意义与目的的缺席"，这是虚无主义的特征，但是我们却没有能力去思考它自身的矛盾。在这个意义上，思想一直与"无"的这种和那种形式相关。

在虚无主义之外，要思考的就是向着"无"的外展，南希认为，这个冒险或这个触及了"无"的机会，甚至是比虚无主义更加古老，而且，比所有与之一道带着主义的思想更加古老。虚无主义显示了真理的建筑术的腐蚀，以及围绕意义的荒漠导致的对所有作品的腐蚀。尽管这导致了面对"无"所要思想的焦虑，但是面对这个"无"，人们不可能回避，也不可能迂回。南希追问道：我们已经"思考"了虚无主义吗？我们面对这个虚无（nihil）而没有预设一个我们秘密偏爱的某物，这个某物依赖于意识的表象和一个丰富的价值？我们必须再次追问：我们是否也没有思考尼采那个最高的思想：如何虚无主义隐藏了它自己特有的那个超出（excès）？——这里，有着南希的出发点，如何从虚无主义内部超越虚无主义？而不是简单的抛弃虚无主义，或者说，虚无主义一无是处就完了，不知道自己一直生活在这个习气和气候中。虚无主义隐含着一个超出？因而必须重新思考这个"无"！向着"无"的外展，这个触及到"无"的冒险或机会比虚无主义本身更加古老，而且比所有与之一道的诸多"主义"都要古老！[2]

---

[1] Jean-Luc Nancy, *La pensée dérobée*, p.159.
[2] Ibid., p.160.

南希认为："虚无主义的超出可能说的是：一方面它如何走到了灭绝的可怕的极端，另一方面，它如何离开自身以及向着外在敞开。但虚无主义这两个方面的相关（否定的和肯定的，反动的和积极的，如同尼采所说的），并不是退回到一个辩证法的分联环节上。虚无主义向着外在的敞开并不开始于第一个否定的否定，而且也与意义、目的或目的再发现无涉。虚无主义的积极的思想都不应该返回到自身。"[1] 那么，有什么可以在它之前来思考？我们思想这个思想在它的最为恐怖的形式："生存（此在），如同它所是的，没有了意义，没有了目的，但是不可避免地复返，在虚无中没有目的的复返：永恒复返。这是虚无主义的最为极端的形式：无 Nichts[neant]（意义之缺乏）的永恒化！"[2]（南希引用了尼采的这个句子）。但是，南希在这里看到了尼采的彻底与两可的地方，在极端的位置上为超越虚无主义打开了空间，但是这取决于如何处理这同时并存的两个方面。而且现在是：无自身在永恒复返，于是，关键是如何理解这个永恒化的"无"了。

南希认为尼采的返回相应于所有"目的"的缺席，但不再是"无"消散的空虚化的循环的重复，而是：虚无（neant）或"无（rien）"并没有打开一个目的。

> 目的的缺席是所有这些完成方式和意义归结的缺席：另一个世界啦，超出一世界啦，历史的终结，作为它的专有的作品的主体自身的生产啦，以及它的纪念碑似的永恒啦，但也是取消，稀释，灭绝，甚至迷乱和围绕腐蚀、荒谬、无意义的舞蹈……不，虚无，在这里，是在所有目的的虚无和消灭（aneantissement）之前。[3]

因而，南希认为：复返的肯定因此是肯定"目的之无"，并不是"在无之

---

[1] Jean-Luc Nancy, *La pensée dérobée*, p.161.
[2] Ibid.
[3] Ibid., p.162.

中"的目的:"不再有灾变,不再有耗尽的终末论。因此,非常简单:既不是目的,也不是世界的终结,可能刚好相反:而是没有保留的生存,以及,在这个意义上,没有目的。生存:Dasein,向着彼处(la)的存在永恒复返到它的此—和—当下,这要说的是:这里和当下,而没有目的(/终结:sans fin)。"[1]——对"无"的思考,既不是要把无作为一个目的,也不是作为灭绝一切的否定,而是,去经验这个"无",就是生存,生存本身没有其他的目的,除了自己的出离和超出(ex),而且,生存即是向着别处或彼处的出离的返回,这个永恒返回是回到每一次的当下瞬间,这个瞬间就是"无","无"打开自身的通道。

这是南希思想所发现的超出的瞬间:"因此虚无主义超出自身——它获取虚无主义的最为极端的形式,尼采在思辨的思辨中写道——在虚无中虚无作为抵达。人们不可能抵达虚无,除非这个抵达也是离开,而且在无之无中回避自身。永恒复返不是一个安慰的运动或不确定的时间机制。永恒复返是一个在场的结构:瞬间,生存的简短通道,以及它在我们对它的通道的肯定中的复返。瞬间因此在它的不固定中,如同并不是设置的,也不是可除掉的——这是它自身作为返回到生存对通道的肯定上,不被拆下,不是可以确保寄存的,不抵达,不会满足。为了这个肯定,为了这个永恒在生存的在场的永恒的回响,它不应该获得力量和生存的欲望,也不会按照目的和和谐的合唱而增长,不管它是葬礼还是凯旋的。"[2]

对瞬间的思考是现代哲学的核心秘密,如果不是唯一的秘密的话!如何思考瞬间的出口,瞬间在基督教那里的表现,海德格尔对这个问题的彻底打开,其他后来的哲学家如何回应瞬间的本体论问题构成了对每一个哲学家哲学思考的挑战,如何去研究历史——历史不过是对良机的把握,拯救——上帝来临的入口,如同本雅明所言的弥赛亚到来的时机,这是断开历史的不可能的可能性?如同佛教的转瞬之间,转瞬之变的时间变化的思想?等等。

---

[1] Jean-Luc Nancy, *La pensée dérobée*, p.162.
[2] Ibid.

当然，南希充分认识到：这个思想是困难的。它是"最困难的"，因为这不是去填满深渊，也不是对虚无的焦虑。而是去思考一个非知识的知识。但在虚无中，这个方式，抵达了思想的极端，并且以它姿态的困难证明了，它知道它触及了真理。这个真理，一旦人们去触及它，肯定的只是它的回避自身，这就是它的是其所是。

而就其后果，外展到"无"，同时却没有让这个外展成为立场，虚无主义积极的思想任务是生存对最后目的消灭的拔出，以便外展永恒的"无"，或者，甚至就是，作为永恒的"无"。

南希总结道："虚无主义就不单单是天空的荒芜和大地的荒漠化：它也是外展这个比它自身更加古老的真理。它在裸露之中：这个裸露作为这个真理的新形象，如果它不是最后的，它就并没有说出什么东西。对我们的时代而言，而且，对它的到来的时代而言，我们应该待在这个裸露中。它不应该穿衣：应该凝视，如同凝视所有的裸露那样，带着羞怯，她并不允许检查，而且她要求适当的没有目的的欲望，以便向着裸露的尺度而存在。"[1]

而南希给出的是对裸露（nu）的思考：对非知识，对"无"作为黑夜的思考，无疑受到了巴塔耶的启发[2]，对一切已经暴露，一切已经被启示或揭示之后，还有什么有待于思想的？思想这个裸露，如何不带有羞怯？一种思想的新情调？如何去思想思想自身在裸露中的自身回避或躲避？那不即是思想自身所无法思想或面对的？裸露是思想的一个新的姿态，南希以这个姿态来经验尼采，如同以心的割礼或伤口的经验，带有技术的光晕来经验一样，为我们打开了"超越"虚无主义的可能性。

如何进入这个"无"的位置？无如何会有一个位置？一个神圣的位置？这还需要思考神圣本身！

重新思考神学也是再次重新追问"神是什么"这个所谓经典的问题，即所

---

[1]　Jean-Luc Nancy, *La pensée dérobée*, pp.33-34.
[2]　Ibid., pp.27-43.

谓的本体—神学问题，因为神学预设了"神之在"——神存在的证明问题。在康德与海德格尔之后，显然"神是什么？"这个问题也许是难以避免，却又无法回答的，因为神已经进入了隐退。

我们说过，南希从一开始对神性的追问，即是从神的隐退或回撤开始的。因此，"我们为什么不承认，我们这个时代的思想正在从所谓的神学中夺取言说他者、无限—他者、他者—无限的特权，我们正从神学中夺取表达经验和话语之退隐（absconditum）的特权"[1]。

因此，在《神圣的位置》的长文中[2]，南希认为："光问神是什么是不够的。这种方式甚至必然会导致问题的匮乏（如果它的确是个问题，如果它仍然隐藏或揭示了一个真正的问题），因为或许神已经化为万物（或无物）；或许，至少神已经潜在地化为思想的每一个真正问题、危机与极限。我们必须能够以一种截然不同的路向来提问或探询，是否有一个神的处所（place），是否依然有一个留给神的处所：在这个处所上，神与其他事物保持差别，但仍然当得起神这个名字（这是不是唯一可能的名字？我将在下文讨论）。"——因此，首先的追问指向对神圣位置的经验！

因而，对虚无的经验，也是从这个神圣位置的空无出发的！这就有了对"无"的第一次思考："无"作为对神圣位置的空无记号。

那么，何谓神圣的位置呢？南希写道："（神圣的位置：神与它们的位置；神离弃的处所，神和神们隐藏自身的处所；没有了位置的诸神，流浪的神；这里，诸神也发现了；神公有的位置；共有一切位置、某些位置、没有位置；神：在何种意义上，神是一个 topos（位置，处所）；神的话题（topiques，与位置共有一个词根，也可以翻译为"位置"，双关）与非话题；诸神和诸位置：关于神圣的双关语的追踪；哪里可以找到神？在哪个位置？"

但是，这个位置，在海德格尔那里，是作为最后之神来临的位置。

---

[1] Jean-Luc Nancy, *Des lieux divins*, Mauvezin, T.E.R., 1987. 感谢郭建玲的初译。
[2] Ibid.

海德格尔所说的"最后之神"应该能够从这个意义上来理解：他不是在神的序列中紧随其他神之后的神，也许他根本就不是一个"神"，而是这样：即总有另外一个最后之神诞生、来临或消失。无论他来还是去——也许他的来临就构成了他的离开——这个通道（过道：passage）产生了记号。他是"在经过之中（Im Vorbeigang：或翻译为：在过道、通道中）"：他是在过道中，或者说，他在经过的途中。在经过的途中，他存在，这即是为什么他的存在的模式是在暗示（Wink）中，即在姿态中，为了"产生记号（faire signe）"、召唤、邀请、引领、导引而产生出：眼之眨，手的姿态。神，最后的神：在经过的途中，他邀请、召唤、引领、导引——却无所"意指"。

——因此，南希解构了海德格尔的这个"最后的神"，因为这个来来去去的通道不是某个神的通道，当然也不是最后之神的通道，这个通道不属于任何的神，它不可能被任何的神所居有，相反，神反而从属于这个通道[1]！保持这个通道的敞开，使之空无，这是对位置的真正经验！这也是空无作为通道的指引！这是产生暗示的记号！这个通道也可以直观和生命化为对时间的瞬间的经验。

因此，南希写道：我们可以给这个暗示取个名字——圣母玛利亚的眼之眨（瞬间）。这是一个亵渎的举动，圣母玛利亚变成了维纳斯（Pontevia 对此有所研究）。也就是说，它引出了这样一个问题：这样的亵渎将在什么方面促进我们？亵渎者不会像巧舌如簧的辩证学家那样，给我们一个走向神圣的记号。但"产生记号"也许总是——神圣的。可以说，在对神的亵渎、对"神圣"的逾越中，圣母玛利亚已经第一次给出了记号——如果不是最后一次的话。

——对这个瞬间的思考也是南希与德里达（在他的《声音与现象》以及《信仰与知识》等文中有所讨论）一道解构海德格尔的一个要点！

南希在《神圣的位置》的最后写道："神圣的位置，没有了诸神，没有任何的神，神圣的位置在我们的身边到处展现着，敞开着，并且向我们的到来、向

---

[1] 参看南希的 *La déclosion*（*Déconstruction du christianisme*, 1）。其中有《神圣的暗示》一文，展开了对海德格尔更加具体的解构思考。

我们的离去、向我们的在场供给（offers），放弃或者允诺我们的访问，也允许那些身处这些位置的非人，经常来访问：只有我们，特意去到那些不是我们的位置，而且诸神也都不存在的那些地方相聚。这些无处不在展现的处所，解开而且转向新的空间：不是神庙，而是神庙本身的打开和间隔化，是没有保留、没有封闭的神圣的位置的解开（dis-location）——另它（antres）的自己，另它的道路，另它的处所，为了所有那些存在于彼处（là）的。"

——这个另它的位置或者彼处应该一直保持为空无敞开的！而积极地去思考这个敞开的位置，缺席的位置，神退隐后撤的位置，是南希对"从无创造"（或翻译为：出无创造；ex：出离，出来）的重新思考！

从无创造的思想也许有助于我们重新理解那个模仿的问题，因为创造恰好是在回应模仿的问题！

何谓从无创造（creatio ex nihilo）的观念？南希在《世界的创造》中写道：

> 当然它是与所有的生产和制造的形式相区别的，要去重新发现其本质上双重的动机，一个必然缺乏的，而且没有给予理由的生存，没有基础，没有它的礼物的原则（一个"礼物"就其而言，而没有礼物的概念，无疑，不可能一贯），从无（ex nihilo），这说的是：没有原则，原则之为无，无之为存在，无之为信仰，而没有相信的原则，同样没有什么自然的自主的原则。除了去穿越对斯宾诺莎概念的重新评价。
>
> 马上人们就能说，虚无被设置了。这可能是无疑从虚无主义严肃离开的方式。虚无主义之为主义，实际上，要说的是：产生虚无的原则。但是从无，要说的是：摆脱了所有原则，包括这里的无的原则。这要说的是：所有原则的空无：这是创造。[1]

---

[1] Jean-Luc Nancy, *La création du monde ou la mondialisation*, Paris, Galilée, 2002, p.55.

南希正是在重新思考马克思人的自由创造与共通体的问题打开了对创造和无的思考。

南希的思想展开为思想这个"无"。

比如,"无"作为非实在场域。我们前面讨论了巴塔耶对神话缺席以及共通体的思考。南希进一步认为在界限上外展了一个不存在的"新空间":

> 与其他任何人相比,巴塔耶最为清楚地认识到——因为他独自开辟了这种知识的路径——什么东西不止是形成了绽出与共通体之间的简单联结,什么东西使这两者成为彼此的场所,或者换言之,按照非位置化的地形学(乌托邦式的位置论:topologie atopoque)来说,为什么共通体的界限,更恰当的说法是它的非实在场域(它作为被形成的空间、作为区域所具有的性质)不是一块属地(territoire),而是形成绽出的非实在场域,正如绽出的形式反过来是共通体的形式。[1]

那么,何谓非实在场域? aréalité(英文:areality),可以翻译为:非实在场域,或非实在空间。这个词来自拉丁语的 area,意味着给出地盘(aire),指向一个开放的空间(open space),如游戏的空间(aire de jeux),而在古代意味着 aire à battre le blé(一个空间,在其中谷禾被"打碎"以便抽出谷粒),于是 aréalité 具有空间间隔的特征;其次,换一种写法,它也有 a-réalité(非—实在性)的意思,但是这个否定也是"无"(no-thing,法语是 rien,这个词与拉丁词"物[res]"相关),意味着"非实在",如同"无物"——但并不是一无所有的"无",因为法语和拉丁语中的"无"与"物(res)"内在相关,"物"是极小和极少的物,而不是"什么都没有的虚无"。这对重新理解尼采的虚无主义和基督教从无创世的思想都有新的启发。我们后面会有所展开!

---

[1] 让-吕克·南希:《解构的共通体》,第 291 页。

与被离弃的身位相关，人作为被离弃之存在的存在，也是接受一个指令或命令，如同耶稣临死之前，如同尼采所反讽的：瞧，这个人！在南希看来：这是如同自身建构或者宁愿只是通过接受一个命令建立起来，这个命令是看到人在这里，他被离弃在那里。看的命令，一直是观念的，或者是理论性的命令。但是这个去看的命令，人的那个那里，不提供任何观念，不给出什么可以去看的。

一个给予自身去看的位置，构形自身。但是这里或那里（这是同一的，也是它异的），尽管它分享位置，而且打开空间，勾画轮廓，它自身仍保持为不可见的。这里打开一个间隔（espacement），疏通一个区域，以便在其中存在被筹划、被离弃。看，打开一个非实在的区域。但是一个（存在的）区域的区域并不是它的构思，不是它的构形。那个区域是它的踪迹，从这里开始的踪迹。这里并没有位置：每个瞬间在这里或者那里，此时和此刻，因为这里是现在。此处和此时。这里并不产生打开或切开的空间，这里是这个切口的时间。瞧这个人，要说的是：看人的这个时候，看他的离弃吧。[1]

这也是，南希对基督教福音书结尾的再次解构，即对抹大拉的玛利亚被"复活"的耶稣拒绝——"不要触摸我"——的解释："不要触及我，因为你已经触及过了，我守护着围绕着我的你的香水，如同她在我的死里守护我，如同你的香料守护我的死亡，守护着这个坟墓的真正的荒诞；不要触及我，这已经做过了，你的尊贵的香水已经施予了，让我离开吧，而且由你来宣称我的离开。"[2]

对触及的拒绝，说的是："触及我一个真正的触及吧，退出，不要居有，不要同一化。"爱抚我，不要触及我。这并不是耶稣拒绝玛利亚：这是一个给予的

---

[1] 让-吕克·南希：《解构的共通体》，第292页。
[2] Jean-Luc Nancy, *Noli me tangere*, Paris, Bayard, 2003, p.69. 请参看笔者的相关讨论文章。

真正的运动，给予并不是把一个事物交给接受者，而是允许一个当场的触及时，为了最终消失，缺席和离开，按照如此的方式，在场一直应该为了在场而给予自身。[1] 即：不是为了在给予中占有，而是放弃（abandon）。

不要触及我，不要挽留我，不要试图阻止我，也不要阻挡我，取消所有的执念，不要想着熟悉的也不要想着安全可靠的。不要相信有什么确信，如同托马斯所想要的。而是保持固定在这个不－相信里，保持忠实于她。保持对我离开的忠实。保持对这个保持在我的离去里的忠实：你的名字我已经宣称。在你的名字里并没有什么知识和可以去居有的，只是有这个，即它已经授予给你，一直以来就不可记忆和一直以后就不可实现，这个没有基础的基础一直在离去的步伐里。[2]

再如，"无"作为极小的某物，作为"无—物"。
这是南希在讨论礼物给予的不可能性，尤其是福音书时提到的。
南希写道：比如对你的右手不要知道你的左手所做的命令。而且，爱的使命要求得如此强烈，使我即便在爱的回复中收获不到喜悦，我也会响应它的召唤。我们可以说，这使这种爱成为绝对的不可呈现或表现的（unpresentable），即使在感觉之中，它也不是一种感觉，不过，它应该是感觉的一种方式，其中，我们也许会感觉到对"无"的偏爱。南希有意识地回到了"无"，一般人总是会想到，"无"不是无物。"无"是某物。它是没有物的某种物。在英语里，你可以说，它是"无—物"（no-thing），在法语里，我可以用 rien 这个词。
南希接着解释道：大家知道，rien 在法语里的意思是"无"，不过，很有意思的是，rien 是从宾格 rem 来的，从 res 这个词语来的，res 的意思（在拉丁语中）是物。Res 形成现实性（拉丁词根上可以看出），现实性来自 res。虽然我还不

---

[1] Jean-Luc Nancy, *Noli me tangere*, p.82.
[2] Ibid., p.77.

知道这整个词源的派生关系，但是 rien 通过意指某物而成了无物，一种微小的物，非常微小的物，小到不可能再小的物，甚至于即是"无"……[1]

在《世界的创造》中："无——是物自身。存在对给予是不可共度的，如同对所有的操作而言。它的实体等同于它的操作，但这个操作并不比对无的产生更多。Rien 是 res，la chose meme。这个存在不是无：它是（及物的）无。它在任何事物中转换无，或者说，无转换自身在任何事物中。无，没有什么起源。因为世界的存在是事物转换转过无。"[2]

在南希看来，"无"作为与创造相关的生长。

南希从利奥塔对康德反思判断力的思考中发现了问题：如果不再有目的，目的缺席了，如果直观的缺席导致了不可建构的绝境，而且普遍性的法则不被给予，即判断没有了标准，我们就不得不承认生存（Dasein）的绝对有限性，换句话说，没有标准的判断不只是：一个冒险的向前，类比和接近，象征和规定性判断力的非图形，因此关键的问题就不再是建构的问题，而只能是创造。

如何创造？从无！这样就转向了对不可能性的经验，或经验的不可能性，创造——没有了起源与目的，作为不可共度和它的经验的不可能性。

如何在神学之外讨论创造的问题呢？南希认为必须从事物自身的形象性的本体论化出发，发现一个来源，它是没有生产的，既不是过程，也不是启示，也没有计划，没有事先的什么原型。甚至，这个事先的 pro 只是 nihil 在它的前来（起源）的本己之中。

如果生存自身是绝对区分的，它的有限恰好是真正的无限和绝对，或这个生存的行动。

南希认为：世界从无中创造，这不是说与"无"一道被一个特别的效果制造出来。"这应该说的是，不是制造，不是产生某种制造的东西，而且不是

---

[1] 参看夏可君编辑的《变异的思想》一书中南希的一次访谈，吉林人民出版社 2007 年版。
[2] Jean-Luc Nancy, *La création du monde ou la mondialisation*, p.55.

虚无的种类（作为某种奇迹而出现），而是以对思想而言，最为严格的方式，最为紧迫的方式创造：无本身，如果人们说，或者，无作为某物生长。（我说生长 croissant，因为 cresco 的意义是——出生，生长，或者说 creo：产生，出生，而且培育生长。）在创造中，一个生长从无而发育，而且这个无获取自身，培育它的生长！"[1] 以至于南希说，"出无"（ex nihilo）是一个激进的真正唯物主义的公式，这就是说恰好是没有根的！——因为它是从"无"而生长出来！

如果创造不是生产，而是与"无"一道做什么。创造的无，如同我们前面所指出的，在犹太教 kabbale 神学中则意味着在上帝中，敞开自身，知道上帝保持在被创造的行为中。上帝虚无化自身作为自身或者作为被区分的存在保持自身在它的行动中，这就产生了世界的开放或敞开——这是南希对敞开的理解不同于荷尔德林与海德格尔之处。

唯一的神，其统一性在于他的创造行为："在创造中奠基自身，他也在那里退却，而且在退却中，有着空无，在创造中空无，不再有其他的，除了这个空无的敞开。只有敞开是神圣的，但是，神圣只是敞开，而不是其他的。"[2] 因而敞开不再是本源的奠基！敞开其实只是空无或"无（rien）"的敞开，二者编织在一起，一起作为生存者的共显！

而"从无"或者"出无"的创造，只是：意味着这是"无"敞开了自身，这个"无"设置自身作为所有在场的空间——作为非实在的场域！既然，"无"并不产生存在者，也没有它的存在的必然与偶然，同样的，一个创造者的自由的问题也消失在自由与必然的同一中，而这涉及从无的突然出现。[3] 南希就消解了海德格尔的本体论差异的问题！

而共通体的共在，或者共生存也是围绕敞开来外展的：共存之共内在于出

---

[1] Jean-Luc Nancy, *La création du monde ou la mondialisation*, p.55.
[2] Ibid., p.93.
[3] Ibid., p.96.

离（ex）之中：如果与（avec）与不是出无而生存就不存在。世界创造的第一个特征，是与所有事物的一起创造：这即是说，世界，这即是说"无"，如同它敞开自身而且敞开了世界。

南希认为：如果有奠基，它就保持自身为虚空的，如果有虚空，它就没有其他的，除了这个虚空的敞开。只有虚空是神圣的，但这个神圣只是敞开。在这里，我们不展开南希对基督教"倾空"（kenose）神学的思考。

因而敞开不再是奠基也不是起源。世界的敞开是这些事物的漫长的敞开，而且在他们之间的，在他们独一性的分离中，而且在彼此的关系中，在他们的共存中，敞开或"无"组织起生存的共显或共通体。

也没有什么预设给予，神学预设的给予都被解构了。对创造的思考恰好构成了虚无主义的反面。形成了没有什么预设的逻辑。敞开正好面对着思想本身的外面，甚至它启示自身为来到它自身的超出。

最后，南希在《非—无神论》（L'a-athéisme）[1]的文章中继续书写了空无之信仰，以及神作为"无"之记号的"无—意义"：

> 这个记号作为敞开本身的记号而且面向敞开，这个记号作为一个呼吁，作为一次授予，而且同时作为对一个呼吁与一个授予的接受：不再是产生对某个事物的知识，而是相反，去解除对事物以及事物所有意义的知识。这个呼吁是向着敞开呼吁敞开，不是要向着自身而扣紧，而是无限地敞开自身的自身性！

"神"的名字呢？"也已经携带着这个记号，甚至这个记号本身。神作为无之记号，并不授予其他的，除了世界向着意义的敞开，这个意义是在自身之外，但是

---

[1] 这篇文章是南希先生提供的，所引内容出自笔者本人的翻译，在此向南希先生谨致谢忱。下文中的相关引文出处同此。

也是在这个之外的里面，这个之外并不是某个意义，既然这个外面其实并不存在。里面与外面的差异，在世界之中，以及围绕世界的敞开不是一个界线上的差异，既然这样的界线是缺乏的。它是自身的差异本身：同一于敞开而且不可完成。"

那么，我们如何祈祷？如何信仰这个空无的"神"或神的"空无"？如何向着这个空无的作为记号的神祈祷？任何的祈祷都是授予，现在则是授予一个不可命名的名字，"实际上一直保持为不可命名的名字，如同作为敞开的记号，通过敞开，意义脱落了，而真理得到了宣称。这可能是非无神论的解神话的祈祷：同时离弃神与无神，而且结巴着，口张开了！"

因此，在尼采之后的神学，如果还有的话，只是对呢喃，对言辞结巴的经验。在南希，这是对空无的信仰！

The Faith of Nothing：Deconstruction of Theology in Jean-Luc Nancy

Xia Kejun

Abstract: Facing a postmodern situation of Absense of God, how to reconstruct a new belief, Jean-Luc Nancy gives his responses from the deconstruction of Christianity, that is to reopen the thought of Creation ex nihilo. Nancy also thinks about the rich meanings of Nothing in theology and philosophy, and renews them, even Nancy evokes un to practise the possibility of growth of Nothing, therefore he incites the new activity of liberty creation in Marx.

Key words: Jean-Luc Nancy, nothing, theological deconstruction

宗教宽容：文化权利的引导者[1]

尤尔根·哈贝马斯著 韩隽译

摘要：本文从对宗教宽容这一概念的内容考察开始，探讨了宗教宽容在现在代民主国家之中扮演的重要角色。世界观上的多元主义和争取宗教宽容的斗争不仅是民主宪政国家产生背后的驱动力，至今也是推动民主国家持续发展的重要力量。与此相关，本文区分了三种理性：拒绝他人信仰的理性，公民包容的政治理性，关于限定宽容行为和抑制不宽容行为的理性。正是第三种理性——关于限定宽容行为和抑制不宽容行为的理性——打开了通往文化权利合理化的大门。

关键词：宽容 宗教宽容 多元主义

（1）德语中的"宽容"（Toleranz）一词直到 16 世纪，即在那个信仰分裂的时代中，才从拉丁语和法语中转借而来。在这个生成语境中，它在狭义上首先

---

[1] 本译文所依据的版本为 Habermas, *Zwischen Naturalismus und Religion: philosophische Aufsätze*（《自然主义与宗教之间：哲学论文集》, Suhrkamp Frankfurt am Main 2005）。在此要向友人赵文琼特致谢意，她依据本书的英文版 *Between naturalism and religion*（Polity Press, 2008 Cambridge/Malden）对全文进行了核校。

被设想为对其他宗教声明的容忍（Duldsamkeit）。[1] 在 16 和 17 世纪的进程中，宗教宽容逐渐变成了一个法的概念。政府发布宽容法案，责成政府官员以及正统宗教的信仰者们在对待宗教少数派，如路德宗、胡格诺宗、教皇宗时要宽容。[2] 通过政府自上而下推行的宽容法令及其实践，从中产生了这样一种期待，即人民（通常是全体民众中的大多数）对那些在此之前饱受压制和迫害的宗教团体成员应宽容对待。

相较于德语，英语中对作为行为方式或美德的"宽容"（tolerance）和作为权利法案的"宽容"（toleration）有着更为细致的区分。而在德文中，"宽容"（Toleranz）这个表达同时包括了两点：既指涉保障信仰自由的法律条令，也与宽容行为的政治德性相关。孟德斯鸠强调了容忍（德文 Tolerierung、英文 toleration）和宽容（德文 Toleranz、英文 tolerance）两者在结果上的关联："如果一国的法律认为应该容忍多数并存的话，那么法律也就必须要求这些宗教彼此互相容忍。……而后，有必要使各自不同的宗教按法律要求，既不能使国家卷入纠纷，也不能相互滋生骚乱。"[3]

进入法国大革命时代后，这个概念不仅保留了其有关宗教群体自身的一面，也保留了"纯粹"容忍的官方专制内涵。即便如此，自斯宾诺莎和洛克以来，为宗教宽容所作的哲学辩护使之逐渐从"单边"宣称宗教信仰自由的政府法令，转向一种建立在不同宗教间"相互"承认的宗教自由上的从事宗教活动的权利，并因此带来一种对其他宗教不加妨害的消极性的权利。相对于政府在担保宗教自由时的"许可概念"（Erlaubniskonzeption），莱纳·福斯特提出了"尊敬概念"

---

[1] 参照《哲学科学及其文献和历史的通用辞典》（威廉·特罗高特·克鲁格编辑，第二版，1832 年）："宽容 [来自 tolerare，忍耐（dulden）、承受（ertragen）就是容忍（Duldsamkeit）]……但是那个词大多是在狭义的宗教容忍上来使用的，就像其反义词 Intoleranz，是指对宗教的不宽容。"

[2] 1598 年亨利四世发布了《南特敕令》，同时参见 1649 年马里兰政府通过的《宗教法案》、1689 年英格兰国王签署的《宽容法案》以及——作为这一系列由政府发布的最后几个"授权令"之一的——1781 年约瑟夫二世签署的《宽容令》。

[3] 引自 C. 海特勒、Th. 利伯（编辑）：《宽容——理论和政治实践文选》，斯图加特：1987 年，第 49 页。

(Achtungskonzeption）。后者与我们把宗教自由作为一项基本权利的理解相一致，该权利使得每个人能够声称自己是独立于所属宗教的单一个体。[1]

皮埃尔·培尔不断地提出旨在迫使他那些不宽容的对手采取他人的视角看问题，并将他们自身的标准应用于对手的新例证："如果某个伊斯兰教的法典说明官突然心血来潮，想到向基督教世界派遣传教士，就如教宗在印度所做的那样，那么当人们对这些传教士要行将入屋执行使命——令他们改变信仰——时感到惊讶时，我不认为任何人有权处罚这些传教士。如果土耳其的传教士们就像被派往日本的基督教传教士那样答以同样的话，即是出于一种为使那些信仰错误的人们知晓真正的宗教，并使那些愚昧无知得令他们痛惜的邻居得以获救之热忱，才驱使他们前来此地分享他们的真知灼见，而如果我们对此回答根本不予理会或是在获悉其缘由后将他们绞死，那么控诉日本人做了同样的事是否就显得荒谬可笑？"[2] 培尔在这方面作为康德的前驱，常以双方视角互换的立场来考虑问题，并且坚持一种"理念"的普遍化，以此来判断"人类行为的本性"。[3]

互相承认宽容的行为法则也为解决那个因歌德而知名的所谓的悖论——即将宽容视为一种傲慢施恩的带有侮辱性的善意而应当予以拒绝——提供了依据。这一表面上的悖论在于，每一个宽容的行为势必对每个人都必须接受的行为领域有所限定，由此也就为宽容自身划定了界限。没有排除就没有包含。那么，只要这条分界线是以一种专制的方式绘制的，即单方面的，则宽容就必须承受独断排除的污名。只有当人人平等自由的理念和一个能令所有相关者都同等信服的宽容领域被确定下来，宽容才能拔除那根不宽容的芒刺。所有潜在的相关者们若要就特定条件——在这些条件下，他们作为值得平等尊重的个体，希望

---

[1] R. 福斯特：《宽容，正义和理性》，见《宽容》，美因河畔的法兰克福：2000 年，第 144—161 页；《宽容的界限》，见 W. 布鲁格、G. 哈维卡特（编辑）：《法哲学和社会哲学主题的界限》，ARS，副刊第 84 页，斯图加特：2002 年；这里也见 R. 福斯特：《冲突中的宽容》，美因河畔的法兰克福：2003 年。
[2] P. 培尔，引自海特勒和利伯（1987），第 42 页。
[3] 同上，第 38 页。

实践相互包容——达成共识，就必须考虑到其他每一个人的视角。

不同宗教团体间自由的共同生活有一些众所周知的条件，而这恰符合相互性这一标准。这些条件包括，首先要放弃出于传教目的而使用政治权力；此外，结社自由，以及禁止宗教团体对其成员实行信仰强制。只有当他们找到超越宗教分歧的主体间认同时，这些行为的准则才能提供正当的理由来"战胜"为拒绝异己宗教信仰和实践提供根据的主观性。即便耶利内克关于人权源于宗教自由的论断缺乏历史依据，但在以下两者间无疑存在着一种"概念上的关联"，一方是宗教自由作为这样一种基本权利的普世根据，另一方是宪政国家的规范性基础，即民主和人权。

只有公民们把他们的决定托付给一种商谈模式，他们才能就何处划定彼此要求的宽容分界达成共识。这一模式要求参与其间的当事人——同时也是受其影响的各方——采纳彼此交互的视角，对各方利益予以平等考虑。而无疑这种协商意志的形成正是由民主立宪程序所孕育的。在某种严格的条件下——即一个民主政体的公民承认彼此的宗教自由——宗教互容能以一种宽容的方式被保障。由此，通过自由实践自身信仰之权利，以及相应的不受他者宗教实践烦扰的消极自由，那个所谓的悖论也就自我消解了。从一个民主的立法者——他把法的收受者提高为法的制定者——的角度看，相互宽容的法律条令也融合了行为宽容这一有德性的自我义务。

然而，这个悖论——即宽容的每一限定概念都必然包含着不宽容——似乎并未从因宗教自由的相互普遍化而转化为一种基本权利的途径得以完全解决，反倒假借一种世俗的伪装再现于宪政国家的核心。一个保障宽容的民主秩序必须采取预防措施来防备宪法的敌人。最晚自魏玛共和国通过"合法"的程序转变成纳粹政府起，我们在德国就已经意识到了一种"好战的"或者"准备好防卫的"民主在自作主张上独特的辩证法。[1] 在每一个单独的案例中，法庭可诉

---

[1] 卡尔·洛温斯坦：《激进民主和基本权利（一）》，《美国政治科学评论》第 31 期（1937），第 417—432 页；另见他的《宪法学说》（第三版），图宾根：1975 年，第 348 页。

诸法律和宪法对宗教自由的界限做出判定。然而，如果作为自由保证的宪法本身被自由的敌人们所反对——他们利用自己的政治自由要求废除宪法，但恰是宪法赋予了他们这一自由——那么，关于政治自由界限的问题就以一种自我指涉的形式呈现出来：民主究竟能在多大程度上容忍民主的敌人？

如果民主国家不想自己退位的话，那么它就必须用不宽容的手段来对付宪法的敌人，或通过政治刑法或者动用党禁规程（《德国基本法》第21条第2款），并暂时取消基础性权利（第18条以及第9条第2款）。"国家的敌人"，这个最初带有宗教内涵的概念，装扮成宪法的敌人而重新露面，不论是以反对自由国家的政治理论家这一世俗化形式，还是以就其本身而言猛烈攻击现代生活方式的基要主义者形象。但如若不是宪政国家自身的机构，又由谁来定义宪法的敌人呢？宪政国家必须在防御死敌来犯的同时，防止对自身原则的背叛。换言之，在这种处境中，始终都隐藏着一个由其自身所招致的危险，即在当局权力的运作中对于单边宽容的专制做法。鉴于宗教宽容把限定自身这个矛盾的任务委托给了民主，后者就必须在自身所特有的法律手段范围内来处理宪法宽容的悖论。

若用一种家长式做法来保卫宪法，则会加剧这一悖论。就一部具象化为一种"客体的价值秩序"的法律而言，正如康拉德·黑塞所认为的，它具有"一种内在趋势，即寻求宪法保障，并确保由一套运作良好的监察和防御体系所构成的国家安全。"我们绝不应忽视这一事实，即"自由民主的本质并不能通过限制自由来保证。"[1] 一种好战的民主可以通过如下方式来规避家长制的危险，即允许它在一个没有确定答案的民主争论中，也能将自我建立起来的民主程序的自我指涉性（Selbstbezüglichkeit des sich selbst einrichtenden demokratischen Verfahrens）运用到每一个具体语境中的对宪法原则的正确阐释上。

就此而言，一个宪政国家如何应对公民的不服从便成了一块试金石。当然，宪法自身规定了将如何处理关于宪法解释上的争论。但是当最高法庭对"公民

---

[1] 康拉德·黑塞：《德意志联邦共和国宪法的基本特征》第17版，海德堡：1990年，边注694；参看 G. 弗兰肯伯格：《共和国宪法》，巴登巴登：1996年，第107页。

不服从"予以法律承认时（这并不意味着免于责罚），一部自由宪法的宽容精神也就超越了现行所有制度和实践——宪法的规范性内容在它们那里得到了具体体现——的总和。一部把自身理解为实现平等公民权利之方案的民主宪法，容忍了持不同政见者的抵抗——即便他们在所有法律途径都已穷尽的情况下，仍坚持反抗合法决议——当然这也要在某一限制性条款的前提下，即"不服从的"公民也应在宪法原则的框架内、以非暴力的即象征的手段为他们的反抗提出似乎可信的理由。[1] 这两个条件界定了宪政民主中的政治宽容界限，宪政民主以此非家长式的手段防卫自身的敌人，故使这一界限也能为具有民主思想的对手所接受。

　　承认公民不服从这一概念，是民主国家对于在宪法维度上重新出现的宽容悖论这一问题的处理方式。就如何对待模棱两可的持不同政见者，它在"宽容的"和"自我毁灭的"这两者间划出了界限，由此确保那些最终可能被证明是宪法敌人的持不同政见者，仍有机会反驳这一外观并证明自己事实上是真正的宪法捍卫者，也就是从动态角度将宪法理解为一项行进方案的拥护者。相应地，关于宪法宽容界限的自反性定义，也可被理解为是平等包含所有公民之原则的一种表达，如果对其他教派成员和非传统思想的宽容也要以正当的方式被体制化，那么全体公民的普遍认同就必须被预先假定。

　　世界观上的多元主义和争取宗教宽容的斗争不仅是民主宪政国家产生背后的驱动力，而且直到今天也仍是推动民主国家持续发展的重要力量。在具体陈述对民主宪制政体中，宗教宽容应怎么作为多元文化主义和不同文化生活形式平等共存的领跑者正确的理解之前（3），我想就宽容概念进行更深入的分析，并说明借由对行为宽容的期许而强加给公民的具体负担（2）。出于概念分析的目的，有必要区分与之相关的两种理性，即拒绝他人信仰的理性，以及承认那些身处同一政治共同体、却从根本上持不同意见者仍具有共同体公民资格的理

---

[1] 关于公民不服从的问题，可参看我的两篇论文，见哈贝马斯：《新的非了解性》，美因河畔的法兰克福：1985年，第79—117页。

性。从后一种理性中——公民包容的政治理性——可以得出我已经提到过的第三种理性,即关于限定宽容行为和抑制不宽容行为的理性。然后,此类法的理性打开了通往文化权利合理化的大门。[1]

(2) 我们在之前已顺便提到现代宽容概念的三个组成部分,莱纳·福斯特将之归纳为"拒绝"(德文 Ablehnung、英文 rejection)、"接受"(德文 Akzeptanz、英文 acceptance)和"不接受"(德文 Zurückweisung、英文 repudiation)而予以区分。[2] 宽容的准则是宗教冲突的结果。由宽容引出的挑战在于这样一个事实:尽管对信仰和实践的互相"拒绝"有充分的主观理性为基础,但要在认知上解决这一分歧,却没有什么理性的指望(a)。因此,如果信徒、异教徒和无信仰者想要作为同一共同体中的公民继续和平地交流互动,那么他们之间的持续分歧就必须与社会层面相分离。但若如此就无疑需要一个基于无偏见的理性上的可共同"被接受"的基础,这个基础并不是要抵消掉拒绝,而是要超越它(b)。最终,具有法律约束力的规则要求在"什么应被宽容"和"什么不再能宽容"这两者间划出一道分界线。对于"接受"理性和"不接受"理性,这两种镜像理性的无偏见性,正如我们已指出的,将由协商意志形成的一种内含程序予以保证,而协商的意志的形成则要求参与各方能互相尊重,并接纳彼此的视角。与此相应地是一个针对国家建立起来的中立化原则,它之后也就为宗教权利普遍化、为文化权利提供了规范的基础(c)。

(a) 对拒绝部分的详细阐释要回答这样一个问题,即在什么时候一个状况才是需要宽容,并且是可行的?如果"宽容"被普遍地扩展至包括耐心且纵容地对待他者和陌生人的地步,那么这一概念或许就运用得过于宽泛了。倒不如

---

[1] 从"出于概念分析的目的"至段尾三句话德文本所无,从英译本补入。——译者注
[2] R. 福斯特:《宽容,正义和理性》,见《宽容》,美因河畔的法兰克福:2000 年,第 144—161 页;《宽容的界限》,见 W. 布鲁格,G. 哈维卡特(编辑)《法哲学和社会哲学主题的界限》,ARS,副刊第 84 页,斯图加特:2002 年;这里也见 R. 福斯特:《冲突中的宽容》,美因河畔的法兰克福:2003 年。

说，它意味着公民们在对待那些坚持某种被拒信念的其他公民时，所表现出来的在法律上不能被强制执行的"政治"美德。我们应尊重那些持不同信念的同胞公民，即便我们把他们的信仰或观念视为"虚假的"，并把与之相应的生活方式认作是"坏的"。宽容保护了一个多元化社会，使其免于如一个政治共同体那般因世界观的冲突而四分五裂。

因此，只有那些对于拒绝异教徒的信仰有着主观上确信的理由的人才能履行宽容。宽容并不是漠不关心（Gleichgültigkeit）；因为对他人的信念和习惯、甚至对尊重他人及其差异性的漠视，都会使宽容变得空洞无物。然而，那些要求宽容的拒绝理由，势必不能仅以主观为由而被接受。它们必须要能获得公共的合法性。偏见不予考虑。只有当所涉各方将拒绝建立在这一基础——即"一致同意"的某种合理的持续缺席——之上时，宽容才得以存在。在此意义上，并非每一拒绝都是合理的。毕竟，我们在面对种族主义者或沙文主义者时不需要更多的宽容，而是要求他们克服自身的偏见。避免歧视，并由此表现出对每一个人的平等尊重，与其说这是由那些不同思维者所要求的宽容，倒不如说它正是最初对于那些不同者所提的要求。

这就导致了一个有趣的推论：仅当歧视被克服时，宽容才会出现。正如就宗教自由而言，只有在克服了那些最初以压迫少数派为基础的偏见后，我们才能要求宽容。反犹主义的例子也充分说明了，对异教徒的排斥实际上仍与根深蒂固的偏见联系在一起，即便是在法权上解放犹太公民很久之后。但是正如莱辛在剧本《智者纳旦》中所描述的，只有经过启蒙后的基督徒、伊斯兰教徒和犹太教徒们在克服了所有偏见后，为拒绝他者信仰和习惯提供"充分"理由的宗教信仰差异才浮现了出来。相较之下，一旦克服了对有色人种、同性恋或女性的相应偏见后，就不会剩下任何与一种通常被认为是合法正当的拒绝相关的外来的或者"他性"的成分。

除了这个通过"理性地"持存着的分歧得以解释的拒绝理性的资格之外，被拒绝的但却也被宽容的观点必须自我表现出一种与实践的内在关联。因此，救赎宗教从自身的意义——即为了信徒的个人救赎——之中，找到了确定行为方向的一种直接动力。但形而上学的世界观和政治意识形态也以一种意蕴丰富的规范语言给出了对世界、历史和社会的解释，并对个人的成功或失败有着实际影响。只有包含了这样一种伦理内容的概念才能影响行动，并作为一种宽容要求的潜在目标来限制行为。对于相互竞争的科学理论，我们可采取一种批评—查验的姿态，而不是一种宽容的方式。[1]

在理论论争中，科学实用的专业化一直满足着对那些实际生活中爆发于宗教争端的行为冲突的化解——因为宗教真理与个体的个人行为有着直接关联。只有当研究实践（例如对人类胚胎的研究）牵涉到研究领域之外、与人们在伦理上的自我理解相关时，科学家们才会被卷入这样的冲突之中。这恰好另外表明，一种以综合处理自然信息为基础的自然主义，它本身就是一种世界观，并且就与伦理行为导向的相关性而言，它和宗教的解释是等同的。

另一方面，反倒是那些要求宽容的概念，出于主观上可理解的理由而互相斗争，却根本没有达成某种理性一致的合理希望。科学家们认为，即便他们所研究的问题在根本的解决方案上允许有可供批评之处，但原则上来说还是令人信服的。他们正试图发现我们在将来仍可依凭的真理。与之相反，宗教人士则把自己看成是过去某一真理的阐释者——这一真理不可更改，并能以充分的理由在与之竞争的信条面前为自己辩护。在这方面，那些根据民主规则争权夺利的政党，他们各方之间的政见冲突和神学家之间的教义纷争比起来，倒更像是科学家之间的理论论争。政治观念的冲突也借这样一种通过民主程序的方式在方法上对已做的改变不断进行调整，以便所涉各方都以达成理性认可的解决方案为目标。虽然在政治论争中，合理预期的不一致范围要比在科学争论中来得广，但是对这种继续存在的分歧的预期只可能和把政治信念强烈地插入到基于世界观的背景信念中有关。

---

[1] 哈贝马斯：《什么时候我们必须宽容？关于世界观、价值和理论的竞争》，柏林—布兰登堡学会科学年鉴（2002），柏林：2003 年，第 167—178 页。

因此，只有在更为狭窄的意义上——即不是在民主的日常政治事务层面，而仅在涉及多种政治意识形态间的相互冲突的情况下，我们才能谈论"政治宽容"。只要公民们参与到他们相信能被解决的政治论争中来，公民行为就是充分的。宽容与公民交往中的政治德性不是同一回事。就算约翰·罗尔斯所提出的"公民的义务"（civility）的定义非常地接近宽容："这个义务包括，倾听他人的觉悟，以及一个决定什么时候应当对他人的意见采取让步的平等态度。"[1] 但是对不同意见者的宽容不应与这样一种合作、妥协的意愿相混淆。只有当理由充分的各方对于有争议的信仰，既不寻求一致也不认为有此可能时，宽容才会超越对真理、坦诚、互信、正义感的耐心追求而成为必然。

（b）如果想确切地知道对宽容的要求会带来怎样的负担，我们就必须为在道德上胜过拒绝理性的接受理性提供一种解释。这里所谈到的负担是双重的：某个宽容的人，应该一方面在每个人都被平等给定的界限内实现自己的思想信仰，但另一方面他又必须在这同一界限内尊重他人的思想信仰。并非被拒绝的见解和相抵触的有效性声明都应该要求被接受。个人自我的真理诉求和确信一定不能被伤害。负担并非源于个人自身信念的相对化，而是从对信念实践效用的限制中产生的。这种强加的负担在于，由个人宗教所规定的生活方式，或扎根于个人世界观的思想信仰，只有在人人权利平等的条件下才可实行。这种负担是一个认知习惯上的，只要一个自由宪政社会的道德和权利必须要和个体自身信仰深植其中的宗教信念相一致的话。其所表达的意思从宗教意识——在欧洲最迟自宗教改革始——所要求的知性适应力就可看出。

每一种宗教都是一种原初的"世界观"，或者用罗尔斯的术语来说，是一种"整全性理论"（comprehensive doctrine），它要求一个威信，能够在"它的疆界之内"组织起一种生活形式。但是一旦当在一个多元性的社会中，宗教社区的生活和更大的政治整体的生活相区分后，这种对整全的、也是对包括了生活

---

[1] 约翰·罗尔斯：《政治自由主义》，美因河畔的法兰克福：1998年，第317页。

结构的社会整体的要求就必然要放弃宗教。一些主要宗教必须要"在自我的前提下"挪用自由国家的规范基础，如果在这两者之间有一个谱系关联的话，正像处于犹太—基督教的传统中的欧洲那样。罗尔斯选择了一个模块的意象来阐述人权的道德是如何被"嵌入"不同的宗教整全性理论中的。尽管该模块的建构完全以中立的世界观为基础，但它仍要合乎各自不同的正统背景。[1] 从功效角度来看，宗教宽容理应吸收由一种不可调和的持续分歧所带来的社会破坏性。但是，如果关于忠诚的冲突不再继续郁积，那么就必须从宗教"自身的"角度，对宗教社区成员和社会公民这两种角色间的必要分化提供某种令人信服的正当理由。

只有当在一个内在的视角中，宗教的社会化和世俗的身份在相应的规范和价值上不只是"与彼此"分离，而且是能"从彼此"间相互持续生成的时候，他们两者才可能相和谐。如果这两种成员身份间的分化应超越一种单纯的暂行架构（Modus Vivendi）的模式，那么这一转变势必不能局限于此——即从对宗教思想的一种认知上要求不高的适应，转向世俗社会外部"强加"的法律。它要求在一个依民主宪法建立的国家中"从"共同信仰中引出一些社会道德在认知上的区分。在很多情况下，这就使得建立在圣典诠释这一悠久传统上的一些态度和戒律——比如说在对待同性恋的教义偏见上——之更改成为必然。在一些棘手的案例中，甚至就某一问题需作为"道德"问题抑或"伦理"问题来处理的分类，也是很有争议的。因此，比如就堕胎而言，天主教徒必须允许公众法庭把这个问题判作他们特殊宗教信仰中的一个部分，在他们看来，这一观念以要求普遍有效性的道德判断为依据。

从尊重他人信仰的互补立场来看，信徒和非信徒的宽容负担并不相等这一点就变得更明确了。世俗化了的公民背负着较轻的形而上学包袱，对于民主和人权，能够接受一种道德上"独立的"或自治的合理化辩解，就他们的自觉意

---

[1] 约翰·罗尔斯：《政治自由主义》，第 76 页。

识而言，正义——或是道德观念——要优先于善的本质概念。以此为前提，大多数生活方式——每一种都反映着一个不同的世界观——不会对自身的伦理信念产生认知失调。因为此时在不同的生活方式中只表现为不同的"价值方向"。并且不同的价值对彼此来说都不过是其他价值，而不像彼此之间互相排斥的"真理"。

伦理判断始终和第一个人，和关于某一个体的生活历史或者某一集体的生活形式保持着关联。因此，就处于自身环境中的某人而言是好的东西，或许对于不同环境下的另一个人来说就是坏的。如果对异己形式的生活或生活规划的评价，并不要求有像裁判正义或事实判断可得到的那样的"普遍"认同，我们就能对每一个都表现出平等的尊重，而不需要对生活的所有形式予以同等评价。因此对世俗意识来说，并不难承认一个异己的信仰习俗可以拥有同样的真实可靠性、同样可以享有对他者的优先性，就像我们的信仰习俗对我们自身一样。相比之下，那些从声称普遍有效性的宗教真理那里获得自我伦理认识之人，却不能得出相同的结论。

对于那些信徒和背负着沉重的形而上学包袱的行者而言，善在正义之上享有认知的优先权。在这一假设下，信仰习俗的有效性就取决于构筑其思考语境的世界观之真理。基础世界观的唯一有效性诉求也就相应地与不同的伦理生存定位和彼此竞争的生活形式紧密联系在一起。只要自我对正确生活的态度指向了宗教的救赎道路或者善的形而上概念，一种神性的视角（或是一种"乌有之乡的视角"）就随之打开了，以这一视角（或从此处）来看，其他的生活方式不仅显得与之不同，而且还似乎是错误的。当一种异己的信仰习俗不只是一个相对价值评估的问题，而是一个真理与否的问题时，那么这一要求——即对每个公民都给予平等的尊重，而不论他们伦理上的自我理解和生活方式如何——就相当于一个强加的负担了。因此，和价值间的竞争不一样，伦理真理之间的矛盾则要求宽容。

有信仰者和无信仰者在担负上的这样一种不对等，最多只会在那些对宗教声音并不敏感的市民那里，面对一种不同类型的宽容期许时才会得以平衡。多元化的自由社会中的宽容理解，不仅要求信徒在和异教徒打交道时应意识到必须"理性地"看待持续分歧这一事实；而且也期望无信仰者在对待信徒时也能秉持这同一洞见。但对于世俗意识来说，这就意味着以下要求，即以一种"自我批判"的方式来确定信仰和知识间的关系。因为只有当宗教信仰从世俗知识那里看来并不仅仅一种是非理性的认知状况时，对于理性的世界知识和宗教传统间这样一种持续分歧的预期才能说是"合理的"。

但如何才能把人类心智不断前进的归化和政治理论的这一主张相协调呢？今天，"信仰和知识"这一自17世纪以来就令哲学费尽心思的议题，面对着生物遗传学和脑研究的发展，又重新获得了引发争论的爆炸力。无论如何，只有当一个世俗化国家确保政治公共领域中的多元主义世界观能够不受限制地发展，并且在相互尊重的基础上，没有实质的偏见性法规，那么它才能以一种公正的方式保障宽容。对此有一充分的理由。因为在宗教话语中和从世俗世界观角度来看的关于争议话题的政治见解也能打开公民的视角，使其转向迄今为止仍被忽视的其他方面。由此，它们能够影响多数派的形成，甚至这一事情在没有什么世界观说明的情况下也能做出决定。

（c）在考察了拒绝和接受的理由之后，我们被带向了宽容的第三个概念要素：排除不宽容行为的理由揭示了国家是否尊重中立化原则的律令，以及立法和司法行政是否以正确的方式将宽容制度化。因此，例如在英国和美国的锡克教徒，就从具有普遍约束力的安全法令那里得到了豁免权，即允许他们佩戴头巾并携带礼仪性的匕首（锡克短刀）。同样在德国一些相关的法律争端中，也同样存在着在基督教主流文化的习惯和法律与少数派宗教的要求之间的分界。后者在宗教自由的名义下要求平等待遇（如耶和华见证会在法庭上为了赢得作为合法宗教团体的公众认可而斗争），或法律豁免（例如，穆斯林的头巾或犹太教的净食），或公共服务（比如公共学校中的母语教育）。在这些例子中，法庭必须就哪一方必须何时接受哪一方的信仰做出裁决：一个村庄中的基督教居民要接受穆斯林宣礼员的召唤吗？本土的动物保护主义者必须要接受屠宰牛犊的宗教仪式吗？不信教的学生或是那些信仰其他宗教的学生们必须要接受某位伊斯兰女教师的头巾吗？一位土耳其父亲可以接受其女儿参加男女合上的体育课吗？[1]

（3）宗教自由是国家中立化的试金石。后者常被一种主流文化的统治所危及，这种主流文化滥用它从历史中获得的定义权，根据自身的标准规定应把什么作为多元社会中具有普遍约束力的政治文化。[2] 这一未经松解的联合会对本质上的程序性宪法的理解产生一种逐步渗透。宪法原则的基本道德内容也需通过这样一些程序而获得保障——这些程序将自身的合法权利归因于它们的公正性和对各方利益平等的考量，而当这种程序又渗透到对实质性道德的格式要求的阐释和实践中时，这些程序也就丧失了这一权力。就此而言，世俗方面对于中立原则的损害会和宗教方面带给它的一样多。

"头巾事件"是前者的一个例子，而巴伐利亚州政府对卡尔斯鲁厄的耶稣受难像判决的反应则对后者作了说明。在前一个案例中，一所法国学校的校长禁止穆斯林女生佩戴她们的传统头巾；在后一种情况中，德国一个州政府反对联邦宪法法院所作的裁决——即支持信仰见神论的父母对其女儿教室里的耶稣受

---

[1] 参看迪特尔·格林在 2002 年 6 月 21 日《法兰克汇报》上的列举："一个骑摩托车的锡克教徒能以佩戴头巾的宗教义务为理由，而免予遵守佩戴头盔这一普适法律吗？必须要给一个犹太囚犯提供犹太教的净食吗？一个穆斯林雇员有权为了祷告而暂时中断他的工作时间吗？一个员工能因在其宗教至圣日的当天没有前来上班而被解雇吗？一个因这些理由而被解雇的员工会丧失其享有失业救济的资格吗？犹太商人能在星期天依然营业吗，只是因为宗教原因他们就被禁止在周日做买卖吗？一个穆斯林女生就有权免上体育课，只因她被禁止穿着运动服出现在其他学生面前吗？伊斯兰女生可以在课堂上戴头巾吗？若是一所公共学校的穆斯林女教师又如何呢？对修女就对伊斯兰的女教师们不一样吗？……在德国的城市里，穆斯林宣礼员可被允许借由扩音器散播他们的祈祷，就像教堂被允许鸣钟那样吗？外国人就可以依据仪式屠宰动物吗，尽管这违反了当地动物保护条例？……摩门教徒在此地能被允许实行一夫多妻制吗，只因这在他们的故乡是被认可的？"
[2] 关于亚文化多样性中的政治文化的统一性，请参看哈贝马斯：《他者的包含》，美因河畔的法兰克福：1996 年，第 142 页。

难像提出控告。在那儿的讨论中是积极的宗教自由，而在这儿就变成是消极的。对判决持反对意见的天主教徒们以"西方的价值"的名义为被钉十字架的耶稣的宗教象征意义辩护，并且认为这是应该为所有公民都接受的一个文化组成部分。这是关于一种具有区域优势的宗教在政治—文化上被过度泛化的一个典型例子，这可以在1983年巴伐利亚州的公立学校校规中看到清楚的文字表达。相反在法国，由于世俗理由对穆斯林女学生佩戴头巾的禁止，则表明了宗教应当作为公共领域之外的私人事务来对待。这是对世俗的宪法理解的案例，而这必然会面对一个问题，即在法国，同某一宗教少数派就自我表达和公共认可的合理要求相比，对事务进行解释时占统治性的共和传统是否还没有"强大"到足以会防止这些要求对必要的国家的中立造成侵害？

这些争端表明，为什么宗教宽容的扩展——我们已把它看成是民主产生的引导者——也成了民主宪政国家内部推进更多文化权利的一种刺激因素和典型模式。政治共同体对宗教少数派别的容纳唤醒并提高了其他受歧视群体的权利要求的敏感度。对宗教多元化的认可可以成为一个样本，因为它典型地阐明了"少数群体对整体包容的要求"的途径。无可否认，关于多元文化的争论，关键不在于对宗教少数派的轻视而在于争论的焦点，如关于国家法定假日和官方语言、推动少数种族和少数民族在校母语教育以及在政治事务、工作场所或高等教育方面对女性、黑人和原住民的配额等规定。然而，从平等包容所有公民的角度看，宗教歧视在一长串文化的和语言的、民族的和种族的、性别的和身体的歧视中仍占有一席之地。

整体对少数派的包纳涉及公民平等两个方面的其中一方。尽管对少数派的歧视常与社会相对贫困联系在一起的，但应对不平等待遇的两种类型予以区分。一是关于分配公正的问题，另一则是完整的成员身份。[1] 从分配公正的角度看，平等对待的原则要求所有公民都应享有同等的机会，运用同等权利的、自由的

---

[1] 关于这一区分，参看南希·弗拉泽：《从再分配到认可？》，载于辛西亚·维利特（编）：《理论化的多元文化主义》，牛津：1998年，第19—49页。

以及实际的手段来实现他们自己的生活计划。旨在瞄准传统结构中所确立的地位不平等、要求重新分配社会资源的政治斗争和社会运动，在分配公义的期待、但并不公正的经历中获得了战斗的动力。相比之下，还有一种争取"某一特定的集体身份之完整性认同"的斗争，而构成此类斗争基础的恰是不公正的另一种经验，即建立在被占统治地位的主流文化诬蔑为"劣等的"群体成员基础上的不尊重、边缘化或被排斥的体验。[1] 在这一维度下，克服宗教歧视在今天正日渐成为一种新型文化权利的引导者。

对于歧视的禁止，不管是基于宗教、性别、性向，或是种族，首先都不是针对社会生活机会的不平等分配而言的。在很多情况下，它甚至也无法向由地位不平等所造成的影响提供补偿，因为同性恋者和女性大致平均地分布在所有社会阶层中。对社会生活中特定领域的排斥揭示了那些受歧视者被拒绝给予的东西，即完整的和无限制的社会成员身份。在结构上根深蒂固的排斥机制很难在表面上看得到。虽然在名义上的平等公正下，歧视退回到诸如身体语言等非正式交流中一些并不明显的地方，但这种变得更为细微的歧视形式仍然足够让人刺痛。[2]

文化权利也像自由的宗教活动一样为一个目标服务，即保障所有的公民能够获得平等的机会参与到社会的交往、传统和实践之中，这对每个人自身人格的培养和维持等都是极为必要的。文化权利无须给予族群成员以特权，但不妨针对它所"被选择"的社会环境。而通常情况是，对于国籍上的、语言上的，或种族上的少数群体成员而言，用以再生所期望的某种语言和生活形式的方法和可能性，其重要性就如同结社自由、宗教学说中的传统和崇拜活动的自由之于宗教少数派那般。因此，无论是在政治理论还是司法判决中，争取宗教社团

---

[1] 首先关于这个有保留的承认的病理学研究请参看 A. 霍耐特的《正义的其他》，美因河畔的法兰克福：2000 年。
[2] 关于种族歧视的现象学，参看查尔斯·W. 米尔斯的《种族契约》，伊萨卡（纽约）：1997 年，第 2 章，第 41—89 页。

平等权利的斗争都为"多元文化的公民身份"这一扩展了的概念提供了论据和灵感。[1]

宗教信念和惯例在所有文化中对信徒的伦理观念都有着深刻的影响。语言的和文化的传统对于言说者或其家人的个人身份——通常和集体身份交织在一起的——形成和保持来说,也有一种类似的相关性。这个认识表明,我们需要修订"法人"这一传统概念。自然人的个体化通过社会化而发生。只有在一个互相承认的关系网中,社会化了的个体才能形成并巩固自身的身份。这也导致了对法人的完整性的保护——同时也是对一个至今仍被过于抽象理解的(且按一个占有性的个人主义打造的)概念自身作出的一个主体间性上的扩展。

为保护某一个体完整性而建构的权利将自身的状态界定为法人。这些权利必须同时能扩展到确保有机会进入体验、交流和认可的语境——在这些语境中,人们能够清楚地阐明他们的自我理解,并能发展和保持他们的自我身份。相应的,在"承认的政治"的旗帜下所要求和导入的文化权利,不应作为固有的集体权利来理解。参照宗教自由的模式,它们更应当是旨在承认完全包容的主体权利。[2] 这些文化权利保障所有的公民都有平等融入文化环境、人际关系和传统的机会,就此它们对于形成和稳定公民的个人身份来说是不可或缺的。

然而,文化权利并不仅仅意味着"更多的差异"和"更多的独立"。遭受歧视的群体也不能"免费地"享有平等的文化权利。如果他们想要成为平等包容这样一种道德的受惠者,他们就必须转而将这一道德内化为自身道德。这对于遭受歧视的老年人、同性恋者或残障人士而言并不十分困难,因为在这些例子中,决定受歧视群体形成的特性并不与那庞重的构成性传统紧密相关。相比之下,反倒是对那些被一个共同的传统塑造出来的"强大的"世俗团体(比如少数民族或少数种族,移民或原住民的亚文化,奴隶文化的后裔等等)以及拥有

---

[1] 威尔·吉姆利卡:《多元文化的公民》,牛津1995年。
[2] 查尔斯·泰勒:《多元文化主义和承认的政治》,美因河畔的法兰克福:1993年。在其中也可见到我对文化权利中作为集体权利的社群主义概念的批评,第117—146页。

自我集体认同感的团体们来说比较艰难。[1]这些传统同时展现了彼此冲突的"世界视角",就像宗教世界观那样。[2]因此,相互宽容也就要求"强大的"世俗团体能在自身的内部信仰和社会的人权道德及政治环境之间建立起认知连接。在"历史的不同步"中这些世俗团体或许要面临着比宗教社团还要困难的局面,毕竟那些宗教社团还能利用一个世界宗教高度发展的概念性资源。

由多元社会中的宗教意识所索求的反思性前进这一要求,相应地为多元文化社会中的世俗群体的思维方式提供了一种模式。因为一个以正确方式自我理解的文化多元主义,不会建起一条使得具有自我集体身份的群体在文化上自作主张的"单行道"。不同生活方式的平等共生存绝不能导向分裂。它在一个共享的政治文化框架内,要求全体公民的融合以及亚文化成员间的互相承认。只有在所有人都超越了亚文化的界限,将自身理解为同一政治共同体中的公民这个前提下,作为社会成员的公民才能被授予合法地灌养自己独特文化的权利。同样,文化的资格和授权依据于宪法的基本原则,但也在此中被定义了它们的界限。

---

[1] 关于这样一种"包含群体"的概念,参见阿维赛·马格利赛、约瑟夫·拉兹:《民族自决》,载于威尔·吉姆利卡(编):《少数文化的权利》,牛津:1995年,第79—92页。此处引自第81页。

[2] 生活的文化形式越是包罗万象,它们的认知内容就越强大,并且它们也就越像由宗教世界观所建构的生活方式:"不可逃避的问题是文化具有命题内容(propositional content)。这是任何文化都不可避免的一方面,它包括那些大意是说某些信念为真,某些为假,以及某些事情是对的,另一些则是错的观念。"布莱恩·巴里:《文化与平等》,剑桥:2001年,第270页。

Religious Tolerance as Pacemaker for Cultural Rights

Jürgen Habermas

Abstract: Beginning with the study of the concept of religious tolerance, the author indicates that religious tolerance is now playing an important role in democratic countries. Pluralism and the struggle for religious tolerance were not only driving forces behind the emergence of the democratic state, but remain important impulses for its consistent development up to the present day. For the purpose of conceptual analysis, the author distinguishes the three kinds of reasons: reasons to reject the convictions of others, political reasons for civic inclusion and reasons for the limits of tolerance and the repression of intolerant behavior. The third reasons open the door to the justification of cultural rights.

Key words: tolerance, religious tolerance, pluralism

天主教徒[1]

特里·伊格尔顿著　赵文琼译

摘要： 本文是伊格尔顿个人回忆录《看门人》一书的第二章，在阔别神学三十余年之后，伊格尔顿选择以此种自传性的方式回归其罗马天主教的根源。全书有大量讨论神学的地方，而本章更是直接以"天主教徒"命题，道出了其个人成长与教会之间无法割裂的深刻渊源。他首先用一贯的风趣口吻向我们讲述了天主教义的某些特性：类似于"智力神经官能症"的疯狂精确性、神秘主义和唯物主义的紧密同盟、严密思维与感官象征主义的奇怪混合等等，继而以较大的篇幅回忆了他的中学——一所罗马天主教语法学校——及"虽死犹生，代表了罗马天主教会许多真相"的中学校长，还特别提到了自己十三岁那年的神学院之行。在看似不断滑行的字里行间，伊格尔顿以或隐或显的方式向我们透露了罗马天主教这一神学传统对其后来成为一个马克思主义文学理论家所产生的潜在影响，诚如他本人一再强调的那样，从罗马天主教到马克思主义的路径要比看上去短得多。

关键词： 天主教徒　马克思主义　混合性　神学　左派政治

---

[1] 本文译自伊格尔顿个人回忆录《看门人》(*The Gatekeeper: A Memoir*) 的第二章《天主教徒》(Catholics)。该书于 2001 年由英国 Penguin 出版社首次发行，并于 2002 年由纽约 St. Martin 出版在美国发行。全书共有七章，除第二章外，其余六章标题分别为 Lifers、Thinkers、Politicos、Losers、Dons、Aristos。该书有大量探讨神学之处，可看作是伊格尔顿在离开神学 30 年后对自身爱尔兰－罗马天主教根源的一种回归。

第一个向我透露性知识的男孩，显然是一个新教徒，因为他似乎读过一点圣经。当这一有关人类繁衍的惊悚之事向我那已被震惊的耳朵袭来之时，我求助于对我来说唯一有效的辩词。"好啦，"我突然转身责骂他，"或许新教徒才那么干……"

正如女修道院所厌烦的仅是一种与现实的微弱联系，天主教大体上也是如此。就像三角学[1]不适用于熨平你的裤子一样，天主教的深奥教义对于日常生活似乎也同样不适合。如同魔术，它是一个高度确定的系统，但又完全自证——以一种一切都格外清晰的幻觉。相较于如何在点着的香炉内保持炭火，或是怎样将你在炼狱的期限再减去50年，天主教关于善行的教义则要少得多。它对慈善的关注也要少于枝状大烛台。我们虔诚却又无情，严格却又吝啬，主张纯洁的生活却又是异端。教会的教义系统有着一种疯狂的精确性，这与那些记录着珠穆朗玛峰的海拔高度是确切的29006英尺的地理教科书，或与世上某一政局动荡地区宣称一趟火车的开车时间是上午11：03的列车时刻表颇为相像。它类似于一个精神病患者所具有的那种疯狂的精确性，他的数学计算完美而无可挑剔，他却是坐在30层楼高的窗檐上进行着这些计算。从某种程度上说，这或许听上去就像是对文学理论的一种合理描述。

所有这些导致了一种独特的智力神经官能症，例如，怀疑教宗关于自己永无过失的宣言本身是否就绝对可靠。像绝大多数天主教的孩子一样，我在7岁的时候进行了我的第一次告解，教会以它那种前弗洛伊德的方式裁定7岁已是理性的年纪。但我为自己到底要走回多远才能召回我的罪孽而担忧，因为我不能精确地肯定，科学地说来，到底是我7岁生日当天的何时可被认为是开始，或者在变成理性实体那一刻所做的行为是否就可能是有罪的。这是一个贝克特式的宇宙，在瞬间变得严密而荒诞。在一种神秘性和透明性的奇怪混合中，一切事物都是既明确又难以捉摸的。

---

[1] 三角学（trigonometry）：数学的一个分支，处理三角形中的边角关系以及角的相关功能。

从那层意义上说，也许这显而易见就是孩童的日常世界，因为童年就是一个不证自明的真相混合体，孩子们没有能力去领会究竟发生了什么事。如同贝克特（Beckett）一样，这是一个强迫性的仪式的世界，而不是痛苦的灵性的世界。在彻底的反笛卡尔哲学的精神上，你做了一件正确的事，那么与之相称的精神状态也就会随至。与劳伦斯·奥立佛（Laurence Olivier）的演技一样，你由外向内地建构自身，但如此就与盲目崇拜内在性的社会秩序相冲突。你让你的炭火继续燃烧，让你的熏香保持干燥，并相信由此，你将被赐予剩下的一切。

然后，你被培养着去怀疑温暖的热情、直觉的确定性和难以形容的个人体验。真理必须是被公开论证的，推理应该被尊重，并且判断内心状态的标准就在于你的所作所为。通过在母亲的阴道内插入一根灌满水的注射器，你就能对一个正在其子宫内死去的孩子进行施洗，因为重要的只是行为本身，而不是人伦或意义的前后关系。神秘主义和唯物主义就这样紧密地同盟了。某一复活节的周日，我认识的一位天主教神父在街上遇上了他的对头——一个英国国教徒，那人举手致意并愉快地向他高喊："基督显圣。"事后，神父私下对其的评价明确而直率："蠢货！"宗教并不是某种用以传播一切庸俗感伤之情或个人私事的东西；与其说它像坠入爱河，倒不如说其更像是一艘新船下水，有一整套的公共仪式将被精确地执行。与英国国教的教士不同，你不会在初次见面时就用你的双手紧握某人的手，并且长时间地凝视对方的眼睛。

天主教徒对于主观主义的反感与工人阶级对于情感卖弄的过敏相伴随行，并且这两者都被一种对于爱尔兰部族而非个人的忠诚所支撑。告解在情绪上所引起的激动就如同买一磅胡萝卜那样。无论从何种意义上说，这无疑都不会是奥珀拉·温弗里（Oprah Winfrey）所认可的告解室。一种关于物质实践，关于公众、集体、自我象征维度的激进强调，与一种冷漠无情的非个人性交织在一起，后者甚至能使斯大林主义看起来都像是伤感而充满柔情的。教会坚决反对虚假的主观主义，并且就像一个精神病患者那样对个人的情感漠不关心。在我所回想起来的少数几次赋予宗教人性色彩的尝试中，其中之一就是那个提醒我们"圣母玛利亚也有乳房"而试图说服我们打消不洁念头的神父。这种针对青春期强烈性欲的治疗法，其有效性就如同要求一个醉酒之人记住一杯格兰菲迪士（Glenfiddich）的黄褐色光泽。

天主教教义是这样一个世界，它把严密的思维与感官象征主义相结合，将分析与审美相结合，由此，我在后来成为一个文学理论家或许也就绝非偶然了。你不会把理性和神秘看做是不相容的。通过剖析，你可以谋杀上帝或是一首诗，这毫无危险。如果你所信仰的普遍主义鼓励你轻率地对待特殊性，那么所有那些炫目的圣像就会把你召回到那些可观可感的事物中，召回到作为能指或圣事的物质世界。即便如此，这仍是一种强烈的非英国式的文化。成为天主教徒并不真正成为英国的，在一定程度上，就如同成为一个犹太教徒并不成为英国人一样。它们都是二择其一的文化，以互为对抗的形式存在，据说在一个公理教徒身上，几乎完全看不到一种文化。

但尽管你是个少数派，你也不会被教育要去珍视这古怪的或可爱的特质，为一种"这没什么，同志亦常人"的想法而感到高兴，或是扰攘地赞同某一突出人物。就并不特别赞赏革新来说，你比英国人更甚，因为数百万男男女女几个世纪以来认为适合去相信的事物，总比一些古怪的不合群者在一夜之间凭空想出来的奇特想法，看上去更像是指向真理的可靠向导。但在另一方面，即将多元作为一种美德本身来欣赏，或是认为如果每个人想法一致，那将会是一个可笑的世界这一面，你并不是一个英国自由主义者。正相反，你认为那将是一个极好的世界，若是每个人想法一致的话。你知道世界是由各种各样的事物构成的，但你更多地把这看成是一种不幸而不是一种美德。

或许，这种态度并不像它看上去那么守旧。如果文化多样性属于那些让生命值得活着的东西，那么它同时也将许许多多的生命导向了一种流血的结局。这种颂扬多样性的号召，是当下理论家和政治家口中最陈词滥调的东西；但唯有当文化差异能被认为是理所当然的，而不是对抗的申明，它才将不再是冲突的根源。也很可能，如果所有人从一开始就全是黑人、同性恋者和女性，除了四处零星分散着少数男人和异性恋者来保证物种的缓慢传承,那么会有比想象中少得多的人被屠杀和虐待。在尚未对我们已经付出的可怕代价作出估算的情况下,肯定人类差异就是一种自由感伤主义,这正是天主教徒——就他们所有的反常行为而言——被训练去察觉的东西。

你作为一个天主教徒长大,于是,缺少所有对于自由情感的直觉感受。如果说这是一种重大损失的话,那么它同时也让你看到了其问题所在。对话不会在紧张的合格者或自我怀疑的放弃者中间进行。在不确定中没有"殊德"(particular virtue)。你绝不怀疑你的信仰,并不是因为你极其坚定,而是因为它根本就不是一种能够被怀疑的东西,比某人可能质疑阴毛或质数的存在更甚。你会发现有那么些事物,不管你怎样地努力尝试,你始终不能离开它们,而信仰就是对这些东西的一种坚守。我们发现,那些甚至在我们临终之际——那个自我放弃的时刻——都不能放弃的东西,是关于我们是谁的最终定论;并且大体上,这不是我们能够选择的某些东西,如一顶帽子或一个发型。但你不能信任那些无法在逻辑上予以否定的事物。你不能怀疑你对上帝的个人信奉,因为你对他的个人信奉不会比你对巴拿马运河或是对近视概念的个人信奉来得多。你不对某物估价,因为你已经选择了它,但之所以选择它在于你认为它是有价值的。稍后,作为一名剑桥的学生,我将与存在主义有一番短暂的调情,但这不过是以一种夸张的方式宣告我是一个消沉的、迷失了方向的晚期青少年,如同后结构主义之于稍后一代中的某些人那样。

还有,一个人能够相当自由地从天主教教义转移到马克思主义而无须穿越自由主义。从特伦托宗教会议(Tridentine)信纲到托洛茨基主义的路径要比看上去来得短些。我的学校不自觉地产生了一位杰出的社会主义大律师(barrister,指在英国有资格出席高级法庭的律师);一位国际马克思主义组织[1]的全职组织者,也是全国教师联盟董事会中最为左翼的成员;一批激进的哲学

---

[1] International Marxist Group,1968 年至 1981 年存在于英国的一个极左政党。

家和经济学家；还有我自己。那些在今天发现我们都上了同一所学校的朋友们会猜想，它必定是这样一个地方：在那里，兴奋的学生成天赤脚悬挂在树上，投票取消物理课，公开在草坪上交媾，直呼他们的老师"简"和"山姆"。但那仅是一所不知名的天主教语法学校，在无意中向它的学生传达着一种文化疏离感，与之一道的还有一些概念性工具，学生可以借由它们理解这种感觉。

尽管教会实行着蒙昧无知的独裁统治，天主教徒却是政治左派的首要候选人。至少在大不列颠，他们通常是工人阶级移民的后裔，被教育要尊重体系的观念，自在地认同人类存在的集体维度和象征维度，并提防主观主义。他们也明白人类生活所固有的体制性，珍视公共传统甚于个人灵感，并相信尽管局势黯淡得令人恐慌，但仍有可能以无法想象的方式好转。就像社会主义者一样，他们对于进步自由的体验极其悲观，但同时也对其抱有极大的希望。他们还继承了一种关于伦理和政治思想的丰厚传统，并敢于雄心勃勃地思考。作为历史已经见证了的、穿越了最辽远的时空而幸存下来的最为持久的文化机制，天主教徒不仅对历史变迁知之甚多，而且也包括大量的历史延续。以所有这些方式，几乎没有什么类型能够不那么轻易地就被纳入后现代主义的行列。被期待去信仰教宗无谬论（papal infallibility）和圣母升天说（the Assumption of the Blessed Virgin），而不谈论学着去宽恕痛苦和道德上的残忍——遭受神父所施予的性侵犯或是被有虐待狂倾向的修女不断殴打，是为这种教育所支付的一份公认的高昂代价，但人们还不得不花费半便士才能得到这种拳打脚踢。

而且天主教徒因为他们本能地厌恶自由主义而倾向于左派，这既值得称赞又令其无能。他们制造了善良的独裁专制者，这类人中有大量都被社会主义所吸引。这就是左派的尴尬之一，对于那些需要解决他们的恋父情结或克莱因式矛盾心理的人来说，它那极其合理的规划有着一种无法抗拒的吸引力。任何社会主义——马克思因它未能将自己建立在巨大的自由主义遗产之上而对其慷慨盛赞——都可能被证明是破产的。为此，天主教徒和左翼人士需要向自由主义者学习，学习事物的混合性与含糊性、细微差别和独一无二的魅力、作出确定判断的困难、易逝和易碎之物的珍贵以及对真理无理由的存有戒心。自由主义者，就他们那部分来说，则需要知道，当提及分裂我们世界的主要政治冲突时，是不能审慎地站在中间的。每次在这类情况下，有些人就大体站在对的一边，而另一些人则站在错的那边，而就坚持这一信仰来说，非自由主义者就站在对的一边。

当然，我们天主教徒在英国是一个少数派，但我们并不以一种晚期后现代主义的方式珍视这种边缘或是少数。正相反，是我们垄断着真理，而多数派则是出格的。就我们正教来说，他们是异常人，是相对于我们纤细中心的膨胀外围。当我们冷静地不再谈论形而上学的确信时，他们在外部的黑暗中到处跌撞、犯错，还喋喋不休地谈论一些谬论，例如宗教宽容，以及耶稣可能不是独生子的见解。像许多少数团体一样，我们将傲慢自大与偏执狂结合在一起，将被选者的自满与无安全感之人心怀敌意的不安结合在一起。我们同时也把外来者的异议与一种保守的归属意愿结合在一起。这在一定程度上就像是一个同性恋的保守党党员（Tory）或是一个资产阶级上流社会（haut-bourgeois）的黑人。或者，甚至更像是一个北爱尔兰统一党[1]党员（an Ulster Unionist）。女王属于我们，从未达到她属于新教徒那样的程度，在我们的爱国欢呼中，总有一种空洞的嘶哑之声，一种轻微的口是心非感。

我那英格兰以北的语法学校几乎全部由爱尔兰教师和神职人员，连同第二代的爱尔兰学生构成。但我不觉得那些像"多伊尔"（Doyle）或"法拉尔"（Farrell）或"奥德威尔"（O'Dwyer）之类的名字有任何意义上的不同寻常，因为回顾我整个学校生涯，对于"爱尔兰的"或"爱尔兰"等词是否曾被使用，我毫无记忆。不自然地表述："这些骨瘦如柴的工作者，大手的兄弟们，他们本身就是来自克莱尔郡或凯瑞郡小农场的难民"（the task of these raw-boned, huge-handed Brothers, themselves refugees from small farms in Clare or Kerry），是为了

---

[1]　北爱尔兰统一党：反对爱尔兰自治案的北爱尔兰亲英政党。

抹去我们灵魂深处的最后踪迹，并把我们打发成为英国的中产阶级。在这种环境下去兜售一种有关爱尔兰式曲棍球的详尽知识，或是泄露了某个在晚上回家的人与父母说话带有沃特福德（Waterford）[1]口音这一事实，都是不明智的。我们是爱尔兰人，但我们不知道我们是，纵然我们中的绝大多数都尴尬地来自超过英国社会学标准的大家庭。

学校极其成功地使我们变成了大不列颠的中产阶级。有一位极出色的地理教师，他额外地向我们渗透一些地质学知识。一天，正当他忙着告诉我们，某一特别的岩石已有数百万年的历史时，一个坐在教室后排、带着浓厚的兰开夏（Lancashire）[2]乡村口音的小男孩——其口音是如此厚重，使得他自打第一堂英语课起，听上去就像是一个阿尔巴尼亚人的恶作剧——举起了他的手并问道："先生，请问我们怎么知道？"老师为他所闪现出来的一种关于知识兴趣的罕见光芒而高兴，于是对碳元素的年代测定法作了一些解释。那个提问的男孩，目前定居在美国，已是世界上最权威的火山学家之一。当我有一次碰巧在美国的一座活火山附近飞过时，我能够确信，他就在其中一架正把我们周围天空变黑的小型科研飞机内。现在，毫无疑问，他知道了关于"我们怎么知道"的一切。

校长布拉泽·达米安（Brother Damian）是一个来自爱尔兰平凡小镇巴利耶姆斯达夫（Ballyjamesduff）的白发职业施虐狂。除此之外，这个小镇的唯一成就就是生下了亨利·詹姆斯（Henry James）的祖父。然而，对城镇居民而言，帮助养育了世界上最伟大的小说家之一这件事，几乎不足以补偿布拉泽·达米安的降生。他无疑应该在出生时就被勒死，或是在婴儿时期就被活埋在某一片荒凉的沼泽地。他有着爱尔兰农民的结实体格和红润肤色，但与其说他把他的肌肉能量用于挖土豆，倒不如说用来残害小男孩。类似爱尔兰农夫的布拉泽，像极了一个患有精神病的蠢货，他教木工活，并传闻在其木工房的地板下藏有许多新鲜的年轻尸体，他们的肉被錾子雕刻成类似于共济会或圣殿骑士的神秘

---

[1] 沃特福德：爱尔兰东南部港口城市，沃特福德郡首府。
[2] 兰开夏：英格兰西北部郡名，以产棉而出名。

图案。

达米安终其一生都在掌控孩子们的精神发展,他的人类理解力就跟一只乌龟没什么两样。虽然他事实上并没有脱下教职员工的裤子并使劲抽打他们的屁股,但在其他各方面,他对待他们就如同对待中学一年级学生那样,由此,老师和学生就被共同抛入了一个未经明言的有关憎恶和恐惧的公约。他为自己感到骄傲的一点是,他以不知道单个学生名字的方式来阻止罪恶的个人主义。因为已有好几千的学生从他手下经过,且他们中的绝大多数确实如此,所以这是一个能与发现了一新星系或生物学种相媲美的成就。他就像一个盥洗室服务生那样对个体漠不关心,仅把他的学生看成是学术荣耀的潜在来源。由于担心将英国的习俗教成他盖尔族(Gaelic flock)的,他就让我们玩橄榄球,唱国歌并异常细致地记下了我们父亲的职业。我记得我父亲突然窒息地沉默,当时他正坐在这个道德怪胎前面,静静地聆听着对方的研究,忽然间被唐突地问到他以什么谋生,然后就以一种不太自然的大嗓门撒了个谎——这是我所听到的从他嘴里说出的唯一的一个。

这是一所道德破产但又极为成功的学校:将古怪的学生打发去剑桥——在当时,这就如同在火箭科学发展初期发射对月火箭那样,是一项高风险的事业——并普遍地把爱尔兰有天赋的孩子训练成英国的演员。布拉泽·达米安最终退休去了都柏林的一个宗教社区,在那里,他靠恐吓年轻的见习修道士来使他最后的日子更有生气。我在某一杂志或其他什么地方读到了他的讣告,并注意到它是如何通过含糊其辞地专注于他的清白来避免承认他是一个多么卑劣的混蛋。最后,关于那个巴利耶姆斯达夫之子,全世界唯一能说的就是他那神父的硬领是多么洁白无瑕。我稍后听说,他在都柏林社区的兄弟们拒绝围在他临终所卧之床的四周替他的灵魂祈祷,作为一种断然拒绝,其令人震惊的程度就仿佛皇室成员将宣布放弃赛马运动一样。或许,与他同事的那些牧师们明智地断定,为任何一个——像他的灵魂那样——如此明显地只存在于神话中的实体祈祷是毫无必要的。虽死犹生,他代表了罗马天主教会的许多真相。

于是，我在保密和双重诡计、绝对拒绝、哥特式的怪诞、极端的姿态、如生姜般丛生的处男、禁欲主义和自我牺牲的仪式、虽生犹死的环境下成长。无疑，所有这些在后来都有助于我形成自己的政治观，即便只是因为它就像阿富汗山脉一样远离英国中产阶级新教的世界。但关于褊狭的合理性，以及在如此接近边缘的生活中所存在的大量危险，仍有许多话要说。"绝境"就其本身而言是值得尊敬的，这是一个现代主义的谎言，正如"常态"根据事实本身就该被珍惜是一个保守主义的神话那样。社会主义和基督教的教义同时都是普通而又超俗的信条——重视日常生活却又企图将其理想化。对于基督徒的信仰而言，上帝之爱是一种颠覆性的、毫不妥协的力量，它以暴力的方式强行进入世界，撕裂家庭关系，将有势力的人从他们的宝座上扔下，举起低下之人并让富有者空手而去。通过这样的革命反讽或反向，《旧约》中的耶和华才说出了自己的身份。

然而，没有什么教义能够不那么过激而又更加世俗化。对于基督教徒而言，一个人被拯救并不是借助某些外来的祭礼或仪式，而是由他与其余人之间平常、单调的关系地位，由向饥饿之人提供食物并保护寡妇和孤儿远离富人的暴行来实现的。在这当中，耶和华不得不一再暴躁地提醒他那些烦人的崇礼者——他们抓住一切所能的机会来奔逃并制造一些偶像。就像查尔斯·泰勒（Charles Taylor）认为的那样，对日常生活的肯定在犹太—基督教的灵性那里找到了自己的起源。[1] 或许，关于生命的两种观点——一种视其为有关精神的极端事件，另一种则认为它不过是一些卑微、平常之事——在离奇古怪的弥赛亚教义中走到了一起，即当弥赛亚降临时，他会通过一些微小的调整而将世界变得面目全非。

最后，我拒绝了笼络，但也仅是如此。我在宗教行业展览会上四处闲逛，在那些通风良好的大厅里，这个国家的所有宗教教派都设置了自己的摊位并试图招募新成员。那里有唯一由双胞胎牧师组成的教派，展示于灯光下的真人大

---

[1] 参见查尔斯·泰勒：《自我的起源》（剑桥：1989年），第三部分。——原注

小的非洲人肖像，身着传统束腰式高级定制服的修女——你觉得你可以将之拎起，并如同摇小黑铃铛似的令其发出叮当声，肉丸大小的卡尔特教[1]玫瑰经念珠发出的咔嗒咔嗒声，以及都柏林土腔持续不断的喧嚷——试图大声地说服你终生为那些在米莱恩德路（Mile End Road）上自我鞭笞的苦行者提供意大利面条。接着，一个口齿伶俐、具有生产意识的行业负责人鬼鬼祟祟地拿出一些《神圣之心》的图片，那偷偷摸摸的程度就像他正在发放色情照一样，在我意识到之前，他已将那个先令投入了我的杯中，并匆匆带我去牛津附近的一所神学院进行了一次免费试用、接受退货的旅行；结果我略感吃惊地发现，神学院的学生也说"该死的"，并且还玩吉他。

  我到达神学院并不顺利。我那时才13岁，还是第一次独自坐火车出行，并且晚到了数个小时，即在午夜之后才抵达，这更将我此番神经质的旅程弄得一团糟。那地方——一幢杂乱的维多利亚式多层房屋——笼罩在一片黑暗之中，而且正要开始轻轻地飘雪。我按响了前门那装饰华丽的铁铃，过了大约10分钟的样子，我看到有灯光在屋子的最顶层亮起。不久，这灯光再次熄灭了，而其径直下方的窗口则有另一只灯亮起。这种向下的明暗交替不断重复着，我由此认为是有人正在下楼。又是一阵冗长的间隔，之后我听到了摸索锁链和门闩的声音，然后门旋转着开了。一个看上去性情暴躁的长者——顶着一个滑稽的大脑袋，就像是四旬斋前最后一天狂欢节中的某个饮酒狂欢者——站在门槛上，穿着一套邋遢的深褐色的睡衣裤，外面还匆忙地罩着一件深黑色的牧师斗篷。

  我向他说明了我是谁，并结结巴巴地道了歉，但他却漠然地来了个急转身，消失在门厅的黑暗中。我猜想他意欲让我跟着他，就抓紧我的包紧随其后地快走。我已经习惯跟脾气不好的牧师打交道了。他领着我以一种极快地步调沿着一条昏暗的走廊前进，直到我们到达一扇雕花的木门前。我料想，

---

[1] 卡尔特教（Carthusian）：即加尔都西会，天主教隐修院修会之一。1804年由法国人圣布鲁诺创立，故又称圣布鲁诺教会，提倡苦修冥想。

这门后大概隐藏着一段通往我房间的楼梯，但随着他吱嘎的开门声，一股发霉的熏香所特有的微弱的、熟悉的气味飘然而至，于是我意识到，这里就是小礼拜堂。令我吃惊的是，这位长者突然问我是否介意在就寝前做一次祈祷。或许，这意味着对迟到者的某种惩罚，或者也可能是这间房子的一个惯例。祈祷是我最不想做的事，但我无法拒绝。这就像是被邀请去赴宴却又拒绝进食一样。他走到小礼拜堂的门后，开了灯，简短地向我道了声晚安后就大步向走廊走去。

我无力地在最近的长凳上坐下，试图将这位长者下楼时那无言的愤怒形象从我的脑海中清除出去。小礼拜堂的灯胡乱地闪烁着，使那些顺墙排列的奇形怪状的雕像蒙上了多重阴影，大约才一分钟，它就噼啪爆响着熄灭了，留下我处于完全的黑暗之中。我站起身来，盲目地摸索着一排排长凳前进，直到门边。门很容易就打开了，但当我在身后关上它时，某种冰凉且潮湿的东西轻柔地打在我的颧骨上——是一片雪花。我已经穿过了那扇将我带到这房子外面的门，并且刚好听到它在我身后锁上的声音。前门，连同它那装饰华丽的铁铃，正在几码远的地方等着我。

在神学院短暂停留期间，我被教友凯内尔姆（Kenelm）所吸引，他是一位年长的修士，如此的温和、受宠且幸福快乐，以致他看上去就好像是被电影制片厂演员选派部送来这里的。在长达20年的时间里，他除了在一日三餐的饭点，以护士在手术室里所独有的那种一丝不苟的精确性来摆放羹匙，几乎不做任何事。每天早上，他都要拖着脚步在餐厅的长桌边上上下下消磨掉约一小时左右的时间，在将羹匙一个接一个地放在它们指定地点的同时，还为自己轻哼着赞歌。所有的羹匙都完美地垂直于桌沿，并且每一个羹匙与其相邻的餐刀间的距离，同羹匙与羹匙间的距离完全相等，不差分毫。偶尔，有人会温和地鼓励凯内尔姆扩展他的活动范围，使其也包括刀叉，但每当对他做出这样的建议时，他总以一种安详的不解的凝视来作答，就像一个土著定睛看着一位人类学家那样。

完全是在不知不觉中，他比其他人更多地让我了解了有关牧师生活的内在含义。我注意到，尽管他有着近乎病态的懒惰，却特别热心于帮女性游客穿上或脱下她们的外套——这一活动允许他去抚弄她们的胸部。他以明目张胆而不是偷偷摸摸的方式来干这事，并以此逃脱处罚，以致那些目睹了这个蹒跚的老灵魂厚颜无耻地上下触动女性胸部的人，简直不敢相信自己的眼睛。传统的天主教徒拒绝相信此事，因为他们假定，作为一个牧师，他必定是圣洁的，而更多老于世故的天主教徒拒绝相信此事则是因为他们认定，作为一个牧师，他必然是个同性恋。事实上，他和我几乎是这个社区内仅有的异性恋成员，尽管对于这一事实他要比我有意识得多。就我们其余的教友来说，如何将男人从男孩中区分开来的答案——就像老掉牙的俏皮话说的那样——在于具有一根铁撬棍。一些神父是心胸宽广的酒鬼，或者，就如有些人说的，是醉醺醺的圣徒。

尽管他外表虔诚且年老，但凯内尔姆在对付女人方面异常成功。仿佛他的外表只是一个幌子，就像他的裤子。与神学院的个别学生一样，对于是否在下面穿裤子这一问题的解决办法，凯内尔姆的习惯是只穿裤子的下摆——用松紧带将其固定在膝盖以下。这在社区中被开玩笑地戏称为"炫耀者的裤子"，因为据说它们受到性裸露癖者的青睐，他们在穿这种裤子时除了雨衣，其他什么都没有。但有一次我偶然发现他身着一件花哨的夏威夷式衬衫和紧身白牛仔裤，挽着一位年轻女性昂首阔步地穿过市中心。就像加尔默罗修会（Carmelite）的修女，他将两个世界巧妙地缝合成一个世界，且几乎不能找出接缝。

我先前就曾设想，在圣职授任仪式上，我的性冲动将会消失不见，就像青春痘或是对大黄布丁的钟爱，一个人可能戒除力比多就如同他摆脱尿布疹一样。年轻人和老年人的区别就在于，年轻人仍相信成熟的观念。但教会教会了我审慎，尽管在13岁时，我并不特别反对独身——它看上去就像是某天我可能会朝其发展的那类东西，如胡子茬或精神分裂症。同时，我还被一个神情沮丧的修士警告要远离宗教生活,我是在某个下午在神学院的厨房中偶然遇见他的,当时他正将装在巨大罐头中的豆子倒入一个超大的蒸煮锅内,并闷闷不乐地用一个特大号的木勺搅拌它们,就像是神话故事中的一个巨人。"你不会这么做的,对吗?"他用一种担心且怀疑的语调询问我,仿佛我已宣布我将从屋顶上跳过去或要把我的手指插入熏肉切片机中。不久后,我回到家中,对我沮丧的父母来说,我就是个被宠坏了的牧师。

Catholics

Terry Eagleton

Abstract: This paper was written by Terry Eagleton as the second chapter of his memoirs The Gatekeeper. After long parted with theology for more than 30 years, he returned to his Roman-Catholic roots by this autobiography. There are generous dollops of theology in The Gatekeeper, and this chapter is, in particular, so much so that be titled as "Catholics" directly, which explodes an indelibly profound connection between his personal growth experience and the Catholic Church. Eagleton first depicted characteristics of Catholicism in his consistently witty style: a crazed precision resembling in a peculiar kind of intellectual neurosis, a close alliance of the mysticism and the materialism, a bizarre combination of tight logic and sensuous symbolism, etc. A large part of this chapter was devoted to recalling his middle school—a Roman-Catholic grammar school—and the headmaster, who "in death as in life, presented much of the truth of the Roman Catholic Church". He also mentioned a trial-offer, sale-or-return trip to a seminary at the age of 13. With a perpetual shifting from one reference to another between the lines, Eagleton implicitly or explicitly revealed the potential impact of Roman-Catholic Theology on his becoming a Marxist literary theorist later. Just as he emphasized over and over again, the path from Roman-Catholicism to Marxism was much shorter than it seems.

Key words: Catholics, Marxism, combination, the theology, the politics of the left

文学与思想

经典的再阐释

"内在财富"论

海因里希·弗雷德里希·冯·施托尔希著 胡崴译

摘要：在《政治经济学教程》这本书中，施托尔希试图发展出一种关于"内在财富"（或曰"文明"）的理论。他首先辨析了内在财富和物质财富、非物质生产和物质生产之间的区分以及相互依附的关系，其次着重探讨了内在财富生产、积累和消费所遵循的独特规律，最后得出物质财富和文明的平衡构成了国民的繁荣这一结论。

关键词：施托尔希 政治经济学教程 内在财富

编者按：在亚当·斯密及大卫·李嘉图的追随者中，施托尔希是马克思较为重视的一位。在讨论有关精神生产问题的时候，他尤其注意施托尔希的观点。马克思这样说过，"反对亚当·斯密提出的关于生产劳动和非生产劳动的区分的论战，主要是由二流人物（其中施托尔希还算是最出名的人物）进行的"[1]。诚然，马克思在这里使用的语气是比较尖刻的。但如果考虑到这份"第二流人物"的名单实际上包含着诸如马尔萨斯、萨伊、李斯特、约翰·斯图亚特·穆勒以及罗雪尔、麦克库洛赫、拉姆赛、巴师夏、西斯蒙第、西尔尼、理查·琼斯这些无论在当时还是在后来的经济学界均十分显赫的名字，马克思实际上是将

---

[1] 马克思：《剩余价值理论》（第1册），人民出版社1975年版，第167页。

施托尔希置于了经济学史上一个非常高的地位。

但这位被马克思称为二流人物中"最出名"的施托尔希的著作,国内学界一直以来少有介绍——尽管研究者大抵非常熟悉马克思《剩余价值理论》中涉及的施托尔希所阐发的许多著名论断(如"资本主义生产就同某些精神生产部门如艺术和诗歌相敌对"等等)。本文以马克思在《剩余价值理论》中对施托尔希观点的摘引为中心,试图对施托尔希主要的思想学说有所介绍。

海因里希·弗雷德里希·冯·施托尔希(Heinrich Friedrich von Storch),俄语为安德烈·卡尔洛维奇·施托尔希(Андрей Карлович Шторх),德裔俄国经济学家、历史学家、文献学家。

施托尔希于1766年3月1日(俄历2月18日)出生于拉脱维亚的里加。1794年他出版了第一部重要的统计学著作《圣彼得堡风貌》(*Gemälde von St. Petersburg*),获得不错反响,不久被翻译成欧洲多种语言。他还撰写了《1801—1806年俄国文献系统回顾》,收录了该5年俄国所有付梓出版的作品,标志着俄国文献统计工作的开端。

从1799年开始的20年中,施托尔希为沙皇家庭的孩子当家庭教师。他所教授的公主,有后来的奥地利约瑟夫大公的妻子、后来的卡尔弗雷德里希大公爵的妻子以及符腾堡的王后等等。他还为后来的尼古拉一世以及米哈伊尔大公开设了政治经济学讲座。

施托尔希的代表作是《政治经济学教程》(或《决定人民幸福的原理》)(*Cours d'économie politique ou exposition des principes qui déterminent la prospérité des nations*, St.Petersburg 1815)。1823年在萨伊的帮助下,巴黎出版了该书的萨伊评注本。这部书在19世纪早期赢得了广泛认可,被认为是此后多年政治经济学中最重要的著作[1],也使他跻身于过去那些最伟大的政治经济学家的行列之

---

[1] 维基百科 Heinrich Friedrich von Storch 德文词条,http://de.wikipedia.org/wiki/Heinrich_Friedrich_von_Storch。

中[1]。《政治经济学教程》以亚当·斯密的学说为基本框架，同时借鉴吸收了边沁、萨伊、杜尔阁、西斯蒙第等许多经济学家理论。不过，施托尔希对亚当·斯密经济思想的核心——劳动价值论持有强烈的批判意识。他试图发展出一种关于"内在财富"的理论。他将"内在财富"理解为人类或一个民族内在精神意识上的财富，比如道德力量、智力、美学、文化等等。在施托尔希那里，一个国家的经济发展和文化发展是相关联的。相应地，他也一直在思考如何克服俄国对比西欧在文化和经济方面的落后，并试图用经济学的视角发展出一种文化理论。施托尔希关于内在财富、物质生产和非物质生产之间关系的辨析，深受马克思的重视。20 世纪 80 年代，德国思想界对他的学说也重新发生兴趣，称他为"重新发现的人物"[2]。

施托尔希的作品还有《亚历山大一世治下的俄国》(*Rußland unter Alexander I*, St. Petersburg 1803—1811)、《论国民收入的性质》(*Considérations sur la nature du revenu national*, Paris 1824)、《对国民财富概念的批判》(*Zur Kritik des Begriffes vom Nationalreichtum*, Sankt Petersburg 1827) 等。施托尔希对俄国的各种经济关系都很熟悉，在这些著作中他始终都贯彻着对在俄国生活中实践经验的思考。他是农奴制的强烈反对者，并认为农奴制是俄国经济落后的根本原因。他同时也尖锐地抨击俄国的司法中的黑暗、达官显贵们的奢侈挥霍和无节制的借贷。

施托尔希在当时的欧洲思想界享有较高的声誉。1804 年他成功入选圣彼得堡科学院，1808 年入选巴伐利亚科学院。1830 年，他成为圣彼得堡科学院历史上的第一位副主席，同年他也进入了枢密院。他是 21 个学院及学术团体的成员。

1835 年 11 月 13 日（俄历 11 月 1 日），施托尔希卒于彼得堡。

---

[1] *Allgemeine Deutsche Biographie*（《德国人物传记大全》，缩写为"ADB"），Band 36. Duncker & Humblot, Leipzig 1893, S.436-438.

[2] Anton L.Dmitriev, "Heinrich von Storchs Werk aus russischer Sicht"，（《俄国视角中海因里希·冯·施托尔希的作品》），载于 Heinz Rieter, Leonid D.Sirokorad, Joachim Zweynert（编辑）: *Deutsche und russische Ökonomen im Dialog* 2005（《德国与俄国经济学家对话 2005》）。

《政治经济学教程》是施托尔希的代表作之一，初版于1815年圣彼得堡，共5卷。该书1823年再版于巴黎，由法国著名经济学家萨伊作了评论性注释，全4卷（Heinrich Friedrich von Storch, *Cours d'économie politique, ou Exposition des principes qui déterminent la prospérité des nation*, Paris：J.P.Aillaud, 1823, 4 vol.in-8.）。马克思写作《资本论》时主要采用的是这个版本，本文的翻译亦根据这个版本。此书1852年在巴黎有一次再版，全5卷，第5卷收录的是其另一部作品《论国民收入的性质》。该书至少有一个德文与意大利文的译本：1819年德国出版了劳（Karl H. Rau）评注的德文本；1855年有意大利译本，萨伊的注释亦有收录，全1卷。

1823年萨伊评注版《政治经济学教程》共有四卷：

第一卷的部分为"通论"。

《第一部分：国民财富理论》（共有8个子部分）是全书的主体，占据全书第一卷的大部、第二卷的全部以及第三卷一部分。

《第二部分：文明论》是我们介绍的主要对象，分为《第一部：论文明要素，或内在财富》、《第二部：论文明的自然进步》、《结论》三个子部分。它是全书第三卷的主要内容。

全书的第四卷由对前三卷的注释组成。

本文主要摘译了书中与"内在财富"理论相关的部分，其内容按顺序为：《国民财富理论》的第一部《论物质财富生产》的"第一章 关于物质生产的一般概念"；《文明论》的"导言"；《文明论》第一部《论文明要素，或内在财富》的"第一章 内在财富的分类"、"第二章 论内在财富的属性，并与物质财富属性比较"、"第三章 论内在财富的生产"、"第八章 论非物质资本及内在财富消费"；《文明论》第二部《论文明的自然进步》的"第三章 才智—趣味"、"第四章 德行"、"第五章 宗教崇拜"；以及《文明论》第三部《结论》的"第一章 物质财富对非物质劳动的影响"、"第二章 文明对物质生产的影响"、"第三章 财富与文明是如何通过彼此的价值交换实现增长的，它们的平衡构成了国民的繁荣"。

除了《关于物质生产的一般概念》这一章出自《政治经济学教程》第一卷（vol.1），其他译文，均出自《政治经济学教程》第三卷（vol.3）。文中以"【】"标识者，是原文的页码。限于篇幅，译稿对原文有所删节，删节部分以"前略"、"中略"、"下略"标出。黑体字为原文所有。

本文题目为编者所拟。

《政治经济学教程》第一卷
国民财富理论·第一部　论物质财富生产

第一章　关于物质生产的一般概念

【136】读者已经知道，价值是归于自然界和劳动，才得以存在。出于这两种原始目的，为创造价值而进行的活动，称为**生产**。

生产分为**物质**生产和**非物质**生产；前者，其生产目的创造的价值应用于物质；后者，则应用于人。这两种生产之间的相互影响很明显，如果没有一方的协作，另一方就无法完成。显然，人在没有内在财富（biens internes）之前，即在尚未发展其体力、智力和道德力之前，是决不会生产财富的，而要发展这些能力，必须先有手段，如各种社会设施等等。因此，一国人民愈文明，该国国民财富就愈能增加。从另一方面来说，也很显然，人在没有财富供给，即衣食住行，及一切帮助非物质生产的条件，诸如书籍、艺术作品、科学仪器、自卫与攻击性武器的时候，也是无法生产内在财富的。

【137】因此，一个民族越富有，其文明就越能进步。你们已经看到，自然界和劳动，在这两类其中的一类中，当它们**直接**作为生产性因素的时候，在另一类中，它们仍然是（或者至少可以是）**非直接的**生产性因素。

但不论上述观察多么有根据，而当这些动因对于物质财富具有**直接的**生产性时，那么，它们就不能同时对文明具有**直接的**生产性，反之亦然。劳动者通过生产，为发展科学的人提供生活给养，通过这种方式，他间接地有益于科学；学者通过完善自然科学，同样间接地有益于农业；但前者并不超出人的知识界限，而后者也不会去撒麦种。而物质财富**能够**对文明有益，但并不是时时刻刻、必然地有益；有时候物质财富对文明是有害的。同样，文明**能够**对物质财富有益，但并不是时时刻刻、必然地有益；有时情况正相反。（中略）【138】我们绝对有必要独立地、分别地考察它们。于是，在关于国民财富的这第一部分的课程里，我将只从物质财富生产的角度来考察。如果我们将自然界和劳动视为对其是生产性的，这只是因为它们创造物质财富；当它们不创造物质财富时，我们就将它们视作非生产性的。在第二部分，我们将以同样的方式考察非物质生产；这两类生产的相互影响将作为作品的结论部分，到时我将试图证明，国家的繁荣来自它们二者的平衡。

让我们暂且回到物质生产。既然所有生产都创造价值，**创造**一词，当它关系到物质财富时，并不是指利用物质来创造价值，而是在物质之中创造一种价值。如此一来，所有被赋予物质形式的价值就是一种**产品**：当自然界使一株有益作物生长时，它即是提供了一件产品；当劳动者照料、收获作物时，也是提供了产品；手工业者按人的需求将它处理好时也是同样；商贩将它运送到市场上时也是同样。自然作物随着劳动者、手工业者、商人的劳动将它变得越来越有用，它的价值也就越来越增长；而每一次价值的增值都是一个新的产品。

你们已经看到，在日常语言中所谓的生产【139】并不总是科学语言所称的生产。在一方面，日常语言所谓的生产概念较为狭窄，因为它仅仅是用于指代物质对象的，而科学语言经常将这一概念延展到商业劳动的结果。另一方面，在日常生活语言中，这个词的词义更加延伸一些，因为它在其中包括了所有的物质对象，不论有用的还是无用的；政治经济学正相反，它只接受有益的产品，即具有价值的产品。但就像物质财富的基本特性是它们的可交换价值一样，物质对象也只有在它们拥有价格时，才能够被称为**产品**。

由于生产作为自然界和劳动行为的结果，我们将从考察来自**自然界**的生产开始。它包括了两种物质财富生产的形式：首先是**土地基础**和其自然资产，其次是自然界的劳动——我称其为自然界的**威力**，以此来区别于人的劳动。

《政治经济学教程》第三卷

文明论·导言

【217】**文明论**的研究目标，是为了认识国民内在财富或文明要素的生产、积累和消费所遵循的规律。

此部分的政治经济学尚未形成体系。（中略）这一分支的政治经济学理论是由斯密创造的；因为这一领域最珍贵素材的提出要归功于他；（中略）在他的学生和对手中，【218】有一部分人在思考一般意义上的价值或财富时，已经感觉到了斯密理论的缺陷，并且试图弥补；但就我所知，对学科无甚补益。

实际上，斯密把一切不直接参加财富生产的人排除在生产劳动之外；不过他所指的只是国民财富。如果说他错误地定性了**非产出性**的非工业劳动，这并不是由于它们往往不直接参与财富生产；而是由于它们的确不产出，是由于他没有看到它们从另一个层面创造价值；简而言之，他的错误在于，他没有对非物质价值和财富做出应有的区分。

然而批评斯密的人做些什么呢？他们完全没有弄清这种区分，他们把这两种显然不同的价值完全混淆起来。他们把非物质劳动看做生产劳动，认为这种劳动生产财富，即物质的、可交换的价值；其实，这种劳动只生产非物质的、直接的价值；批评斯密的人则根据这样的假定，即非物质劳动的产品也像物质劳动的产品一样，受同一规律支配；其实，支配前者的原则和支配后者的原则并不相同。我们很容易预见到，如此观点将误导这些作者做出何等错谬的结论。（下略）

文明论·第一部　论文明要素，或内在财富

第一章　内在财富的分类

【221】（前略）我们知道，以**内在财富**的名义，在自然和人的劳动下产生的所有非物质产品，均具有一定的效益，而且能构成人的精神财产。政治经济学的任务在于在这些产品的整体之内，考察人的能力如何自我实现，并且考虑如何将其更加完善；而其他因素，由于对人的境遇影响甚微，在此不值得我们过多关注。

人的能力如何实现内在财富的方式上文已述；内在财富自然分成【222】两大主要分支：与人的发展有直接关系的，和仅对人的能力有辅助功能的。我们把它们分别叫做**原始财富**和**附属财富**。

人本身的能力，以及所有能够立即用于发展和完善这些能力的因素，构成了**原始财富**。我们可以将它们定义为与人的不同能力同样多的种类。对于我将在后文不断引述的概念，我将试图赋予它们相似的名称。

那么，**健康**这一概念，包括了内在财富中负责人的动物能力的那一类；**灵巧**则与技术能力相对应；**才智**则与理性能力相对应；**趣味**与审美能力相对应；**德行**与道德能力相对应；最后，**宗教崇拜**与人的宗教能力相关联。

附属财富与人的能力没有直接联系，但它们对于保存和发展人的能力是必要的准备,因为倘若没有它们,**原始财富**是不可能存在的。这一类包含了两个分支:**安全**,没有它,物质财富和文明就不会存在;**闲暇**,没有它,人们就不能得到享受。(中略)

如此一来,健康、灵巧、才智、趣味、德行、宗教崇拜、安全、闲暇,就构成了我们称为内在财富的概念,即文明。再也难以想象一种能够归纳到上述范畴之下的非物质价值了。[1]

---

[1] 编者注:这一章和其后的一些段落里,在作者空泛不当的表达方式中,我不能说很好地理解了他的意图。【224】然而我真诚地探寻了一番。我将在此解释我确信理解的。我的唯一目的是要阐明每个主题的本质——一再重复这个声明是没有多大用处的。如果面对一个意图直接的作者和他可观的著作,我必须保持严苛的话,要是他的理论对我来说缺乏依据,而它的确影响了一些人,却没有把问题厘清而是把问题复杂化了,那么,我不为他的理论作一番稳固工作是不可能的。

作者将对人有益处的,而且与人相伴相生的事物命名为内在财富,比如健康;然后就像我们不久后看到的,作者将其视为生产性的,也就是作为谋求这些财富的劳动来看待。直到此处,我们承认他的意图还是明确的。

但是,这些财富的术语分类是何等的缺乏条理啊!它们的分类有着多么大的缺陷啊!其中我看到有健康,它是一种状态,一种存在的方式,常常违背我们自身的意志和努力;我看到有灵巧,它是一种人能获得,或至少能不断完善的素质;才智,也是属于愿意占有它的所有人的;趣味,是人的观念意识之一;宗教崇拜包括了外在的行为;【225】安全只是外在于我们的外部环境的一种结果,是我们所处的空气温度;闲暇只是某些其他财富的结果。这些事物之间没有任何相似性,更别提在不同方式下从中获得收益和取得乐趣了;而且我们不知为何,作者没有把爱和友谊这些对我们影响更深、更激发思考的东西纳入进去,还有愉悦我们的名望,以及平静、欢乐这些对我们的存在有着如此可爱之处的事物,还有所有美德,所有素质,所有或远或近地影响我们境遇的情况。这一理论站在了既有概念的对立面,推翻了既有的分析;而就像是要把混乱推至顶点一样,作者把所有这些东西命名为内在财富或文明,这是两个不可能协调的词,因为一个指代的是纯粹个人的好处,另一个却是人们只能通过社会 (civitas),与社会相一致,才能从中取得愉悦的益处。

无疑,人们拥有与物质财富不同的财富,前者仅仅是用于吃、穿、住和满足感官需求的。后者意义上的财富可以成为重要研究的课题;因为它为我们带来知识,若我们能使其增长——不论以何种方式增长,以及不论以何种最佳方式使用。它们或其中的大部分,那些遵循与物质财富相同法则的部分,能够进入政治经济学的教学范畴。但是,必须在不违背确定法则,不脱离这个学科的其他领域所采用的研究方法,以及不给名词发明它既有含义之外的意义的前提下,对其进行分类整理。施托尔希以斯密为榜样,【226】在他全书中遍布了价值一词,其指的是物品的可交换价值,也就是物品在交换中向其所有者显现的价值,即在所有者期望它时,根据该物品的价值多少,来决定其相对于其他有用物品的价值数量多少。而现在作者却将内在财富称为价值:宗教崇拜也成了一种价值!文明也成了一种价值!而在将它们称为价值和利益的同时,他却不再将它们称为财富!

不过,让我们首先考虑,施托尔希如何能以另外的方式,来表达一种关于人的财富的完整术语分类?

第二章　论内在财富的属性，并与物质财富属性比较

（前略）【226】物质财富与内在财富拥有如下相同点：1. 它们都具有**价值**，即，我们断定它们具有一种相对的符合我们【227】需要的效用；2. 它们都是可占有、可征用的；3. 它们出自同一来源，即自然界和劳动生产。

【228】它们有以下不同点：

1. 物质财富是**物质性**的，而内在财富则不然，即使它们中的大部分【229】从外在结果上表现得并不符合这层意义，也不可能从理性之外的层面上来理解引致结果的动因——正是这些动因构成了内在财富。例如，可

（接上页注）我相信他应该将它们归为两类，其中包括：
1. 根据共有契约，占有该类事物，并不能使人、家庭及国家致富的。
2. 根据共有契约，占有该类事物便可称之为富有，丧失该类事物便可称为贫穷的。

在第一类中应该放入我们所呼吸的空气，太阳的光和热，我们用来浇灌的水（当我们能免费拥有，并想要多少就有多少的时候）；应该放入我们周围人的友爱，对良知的满足，以及对穷人和富人都带来同样意义的快乐的所有财富，但它们无法用钱获得，也不能买卖；对它们的占有，能使占有者更加愉快，但在其一般意义上却不能使占有者更加富裕。

在第二类里包括所有具有可交换价值的财富，或者——如果它们不是可交换的话——具有可观的价值，能够产生出可交换的产品。【227】在这个层级里有可耕种土地，资本，所有类别的供应，天然的或是后天的才干，简而言之，所有能够立即交换的，或能够生产可交换产品的财富。
它们的价值是建立在已知的自然法则上的，而这些财富的价值多少，决定了占有它的个人和国民的富裕程度。

政治经济学只能够应付这一类的财富；因为，关系到其增长、分配和消费，只有这些是遵循恒定规律的，是人们能够描述其行为和定义其功用的。它们正是在我笔下将其命名为社会财富的东西，因为它们的存在必须是以所有权为前提条件的，后者唯有社会才能够保证；它们的价值意味着交换的可能性，意味着经过相对议价之下的价格的固定；在社会状态下它们才能够存在。

至于第一类财富，它们是服从另外的规律的。呼吸的空气，太阳的光，海滩的沙等等，遵循的是已知的自然历史法则；心灵的满足和良知的安宁，遵循的是道德律令，是使我们认识道德的人、联结关乎生活准则的因果关系方式的法则。把这些没有、或不能有任何交换价值的事物纳入政治经济学规律——所有试图这样做的人，都是扯淡没到的。

同样，自亚当·斯密以来，所有有些名声的作者，【228】在粗略定义了这些自然的或精神的财富之后，都细致地扩大了他们思考的范围。这位伟大人物如是创立了政治经济学，不仅是作为一门猜想和臆测的科学，更是一门实效性的科学，涉及了严格判断下已知的和可感知的量值。

以从观察或触摸来判断一个人是否生了病，然而我们称为**健康**的财富，是既看不到也摸不着的。其他内在财富亦然。

【230】2. 物质财富是可感知的，不仅可占有，也可传递；如此一来，物质财富拥有**可交换价值**和**价格**。而内在财富则相反，它们是可占有的，但无法被传递；如此一来，内在财富只拥有一种**直接价值**，本身既不能买也不能卖，人们只能买卖生产它们的劳动。它要求某种程度的发展。

【231】与物质财富不同，内在财富**无法出卖**，因为它不能出让。我能够脱手我拥有的家具、房屋和土地，因为这些财产是身外之物，仅仅由于人为联系，由于法律效应才属于我。然而我不能出让自己的健康、才智和

（接上页注）然后，施托尔希应如何将他称为内在的财富另行分类，使其真正成为政治经济学可研究的财富呢？

进入政治经济学领域的财产概念，要么是产出可交换财富的基础，要么是从这些基础产出的产品。

这些基础包括了什么呢？包括有土地的，资本的，或生产能力的基础。生产能力包括了体力，灵巧，以及使人有能力促进产品成形的才能。然而我们要注意，在这些基础中，没有任何一项能够充当构成社会财富的条件。土地基础拥有可交换价值，因为它能够为其持有者谋求别的捆绑于其他物品的等价价值。

我们同理可推资本的情况。

而能够促进生产的生产能力是不能买卖的，它是实际存在的，因为它不能够同其持有者分离；但持有者可以出卖他的产品：他可以出卖他能力所能及的服务，服务也是一种产品。作为结果，它带来收入，这一收入足够令人评估这一基础的价值。一个凭自身才干能为其带来一万法郎年收入的人，是生产能力基础的持有者，【229】我们能够依据才干的属性和情况，来或多或少地估价十万法郎。他明显要比那些凭自身才干只能为自己赚取一百埃居年收入的人要富有。

至于作为产品、作为每日从我们的生产性基础上诞生的财富，它仍是很容易依据交换过程中的价值数量多少来估价的。

这就是人们持有的基础财富，以及收入财富。在基础财富上，某些与施托尔希称为内在财富的东西重合了，比如灵巧。而收入财富，包括我们日常地和长年累月地付出的工作，我们出卖作为产品的服务，就像出卖土地里的作物一样，它以同样的方式构成了人们的收入。

至此没有任何明确的东西，因为我们不能估量任何东西，因为我们无法确定任何量度；而这却是唯一的可能性，使我们能定义量度，因而能认识财富何时及如何增长，以及依照何种比例进行分配。使政治经济学成为一门实效性科学的人，应该具有经验和让人认识到他的成果。在此所有的都相协调了，兼具了同类相似性和特色性。我们明白从哪里出发的，也清楚能够到达何处。(让-巴·萨伊)

德行，因为它们是我自身固有的精神财产。但是，如果我不能将它们出让，我至少能通过可传递的生产，使它们在与我类似的人们身上起作用。这一工作有点近似于不出售自己花草的园丁，却利用它们的种子，从别人的土壤那里达到同样的盈利目的：他并不出让它们，却使其增殖。

与物质财富不同，内在财富**无法购买**。【232】需要物质财富的人，比如一件乐器，他只有去市场，在那里总归能寻觅到它，即使是不得不订购的情况，他购买的也不是工匠的**劳动**，而是该劳动创造的**产品**，因为如果乐器不符合购买者的期待，根据购买条例他可以完全不接受它；最后，购买者不必与乐器制造者协作劳动，后者是独自完成它的。相反，想学习音乐的人不能找到展示售卖这一才艺的地方；教授他的师傅不能向其出卖他的劳动，其中也不存在已完成的劳动，而从来只有要完成的劳动；最后，仅有师傅的劳动是不足以传授才艺的：这一生产要以徒弟一方的协作劳动为前提。

获取者的这一反应是值得重视的，它在物质财富的生产过程中是不会发生的，却是内在财富生产不可避免的条件，即它没有获取者的协作就不可实现。这一协作经常是实际的劳动，譬如我们刚刚举的例子；有时对于人们想要获取的利益，它仅仅局限在某种可感性上，这种可感性从不彻底排除体力生产或是精神劳作。一个根据医生的建议想要重获健康的病人，并不像医生那样纯粹地工作；然而倘若他的机体【233】和意志不跟医生的治疗合作的话，他是不可能痊愈的。我们更无法命名一场表演中观众的反应；然而没有这一反应，没有观众的欣赏消遣的话，演员还有可能创造作为演出目的价值吗？

读者已经看到，内在财富的生产并不像物质财富那样只是销售者的事情，而是购买者或消费者也要参与其中。这一状况要求我们区分在非物质生产中【234】谁为购买者或消费者创造利益，谁又为销售者创造利益。前者为自己工作，后者为别人工作：那么他提供的就是**服务**。**服务**是非物质生产中唯一交换的货币，唯一获得报酬的东西。

因为内在财富有一部分是服务的产品，所以人们便断言，内在财富不比服务本身更耐久，它们必然是随生产而消费。这实属大谬，应归罪于非物质价值理论至今为止的缓滞不前。实际上，由于物质财富是处于我们之外的存在，在生产完成，和其产品到达消费者手中之间，理应存在一个间隔。而对于内在财富来说，这个间隔从来不存在，因为它只能在人，即消费者身上才能够被生产。但尽管这些内在财富几乎不流通或经过中介或商人之手，获得它们的个人来消费它的时间长短却并不受阻碍，也不阻碍有时人们对它的消费能够相当长久。

存在着短暂的内在财富，正如存在着极其短暂的物质财富；也存在着持久的内在财富，【235】正如存在着能长期保存的物质财富。由一场表演或音乐会带来的快乐时间，可能比鲜花盛开还要转瞬即逝，一枚水果以及其他食物只可能保存不过几天。但物质财富比内在财富相对优越的一点是，后者几乎不会比人的生命更持久，而一些物质财富则能够持续好几个世纪之久。

至于消费方面，内在财富的消费一般比物质财富的消费更缓慢。在后者中，只有建筑物的消费会非常持久；家具的消费就很短暂了；衣物的消费大都很迅速；而食品在用于消费的那一刻就不存在了。而在每年的消费总量中，居住消费永远比衣食消费占上风。由此，比起对衣食的消费，生产往往主要被房屋修葺占据着。

在反思内在财富的消费时，根据其价值的属性，我们发现它是极其不同的；一般对于原始财富来说，内在财富的消费极其缓慢，而对于附属财富则极其迅速。政府为民众提供的安全随其生产而消费，用于本年的消费不够用于下一年的，它需要每年生产。【236】家庭服务带来的愉悦也是同样：仆人这周所做的不能保证下周还存在。然而原始财富不会在人们使用它的时候瓦解，相反是随着使用而扩展和增长，因而消费本身也会增加它的价值。一个人所拥有的健康、灵巧、才智、趣味等等，随着他的一生而一直有用，而且他愈加实践这些和内在财富相符的能力，这些财富就愈加增长。

读者可以看到，在物质财富和内在财富的比较中，优势处于后者一边。

尽管内在财富的持续时间总是局限在获取它们的过程中，而物质财富有时会超越这个限制；但是大部分的物质财富都受着快速消费的约束，而大部分内在财富能够在整个一生受用。最后，没有任何物质财富能够随使用而增加效力，而大部分内在财富，人们愈是利用它，它就愈有用。

这一关于价值的持续时间的反思促使我们做出一个极其重要的结论，即，内在财富像物质财富一样是可以积累的，而且可以形成资本，这种资本可以用于再生产那些所消耗掉的东西；这一消耗要么表现于消费，要么表现于内在财富拥有者的死亡。【237】并且由于内在财富一般比物质财富持续时间更长，因而前者的积累比后者更可能实现。（下略）

第三章 论内在财富的生产

【238】物质财富的生产目的，也同样是内在财富的生产目的；应将所有价值的存在归功于**自然界**和**劳动**。在国民财富的理论中，只有当该目的可创造物质财富时，它才能够被视为**生产性**的。那么，只有当该目的可创造内在财富时，我们才能赋予它这一特性。（下略）

【240】个人的非物质劳动从来不足以满足他所有的需求；但它能够以一种他本身不具有的特殊货币，来向他提供更多的利益。这便是非物质劳动之**交换**的自然确立，就像人们交换物质劳动或其产品——物质财富一样。当非物质劳动进行交换时，它们便成为了**服务**。

【241】（中略）造成劳动分工的原因，也正是造成两大劳动种类的原因；然而，远在人们能够从物质劳动基础上分离出服务之前，物质劳动本身就能够从内部分工以及更进一步细分。一个民族，在拥有一个为它提供服务的特定人群阶层之前，就已经拥有了农民、手工业者和商人。农民中又进一步细分为耕作者、放牧者、狩猎者、园林工、酿酒工；手工业者又进一步细分为不同职业；但法官、士兵、学者、艺术家还尚未形成特定阶

层。这一更晚的非物质劳动分工的出现，取决于它们所必需的物质财富基础，并且这时物质劳动既能够自我预备资本进行发展，也能够为此分工提供基础。非物质劳动不仅需要劳动者的供给，也常常需要工具与机器：包括士兵的武器，学者的书籍，艺术家的乐器。但是国民财富仅在物质劳动和经济都完善的基础上，才能得以增长。作为结果，在人们能够开始考虑非物质劳动的分工以前，必须先有物质劳动的分工和物质劳动产品的积累。

【242】但当国民财富到达资本增长超越产业增长的时候，即到达利用资本发展新兴农业、手工业和商业越来越难的时候，此时任何东西也不能阻挡非物质劳动的分工以及它们更进一步的细分。一个由脱离物质劳动的人群组成的新阶层出现了，它是专门致力于内在财富生产的阶层。这一阶层首度经历了再分工，出现了致力于安全和宗教崇拜的人群。这是人类天性在物质需求之后最迫切的两大需要：人首先要竭力满足它们。

【243】行政者和祭司在这一分工里组成了首要阶层：前者同时是法官和军事首领，后者集学者、医者、教导者和宗教使者于一身。

随着国民财富的增长，随着它能够为这些阶层提供更多的给养和帮助，它们又再次分化。行政阶层分离出来士兵，祭司阶层分离出来学者。又出现了再分工：士兵中有步兵、骑兵、炮兵和工兵；公务员中有司法的、警察的、财政的；学者中分出了法学家、政治学家、哲学家、自然科学家，等等。最后人们达到了如此细致的分工，以至于仅一个门类就包含了好几种截然不同的服务。比如在医生中间有负责体内疾病和体外疾病的医生；后者又细分出外科医生、助产士、牙医，等等。数学家要么专攻几何，要么专攻算术，要么专攻天文；自然科学家又分为【244】物理学家、化学家、动物学家、植物学家、矿物学家，等等。而这一分工又可以再进一步细分。

【246】（中略）就像产业分工受限于市场范围大小或产品的销售一样，非物质劳动分工也受限于对服务的需求。只有在人们需要一门知识、一项技术的时候，才会去专门学习和实践它。反之，它的需求愈大，比起别的

学科技术，人们就愈宁愿投身于它。如果说直到目前在俄国很少有人从文的，这是因为在这个国家人们对书籍的需求还很有限。在法国和德国，一个作家能够以创作文学作品维持生活；而在我们这里，人们则不得不找个能保证饭碗的工作，而视作家职业为附属装饰。（下略）

第八章　论非物质资本及内在财富消费

【300】（前略）在一个国家内部，每年的非物质劳动【301】为其提供一定总量的健康、灵巧、才智、趣味、德行和宗教情感，它们都可以在其后的年份里保存和积累。因这一内在财富的总量与构成物质财富的基础有着完美的相似性，我称其为**非物质基础**。它也分成两类：第一类包括不能再生产的消费财富，它们构成了**消费的非物质基础**；第二类用于内在财富的再生产，它们构成了非物质资本。

消费的非物质基础涵盖了所有的财富种类，包括原始财富和附属财富；这就是说不包括安全和闲暇。由于所有这些内在财富的总和并不直接生产内在财富，对于这种生产也不是必需的，因此它们对于文明也是非生产性的，至少不是直接有效的。

非物质资本只能由**原始财富**组成，因为附属财富的消费【302】过于迅速，以致难以积累。这一资本对于非物质生产也是一种必需的预备，就像物质资本之于物质财富的生产一样。将一个国家的健康、灵巧和才智等概念去除掉的话，它就不可能生产内在财富；就像它若缺少给养、原料和工具就不可能生产物质财富一样。

就如产业劳动的分工必须以物质资本的一定增长为前提，非物质劳动的分工同样也需要非物质资本的增长。（中略）【303】物质资本增长的直接原因是经济，即所有非生产性消费的缩减。在这层意义上，经济也是非物质资本增长的直接来源。（下略）

【304】（中略）当一个国家拥有的物质资本不足以进行工业生产时，它可以从别的国家外借，而所借的物质资本一直具有可用于物质生产的属性。相反，非物质资本是由内在财富组成的，即人的不可分离的才能和属性：那么，当一个国家欠缺这类资本时，它依然可以从别的国家外借，但这个形式只能是引进拥有其欠缺的内在财富的个人；而且在非物质生产上，这些移民所带来的财富，比起其在本国内创造的同样财富，价值要小得多。当一个国家缺少手工业的某些原料时，可以从国外引进，而且可能会觉得它们比本土原料（如果有的话）更好；而当一个国家缺少教育人才【305】而从国外引进教师时，在这些外国人中间，就无法找到与本应自己培养的本土人才同样有用的工作者。若是他们不会讲该国的语言，他们就仅具备一些贫乏的传播自己文化的手段；甚至当其拥有语言这一优势时，即使他们尽其所能以求胜任自己的使命，也永远欠缺了这一最密切的人的内在知识，欠缺了民间的精神的联系，而这正是对于一个教师来说必不可少的。

当一个国家处于从他国引进缺少的人才或非物质劳动者的情况时，它可以尽可能地在本国推广外语的使用，尤其是所引进人才的母语，就能够减少我刚才指出的缺陷。外语的学习，当其抱有令开化民族的非物质宝藏能够为我所用的目标时，就是一种加速文明进步的强大手段，即使在昌盛民族那里也是一样。这种外语学习值得推荐，不仅仅是出于才智和趣味的考虑；甚至连德行也能无限地增进。如今我们能够仅仅熟悉希腊人和罗马人的作品，而不汲取其关于自由和正义的思想，不接受其作为人的崇高意识吗？一个俄国人能够仅仅研读德国、英国、法国的经典文学作品，而不缓慢消除一干有损自身智性和德性发展的成见吗？

【306】（中略）从文明的角度考虑，所有的民族可划分为三个层次：文明的，未开化的，和处于文明和未开化之间的。未开化民族的非物质资本，不足以刺激和滋养它所有的非物质劳动分支，如此一来，它就要从外国吸取这一资本，成为**贷入方**。在**文明**国家中，【307】内在财富与非物质资本

同样丰沛，即其人才、书籍、思想、有益制度仅用于内部消化并不合算；如此一来，这些国家就将它们派出国门传播，由此成为**贷出方**。（下略）

文明论·第二部　论文明的自然进步

第三章　才智——趣味

（前略）【338】社会的人口和财富愈发展，劳动分工就愈进步，技术劳动和智力劳动的分离就愈强烈地、鲜明地表现出来。两大劳动种类也是从中获利；不过，分别实践这两种劳动的人，【339】是以极不相等的方式参与社会利益的。

一方面，文明社会中所发生的各种繁多事务，为这少数人提供了无尽多样的思考对象，他们并不特别依附于任意一项事务，因此有闲暇来观察其他人的事务。在观察如此多样的对象时，他们的思想必然实践着无尽的组合，因而在智力上获得了超凡的深度和广度。

另一方面，大多数人局限于极少数的简单劳动中，没有发展其智力的余地，也不能实践想象力来寻找方法，以避免他从来不会遇到的困难；因此想象力自然而然失去了发挥其智力能力的习惯，而变得比劳动分工以前的状态更麻木、更局限。（中略）

【342】社会在人口、产业和才智上的进步，总是以牺牲大部分人的健康、灵巧和智力为代价的——这在人类思想史上是一个显著的结论。[1] 实际上，

---

[1] 编者注：至此考察过了三种内在财富：健康、灵巧和智力；作者认为，随着国家在人口、产业和才智上的进步，大多数人的这些内在财富就随之削减。然而在作者的理论体系中，内在财富是文明的同义概念，于是就应该推论出，文明随着人的进步而削减。我们无法设想施托尔希这样有见识的人故意推导出这样荒谬的结论。他的错误，是在已提出的大纲中，随着内容的充实而逐渐显露出的不严谨。我承认，我不理解才智的进步怎么会与智力的进步相悖的。（让-巴·萨伊）

这些进步导致了下层阶级的退化,【343】也使社会能够更有效地纠正这些后果:如果有更多的疾病,人们也更懂得预防和医治;如果人民更加贫苦,公共财富也会同样更多,救济幅度也会加大;如果人们失去了无差别地投身所有机械劳动的能力,也能通过交换,轻易获得自己所不能生产的东西;如果他们的智力有所减退,集体的才智会对此更加敏感,而去设法摆脱这种困境与不便,教育的便利会为这种状态导致的愚昧提供解药。然而极少数人的幸福牺牲了大多数人的个人幸福,因此,这两种野蛮或繁荣的状态,如果前者的危险不使平衡倾向于对后者有利的话,那么追求这种状态的做法便是值得怀疑的。仅是危险,就足以毁灭原始社群状态所自然伴随的所有长处;仅是安全,就足以弥补甚至超越所有财富和文明的进步所带来的不便。(下略)

第四章 德行

德行是人们所感受到的所有物质与精神联系的结果;但是在所有这些联系之中,最具有决定性影响的,是产业和国民财富的状态。每个社会时期【357】均有其特有的情操和缺陷,它们存在于处于相同进步阶段的所有人之中,不论他们在其他联系下的位置有何差异。

(中略)也正因此,造成了狩猎民族谋求生计的困难、受苦的习惯、野蛮而危险的生产方式、缺乏安全感,这都造成了他们的冷酷、懦弱、多疑、小偷小摸。(中略)而对于游牧民族,他们的任务较为缓和,他们处于一个彼此更接近、更亲密的社会中,生计更能得到保障,这都缓和了他们的德行,安抚了他们的冲动,使得某些社会性的美德得以萌芽。(中略)农业社会的人(中略)为我们提供了简单而强大的道德图景,【359】(中略)人们所抱怨的许多大城市人的恶习,他们对其完全一无所知。土地财产是所有财产中最稳固、最独立、最令人喜爱的;但是它无法搬运至国外,这使其成为最具有国民属性的财产。(中略)我们还需考察在一个富有、文明的社会中，从事手工业与商业人群的德行。【362】（中略）历史已经清楚指出了：繁荣对于德行的不同效应，取决于以下分析的两种情况：人们获取财富的方式，以及财富被分配的方式[1]。只要是来源于战争、掠夺、盗窃的财富，只要是财富集中于一小部分人手上，它就会招致骄奢淫逸和德行的败坏。相反，只要是来源于劳动报酬和经营的财富，只要是财富不出现极端暴富与极端贫穷的丑陋反差，它就会与节制相伴，使人既能够从财富中得到愉悦，又能够不滥用财富。（中略）【365】这就是欧洲现代民族的普遍财富情况。【369】（中略）当财富开始普及到人民中的低等阶层的时候，也正是独立精神在现代欧洲诞生的时候。（下略）

第五章　宗教崇拜

我们需要区分人们的道德与其信奉的**宗教崇拜**（culte）；因为存在着只有宗教崇拜而无道德的民族。这两者的结合，我们才称之为**宗教**（religion）。

宗教崇拜是与社会一同产生和完善的。不管原始人普遍对其有多么关心甚少，面对某些自然现象时他们也无法不被震撼，（中略）【377】他便设法相信一切使他恐惧的事物。（中略）【379】这便是社会初始阶段最可憎、最懦弱的迷信，它取代了哲学和宗教的位置。但当法律建立了秩序和安全时，生活给养开始有了保障时，人的好奇心便增加了，恐惧心则减弱了。他们可享受的闲暇使其更注意于自然界的现象，对最细小的变化观察入微，更加想要认识它们之间的联系。（中略）渐渐地哲学取代了迷信，（中略）【380】最终把观察者引向对于第一原动力、对于一种至高智慧的认识，至此，人的宗教崇拜便专一地致力于这一缘由，不论他所尊崇的是什么样的

---

[1] 费朗吉埃利（Filangieri）首先发展了这一重要理论，尽管他并非第一个发现它的人。参见《立法的科学》（*Science de la législation*）第 1 卷，IV，第 46—48 章。

名头。在另一方面，人类精神的进步不能缺少对于陈旧道德体系的净化，以及使其更适于人类的尊严。

然而，不论这一革新多么令人欢欣，其有益的影响只能触及较高的社会阶层：大部分人民仍总是或多或少地停留在其古老的迷信观念上，这其中有两点原因。一方面，才智从来都只能为少数人所分有，另一方面，一旦有了宗教崇拜，便同时须要举立神职人员以主持崇拜；从此这些人的权威、财富和权力，便紧密地联系于宗教观念的维持，和已确立的宗教崇拜。因此，如果这些神职人员不能阻止人类精神的进步，他们便将专心竭力占有这一果实。（中略）

【381】在这样的社会状态中，宗教便只是一种崇拜：它与道德没有丝毫共同之处，而且经常是违逆道德的，为了预防这一互相对立的灾难性后果，法律必须起到援助德行的作用，向人们指出其应该尊敬和应该避免的东西。（中略）

【382】当一个民族处于这样的状况时，在国家内便有两种宗教：一种是哲学和道德的，属于智者的宗教；另一种是感性的、被迷信摆布的，属于大多数人的信仰。后者不配宗教的称号：这只不过是一种崇拜或一种宗教实践体系，伴随着人的创造力和繁荣程度而被装饰美化，或简单或复杂，或刻板或浮浅。它作为被认可的宗教，便常常利用政府的保护来迫害他人；为了完全确定地摧毁它，它便以聪明才智、尤其是哲学为敌，因后者的进步迟早会不可避免地撼动迷信的帝国，不可避免地带来一种秘而不宣的信仰。

欧洲信奉一种戒律适合于最纯净道德的宗教，使社会联系得更紧密，维持了公共秩序；它受着反对犯罪的法律的警诫，与公正的裁判结合起来，防止黑暗与内部的密谋；它【383】不仅掌控着人的激情，还将其导向有益的目标，但它还监视着欲望与思想；（中略）它设置了一种宗教崇拜和宗教实践，以引领灵魂升至天国，提醒人们其最初的平等；最后，它是一种同时满足智慧理性与感性正直心灵的宗教。以这样一种宗教，法律剩下还有什么可做的呢？没有，只有保卫其于不信神者和迷信之手，维持它的纯洁性，这种纯洁亦可能因它的敌人、它无知或腐败的代言人而腐坏变质。

文明论·第三部　结论

第一章　物质财富对非物质劳动的影响

【495】（前略）没有物质基础的供应，非物质劳动是不会存在的，因而也更不会自我完善。这一基础就像【496】我们所看到的那样，由**给养和工具**组成。没有国民财富的这两个要素，就不会有非物质劳动，就不会有文明；因为在没有劳动的参与时，仅凭自然界自发供应的少量内在财富，是难以被称为文明的。

但在国家繁荣初期，产业自身就需要所有产品以形成和增长最初的资本，而不能给非物质劳动让出哪怕是最少的一部分，自从非物质劳动产生和分工以来便是如此。（中略）产业是建立在人类发展的基础上的，而人民物质财富的进步必然支配其文明的进步。

游猎民族的蛮荒漂泊生活是这一阶梯的第一阶段。没有私产，没有物质财富积累，没有交换：在人类的这一境况下，其智性能力没有任何发展；对其生计和个人安全的不断关心抑制了人的欲望，却又如此自然地自我完善。（中略）【497】在游牧民族中，有了移动的财产，或多或少的交换，以及作为结果，在部分人手中有了物质财富的积累。这一财富的不平等更好地建立了权威和隶属关系；它催生了贵族和奴隶制度；并且以其提供给富裕阶级的闲暇催生了最简单机械技艺的发明，以及一些物质公理和道德真理的发现，同样地还有一些消遣艺术的发明。

但对于人的能力发展最决定性的一步，是当人们成为农耕者时所从事的行为。此时就有了土地财产、固定住所、交易和所有随之而来的发明。农业，能在同一片土地上养活更多人，有利于增加人口，后者反过来加快了其文明的进步：所得的知识更加迅速地交流，更确实地在一个定居的社会流传，【498】其成员更接近，联系更紧密。

最后，随着富裕程度的提升及扩展到社会所有阶层，它总是会为培养科学艺术提供更多的手段和闲暇：教育改善，学者扩充和日趋完善，才华在人的欣赏下得到回报，宗教信仰变得高尚，迷信和不宽容在理性面前消散；最后，不管文明的诋毁者怎样说，人的天性变得高尚，完成它的目的，即接近一种完美状态，它虽无法达到，但其理想深深铭刻在所有会思考者的灵魂中，是为他们努力的目标和期望的对象。

如此一来，贫穷和野蛮是人类历程的开端，如同物质财富和文明是其终点。这两个现象始终并行，而不论它们如何交替互为因果，一个普遍的、确实的事实是，物质财富一向是文明的第一动因，而且在根本上，文明永远不能先于前者。（下略）

第二章 文明对物质生产的影响

【499】（前略）如果说，产业没有文明的给养就不能存在的话，至少它在不需非物质劳动的情况下是能够存在的：自然界自发创造的内在财富足够令产业活动出现和生根。换句话说，一个初生民族能够自己满足最必不可少的生活需求，而它并不需要另一种文化的体力、智力、道德力来实践这一劳动；而相对地，一个民族从来不能够将上述能力仅仅倾注于文化，而不需要另一种劳动为它提供生活必需的。

而尽管产业能够不靠文明的给养而存在，但它若没有这一对其进步密不可分的陪伴的帮助，却不可能完善和扩展。同样，非物质劳动需要以给养和工具为形式的物质财富基础为前提，产业也需要以健康、灵巧、才智、趣味、德行、安全和闲暇为形式的内在财富为前提。

【500】在所有的文明要素中，对于产业的完善最密不可分的元素是**安全**。（中略）【501】**没有安全，就没有物质基础的积累，就没有物质财富。**

安全只存在于社会秩序中：这就是为什么产业和物质财富从来不会在国家以外的地方增长。（中略）【502】安全这一不可估量的财富完全是法律的产物。没有法律，就没有安全，没有安全，就没有富足，也没有确定的给养。【503】只有法律才能创造固定、持久的、配称作财产的所有权。只有法律才能使人习惯于在远见的束缚下低头；只有法律能使人参与现时显得多余而未来却会收益的劳动。（中略）如果产业创造事物，那么法律保守事物；如果人们首先将一切归功于劳动，那么其后以及所有都应感谢法律的存在。

【507】（中略）如果产业没有安全保证就几乎为零，如果没有文明的其他要素，它还是难以存在：一切，直至**闲暇**，都给它预备了或多或少的给养。因为，如果劳动的预备活动从未创造出这一工人阶层，来为他人谋求我们称之为闲暇的内在财富的话，产业劳动者将时刻分散精力来从事最分散、最琐碎的工作。（中略）在这样的状态下，产业只能有极其缓慢的进步，而发明创造的天才永远被这些分心阻挠，只能在极罕见的时候展开它的翅膀。

【508】人民的**健康**对产业进步的影响是如此明显，以至于没有必要论证；如此一来，关乎国民财富的关系，就像关乎文明的关系一样，所有为社会谋求这一财富的非物质劳动，都是对它必不可少的。

灵巧也是如此。这一产业所必需的东西实际是由经验获得的，甚至是由不同的劳动获得的：但如果它抗拒才智和趣味的给养，又会变成什么样呢？如果没有为其提供范本和熟练工建议的**教导**，它会变成什么样呢？每个人将自己创造劳动的工序和工具，而当他花了长期的时间来完善它时，它又将随着他的死亡而消失。因此，传授教导是提高劳动生产能力的最有力手段之一。（中略）一代一代，工具和工序复杂化和完善化；每一代把前一代停止的地方作为起点，提高总体，传承宝藏，以自身发现扩展它，再传给继任者。

【510】（中略）实例和经验是完美的师傅，但它们并不能满足产业的所有运作。（中略）【511】工人由实例和经验培养而成，企业主则由从理论到实践的应用培养而成；但不管哪一个行业，其理论都总是需要科学知识的。如此，没有才智的供给，产业是丝毫不能进步的。【512】（中略）对一个国家来说，为了产业化，拥有直接作用于所实践产业的才智甚至还不足够：还需要使来自其他方面的愚昧不足以摧毁才智产生的效用。（中略）【513】德行的腐化，不管多么貌不惊人，也没有比它更对国民财富的来源更加有害的了。没有人心的良善信念，商贸怎么能够繁荣兴盛呢？【514】在涣散失序的地方，怎么能够实现资本的积累呢？如果工人放纵于荒淫和抗命，企业主沉湎于浮华和享乐，怎么能够实现产业的完善呢？

（中略）开明的政治，和纯洁的、基于道德的宗教都是使产业繁荣兴盛的同等必要的条件，以及对其最直接有益的知识从来不是必要条件。人的每一种能力的完善直接与他人的相连；同样，文明没有物质财富的供给就从来不能进步；产业也是同样，作为物质财富的主要来源，没有文明的给养，产业也从来不能取得完善。（下略）

第三章　财富与文明是如何通过彼此的价值交换实现增长的，它们的平衡构成了国民的繁荣

【515】我们刚刚看到物质财富如何促进了非物质劳动的完善，以及文明如何促进了产业的完善；不过第一个对于文明的进步有着更直接的影响，而第二个对于国民财富的增长有着更直接的影响。为了更好地认识这些相互作用，只需回忆起物质财富和非物质劳动都是相互可交换的价值，以及

其所交换的对应种类的价值愈大，每种价值的生产就会愈增加。一个农业国家，当其引进手工业时就会更加富裕，因为此时它不仅有着天然产品可互相交换，还有制造业产品可交换天然产品。出于同样的原因，当一个农业—手工业国家【516】从事对外贸易时就更加富裕，因为此刻它同时拥有本土的天然以及制造产品，以交换商界所有国家的天然以及制造产品。不管这一商贸圈有多大，它还远远未达到事物属性为此行为所规定的限度。至此这些只是物质产品之间的交换：但随着文明的传播，它为一项新的流通创造了条件，即物质财富和非物质劳动之间的交换；一个几乎无限可扩大的流通领域，并且既贡献于国民财富的增长，又贡献于文明的发展。

【517】（中略）文明参与促进国民财富（中略），它产生能够增扩国民商业活动范围的新价值。而物质财富对于文明亦起到同样的反作用；因为物质生产越是提供实际需求和愉悦来换取非物质劳动，提供非物质劳动的个人就越是努力增加非物质价值，以谋求上述需求和愉悦。读者可以看到，内在财富的生产决不会因为它所需要的物质产品的消费而使国民财富减少，相反，它是促进国民财富增加的有力手段；就如财富的生产也是增进文明的有力手段。如果文明国家比野蛮国家更加富裕，这尤其因为非物质劳动在文明国家具有价值。【518】在它们不再拥有它时，物质生产就减少了，因为此时物质生产找不到一个足够完整交换或购买它的等价物。【519】同样，当富国比穷国更加文明开化时，这尤其是因为物质财富表现为从事非物质生产和创造内在财富的动因。当其物质财富减少时，内在财富也跟随这一衰退，因为此时它找不到一个足够完整交换或购买它的等价物。

这一概念使我们达到了研究的终点；它促使我们在**国家繁荣**角度下考察自然界和劳动的年产品，我们目前仅是在与物质财富或文明的孤立关系上考察这一产品的。

就像物质财富和非物质劳动均有可彼此交换的价值这一共同点一样，而且通过**交换**，这两种价值获得了相互的增长扩大，我们应该在这一关系下将它们视为相同属性，而且将它们理解为同样的年产品，无论物质的还是非物质的。

这一具有可交换价值的**一般产品**根据其两种不同作用分为两个部分。

【520】第一部分用于可交换价值的再生产：是它构成和增加了国家的**一般资本**，即其物质资本和非物质资本。

第二部分用于非生产性的消费，即既不生产物质财富也不生产内在财富的消费。这就是**消费的一般基础**。

国家繁荣的增长取决于一般产品在这两种作用之间分配的比例。第一种存留的愈多，繁荣就愈会增长，而第二种带走的愈多，它必然就愈会减少。

但繁荣是由物质财富和文明构成的，每一项只会因用于生产它的资本而增长。因此，为使繁荣能够实现最快的进步，还需定义每个要素应该为其带来的效用。

这一有趣问题的解决方法已经存在于我们刚刚确立的原则之中。由于物质财富没有文明就不能发展，后者也同样依赖于物质财富，那么可以推断，为了实现两者的前进，其中任意一方都不能脱离对方而增长。因此，产业每年都将需要一部分纯收益，来实现它已用于前年的物质资本的增长；总产品的剩余部分将优先用于非物质劳动的发展，【521】而消费基础将仅仅获得尽可能最小的部分。非物质劳动也将每年保存一定的附加非物质资本，而剩下的内在财富的总体，产业将尽可能最多地加以利用，以只给非生产性的消费留下尽可能最少的部分。总而言之，**是两种生产的平衡促进国民的繁荣**。当一个裹挟另一个时，国家发展的和谐就被扰乱，繁荣的进程变得不稳定，或早或晚，国家将停滞在其所采取的轻率方式造成的孤立局面上。（下略）

Course of Political Economy

Heinrich Friedrich von Storch

Abstract: In the "Course of Political Economy", Storch attempts to develop a theory on the "internal wealth" ("Civilization elements"). He first discriminated between the inherent wealth and material wealth, non-material production and material production. By identifying the relationship of mutual dependence between the them, the arthor then focused on the specific law that dominates the production, accumulation and consumption of the inherent wealth, and finally came to the conclusion that the balance of material wealth and civilization constitutes national prosperity.

Key words: Storch, "Course of Political Economy", "Internal Wealth"

从"内在财富论"到精神生产理论
——以马克思对施托尔希的批判为视角

陈奇佳　罗璇[1]

摘要： 马克思在其生产理论体系的总体构建过程中，虽然未来得及对精神生产作专门系统深入的研究，但也针对其中的某些问题留下了一些具有启发意义的思想线索。本文以马克思对施托尔希"内在财富论"的批判为出发点，以分析"内在财富论"的可取与不足之处为依托，试图对一些马克思主义精神生产的具体问题有所讨论和深化。

关键词： 精神生产　内在财富　马克思　施托尔希

有论者这样认为："从社会的经济基础来解释作为观念形态的艺术本质，这是马克思主义艺术观同非马克思主义艺术观的一条分界线。"[2] 但由于精神文化的产业化在当时表现得尚不充分，而马克思的主要精力又是放在生产理论体系的总体构建上，这就使得马克思并未来得及在生产理论体系中将精神生产作为一个专门的对象进行系统的、深入的研究。不过，在此我们要强调指出，马克思在其生产理论的构建过程中，也留下了一些专门针对精神生产问题的具有启发意义的思想线索。沿着这些线索，我们或许能够对马克思主义的精神生产理

---

[1] 陈奇佳：男，浙江温岭人，中国人民大学文学院副教授。罗璇：女，江西宜春人，中国人民大学文学院在读硕士研究生。

[2] 中国人民大学马列主义发展史研究室：《马克思主义史》（第1卷），人民出版社1996年版，第590页。

论在社会实践层面的现实指导意义有所讨论。本文主要结合马克思对施托尔希"内在财富论"的批判展开相关研究。

一

在讨论有关精神生产问题的时候，施托尔希是马克思较为重视的一位人物。但国内学术界对施氏的认识大多仅限于马克思在《剩余价值理论》中涉及施托尔希所阐发的许多著名论断（如"资本主义生产就同某些精神生产部门如艺术和诗歌相敌对"等等），鲜有人追问，或者说能够追问（相关译介资料的缺乏是原因之一），马克思对施托尔希观点的特别关注与马克思自己的思想观念之间有何种逻辑上的必然联系？而按照笔者个人的观点，我们应当深入地思考马克思由施托尔希政治经济学理论所引发的一些见解，这些见解向我们提示了对精神生产问题进行思考的基本路向。而在循着这些基本路向前进之前，我们有必要对施托尔希的思想有个大致的认识。

马克思对于施托尔希的批评大多是就施氏《政治经济学教程》[1]一书进行的。在《政治经济学教程》中，施托尔希开宗明义地谈道："生产分为物质生产和非物质生产。"[2]而本文所要着重论述的《政治经济学教程》"文明论"部分，就是对非物质生产问题的展开。施托尔希说得很清楚，此项研究的目标，"是为了认识国民内在财富或文明要素的生产、积累和消费所遵循的规律"[3]。有必要特别指出的是，尽管《政治经济学教程》是以亚当·斯密的学说为基本框架，但施托尔希对其经济思想的核心——劳动价值论持有强烈的批判意识，他试图

---

[1] 马克思所用的版本为1823年在巴黎出版的萨伊评注本（Heinrich Friedrich von Storch, *Cours d'économie politique, ou Exposition des principes qui déterminent la prospérité des nation*, Paris: J.P.Aillaud, 1823, 4 vol.in-8），本文亦是。在此要向友人胡葳特致谢忱，她承担了本文相关资料的翻译工作。

[2] 施托尔希：《政治经济学教程》（第三卷），第136页。

[3] 同上，第217页。

发展出一种关于"内在财富"的理论以补正斯密在阐释生产劳动和非生产劳动区分的理论疏漏。[1]

那么,什么是施氏所谓的"内在财富"呢?施托尔希认为:"我们知道,以内在财富的名义,在自然和人的劳动下产生的所有非物质产品,均具有一定的效益,而且能构成人的精神财产。"[2]说得具体些,"健康、灵巧、才智、趣味、德行、宗教崇拜、安全、闲暇,就构成了我们称为内在财富的概念,即文明"[3]。可见,施托尔希将"内在财富"理解为人类或一个民族内在精神意识上的财富。在此基础上,施托尔希还比较了内在财富与物质财富的主要异同点:它们"拥有如下相同点:1. 它们都具有价值……;2. 它们都是可占有、可征用的;3. 它们出自……自然界和劳动生产。它们有以下不同点:1. 物质财富是物质性的,而内在财富则不然……;2. 物质财富是可感知的,不仅可占有,也可传递;如此一来,物质财富拥有可交换价值和价格。而内在财富则相反,它们是可占有的,但无法被传递;如此一来,内在财富只拥有一种直接价值,本身既不能买也不能卖,人们只能买卖生产它们的劳动"[4]。

不可否认施托尔希关于内在财富的见解确有发人深省之处。比如,他从获取手段(也可视作消费方式)的不同来探讨内在财富与物质财富的根本差别,在笔者看来这抓住了问题的关键所在。而他通过对比物质财富所表现的内在财富的特性,是对精神产品本质属性很好的概括。

但这一理论也存在着很明显的缺陷。他对国民财富的来源分析道:"价值是归于自然界和劳动,才得以存在。出于这两种原始目的,为创造价值而进行的

---

[1] 斯密将与资本的关系作为判断劳动"生产"或"非生产"的一个基本标准。但这一理论有着明显缺憾:一、他把资本主义的生产方式当作了人类生产的全部和终极真理;二、他把生产劳动和物质财富的生产等同了起来,以至于得出了一个非常激进的观点:不能物质化的人类劳动都是非生产性的。许多批评家乐于通过对他这方面理论缺憾的批判来建立自己有个性的经济理论。施托尔希亦是如此。施氏的相关论述可参见施托尔希:《政治经济学教程》(第三卷),第217—218页。
[2] 施托尔希:《政治经济学教程》(第三卷),第221页。
[3] 同上,第223页。
[4] 同上,第226—230页。

活动，称为生产。"[1] 即自然界和人都是价值有目的性的主动创造者。而在具体的研究过程中，施托尔希对所谓自然界"生产能力"的解释又不能不回到以人的生产劳动为中心上来。事实上，自从亚当·斯密以来，不管人们对他的劳动价值说是否认同，但关于"生产"的研究，总和人们的活动紧密相连，因为一切自然界的状态总是和人类的活动联系在一起才构成经济学上的意义。施托尔希是这样地尊重亚当·斯密，但又是这样容易淡忘他在《国民财富的性质和原因的研究》一书反复强调的根本性问题，颇令人惊讶。

施氏关于物质生产"创造的价值应用于物质"，非物质生产的"则应用于人"[2]的说法也值得推敲。诸如灵巧、才智、趣味、安全、闲暇等方面的"内在财富"，通常需要借助一定的物质条件才能完成其目的。像安全，虽然归根结底说是一种心里感觉，但一个人不借助一定的外在力量（比如现代家庭安装防盗门）是不可能得到一种安全感的。如果硬要说这种说法乃是指：非物质生产只能由人来生产而且只能由人来享用，那物质生产又何尝不是如此呢？

就"文明论"来说，其中的问题也很大。施氏把"内在财富的概念，即文明"分为健康、灵巧、才智、趣味、德行、宗教崇拜、安全、闲暇这几个大类，并声称"再也难以想象一种能够归纳到上述范畴之下的非物质价值了"，似难让人信服。从逻辑的角度看，这几大类并不在同一层面上。萨伊于此有过一个批评："我们不知为何，作者并没有把爱和友谊这些对我们影响更深、更激发思考的东西纳入进去……这一理论站在了既有概念的对立面，推翻了既有的分析……"[3] 不能说萨伊的批评完全是合理的——他并未完全理解施托尔希思想的合理内核，但从经济学的角度来说，他的确切中了问题的部分要害：施托尔希的"术语分类是何等的缺乏条理"；而按照这种分类，很难让这些"内在财富"成为政治经济学可研究的财富对象。

---

[1] 施托尔希：《政治经济学教程》（第三卷），第136页。
[2] 同上。
[3] 同上，第224—225页。

二

不消说，马克思非常清楚施托尔希理论存在的缺陷，故将其观点称之为"没有成功的尝试"[1]。但若我们注意到"没有成功的尝试"毕竟仍然是一种"尝试"，那么这是否意味着马克思认为斯密关于生产劳动和非生产劳动区分的论点是存在根本问题的，而施托尔希朦胧地触及到了关键问题所在（"尝试"），但并未沿着正确的道路展开（"未成功"）？由此，我们可以进一步追问，施托尔希关于"内在财富"的理论到底在什么样的尺度上甚至对斯密学说某些核心观念产生了冲击？而他的不成功的"尝试"又到底在何种意义上为我们开拓了新的"尝试"途径？

首先，我们要解决的问题是：施托尔希关于内在财富的见解本身有什么可取之处？

马克思曾批评施托尔希"不是历史地考察物质生产本身"[2]，这一点在他讨论内在财富问题时也有所体现。施氏把所谓的"健康、灵巧、才智、趣味、德行、宗教崇拜、安全、闲暇"等当作是一种纯粹抽象的观念对象，即具有统一的概念所指，且永无变易。如此一来，施托尔希将这些有时南辕北辙的内在财富的概念当作一个统一的对象来对待当然容易出现言不及义、概念混乱的现象；而更进一步地一本正经地讨论它们在国民经济生产中的作用时也难免落入到"泛泛的毫无内容的空谈"了。

但从另一个角度看，我们又必须承认，在一定社会历史条件下，在一定生产关系中，任何一个人类社会都存在着一个作为经验事实的关于健康、灵巧、才智、趣味、德行、宗教崇拜、安全、闲暇的观念系统。人们在这个观念系统中，生产着各种有关"内在财富"观念，并在这种精神性的、意识形态性的生产中，产生各种与物质生产的关系框架并生产人自己。其实，施托尔希对此并

---

[1] 马克思：《剩余价值理论》（第1册），人民出版社1975年版，第312页。
[2] 同上，第296页。

非全然没有觉晓。他已经意识到，所谓的"内在财富"必须在具体的历史文化背景中，结合一定的生产力发展水平才能展开充分的研究。[1]尽管他对这方面问题的认识还是朦胧的，有关分工问题的讨论也未必一定妥当，但其中所包含的问题线索却还是较有思想的分量的。马克思顺着这一话头才说，人类的精神文化或者说内在财富是人类生产活动的产物，它们也是生产活动的必要基础。

另外，施托尔希既考虑了精神生产的独特规律，又注意到了人类的内在财富在一定程度上是能够按照类如物质财富生产的形式来做增进的。这既不同于一些资产阶级庸俗经济学者认为资本制度乃是人间的终极真理，精神（内在财富）没有也不应该有自身的生产规律的论调，又将"内在财富"的生产通过类比的方式作为一个独立的现象纳入到了萨伊所认为的只能够应付"所有具有可交换价值的财富"的政治经济学中。马克思对此评价道："在施托尔希的书中还没有这种荒谬说法：……一切职能都是为资本家服务，为资本家谋'福利'；连最高的精神生产，也只是由于被描绘为、被错误地解释为物质财富的直接生产者，才得到承认，在资产者眼中才成为可以原谅的。"[2]

在此基础上，我们要结合马克思对施托尔希的评价，讨论精神生产（内在财富）自身的规律问题。

马克思曾摘引施托尔希的如下论断："他（指斯密。——引者）的错误在于，他没有对非物质价值和财富作出应有的区分。"[3]"支配前者（指非物质劳动的产品。——引者）的原则和支配后者（指物质劳动的产品。——引者）的原则并不相同。"[4]对于前者，马克思本人作了进一步的阐释："在精神生产中，表现为生产劳动的是另一种劳动，但斯密没有考察它。最后，两种生产（指物质生产和非

---

[1] 参见施托尔希：《政治经济学教程》（第三卷）第 241—244 页。施托尔希在这部分从物质生产的"分工"谈到了非物质生产的"分工"。此时健康、灵巧、才智、趣味、德行、宗教崇拜、安全、闲暇之类，就不能被看做是纯粹的观念对象了。
[2] 马克思：《剩余价值理论》（第 1 册），第 298 页。
[3] 同上，第 295 页。
[4] 同上，第 297 页。

物质生产。——引者）的相互作用和内在联系，也不在斯密的考察范围之内。"[1]

可见，马克思认为精神生产作为"另一种劳动"在实质上显然有别于一般物质生产劳动，因而其价值也不能简单套用物质产品的价值生成机制来简单说明；即使在资本主义社会中，即使按照资本的生产方式来要求，精神生产也应当有自己的特殊规律性要求，按照物质生产的方式来支配精神生产，其收获必然是荒谬的和愚蠢的；我们应当根据每个历史时期的不同生产情况，研究该时期物质生产方式与精神生产相互限制与相互促进的关系。（比如资本主义社会物质生产体系之复杂要远胜于以往，它对精神生产领域侵入与控制的力量也要远胜于以往。）

当然，需要指出的是，上述分析在很大程度上带有推测的意味。马克思终究没有沿着这一维度展开对精神生产特殊性的系统分析。但是如果我们试图对此重新展开讨论，就只能以这些马克思评论施托尔希理论的未尽之言为研究的基础。由此，我们可以更深入地探讨以下问题。

其一，如何分析、界定"另一种劳动"？

就物质生产来说，如果不考虑社会必要劳动时间及劳动生产率的变化，同类产品的简单再生产不会导致产品价值的变化。这也是物质生产部门复杂劳动几乎都可以按照一定的量折算为简单劳动的原因。但同样的情况显然不可能发生在精神生产方面，尤其不可能发生在艺术创造的领域。（一个诗人写诗歌 A 与抄这首诗 A′所付出的劳动不可能是等值的。）问题就产生在这里：同样是"人的本质力量对象化"，精神劳动的价值实现过程及实现方式有何特殊性？不说明这种特殊性，我们就无法合理地说明精神生产部门的根本特性。

其二，在资本主义时代，支配非物质劳动产品的原则和支配物质劳动产品的原则是否总是"并不相同"的？

如果回答是肯定的，那我们凭什么感叹在资本主义社会，由于资产阶级"对生产工具，从而对生产关系，从而对全部社会关系不断地进行革命"，"一切

---

[1] 马克思：《剩余价值理论》（第 1 册），第 295 页。

等级的和固定的东西都烟消云散了,一切神圣的东西都被亵渎了"[1]?如果随着资本主义生产方式的发展,这两者的原则有逐渐合流的趋势,那我们就得追问:这种合流以何种方式、在何种状态下开始?它们最终会形成何种结果,是否支配物质劳动产品的原则最终也会成为支配非物质劳动产品的原则?在资本主义社会中这种趋势是否是不可逆转的?资本主义社会的精神堕落是否也因此是不可挽救的?这一切是否只有运用政治革命的方式才能获得最终解决?

其三,怎样理解"例如资本主义生产就同某些精神生产部门如艺术和诗歌相敌对"?

这是特指艺术创造的某些门类还是带有泛指的意味,即指资本主义生产实际上与人类的整体精神生产特别是包含自由价值追求这一层面的精神生产相敌对?二者关系的"敌对"性是否意味着二者的不可调和性?若是,那么如何理解当今的文化产业?就算把"某些精神生产部门"的范围缩小至文学艺术的范围,那么如何理解网络文学?若要质疑网络文学的文学性,这是否意味着要对精神生产的各部门作难以穷尽的细分。若可调和,那么这些精神生产部门应该在什么样的程度上保持自己的独立性,又怎样来坚守这一独立性的底线?

其四,怎样理解"连最高的精神生产,也只是由于被描绘为、被错误地解释为物质财富的直接生产者,才得到承认,在资产者眼中才成为可以原谅的"?

什么是"最高的精神生产"——它是指相对物质生产,精神生产乃是"最高的";还是精神生产本身也包含多层次,有部分和物质生产有密切关系,另有一些层面则包含着、折射着人类精神、灵魂可能的、最高的价值取向?如果是后一层意思,那么,什么样的精神生产能被称为"最高的"呢?哲学、艺术大概位列其中,但还应包含什么领域的精神生产呢?马克思显然不赞成将只有精神生产有益于"物质财富的生产"才是有意义的这一经济学的判断标准作为我们考察一切文化活动的出发点,那么精神生产自为的价值向度何在?

---

[1] 马克思、恩格斯:《共产党宣言》,《马克思恩格斯选集》(第1卷),人民出版社1995年第2版,第275页。

三

　　接下来，我们根据马克思对施托尔希理论的摘要展开一些粗浅的评论，以此对马克思主义精神生产理论的具体内容展开一些描述。对于这些摘要，马克思说："这一切只不过是精神财富和物质财富之间的最一般的表面的类比和对照。"[1] 不过，尽管如此，在马克思之后却很少有人按照马克思主义的基本精神对相关问题展开更加深入的研究。以下我们就按照摘要的次序逐一展开讨论。

　　其一，马克思指出施托尔希曾针对内在财富的持久性问题发表意见："因为内在财富有一部分是服务的产品，所以人们便断言，内在财富不比服务本身更耐久，它们必然是随生产而消费。"[2]

　　施托尔希的这番议论是希望能够纠正斯密将耐久性视为区别生产劳动和非生产劳动的天然标准。首先，他克服了斯密过分将非生产劳动局限在服务性行业的说法。（尽管以今天的观念说，斯密对服务行业的轻慢也未必是一种妥当的见解。）其次，他较有力地说明，"耐久性"不足以成为区分生产劳动和非生产劳动的天然标志。按照斯密劳动价值论的划分方式，施托尔希所谓的内在财富的生产，大多要归入"非生产劳动"的范畴，但是，这部分的内在财富的最终产品许多却又是"耐久"的，即又可归入"生产劳动"的范畴。而这一点反过来也能说明斯密分析劳动形式的观点（即他把劳动分为"生产劳动"与"非生产劳动"两种基本的形式）是有问题的，不足以成为解释人类社会财富生产规律的基础。

　　其二，马克思认为施托尔希谈到了内在财富作为财富的积聚与资本再生产的特殊方式："然而原始的内在财富决不会因为它们被使用而消灭，它们会由于不断运用而增加并扩大起来，所以，它们的消费本身会增加它们的价值。……内在财富也像一般财富一样，可以积累起来，能够形成资本，而这种资本可以

---

[1] 马克思：《剩余价值理论》（第1册），第297页。
[2] 同上。施托尔希的相关论述可参见《政治经济学教程》（第三卷），第234页。

用来进行再生产。"[1]

　　笔者认为，这是施托尔希整个"文明论"中较有见地的一个论断。他指出，和物质财富一样，内在财富的积累可视作其扩大再生产的资本；但和物质财富所不同的是，内在财富的积累是通过消费而获得的。严格地说起来，物质生产的过程，就是一个有限资源绝对减少的过程。（工艺的改进、替代资源的发现在绝对意义上，也不能逆转这一进程。）但有趣的是，这一物质生产的铁律在非物质生产过程中似乎是不存在的——准确地说，很大程度上不能对非物质生产构成制约性关系。在艺术生产的过程中，这一点表现得尤其明显：越是经典的作品，越容易获得市场上的影响力。由此我们应当追问，是否因为二者资本积累的方式不同，才造成二者扩大再生产之间的差异？艺术作品的市场价值含量，如何通过"不断运用而增加并扩大起来"？对它们的消费以何种方式、何种机制"增加它们的价值"？我们还需要注意这种消费是否也会出现所谓的边际效应？[2] 如何理解、研究文化消费中的边际递减情况？等等。

---

[1] 马克思：《剩余价值理论》（第1册），第297页。施托尔希的相关论述可参见《政治经济学教程》（第三卷），第236页。
[2] 所谓文化生产的"边际效应"问题指的是：某一种产品由于过度的开发，使得市场对其的接受出现边际递减的情况，某些流行文化现象甚至某些文体因此没落、衰亡。歌德对古希腊悲剧衰亡原因的解释，某种程度上就包含了这一种对文化生产边际效应的洞察。他说，说某一个人造成艺术的衰亡，我决不赞成这种看法。有很多的因素在一道起作用，但这一点是不易说明的。希腊人的悲剧艺术很难说是由于欧里庇得斯而走向衰亡的……即使欧里庇得斯的作品比起索福克勒斯的作品有很大的缺点，也不能因此说继起的诗人们就只模仿这些缺点，并由于这些缺点而必然灭亡。但是，如果欧里庇得斯的作品具有很大的优点，有些甚至比索福克勒斯的作品更好，继起的诗人们为什么不努力模仿这些优点呢？为什么就不能至少和欧里庇得斯一样伟大呢？不过在著名的三大悲剧诗人之后，没有出现过同样伟大的第四个、第五个，乃至第六个悲剧诗人，这个问题确实是不易回答的。我们只能作些猜测，多少可以接近真理。……如果当时的情况就像我们可怜的德国现在这样，莱辛写过两三部，我写过三四部，席勒写过五六部尚可的剧本，那么，当时希腊也很可能出现第四个、第五个乃至第六个悲剧作家。但是当时的希腊人所创作的作品多得不可胜数，三大悲剧诗人每人都写过一百部或接近一百部的剧本。荷马史诗中的悲剧题材和希腊英雄传说中的悲剧题材，有一部分已用过三四次了。在现有的作品如此丰富多彩的情况下，我认为人们不难理解，题材和内容都要逐渐用完了，继三大悲剧诗人之后，没有哪个诗人还能知道更好的出路。说实在的，他再写有什么用处呢！当时的剧本不是已经很够用了吗？（艾克曼：《歌德谈话录》（全译本），洪天富译，译林出版社2002年版，第155—156页）

其三，马克思认为施托尔希较为明确地指出，非物质生产受到物质生产的影响与限制："在人们能够开始考虑非物质劳动的分工以前，必须先有物质劳动的分工和物质劳动产品的积累。"[1]

关于这一点，我们在前文已有提及。我们在此要强调指出的是，施氏相关的意见，不但较许多资本生产制度的捍卫者来得深刻，也比很多资本生产制度的批判者来得贤明。这一点和凡勃伦的观点相比就可以看得非常清楚。

前已谈到，自从斯密提出生产劳动与非生产劳动的区别，就有许多经济学家试图对之加以补正，但也有些学者试图将这个论点推广，以之作为一种根本规律来解释人类文明社会的活动，凡勃伦是其中比较有代表性的一个。他几乎把一切物质生产劳动之外的人类活动都界定为是非生产性的，按照他的观点，人类在这些方面的活动，差不多都是私有制确立之后产生的。从性质上说，它们无非是统治阶级（凡勃伦称之为"有闲阶级"）炫耀身份与进行意识形态欺骗的工具。不可否认，这对私有制社会统治阶级的剥削本质和阶级社会意识形态的欺骗本质是强有力的批判。但相比之下，施托尔希关于物质生产、非物质生产分工及相互关系的议论，看上去是平淡无奇了一些，但也许更接近事情本来的样子。注意到这一点，我们在研究精神生产问题时，对凡勃伦理论的应用就应更为谨慎一些。当前一些学者在谈论精神生产问题时只论精神生产"消费"、"有闲"一面，便未必尽为妥当。[2]

其四，马克思指出，施托尔希还注意到了"非物质劳动的分工决定于对这种劳动的需求，一句话，决定于市场，等等"[3]。

尽管精神生产有着自身的特殊性，但这种特殊性不一定意味着排斥市场法则。问题只是：经常有人完全无视市场法则来看待精神生产，或将市场法则视

---

[1] 马克思：《剩余价值理论》（第1册），第297页。施托尔希的相关论述可参见《政治经济学教程》（第三卷），第241页。

[2] 这方面，鲍德里亚的理论是很有代表性的，而他的相关意见在中国又有被片面强调的趋势。

[3] 马克思：《剩余价值理论》（第1册），第297页。施托尔希的相关论述可参见《政治经济学教程》（第三卷），第246页。

为精神生产唯一的、最终的决定性法则。到了资本主义社会，市场经济体制以一种前所未有的强势影响到了精神生产并呈现出一种支配性的趋势。这是我们时代精神生产的现实存在状况，单纯地抱怨这种状况、否定这种状况、试图对这种状况视而不见都是于事无补的。我们在现阶段只能在市场的规定性中谈论精神生产的自由法则。违背了这种供需法则，或者说与这种法则产生了敌对态度的话，对精神生产的展开不一定是一件有益的事情。

因此，我们有必要按照经济学的法则，研究市场需求与精神生产的各种定性、定量的模式关系。虽然，乍听起来，这种说法有些滑稽：人们对精神的需求如何可能定量分析？对大众的普遍精神状况及精神需要的分析，怎么能够成为预测人类精神追求的可靠的路标？而现实情况又大多是艺术作品价值的审判权力经常也不在大众这一边。但所有这些，却也不能说明，大众的追求一定是与精神生产本来的路向是相悖的；所有这些也不能说明，在市场经济中，无视市场需要，精神生产倒能够发展得更好一些。其实所有这些只说明，在市场经济中，我们有必要引用某些物质生产的研究模式来研究精神生产，但我们不能简单套用物质生产的模式来说明精神生产的问题。有关精神生产市场分析的模型，必须要有足够的弹性，其各种相关参数的设定也应当是更为复杂的。

其五，马克思指出，施托尔希对精神生产的国际市场问题研究也值得重视："他说，不发达的国家从外国吸取自己的精神资本，就像物质上不发达的国家从外国吸取自己的物质资本一样。"[1]

按照施托尔希的看法，和物质生产一样，精神生产也面临国际性的市场贸易和竞争的问题。只是在当今社会，精神产品的"贷入"和"贷出"已不是施氏所谈到的加速未开化民族文明的进步那般田园牧歌式的了。

首先，精神产品的输出具有极大的商业价值。对他国精神文化产品的引进（尤其本国在国际竞争中整体处于下风地位的时候），就意味着本国不可避免地

---

[1] 马克思：《剩余价值理论》（第1册），第297页。施托尔希的相关论述可参见《政治经济学教程》（第三卷），第305—307页。

要付出一些经济上的代价。就文化产品的输入国而言，总希望将引入精神文化产品的成果效益最大化而实际经济的赔付最小化，对输出国来说，情况则正好相反。这事实上就会形成一个博弈的过程。精神文化产品的输入国自然不可能指望在这场竞争中它居然会处在一种优势的地位。这与我们的日常经验也许会有些许不符，就如施托尔希所举的学习外语的例子一样，某些精神产品，特别是文化、艺术产品的引进对本国产生的积极影响远远大于所付出的经济代价。(这在一定程度上反映了确实存在着一些较难以纳入资本主义生产方式中的精神产品。同时，我们也要警惕以文化输出为载体的政治诉求，这在下一点中将会谈到。)但与此相对的是，科技类的精神产品，如计算机、航天等尖端领域的核心技术却因科技强国的垄断性地位而具有极高的较不成比例的经济价值。我们是否可以认为这亦是资本主义生产方式越来越强势的结果：与市场法则更具契合性的精神产品很快地就被纳入其中，人们甚至会制定一系列相关的法律法规对这些精神产品可能产生的经济效益进行保护（如知识产权法等）。

其次，精神产品在国际上的推广已成为输出国家意识形态、获取国家利益的重要手段。施托尔希注意到，精神生产进入到国际贸易市场时，语言产品也许是首要的也是最直接、最重要的一种精神产品形式。这个观点是有趣的，也被证明非常地具有先见之明。从 20 世纪开始，一些发达国家不约而同地都将本国语言的国际推广当作输出文化、争取精神产业领域制高点的头等大事。20 世纪 30 年代，英国成立"文化委员会"以大规模推广英语。从表面上看，这个文化委员会是"一个在英国注册的非盈利性组织"；但实质上，它是在英国外交部领导下的进行文化外交的准官方文化组织，是英国政府执行其文化外交政策的工具之一。该委员会还依据英国在不同国家地区的外交政策提出不同的工作重点。[1] 英国如此，美国也不落后，1964 年对全球范围内教育和文化事业的投入即达 2 亿美元。(按照美国这几十年来的文化发展战略估算，可以推想如今已达

---

[1] 中国人民大学汉语国际推广研究所：《汉语国际推广战略研究报告》(2008 年 9 月)，内部资料，第 150 页。

到了一个无法想象的庞大数字。)甚至有人戏称美国的语言—文化教育只是外交政策的"第四要素"(其余三个为经济、政治、军事)。[1]

其六,马克思指出,施托尔希认为内在财富的生产总体上可以与物质生产形成良好的相互促进的关系,但此种关系并非绝对,也可能出现失去平衡的状况:"内在财富的生产决不会因为它所需要的物质产品的消费而使国家财富减少,相反,它是促进国家财富增加的有力手段;就如财富的生产也是增进文明的有力手段。"[2]

这种议论看上去像是泛泛之论。按照一般的"辩证法原理",这两者间总是需要一种平衡的,不然,岂不是容易犯过分强调物质之上的机械唯物论的错误或过分强调人的主观意识能动性的唯心论的错误?不过从历史的经验事实来看,施托尔希的这番议论一点也不多余。在纷繁复杂的精神文化活动与社会力量、政治经济运动的各种复杂关系中及时找到解决矛盾冲突的办法,殊非易事。至少一百多年来的社会主义文化建设在这个问题上,有过不少令人痛心的经验教训。

在某些时候,一些社会主义建设者会过分强调物质生产的决定性作用。按照他们的解释,人类的精神活动除了是物质生产的简单附庸就再也没有一点别的东西了。比如,加里宁曾认为伟大文学艺术的终极奥秘在于能够"提高劳动生产率"[3]。时至今日,将加里宁这类的说法单独提出来人们会感到可笑,但事实上在很长的一段时间里,这类说法是我们思想文化界的金科玉律。就算现在,我们也不能说这类说法已经没有市场了。事实上,这种说法如今有时会变换一种形式,以另一种极端的方式(比如满口福山、费斯克的理论)来谈论同样荒谬的结论。而过分强调精神生产的决定性作用的情况也不少。像中国有段

---

[1] 中国人民大学汉语国际推广研究所:《汉语国际推广战略研究报告》(2008年9月),第67页。
[2] 马克思:《剩余价值理论》(第1册),第297—298页。施托尔希的相关论述可参见《政治经济学教程》(第三卷),第517页。
[3] 爱文托夫:《加里宁论文学》,草婴译,新文艺出版社1955年版,第175页。

时期所乐于谈论的"穷过渡"、"越穷在精神上越纯洁"、"宁要社会主义的草，不要资本主义的苗"之类，就是这种情况的典型代表。而如我们所见，这种对精神生产重要性的极端强调，也注定是浮于表面的。没有一定的物质生产作为基础保证，人们的精神生产只能是空想、假想、妄想。关于这类情况的经验教训，我国思想界已多有总结，我们在此不作详细的讨论。

除了上述的分析，马克思对施托尔希"文明论"的评论还有一些，如他在研究西尼耳[1]、罗西[2]等人的相关经济理论时，都引施托尔希的观点作为主要的参照。不过，马克思在其中表述的要义，大抵都可归入上述各点，我们便不再多作展开了。

按照马克思生产理论的一般形态，精神生产问题至少应当包括以下一些方面：人类精神活动如何被纳入到资本主义生产体系中（这里，关于精神文化的产业化史、精神生产的理论史是当然的重要研究内容）；作为资本社会生产部门之一的精神生产的一般形式特征与形态特征（这里，关于精神文化的产业化与精神生产前史的一般形态比较是当然的重要研究内容）；精神生产在资本生产体系中的地位；精神生产部门的资本再生产问题；与一般物质生产部门比较，精神生产部门的有何特殊属性；应当依据何种逻辑对精神生产作进一步的产业细分等等。以上述研究为基础，我们还应当进一步分析：此种资本生产的逻辑对精神生产部门从业者的个人生存状态发生了怎样的影响；此种逻辑对精神产品本身造成了怎样的影响；最后，当资本生产成为人类精神文化活动最重要的甚至是唯一的支配逻辑时，人类的精神活动以及人类最终生存的境况将会变成怎样？等等。马克思本人并未就这些问题作系统性地阐释，而只是给我们留下了一些思想线索，本文按图索骥地对其中的一些问题有所讨论和深化，希望沿着这一方向我们终究能够对马克思的精神生产问题窥一斑而知全豹。

---

[1] 马克思：《剩余价值理论》（第 1 册），第 303—304 页。
[2] 同上，第 310—312 页。

From "Internal Wealth" Theory to Spirit Production Theory
—from the Perspective of Marx's critique of Storch

Chen Qijia   Luo Xuan

Abstract: Although Marx did not research into the Spirit Production in his Production Theory, he left some instructive thoughts clues on it. In this essay, the author starts with the Marx's critique of Storch's "Internal Wealth" theory, and analyzes advantages and shortcomings of it, in order to go deeply into the specific issues of Marxsim Spirit Production.

Key words: Sprit Production, Internal Wealth, Marx, Storch

劳动价值论与剥削概念

杰拉德·科亨著 赵惊译 樊华校

摘要：传统的马克思主义提出劳动价值论，认为工人的劳动创造出价值，而价值却被资本家所剥削，这样就推出了不公正的存在，所以马克思要求推翻这种资本主义的剥削制度。但本文却不赞同这样的观点，指出劳动价值论和剥削概念之间并无直接关系，不能将两者相混淆、把前者当作指控后者的基础。文中详细厘清了劳动价值论的各个推论，一一对其给予了驳斥，得出"劳动并没有创造价值"的结论；接着又据此讨论了剥削的概念，认为资本家所剥削的不是工人的生产价值，而是工人生产的具有价值之物——如此联系两者，就最终得出马克思谴责剥削的真正基础在于工人劳动所创造的具有价值之物而非价值本身的结论。本文的特殊贡献也就正在分辨了劳动价值论和剥削，对于马克思的剥削概念基础提出了自己独特的见解。

关键词：劳动价值论 剥削

是我们垦开草原，建起
城市，让人们做起货殖营生
是我们开矿建厂，铺下
铁路，数千英里延绵不尽

> 如今我们见弃冻馁，周围环绕着的
> 诸多奇景，是我们一手建成……
> ——拉尔夫·查普林《团结》和《共和国战歌》之曲调

本文将指出，劳动价值论与剥削概念之间是互不相干的关系。马克思主义者将劳动价值论用作指控资本主义剥削的基础并不适宜，而这种指责的真正基础则要简单得多，只不过，出于后文将谈到的一些原因，人们普遍地将其同劳动价值论混淆起来。

一

首先，我将简述一下劳动价值论，其理论基础可参见《资本论》第一卷。（后文还将谈到第一卷同《资本论》其余部分的差别。）我首先将定义"价值"这一术语，然后再讲劳动价值论是如何界定这个术语的。下面是《资本论》第一卷开篇几页的一种讲法。讲完之后，我还将描述另外一种方式，但我不认为它是正确的。

那么，我们开始。比较简便的方法是以交换价值为参照来定义价值。

交换价值是被需求物的一种属性；在马克思主义的语言中，则是使用价值的属性。[1] 不过，它不是所有使用价值的属性，而是那些被买卖、经过市场交易的使用价值的属性。马克思主义称这类使用价值为"商品"。交换价值则是商品的属性。

它是怎样的属性呢？商品的交换价值是指它交换一定数量的其他商品的能力。它根据等价条件下它所用来交换的任意一种其他商品的数目来衡量。

---

[1] 这一术语的更完整定义，见拙作《马克思的历史概念》（牛津和普林斯顿：1978年），附录2。

因而一件大衣的交换价值可以是八件衬衫，也可以是三顶帽子，还可以是十英镑。

交换价值是一种相对度量。商品的交换价值以价值为基础，而价值是一种绝对度量。仅当商品 a 与商品 b 的价值比为 n∶1 时，商品 a 的交换价值才为 n 个单位的商品 b。如果两种商品的价值发生了同方向、同比例的变化，这两种商品之间彼此的交换价值将保持不变。

劳动价值论的中心论点是，价值量由社会必要劳动时间决定。更准确地说：如不考虑其他的情况，那么商品的交换价值同在标准生产力条件下生产这种产品所需的劳动时间成正比，同标准条件下生产他种产品所需的劳动时间成反比。仅凭这一个条件，就能建立起一种极简单的价值决定模式。

如前所述，劳动价值论的不正确，正是源于其价值定义的不正确。《资本论》卷一开篇的另一种讲法是，价值被定义为社会必要劳动时间。然而，仅对一个技术性术语作出规定性定义还不算是一种理论，当价值被定义为社会必要劳动时间时，亦不能说"社会必要劳动时间决定价值"是劳动价值论的中心论点。有时，支持第二种定义的人会进一步推论出，价值决定均衡价格：等式均衡时，价格等于价值，后者由社会必要劳动时间所决定。

争论还可以扩大。这里给出两个命题：

（1）社会必要劳动时间决定价值。

（2）价值决定均衡价格。

我们认为，（2）由定义而为真，其他人却认为（1）由定义而为真。[1] 先不管谁对谁错，由（1）和（2），可以推出：

（3）社会必要劳动时间决定均衡价格。而（3）不管怎么看，都非由定义而为真。只要大家同意，从《资本论》卷一版本的劳动价值论可推出（3），而

---

[1] 例如，罗纳德·密克（Ronald Meek）：《斯密，李嘉图，马克思》（伦敦：1977 年），p.95。密克将（1）视为由定义而为真，而将（2）视为实质性立论。在该书第 127 页，他承认这一议题有待商榷。

(3)并非由定义而为真,那么,我就不希望反复强调我的观点,即定义性的真理为(2)而非为(1)。非要去附和另一种定义的话,则下文几乎可以改辙重写了。(后文将论及支持第二种定义的一条不太好的原因。)

现在,我们转向劳动价值论所假定[1]的推论,即劳动的剩余价值理论。

劳动的剩余价值理论是用来解释资本主义条件下的非工资收入的。我们将工人劳动时所使用的能力和本领称为劳动力。请注意,在资本主义条件下,劳动力是一种商品。它以时间段的形式由工人出售给资本家。作为一种商品,它也有价值,而同其他商品一样,其价值根据命题(1)由生产它所需的时间量决定。但生产它所需的时间量等同于生产工人维系生计所需的时间量,这是因为,当且仅当一个人被生产出来时,其劳动力才被生产出来。由是,"劳动力的价值即是劳动者维系自身所需的生计的价值"[2]。非工资收入的根源则为劳动力价值与本来拥有它的劳动者所生产的价值之间的差值。即维系生产者在一定时期内的人身存在所需的生产时间量,与同一时期内他从事生产所花费的时间量的差值。

用来支付工资的资本等于生产者的劳动力价值,称为可变资本。工人生产的价值超逾出可变资本所体现的部分,称为剩余价值。剩余价值同可变资本的比值,称为剥削率:

剥削率 = 剩余价值 / 可变资本

= 剩余价值 / 劳动力价值

= (劳动时间 − 生产工人所需时间) ÷ 生产工人所需时间

---

[1] 我在别处会讲到,从劳动价值论不能合法地推出劳动的剩余价值论。
[2] 马克思:《资本论》第一卷(莫斯科:1961年),p.171。严格来说,马克思认为劳动力价值是用于再生产劳动力供给的生计的价值,因而也包括抚养子女的必需品的价值。这将问题复杂化了,但于理论无所裨益,姑且忽略之。

二

为什么用"剥削"这一术语来命名剥削率这一比率？是不是因为这个术语指明了一种不公正？对于这样一种术语用法，人们很难想到其他理由。

但是，很多马克思主义者认为马克思的剥削概念纯粹是科学概念，并无道德内容。为了维护这一点，他们说，在马克思的用语中，a 剥削 b，其实并无对 a 或对让 a 得以从中牟利的制度安排的谴责或批评。对于他们来说，命题（4）是错误的：

（4）推翻资本主义的一个原因是，它是一种剥削的制度（而剥削是不公正的）。

有两类马克思主义者都否定（4）。第一类人这样做，是因为他们认为并不存在任何推翻资本主义的理由。人们之所以这样做，或是因为自然而然，或是出于其阶级境遇，或是出于对他人的阶级境遇在道德上无根基的认同。

第二类人认定，有很多理由足以推翻资本主义，但不公正不在其列，这是因为公正在他们看来并不是马克思所推崇的价值。资本主义的问题不在于它不公正，而是因为它压迫人的潜能，摧毁人民和谐友爱，鼓励人们绝乎人情地对待他人，以及其他一些不能归类为不公正的严重缺陷。

而我可以很确定地说，有很多马克思主义者认同（4），其中就包括卡尔·马克思本人。但我不会为上一个句子辩护。否认这一点的马克思主义者会发现这篇论文缺乏些新意，但我希望他们总该把此文读完。因为尽管我的主要话题将是（4）与劳动价值论的关系，但在探讨过程中，我将揭示出劳动价值论自身深藏又为人忽略的含糊之处，没有一位马克思主义者能否认：多数马克思主义者是肯定劳动价值论的。

三

首先，我将提出一套基于劳动价值论的论证，其结论是工人被剥削了，继而推出不公正的存在。我们可以称其为传统的马克思主义论证。持这一论断的人都相信命题（4），他们认为劳动价值论支持（4）：

（5）只有劳动创造价值。

（6）劳动者得到其劳动力价值。

（7）产品价值大于劳动力价值。

因此，（8）劳动者得到的价值小于他所创造的。

（9）资本家得到了剩余的价值。

因此，（10）劳动者被资本家剥削了。

前提（5）来自劳动价值论，而剩余价值论导出了（6）、（7）和（9）。

传统马克思主义论证在两方面有所欠缺。首先，一个至关重要的规范性前提并未得到申明。用极为概括性的术语来表达，其内容是：在某些条件下，从某人那里无任何代价地获取了某物是一种（不公正的）剥削。如将条件细化，让这一前提变得更精确一些的话，就会超出本文的关注范围。我们只需一个缺乏交互性的粗略的剥削概念。

另一缺陷（这里同样不打算纠正之）是论证的失败，如本文所说，论证未能将资本与劳动之关系的有关特征具体化，诸如劳动者因其一无所有而被迫为资本家劳动这样的事实。这一备受争议的事实本该得到周详的论说。[1]

最后请注意，传统论证如上文所见只言"劳动者"和"资本家"，因而在对资本实践的再现中将阶级关系个人化了。这规避了工人与资本家的阶级划分问题，这在时下同在马克思的时代相比，是更大的问题。我确信有一种方案，既能保留论证（如传统论证等）的效用，还能解决这一问题，但这同样超出了本文的范围。

---

[1] 反对这一事实的有罗伯特·诺奇克（Robert Nozick），见《无政府，国家，乌托邦》（纽约：1974年），pp.262-264。为了驳斥诺奇克氏并为这一事实辩护，见拙文《罗伯特·诺奇克与威尔特·张伯伦》，J. 亚瑟（J.Arthur）、W.H. 肖（W.H.Shaw）编：《正义与经济分配》（Englewood Cliff,1978），pp.257-259。拙文《资本主义，自由与无产者》，载于1979年出版的以赛亚·伯林（Isaiah Berlin）《纪念文集》，曾试着作过一些改进。

四

传统论证采用了劳动剩余价值论，并导出了前提（6）、（7）和（9）。但这些可以用一个想当然的疑似真理替代，且不会削弱"劳动者被剥削了"这一结论。其结果是，一个更简化的马克思主义论证［命题（11）即为疑似真理］：

（5）只有劳动创造价值。

（11）资本家得到产品的部分价值。

因此，（8）劳动者得到的价值少于他所创造的，且

（12）资本家得到了一部分由劳动者所创造的价值

因此，（10）劳动者被资本家剥削了。

由此可见，当马克思主义者说资本主义是剥削性的时候，从劳动剩余价值论不必然推出他们所持的道德论断。问题不在于如何去解释劳动者所生产的价值和他所得到的价值之间的差值[1]，而仅仅在于，的确存在这个差值。（请注意，尽管简化的马克思主义论证放弃了劳动价值论，论证中却仍然存在一个清晰可辨的剩余价值概念，即工人创造的价值与他所得到的价值的差值；而他所得到的价值仍可被称为可变资本。）[2]

五

我们首先谈了劳动价值论，即商品价值取决于生产它所需的社会必要劳动

---

[1] 即便从其他角度来看这一点十分有趣，但它还是同有关剥削的道德论断无关。

[2] 在劳动价值论的几次重要运用中，关键的概念是可变资本，而非劳动力价值，如在再生产模型、价值转变为价格，以及利润率趋于下降的学说中。《资本论》至少允许在劳动力价值与可变资本间存在短暂的差值，但存在这一差值时，在等式中参与计算的应为后者，而非前者。

时间。我们通过论证达到了一个结论，即劳动者被资本家剥削了，而它似乎来自劳动价值论中一个备受争议的前提，即前提（5）：劳动创造价值，只有劳动创造价值。但我们将要指出的是，劳动价值论并不能推出（5）。毋宁说，即使它能推出（5），也是错误的。[1]

假设，在 t 时刻，某一商品具有一定的价值。而这个价值，根据劳动价值论，由生产这一类商品所需的社会必要劳动时间所决定。现在我们发问：何时需要生产它？答曰：在 t 时刻，在这个时刻它具有价值，能被交换。如果劳动价值论为真，则过去生产它所需的时间量是一与其价值严格无关的量值，实际生产它所花费的时间量更是如此。

极端的例子会让这一点更为清楚。（a）假设有使用价值 a，它在过去被生产出来，彼时 a 类物品只有借助劳动才能生产出来，但此时生产 a 已经不再需要那种劳动了（a 可以是一定量的天粮 [manna，吗哪]，它在以前的某一时间由人们所生产，那时的上帝已如我们想象的那般开始定期投放天粮），因而根据劳动价值论，a 是无价值的，尽管其中有"具体"的劳动。（b）反过来，假设目前的市场中有商品 b，而 b 本不是由劳动生产出来的，但目前生产 b 类物品突然需要大量的劳动，（b 可以是在清洁空气的生产成为一种需求之前的大量瓶装清洁空气）则 b 具有价值，尽管其中并无"具体"劳动。[2]

上述论述遵从劳动价值论。从这一理论可推出，过去的劳动与商品当前的

---

[1] 根据对（5）的传统理解，"劳动创造价值"这一论断的部分含义是，价值量是劳动量的函数。
[2] 或许有人会反对说，马克思不认为 b 有价值，因为他将价值定义为劳动的产出，这一点在文本中可能是正确的（《资本论》第一卷第 38 页支持了这一点），但任何聪明的马克思主义者都不会在其辩词中激化劳动价值论在普遍性方面令人遗憾的缺陷。如果还是有人对这一反对意见念念不忘，可让他想象一下 b 当中只有极少的劳动的情形。极端的例子只是为了突出要点，而要点在于根据劳动价值论，确有"价值关系的不断变化"，这是因为生产某种商品所需的劳动力数量不能免于变化。见《资本论》第二卷，（莫斯科：1957 年），第 72 页。

价值无关。[1]但如果过去的劳动创造了商品的价值的话，它就不会是无关的。因为如果无关，我们根据劳动价值论就可得出，劳动没有创造价值。

让我们将"价值取决于社会必要劳动时间"这一命题称为劳动价值论的严格学说，将诸如（5）或者将价值说为具体或凝结了的劳动的说法，归为通俗学说。种种原因造成了严格学说和通俗学说经常相互混淆。其中最无趣的原因是（后文会提到一些更有趣的原因），马克思经常将两种学说同时用于系统阐述中。如：

> 商品的价值须对照其他商品的价值，正如生产一件商品所需的必要劳动时间须对照生产另一件商品所需的劳动时间。"同价值一样，所有商品都只是劳动时间的清晰可见的凝结物。"

> ……只要一件商品的价值量得到了决定，根据我的解释，通过其中包含的劳动时间量得到了决定，那么，它就通过生产一件物品所耗费的一般劳动数量[得到了决定]。[2]

并不是说马克思从来没有注意到严格学说与通俗学说的区别。相反的，如下句子证明了他注意到了这一区别：

> 决定价值的并非包含在产品中的劳动时间量，而是当前所需的劳动时间量。[3]

"当前所需"：说的是商品被赋予价值的那个时刻。相关的社会必要劳动时间是当前所需的社会必要劳动时间，而非原来生产时所需的：

---

[1] 斯拉法（Sraffa）的文章"过时的劳动量"认为这一点仍然正确，尽管文中存在误导性的术语。见斯拉法（P.Sraffa）：《用商品生产商品》（*Production of Commodities by Means of Commodities*，剑桥：1960 年），第 6 章；以及斯蒂德曼（I.Steedman）：《斯拉法后的马克思》（伦敦：1977 年），第 70 页，注 3。

[2] 第一个例子，见《资本论》第一卷，第 39—40 页。（马克思引用他早年的著作《政治经济学批判》）第二个例子，见《阿道夫·瓦格纳评点》（"Notes on Adolph Wagner"），收于卡弗尔（T.Carver）编：《卡尔·马克思：方法论文本》（*Karl Marx: Texts on Method*）（牛津：1975 年），第 184 页。

[3] 卡尔·马克思：《大纲》（*Grundrisse*），尼古劳斯（M.Nicolaus）译，（哈芒斯沃斯：1973 年）第 135 页。我用"当前"替换了尼古劳斯的译文"在某一给定时刻"，这更符合原作的字面意义。

每件商品的价值……并非由它所包含的社会必要劳动时间所决定，而是由再生产它所需的社会劳动时间所决定。[1]

所以，我才说马克思并非不知道区分两种学说。但必须说，这一区别损害了马克思的核心论点。它所牵涉的问题甚为重大，但一般无人注意，马克思也没有提过这些问题。我们主要关心这一问题同剥削概念的牵涉。它同样牵涉纯经济理论，后面我们会就其中一些理论说几句题外话。不过，我们还是先仔细审视一下两种阐释方法的差别。

为什么一件特定产品所实际花费的劳动量可能与现在生产该类产品所需的标准劳动力量有所区别？有两点原因。第一是在实际劳动过程中存在不标准的效率水平，即比社会标准效率更低或更高。第二是技术更新，它能改变这个标准。

考虑一下低效劳动的情形。马克思主义者总是将其视为对劳动价值论的一种极荒谬的批评，他们反对这样一种推论，即低效生产的灯泡比高效生产、因而所需时间更短的灯泡具有更高的价值。而上述结论确实不能与严格学说相符。但它为何不能符合通俗学说呢？如果的确是劳动凝结在产品内因而创造了价值，那么，既然花费了更多的劳动，这多出的劳动难道不该凝结在产品中么？难道产品不会具有更多的价值么？

低效劳动的情形指出了严格学说和通俗学说的不能兼容。马克思主义者对这一情形有所知晓，但他们仍然拒绝抛弃通俗学说。说到底，两种学说在马克思主义文化中能够共存，且缺一不可的原因在于，两者各承担着知性、或政治的功能（知性、政治兼而有之亦可）。据此，面对低效劳动一类的问题，许多马克思主义者提出了一种混合的阐释，意在修正通俗学说，使其与严格学说相符。因此，为了回应低效劳动的例子，他们说：

(13) 工人，唯其劳动为社会必要时，才根据其社会必要的程度而创造相应

---

[1]《资本论》第三卷（莫斯科：1966年），第141页。（再生产一件商品，是指生产一件与之一模一样的产品。）

的价值。

如果实际劳动时间超出了社会必要的标准,则劳动不创造价值。这种阐释明显是想在与严格学说不相矛盾的条件下保留通俗学说创造价值的理念。但我们会指出,这不可行。严格学说不能容许这样的混合阐释。

显然,严格学说排除了(13),因为(13)所计算的社会必要劳动时间量是错误的,即在商品被创造时所需的社会必要劳动时间,[1] 而非商品投放市场时所需的社会必要劳动时间。如果还想继续坚持严格学说,一种混合阐释不可包含(13),而应说:

(14) 工人创造价值,唯其所施加的劳动量在产品进入市场时为社会必要时,才根据其必要程度而创造相应的价值。

马克思主义者认为(14)符合严格学说,因为他们错误地假定(14)符合严格学说某些可能的推论,但这些推论并无切实的重要性,如:

(15) 当花费的劳动为社会必要,且产品被投入市场时,价值即由花费的劳动时间所决定(即可据此推算而得)。

命题(15)确实符合严格学说,正如(16)符合有关于气压计的真理学说:

(16) 当1号的大气压强等于2号的大气压强时,2号的水银柱高度就由1号的大气压强所决定(即可据此推算而得)。

命题(16)由2号的大气压强决定2号的水银柱高度这一真理推出。但从(16)不能推出1号的大气压强决定了2号的水银柱高度。而(15)同样不能支持(14)。

其要点是,如果一个数值 m 由于因果关系而取决于另一数值 m',且另一数值 m" 等于 m',则不论 m" 的值为何,m 都可以由 m" 推算而得。但却可能会存在一种错觉,即认为 m" 解释了 m。正是这个错觉,击中了认为(14)符合严格学说的那些人的要害。

---

[1] 当然,有可能根本不存在这样一个独一无二的数值;这对于(13)就更加不利了。

混合阐释的另一个问题是异常高效率劳动的情形，或劳动所采用的生产手段优于当前可行的手段的情形，其中，所花费的劳动少于当前的社会必要所需。这样的情形下，就不能说，价值由社会必要劳动界限内的劳动所创造，因为花费的劳动还不及社会必要所需。效率低下时，尚且能以某些发生了的劳动并不创造价值为由搪塞。但效率奇高时，总不能有类似于"未发生的劳动创造了价值"这样的托辞吧。

我们的结论是，试图求助于混合阐释而声援"劳动创造价值"这一通俗理念的努力，是行不通的。

六

过去的需求，连同过去发生的事情——这些原则上与一件商品具有多少价值无关，如果劳动价值论为真的话。不过，在认识论意义上，这些并非无关。因为技术条件的变化相对较慢，最近期的社会必要劳动时间通常是衡量当前社会必要劳动时间的有益指数。过去具有代表性的实际劳动时间更是衡量过去必要劳动时间的最佳指数。因此，已发生的事情变成了衡量当前需求的极佳指数。但这并不意味着过去创造了商品的价值。

我们的论证指出，如果劳动价值论为真，则劳动不创造价值。但如果只为了"劳动创造价值"这一点就抛开劳动价值论，再去另觅理论基础的话，则可能就有些不切实际了。[1] 因此，我们只能说，不论劳动价值论为真与否，劳动都不创造价值。

有人会问，如果劳动不创造价值，那是什么创造的呢？认为价值一定是被创造的，这本身就是偏见。当然，确有一些事物可以解释价值及价值量，但这

---

[1] 这里的"劳动价值论"指的是传统意义上的，亦是其应有的意义，见第 336 页注 1。

些不一定都是创造者。劳动价值论的严格学说就是一种对价值量的假想性解释。但它没有指明任何价值的创造者，除非我们认定价值是由解释创造出来的。当前生产某种商品所必需的事物——这无论如何都不能符合"创造者"的字义。

通俗学说为什么是通俗的？一是因为它比严格学说更适合被看做指责剥削的基础。我们将会看到（在本文第八节和第九节），两种学说都不支持这样一种指责，但很明显，通俗学说还是更适合一些，这仅仅是因为它表述了"劳动创造价值"。而通俗学说之所以通俗，却还有一条比较显著的原因，即某些与严格学说相抵触的论证，往往是不当地转变为通俗阐释后即可消除抵触。下一节将解释这一点，有关剥削的主题则暂且不谈，我还会论证严格学说为假。第八、九、十节将完成对剥削的讨论，但这并不以下一节的论点为前提。

七

一种公然挑战劳动价值论的论点认为，价值量会受到社会必要劳动时间以外的因素影响。这样的事物有很多，其中之一即是生产工具的所有权形式，它反映为商业实力，并借助其分配作用影响价值。当生产工具存在一定程度的垄断时，其产品所定出的均衡价格因而有可能会比其他情况更高一些，因此，在前文给出的价值定义下，它就会有更高的价值。

但如果价值是严格依照前文的字面解释而给出的话，既然生产工具所有权严格来讲什么都不创造，就会推出不符合表面现象的结论：所有权形式不影响价值的形成。这正是一些马克思主义者所说的。他们说，只有劳动创造价值：所有权形式能影响价格，因而影响各个所有者所得到的价值。但他们所得到的价值的任意一个部分，都不是由所有权创造的。

但这种辩护思路从本质上讲依赖于劳动创造价值的理念。如果我们坚持严格学说，而严格学说并不考虑价值由什么创造，那么就没必要讨论是否是劳动创造了价值。

为了弄清这一点,须回到我们在最初讲解劳动价值论时提出的三个命题:

(1) 社会必要劳动时间决定价值。

(2) 价值决定均衡价格。

(3) 社会必要劳动时间决定均衡价格。

请回忆我们的观点,定义性的陈述为(2),而(1)是理论的实质所在。(1)和(2)推出(3)。有些人喜欢将(1)视为由定义而为真,我们说过,要指出其原因所在。这里给出一个原因。

命题(3)的反例有很多,例如前面我们指出的有关生产工具的所有权形式的那个例子,或是有关生产周期的歧异以及资本的有机构成等情况。命题(3)为假,《资本论》第二卷和第三卷用很大篇幅证明了这一事实。

既然(3)为假,(1)和(2)中至少有一个为假。如果(2)由定义而为真,则(1)为假,劳动价值论就被击破了。为此,马克思主义者们所做的,是将(1)视为由定义而为真——这样(3)的反例就无法影响到它——而只好将(2)放弃了。但这会抽空劳动价值论的全部实质内容。不过,这一结果被掩盖起来,正是借助于在通俗模式中重新解释(1),即将其想为"劳动创造价值"一类的说法,因其不像是在下定义。于是,有如下说法:不论是什么决定了市场交换比率,不论是谁,得到多少价值量,其所得的价值,都只由劳动创造。在反例的压力之下,(1)被视为由定义而为真,(2)被抛弃,通俗学说就提供了一种看似具有实质性内容的表面论述,实则劳动价值论的全部实质已被抽空。《资本论》第一卷中,由于其简单化的假设,尚可在(2)的价值定义下继续论证。但当假设松动时,(1)和(2)不能同时为真。因此,在第二卷和第三卷中,命题(2)被抛弃了。

就这一点而言,重温马克思对李嘉图的批评的中心部分,会对我们有所启发。如果我解读正确,这一批评亦有赖于通俗解释。

李嘉图的价值定义同(2),而他有时会做出一些类似于(1)的断言,因此，有时也会断言（3）。而后他承认生产周期的变化会否定（3），因而也否定（1）（因为（2）是由定义而为真）。因此，他允许价值（也就是均衡价格）偏离于社会必要劳动时间。[1]

马克思认为，李嘉图这里是被表象所误导了。真正的偏离，不是价值偏离了社会必要劳动时间，而是均衡价格偏离了价值（也就是社会必要劳动时间）[2]。

到目前为止，李嘉图和马克思都认为均衡价格偏离于社会必要劳动时间。然则其理论区别何在？我相信，这一区别仅能在通俗话语中得到陈述，正是因此，马克思才在这里向通俗话语求援。因为他说，生产周期及有机构成的变化并不影响创造价值的多少，而仅仅影响在不同的创造价值的场合中被估算的价值多少。但如果有人问，这里说的劳动究竟创造了什么？那么我说，只要价值不再（现在它不能不被）被定义为（2），这个问题就不会有答案。[3]

劳动价值论一分为二，即严格版本和通俗版本。两者相互矛盾。然而，在补救的过程中，劳动理论家们却不能简单地抛弃通俗版本。因为，尽管两者互不相容，但其中之一要想显得正确，人们就必须以为它已得到另一版本的支持："劳动创造价值"似乎是（其实不是）"价值由社会必要劳动时间决定"这一论题的简单推论，而只有将后者视为能与劳动创造价值的理念相互对换时，它才能躲过辩驳。

八

这一部分，我会指认出马克思将谴责剥削归罪于资本主义生产过程的真正

---

[1] 见任何版本的李嘉图：《政治经济学原理》（*Principles of Political Economy*）；亦见马克·布劳格（Mark Blaug）：《经济学理论回顾》（*Economic Theory in Retrospect*，伦敦：1968年），pp.96ff.

[2] 参见《剩余价值理论》第二卷（莫斯科：1968年），第106、174—180页，及《大纲》，第562—563页。

[3] 这样一来，如果我的分析无误，[从价值到价格的] 转变问题严格来讲就是一个关乎理论一致性的问题，不论它能否在数学上得到解决。

基础，这一命题表达了马克思主义者的真实想法，不管他们对此怎么想，怎么说。真正的基础不是通常所说的那个命题（5），而是一个非常显见的、丝毫与劳动价值论无关的事实，它被普遍地同（5）混淆起来。又因为（5）本身同劳动价值论相互混淆，这就同我们将要讲到的那个非常显见的事实混淆起来。[1]

在讨论中我们还将顺便解释一下，为什么就连那些高知马克思主义者们也会将理应充满争议的劳动价值论看做一个非常显见的真理。如果马克思主义者将其看做是显见的真理，而其他人认为它根本不是显而易见的，则必有一方大错特错。有的解释认为错误源自阶级地位和意识形态立场，这是不够的，因为它无法表明错误是如何成为可能的，也无法揭示出引发错误的知性机制。下文将有助于解释高知马克思主义者们的错误是如何成为可能的。

请回忆上文。可以看到，如果劳动价值论为真，则劳动不创造价值。因为如果劳动创造价值，则过去的劳动创造价值；而如果过去的劳动创造价值，则过去的劳动决定了产品的价值。但劳动价值论认为，价值量取决于当前的必要劳动时间。由此可以推出，如果劳动价值论为真，那么过去的劳动不创造价值。除此以外，再也没有其他理论基础可以支持"劳动创造价值"的断言。因此，"劳动创造价值"是错误的。而我们会在第九节中指出，就算这一点为真，它仍然不是指责剥削的稳固基础。

就算经过了严格阐释，劳动价值论自身也无法充当基础。当我们发现，从它无法推论出工人创造价值，如是幻念就都消失了。事实上，劳动价值论没有讨论工人创造了什么东西。

但是，工人很明显是创造了一些东西的。他们创造了产品。他们不创造价值，但他们创造了具有价值之物。语句上失之毫厘，概念上就谬以千里。对剥削的谴责，不是由于资本家攫取了工人生产的部分价值，而是由于他获取了工人所生产之物的部分价值。不管工人生产价值与否，他们生产产品，而产品具

---

[1] "混淆"不是传染出来的，但这不影响上述论证的正确。

有价值。

除了工人，再没有别人[生产具有价值的产品]。或者，更谨慎地讲，生产者仅仅是那些生产具有价值的东西的人：除了生产活动，没有其他人类活动能够生产具有价值的东西，这是由定义而为真的。这并不是要回答"生产者究竟是谁？"这一难题。不论答案是什么，只有那些被答案所指定的人，才能生产具有价值的东西。而在全面地解答这一问题之前，我们就已经知道，资本的所有者，就其本来意义而言，不能被说成是生产者。

请注意，我不是说任何具有价值的东西都是由劳动所生产，因为我并未说过任何具有价值之物都是生产出来的。我同样不否认，生产具有价值之物时，通常需要工具和原材料。由是，可以断言：最广义的劳动者，只不过是生产具有价值的东西的人，而资本家在这一意义上不是劳动者。如果资本家也是劳动者，资本和劳动就不再是两种区别明显的"生产要素"[1]了：资本家提供不同于劳动的资本。

有些人会对这一点存有疑问，即：资本所有者并不生产任何东西。当然，一个资本所有者可以从事一些生产，比如说，一些可以另外雇人去做的工作，他可以自己来做。这样一来，他就是生产者而非资本所有者了。更合理的反对意见是：资本所有者可根据其自身的能力，在诸如风险投资、注资决策等事项上，履行重要的生产职能。但不论这一点正确与否，都不能推论出他们在本文言及的那种确定无疑的意义上生产了任何东西。换一种方法说，他们并未卷入生产活动。

生产性的行为，就是一个人做了某些有助于将物品生产出来的事情，但不能就据此推出他参与了这一物品的生产。没有刀，就不能割东西，但不能推论说：如果你没有刀而我借了你一把，并让你有了割东西的可能，则我就是一个

---

[1] 我用了双引号，这是因为存在着很多来自马克思主义者的反对意见，他们不认为资本和劳动力是明显不同但又可互相比较的两种生产要素：请注意，某种意义上，生产所需的全部事物都可以是资本，因为资本不仅购买生产工具，还购买劳动。这仅仅暗示了《资本论》第三卷，第48章中提到的反对意见，而并不影响上文的论点。

割东西的人。对其他类型的生产者而言，亦复如是。资本家参与了前者 [生产性行为]，但如能明确分辨，就可看出他们并没有（除非他们不仅仅是资本家）参与后者 [生产]。

资本家是否是一个生产性的非生产者 [productive nonproducer]——这里既不赞同、亦不否定这一点——这确实会影响到"他是一个剥削者"的立论。这对于建立在"资本家什么都不生产"这一前提之上的对剥削的指责而言，构成了挑战。但如果对指责剥削的挑战指向的是其理论前提，即"资本家什么都不生产"，那就错了。不容否认的是，人们常常想到这一点。

我认为，这一显见的真理，才是马克思谴责剥削的核心所在。谴责剥削的真正基础不是工人生产价值，而是工人生产了具有价值之物。真正能得出（10）的，不是简化的马克思主义论证（见本文第四节），而是这一更复杂的论证（是为清晰论证）：

（17）劳动者是唯一创造具有价值的产品的人。

（11）资本家得到产品的部分价值。

因此，（18）劳动者得到的价值小于其所创造的东西的价值，而

（19）资本家得到了劳动者所创造的东西的部分价值。

因此，（10）劳动者被资本家剥削了。

清晰论证的建立类似于简化的马克思式论证，只是用前提（17）替换了前提（5）。两者完全不同，但容易互相混淆。

九

我说过，是劳动创造了具有价值之物，而非（人们假定的）劳动创造价值，这才是将资本主义谴责为一种剥削系统的根基所在。现在，我要对这一立场进行辩护。

我们已知，劳动并不创造价值。现在我提出，即便劳动创造价值，亦无关乎剥削问题。

首先，"劳动创造价值"，并非"劳动被剥削"的必要条件。因为，即便我们假定创造价值的另有他物，"劳动被剥削"这一印象（如果有的话）却仍然成立。我们可以假设，商品的价值量完全取决于对其需求的强度和广度，这样，我们就可以说价值由需求创造，而非劳动。如果"劳动创造全部具有价值之物"这一点仍能成立，且资本家仍占有了部分价值，对剥削的指责就会失去分量么？当然也不会。所以，工人创造价值不是指责剥削的必要条件。因为这里我们已假定有其他事物创造价值，而对剥削的指责如故。

然而，"劳动创造价值"对于指责剥削而言，不仅仅是不必要的。抛出这样的指责，是没有任何道理的。为了讲清这一点，我们须再次假设是"需求创造价值"。如果"劳动创造价值"能让劳动者因其创造了价值而提出价值诉求，则同理，"需求者创造价值"也能赋予需求者以价值诉求。但我们能说，需求者因其创造了产品的价值而资本家得到了部分价值，就被剥削了吗？这是荒谬的。[1] 同理，只因劳动者创造的价值被他人得到，就认定他们受到了剥削，这也是荒谬的。

上述论点虽则荒谬，但它看起来并不荒谬，原因在于人们不可能忘记是劳动创造了具有价值之物。当我们假定工人创造价值时，"创造价值"一说似乎举足轻重，这是因为我们很自然地认为工人能创造价值，仅仅是凭借他们创造了具有价值之物。后者 [工人创造具有价值之物] 的合理性被错误地移转到前者 [工人创造价值] 之上。一定程度上，说（17）是指责剥削的真正基础所在，是因为

---

[1] 请注意，我并不是说某人对某物的欲求不是他理当得到此物的原因。这当然是一条原因，尽管它极易被忽视。但如果理据在于其欲求提升了该物的价值的话，他的欲求就不足以让他有理由得到此物，哪怕是他的欲求真的提升了该物的价值。当然，上述理据是无法服人的。

还需补充一点。不论是在上文还是其他地方，我都没有假定正确的报酬原则应按照对生产的贡献而制定。人们可以认定资本家通过占有工人所生产之物的部分价值而剥削了工人，但人们无须认定工人应得到全部价值。人们可以肯定按需求分配的原则，同时认定资本家剥削了工人，因为需求并不是资本家获得工人生产之物的部分价值的基础所在。

(5) 看起来像却不可能是那个基础，而（17）和（5）的关联解释了这一错觉。

不过，认为问题本质在于"劳动创造具有价值之物"，这种想法还有更为直接的原因。请看本文开头处《团结》一诗中的句子。他们所说的无关价值，又何需什么劳动价值论，就能为他们的观点感到激赏——"我们"被剥削了。他们的确说了，是"我们"造出了所有那些具有价值之物。

于是，回荡在这首歌当中的，既非劳动价值论（社会必要劳动时间决定价值），亦非其通俗替代版本（劳动创造价值），而是那个显见的真理（劳动创造具有价值之物），这才是马克思谴责剥削的真正基础所在。

我们一直在讨论资本主义下那些工薪无产者所受的剥削。若是非要为马克思的剥削概念找一个范型的话，那就是封建制对农奴的剥削，而农奴根据马克思的理论，是不创造价值的。对农奴的剥削是极明显的。对无产阶级的剥削则更为隐蔽，马克思正是论证了无产阶级的地位类同于农奴，才指明他们也被剥削了。

对农奴的剥削是明显的，这是因为有一部分产品是他自己生产出来、却没有得到，反被封建主得到，没有什么比这更清楚的了。资本主义制度下，这一点不再豁然明朗，因为产品并非分遭给资本家和工人，而是流入了市场。[1]

马克思主义者说，需要一个劳动价值论，才能揭示对工资工人的剥削，但我不同意。并不需要那个错误的、不合情理的劳动论，只需一个如前定义的、独立于劳动论的价值概念就足够了，请看我们的命题（2）。不管什么决定了价值量，它都让我们有权说，工人没有得到产品的全部价值。

马克思主义者说：

（20）农奴生产了全部产品，而封建主占有了部分产品，

（21）无产阶级生产了产品的全部价值，而资本家占有了产品的部分价值。

我同意（20），而按照（20）的前半句修正（21）的前半句，结果是：

（22）无产阶级生产了全部产品，但资本家占有了产品的部分价值。

---

[1] 更进一步的讨论，以及更丰富的文本征引，见拙作《马克思的历史理论》，第 333—334 页。

对无产阶级的剥削和对农奴的剥削，在我看来，比在那些传统马克思主义者看来，更像是同一回事情。

十

此前两个部分，我坚持认为劳动创造具有价值之物，而一直否认劳动创造价值本身。但有人会反驳说，你的坚持和你的否认自相矛盾，简单讲，他们认为（23）为真：

（23）既然劳动创造具有价值之物，则劳动创造价值。

这一反驳被误导了。如果真有"劳动创造价值"这样的意思使得（23）为真，这也不能符合传统意义，即马克思主义者们在（5）中想说的那种意义。"劳动创造具有价值之物"不能推出"劳动创造价值"，后者仅仅是一种试图解释商品价值量的努力，如（5）所设定的。从劳动创造具有价值之物的事实出发，又如何能推出，劳动所创造之物中的价值量与花费的劳动量之间存在直接、一致的变化关系呢？[1]

有没有一种明显不同于（5）的意义层面，能让"劳动创造价值"从"劳动创造具有价值之物"这句话中推出？或许有。如果一个艺术家用不那么美的东西创造出美的事物，我们会很自然地说他创造了美。而工人用不那么有价值的东西创造出有价值的事物，可以同样自然地说，他创造了价值。但这并不支持通俗版本的劳动价值论，尽管它可以解释何以如此之多的马克思主义者对此执迷不悟。

我曾经论到，如果有一样东西能证明马克思对资本主义剥削工人的指责是正确的，那它一定是命题（17），即只有工人创造了产品。但不能就此推论说，它是一个完全可靠的证明，而得到恰当展开的"清晰论证"[2]，也不见得是好

---

[1] 果真能推出这一点的话，则劳动价值论的严格学说为假。
[2] 此外，还要归功于本文第三节中提到的理论前提得到了改进。

的论证。扰乱视听的劳动价值论业已辩正，我希望在别处能就"清晰论证"展开评述。

The Labor Theory of Value and the Concept of Exploitation

G. A. Cohen

Abstract: The traditional Marxism has proposed Labor Theory of Value that thinks labor creates value but the value is exploited by capitalists, there is injustice in which, so Marx requests overthrow the capitalism. However, this article doesn't agree with the view. It indicates that there isn't direct relationship between Labor Theory of Value and exploitation system, so we can't confuse them or regard the former as the allegation is foundation of the latter. This article clarifies and refutes some inferences of Labor Theory of Value, then concludes that labor doesn't create value. From this conclusion, the article discusses the notion of exploitation, giving the view of what capitalists exploit is the valuable thing produced by workers, not the value produced by workers. So at last, the article concludes the reason why Marx Condemned exploitation is they exploit the valuable thing produced by workers' labor, not the value. The special contribution of the article is it distinguishes Labor Theory of Value and exploitation, and puts forward own unique opinion about Marx's exploitation notion.

Key words: Labor Theory of Value, exploitation

两次革命之间[1]
——《一触即发的革命：列宁文选（1917.2–1917.10）》序言

斯拉沃热·齐泽克著　屠毅力译

摘要：当今时代，列宁形象逐渐被简单化和僵化成了一个符号，是不合时宜、缺乏生命力的遗产；但本文却不同意这种认为列宁主义已经过时的观点。文中自1914年起风云变幻的国际形势入手，通过梳理列宁在这一系列重大国际事件中著作的相关革命理论文章——如《怎么办？》、《国家与革命》、《四月提纲》、《远方来信》、《"彼得格勒工兵代表苏维埃会议"记录》等，重塑列宁身为一位真正革命家的形象：他虽然也有理想主义情结但绝非乌托邦式的空谈家；他以"怀疑解释学"谴责"机会主义"者的退却心理，坚决要求以切实的革命行动来瓦解现有的不合理的沙皇专制、代之以全新的民主政权；他虽然常常因为不被理解而在党内是孤独者，但他却敢于联合工人、在群众的拥护中获得巨大力量，来坚持革命并最终获得胜利；而在十月革命之后的社会重建中，他也更加理性地反对简单化的"共产主义移植"。最后，本文认为即使在20世纪末期，列宁主义非但没有过时，相反我们仍然应该回到列宁，以列宁主义的革命姿态来冲破后意识形态的思想禁制、重新获得思考的权力。

关键词：列宁主义　两次革命之间　"列宁的孤独"　革命

---

[1] 本文译自 *Revolution at the Gates* 一书序言 "Introduction: Between the Two Revolutions". See V.I.Lenin: *Revolution at the Gates: A Selection of Writings from February to October 1917*, edited and with an introduction and afterword by Slavoj Žižek, London & New York: Verso, 2002.

如果现在我说要重新激活列宁，公众无疑会对之报以一阵嘲笑。但是马克思没问题——今天，即使在华尔街也仍然有人热爱他：这位商品的诗人，描绘了一幅关于资本主义活力的完美图景；他的文化研究，则呈现了我们日常生活的异化和物化。但是，列宁，不，我们不能太认真！难道不正是他代表着马克思主义进入实践后的失败，代表着20世纪世界政治中那场留下了深刻烙印的大灾难，代表着最终以经济效益低下的专政而告终的现实社会主义实践吗？因此，如果在今天的激进左派之间还存在着某种共识的话，那就是为了复活激进政治的事业，我们必须要放弃列宁主义的遗产：始终坚持阶级斗争，党作为组织的特权机构，通过暴力革命夺取政权，"无产阶级专政"等等，假如今天的左派仍想要在这个"后工业"和晚期资本主义时代中有所作为的话，诸如这些"僵化概念"难道不都应当被抛弃掉吗？

这个观点具有明显的说服力，但也存在问题，即它过于简单地认同了因袭的列宁形象——这位智慧的革命领导在《怎么办？》（*What Is to Be Done ?*）中建立了其革命理念与实践之间的基本坐标系（basic co-ordinates）后，便一意孤行将之简单化地付诸实践了。但是，如果告诉你关于列宁还存在着另一种说法呢？诚然，今天的左派处在整个进步运动时代的末尾，正痛苦地经历着一个被逐渐瓦解的过程，这一经验使他们不得不重新启用那种理论和实践之间的最基本的坐标系——而同样的，这一经验也曾经催生了列宁主义。我们可以回顾一下列宁在1914年秋所遭遇的冲击，当时所有的欧洲社会民主党（除了光荣的俄国布尔什维克和塞尔维亚社会民主党人）都选择了"爱国主义战线"，当时列宁甚至以为《前进报》（德国社会民主党日报）所报道的关于社会民主党在议会中为战争贷款投票的消息，是俄国秘密警察为欺蒙俄国工人而捏造的假讯息。在那个军事对抗将欧洲大陆划分成两半的年代里，要拒绝参战，并同国内的"爱国主义热情"作斗争该是一件多么困难的事！古往今来有多少伟人（包括弗洛伊德）都不无例外地屈从了民族主义的诱惑，哪怕只是短短几周时间！

在阿兰·巴迪欧（Alain Badiou）看来，1914年的"冲击"无疑是一场灾难，在这场灾难中那个整体的世界消失了：不仅仅是资产阶级对进步的田园牧歌式的信念，也包括与之相伴随的社会主义运动。列宁（《怎么办？》中的列宁）也因此失去了自身的立足点，但他在绝望中的反应不是止步不前，也没有叫嚷："我早就告诉过你这样！"这一绝望（Verzweiflung）时刻、这一灾难恰恰为列宁主义事件（Leninist event），为打破第二国际的渐进式历史决定论扫除了障碍——他是唯一一个认识到了这一点，并且说出了灾难真相的人。而正是经过这一次危机，列宁——一个熟读了黑格尔的《逻辑学》，并能够察析革命之机遇的列宁也终于诞生了。[1]

至关重要的是，强调"高级理论"（high theory）与今天具体的政治斗争之间的关联，因为即使是如诺姆·乔姆斯基（Noam Chomsky）这样的介入型知识分子（engaged intellectual），也更愿意强调理论知识对于进行中的政治斗争毫无作用：学习那些伟大的哲学和社会理论文章对于当下这一场反对全球化之新自由主义模式的斗争又能有什么帮助呢？我们所应对的要么就是一些表面事实（就像乔姆斯基在多数政论文章中所作的那样，只需要将之公之于众），要么就是一些我们根本无法理解的复杂东西，难道不是吗？因此，如果想要抵挡住这一反理论的诱惑，仅仅关注各式各样的关于自由、权力、社会的理论假设（它们同样充斥于乔姆斯基的政论文章）是远远不够的；而更为重要的是，我们今天（也极可能是人类历史上首次）所经历的关于生物遗传学、生态学、赛博空间和虚拟现实等日常经验迫使我们所有人都必须面对一些基础的哲学命题，像自由和人类身份的本质等等。

回到列宁：他的《国家与革命》（State and Revolution）与1914年的那场冲击直接相关——他对这次事件的介入可以说是全身心的，这在他1917年秋致加米涅夫（Kamenev）的信中可以看出：

---

[1] 这里引用了与Sebastian Budgen，Eustache Kouvélakis的谈话。

以下一点暂时请不要告诉别人：要是有人谋杀了我，就请您出版我的笔记《马克思主义论国家》（还放在斯德哥尔摩）。笔记本封面是蓝色的，装订过。我把从马克思和恩格斯著作中摘录的以及从考茨基反驳潘涅库克的著作中摘录的一切文字都收在里面，并且还作了很多批语、评注、结论。我想，如果要出版，一星期时间就够了。我认为这件事很重要，因为无论是普列汉诺夫，还是考茨基都把这个问题搞得混乱不堪。不过先要讲好，这一切目前绝对不要告诉别人！[1]

这里，关乎人类存在的斗争极其尖锐。列宁主义"乌托邦"的核心也就在1914年灾难的废墟上，在他对第二国际正统的调整中冉冉升起：这是一条粉碎资产阶级政权的激进律令，它意味着政权本身，意味着建立一个全新的公社型社会形式，在其中没有常备军、警察或官僚制度，每一个社会成员都可以参与社会事务管理。对列宁而言，这并不是一个属于遥远未来的理论规划，在1917年10月他便宣称："哪怕不是两千万，我们也可以立即组建一个一千万人的国家机器。"[2] 这一时刻的冲动乃是真正的乌托邦。我们所要坚持的正是列宁主义乌托邦的这一狂热性（在严格的克尔凯郭尔意义上），而相反的，如果说斯大林主义代表着什么，它代表的恰恰是一种对现实主义的"常识"的回归。当然也不可能过高地评价《国家与革命》的爆炸性潜能，因为在这本书中，"那些西方政治传统的词汇和语法都被唐突地抛弃掉了"[3]。

而接下来的情形，正可以借用阿尔都塞评论马基雅维利的那篇文章的标题，称为"列宁的孤独"（la solitude de Lénine）：这一时期他基本上是独自一人同党内的主流势力作斗争。在《四月提纲》（1917）中，列宁辨察出革命之唯一契机

---

[1] V.I.Lenin, *Collected Works*, Moscow: Progress Publishers 1965, Vol.42, p.67. 中译本请见列宁：《致列·波·加米涅夫》，《列宁全集》（第47卷），人民出版社1990年第2版，第630页。

[2] 转引自 Neil Harding, *Leninism*, Durham, NC: Duke University Press 1996, p.309。

[3] 同上，p.152。

的时刻（Augenblick），但他的提议首先遭到了来自党内绝大多数同志的漠视和轻蔑，布尔什维克的主要领导人也没有一个支持他的革命主张。自《四月提纲》后，《真理报》便采取了非常手段使整个编辑部同党分离，绝不做一个奉承和利用公众情绪的机会分子，列宁的想法的确与众不同。波格丹诺夫（Bogdanov）甚至将《四月提纲》称为"疯子的胡话"[1]，克鲁普斯卡娅（Nadezhda Krupskaya）自己也总结说："我很担心，列宁看上去好像疯了一样。"[2]

而就是这样一个列宁，我们今天依然可以从他身上汲取能源。列宁的伟大便在于，即使置身于这种灾难性的境况，他也敢于胜利——正是这一点使他区别于卢森堡和阿多诺的消极悲观，对他们而言，最终的可靠行动就是承认失败，失败阐明了境况的真相。1917年，列宁没有进一步等待时机成熟，便先发制人发起了进攻；1920年，作为一个没有工人阶级（大部分工人已经在国内战争中死去）的工人阶级政党的领袖，他一方面着手组建国家，一方面却要面对着一个党自身的矛盾，就是必须同时组建——甚至是重组——党的基础，即它的工人阶级。

如果要谈列宁的这种伟大，没有比他在1917年2月，也就是发动第一次革命废除沙皇制，建立民主政权，到同年十月第二次革命之间所写下的那些著作更加显豁了。本书的开篇（《远方来信》）呈现的是列宁对革命之契机的最初洞见，而末篇（《"彼得格勒工兵代表苏维埃会议"记录》）则宣告了布尔什维克最终夺取政权。一切都在这儿，从"天才的革命战略家的列宁"，到（即时废除国家机器的）"乌托邦实践者的列宁"。这里涉及克尔凯郭尔：我们从这些著作中所获得的应该是一个"生成的列宁"（Lenin-in-becoming）——还不是"苏维埃机构的列宁"，而是一个被抛入开放情境中的列宁。但是，置身于作为"历史终结"的晚期资本主义当中，我们是否还能真切地体验到那场来自历史开端处的冲击呢？

[1] 转引自 Neil Harding, *Leninism, Durham*, p.87.
[2] 同上。

1917 年 2 月，列宁还是一个隐居在苏黎世的政治移民，与国内失去联系，只能靠瑞士的报纸杂志了解一些政治事件；而在 1917 年 10 月他却领导了第一次成功的社会主义革命——这两者之间到底发生了什么？其实在 2 月列宁就已经察觉到了难得一遇的革命时机——并且很清楚如果没有抓住，那么革命契机将会丧失，很可能得再等几十年了。列宁强硬地认为应当冒这个险，才能进入下一阶段（即再次革命），但他是孤独的，这一观点遭到了党内大多数中央委员们的嘲笑。而这个列宁文集所着意呈现的正是列宁那倔强、坚韧，在其中倾注了他的革命理念，但却常常是沮丧的革命工作。当然列宁的个人干预是必不可少的，但是我们也不应该将"十月革命"看成是一个孤独的天才面对着一群乌合之众、并慢慢灌输自己理念的故事。列宁的成功在于绕开了党内当权派，他的呼吁在那种我打算称之为"革命的微观政治"的领域获得了回音：草根民主，以及那些在俄国几大城市迅速萌生、蔑视"合法"政府权威、并力图将事态牢牢掌控在自己手中的地方委员会，都爆发出了惊人的力量。这就是关于"十月革命"的另一个未知版本，相对于那个久被传说的"十月革命"的神话——一小群毫不妥协的、具有奉献精神的革命者完成了一场政变（coup d'état）。

让今天的读者首先感到惊讶的可能是列宁 1917 年之后写的那些文本居然如此好读：根本不需要任何冗长的解释和注解，即使夹杂着一些听起来很陌生的名字，也毫不妨碍我们立即获取到其中的紧要信息。从今天的角度来看，这些文本在描摹自己所参与的斗争的轮廓方面，展示了一种几乎称得上经典的清晰性。列宁完全意识到了当时境况之矛盾：1917 年春天，经过二月革命推翻了沙皇制，俄国成为全欧洲最民主的一个国家，盛况空前的全民动员，结社自由，出版自由，但是这种自由却使情况变得完全含混不清和模棱两可。如果在列宁两次革命（二月革命和十月革命）之间所写的那些文本中始终贯穿着一条主线的话，那就是坚持要将政治斗争原本表层的、完整的叙述轮廓划分为两方：大多数政党，以及其他来自现实社会层面的政治主题（如即时和平，土地分配，"一切权力归于苏维埃"等，也就是说，瓦解现有的国家机器，以全新的公社化的社会管理形式取代之)。同样,构成这一裂隙的两者也可以这样来表述:一面是在崇高的激情中作为自由的想象性爆发的革命,在"一切皆有可能"的乐观情绪下全民团结的神奇时刻;而另一面则是社会重建的艰苦工作,而当那种激情的爆发在社会结构本身的惰性(the inertia of the social edifice itself)中留下了自己的痕迹时,这一重建工作便会启动。

这道裂隙——法国大革命1789年与1793年之间那道裂隙的复制版——正是列宁对革命独特的干预之所在:革命唯物主义所提示的最基本的教训就是革命必须分两次完成,并且应着力于解决那些实质性问题。这裂隙也绝不简单的是形式和内容之间的分裂:"第一次革命"所错失的不是内容,而恰恰是形式本身——它仍然滞留在旧形式中,天真地以为我们只要简单地将现存的国家机器及其民主机制真正投入使用,那么自由和公正就可以实现了。如果一个好的政党在自由选举中获胜,并能够合法地使社会主义革命生效的话,那不是更好吗?(关于这种错觉最清楚的、也是接近荒谬的表达,莫过于卡尔·考茨基那形成于20年代的著名论点——在逻辑上,社会主义的第一阶段,或称为资本主义向社会主义的过渡阶段,其政治形式应当是资产阶级和无产阶级政党所共同组成的议会联盟。)这里,可以与现代早期构成一种巧妙呼应,即在那一时期对教会意识形态霸权的反对恰恰就是以另一种宗教意识形态的形式来进行表达的,就像异教:沿着同样的思路,发动"第一次革命"的成员们也正是希望以资本主义的民主政治形式来摧毁资本主义自身的统治。这就是黑格尔式的"否定之否定":首先旧的秩序被其自身的意识形态—政治形式所否定,接着这一形式本身也必须遭到否定。那些犹豫不决,那些害怕采取第二步骤来克服这一形式本身的人就是罗伯斯庇尔所说的想要一场"没有革命的革命"(revolution without revolution)的人,而列宁正是通过辨察这种"退却"的各种形式,展示了其"怀疑解释学"(hermeneutics of suspicion)的强大之处。

在1917年的写作中,列宁对那些拼命为革命寻找"保证"的人极尽尖酸讽刺;而所谓的"保证"无非是这两种主要的形式:要么是某种关于社会必然性的具体概念（我们不能太早地冒险革命，必须按照历史发展规律等待一个成熟、合适的时机："现在进行社会主义革命还太早，工人阶级还没有发展成熟呢"）；要么就是要求一种规范的（民主的）合法性（"大多数民众还没有站到我们这边来，因此革命不可能真正做到民主"）。这里就像列宁反复批评的，仿佛那些革命代理者在冒险夺取国家政权之前，首先就应该征得某种大他者之显像（some figure of the big Other）的首肯（组织一次公民投票来确保大部分人都支持革命）。就像拉康那样，列宁认为，关键是革命乃是为了授权而授权（ne s'autorise que d'elle-même）：我们应该敢于采取那种不为"大他者"笼罩的革命行动，那种生怕"仓促地"夺取权力，那种追求革命之"保证"的心理，其实都是对行动的深渊般的恐惧。这就是列宁所一再谴责的"机会主义"的根本层面，他的前提是认为"机会主义"是一种立场，妄图借助法律、规范这样一些客观因素作为保护屏来掩饰其内在的对行动的恐惧，而这也就是为什么第一阶段革命在反对它的同时仍需要如此明确地声明这一点："究竟该做什么呢？应当 aussprechen was ist,'有什么，说什么'，应当老实承认：在我们中央委员会里存在着一种主张等待苏维埃代表大会，反对立即夺取政权，反对立即起义的倾向或意见。"[1]

列宁的回答并不能作为那一系列"客观因素"的参照，而是又一次重现了十年前卢森堡反对考茨基的那场争论：那些一心要等待革命的客观条件来临的人将注定永远等待，这样一种客观的观望者姿态（而不是积极参与革命的代言人），其本身就是革命的主要障碍。在第二阶段，列宁驳斥那些主张形式民主（formal-democratic）的批评家时指出：他们所要求的那种"纯粹的民主"其实是乌托邦。在现实的俄国社会中，资产阶级民主国家是没有任何存活机会的，要保护好"二月革命"所取得的成果（像结社、出版自由等），唯一的"现实主义的"路径就是走向社会主义革命，否则沙皇反动势力又将抬头。

---

[1] V.I.Lenin, "The Crisis Has Matured", 见本文集，第 139 页。中译本请见列宁:《危机成熟了》,《列宁全集》（第 32 卷），人民出版社 1985 年第 2 版，第 276 页。

时间性（temporality）这一精神分析学概念所给予我们的基本启示在于：有些事我们必须去做，但是做也只是为了最终明白它们其实并不必要——在寻找对策的过程中，有人可能浪费了数月时间在错误的做法上之后才能顿悟，从而找到正确方案；虽然回过头去看，之前所做的事似乎都很多余，但是这些弯路却是必要的。革命不也如此吗？当列宁晚年开始比较清醒地认识到布尔什维克政权的局限性时，又发生了什么呢？这里我应当反对列宁和斯大林：在最后几篇文章中，我们可以发现，相比于早先在《国家与革命》中所阐发的乌托邦理念，列宁为今后的布尔什维克政权规划了一个更为适度的和"现实主义的"总体方案。由于经济欠发达和文化落后，俄国不可能"直接进入社会主义"；因此，苏维埃政权所能够做的就是将"国家资本主义"这一温和派政策同教育惰性的农民群众这一紧迫任务相结合，当然，教育也不再是"共产主义宣传"式的洗脑，而是耐心地、循序渐进地向大众灌输一种发达的文明标准。大量的事实和数据显示"我们还要做多少非做不可的粗活，才能达到西欧一个普通文明国家的水平……直到今天我们还没有摆脱半亚洲式的不文明状态"[1]。因此，列宁一再提醒要警惕任何一种简单化的"共产主义移植"（implantation of Communism）：

> 决不能把这话理解为我们应当马上把纯粹的和狭义的共产主义思想带到农村去。只要我们的农村缺乏共产主义的物质基础，应当说，这样做就是有害的，甚至对于共产主义，也可以说是致命的。[2]

他反复强调的主题是："急躁冒进是最有害的。"[3] 而斯大林显然不同意这

---

[1] V.I.Lenin, "Pages from a Diary", in Collected Works, Moscow: Progress Publishers 1966, vol.33, p.463. 中译本请见列宁：《日记摘录》，《列宁选集》（第 4 卷），人民出版社 1984 年版，第 762—763 页。
[2] 同上，p.465。中文译本请见同上，第 765 页。
[3] V.I.Lenin, "Better Fewer, but Better", in Collected Works, vol.33, p.488. 中译本请见列宁：《宁肯少些，但要好些》，《列宁选集》（第 4 卷），第 784 页。

种"文化革命"的立场,他选择的是一条完全反列宁主义的思路:"在一个国家建立社会主义。"

那么这是否意味着列宁已悄然选择了那种标准的孟什维克思路——批评布尔什维克乌托邦主义,认为革命必须遵循既定的步骤(只有在物质条件都到位的情况下,革命才能发生)?但是在这里我们可以发现列宁思想中成熟的辩证感(dialectical sense):他非常清醒地意识到,处在当下(20 世纪 20 年代初),布尔什维克政权的主要任务是逐渐建立起一系列资产阶级制度(像公共教育等);但同时,一个至关重要的事实是:进行这一工程的是一个无产阶级革命政权,因此也就可以从根本上扭转局面。对于那些"文明化"的措施而言,这将是一次独一无二的机会,它们将从局限的资产阶级意识形态框架中脱离出来(公共教育将真正地为人民服务,而不是旨在宣传资产阶级阶级利益的狭隘的意识形态工具)。因此,一个辩证的悖论在于:俄国境况的毫无出路(它的落后迫使无产阶级政权不得不去完成一个资产阶级的文明化进程),反而变成了一种独特的优势:

> 既然毫无出路的处境十倍地增强了工农的力量,使我们能够用与西欧其他一切国家不同的方法来创造发展文明的根本前提,那又该怎么办呢?[1]

这里,有两种截然不同的革命模式和革命逻辑摆在我们面前:有些人坚持要等待一个出现了总危机的成熟的目的论时刻,认为革命会按照历史进化的必然性,"适时"而发;而另一些人则意识到革命并没有所谓的"规定的时间",他们将革命的契机看做是一些在常态(normal)的历史发展进入迂回曲折时出现,并需要加以把握的时刻。但列宁并不是一个自愿的"主观主义者",他坚持认为:例外情况(某种非常的社会构成,就像 1917 年的俄国)反而可以提供一

---

[1] V.I.Lenin, "Our Revolution", in *Collected Works*, vol.33, p.479. 中译本请见列宁:《论我国革命》,《列宁选集》(第 4 卷),第 777 页。

条路径来逐渐削弱那种常态（norm）本身。

如果把这种论证的思路和这种基本的姿态用在今天，难道不是比以往任何时候都来得贴切吗？我们不就生活在这样一个时代吗？国家、国家机器，包括其政治代理人都越来越无法明确地指明关键问题所在，就像约翰·勒卡雷（John le Carré）最近所说的："政治家们把世界上真正的问题都忽略了。"（他指的是生态，日益衰退的医疗保健，贫穷，跨国公司的身份角色等。）勒卡雷并不只是简单地指出了一些政治家的短视，如果我们认真地去体会他的话，就会得出这样一个逻辑结论：我们迫切地需要一种新的政治化形式（form of politicization）来使那些重要的问题直接"社会化"。那种误以为1917年俄国所面对的紧迫问题都可以通过"合法的"议会方式来加以解决的想法，就同今天认为将市场逻辑带入生态领域（向那些破坏环境的污染者罚款）就可以解决生态威胁一样不切实际。

"列宁"不是一个对旧教条主义的确定性充满乡愁的名称；恰恰相反，那个我所要重新激活的列宁应该这样来形容：他的那些基本经验仿佛被抛入了一个可怕的陌生星丛，在其中旧有的坐标系失效了，于是他不得不重新发明马克思主义——就像他对一些新问题尖酸刻薄的评论一样："关于这一点，马克思和恩格斯一个字都没说。"在这里，我并不是主张要重回列宁，而是在克尔凯郭尔意义上重述列宁，即在今天的历史条件（constellation）下激活那曾经的革命激情。回到列宁既不是为了再现"往日美好的革命岁月"，也不是机会主义—实用主义地将那些旧程序调适于"新时代"，而是为了再次标举那种在今天的世界境况中、在帝国主义和殖民主义条件下重新制定革命方案的列宁主义姿态——更准确地说：不是从今天，而是从进步主义历时弥久的政治意识形态在1914年的灾难中崩溃之后开始。艾瑞克·霍布斯鲍姆（Eric Hobsbawm）就将20世纪概念界定为这一时段：始于资本主义长期和平扩张之终结的1914，迄于既存社会主义（Really Existing Socialism）崩溃后出现了全球资本主义新形式的1990。[1]

---

[1] See Eric Hobsbawm, *The Age of Extremes*, New York: Vintage 1996.

那些列宁为 1914 所做的事，我们也应该为 1990 而做。"列宁"代表了这样一种引人瞩目的自由：悬置朽烂的既存（后）意识形态坐标系，冲决式微的思想禁制（Denkverbot）（我们生于兹长于兹）——这意味着我们将重新获得思考的权力。

那么当我们在评价列宁的功绩时，他本人的个性应该在其中扮演什么样的角色呢？事实上，难道不正是我们将列宁简化成了一个代表着某种革命姿态的纯粹的符号吗？在 1862 年 7 月 30 日致恩格斯的信中，马克思形容斐迪南·拉萨尔——德国社会民主党的共同创始人，在影响力方面与马克思不相上下——不仅是"用发油和廉价首饰装扮出来的犹太老滑头"，甚至还有更粗鲁的"犹太黑人"："现在我完全明白，他的颅骨的结构和头发也证明，他是加入摩西领出埃及的那群人中的黑人的后代（如果他的母亲或祖母没有同黑人私通的话）。"[1] 但是，我们不应该抓住这些话就认定马克思的理论中存在着某种欧洲中心主义偏见，它们根本就是一些不相干的东西罢了。它们唯一的积极作用就是使我们不至于沉溺在关于马克思各种的圣徒传中，因为很明显，它们呈现了作为个人的马克思和马克思的理论之间那条不可消灭的鸿沟——马克思的理论刚好就是为他本人的这种种族主义的激烈情绪提供分析和批评工具的。当然，列宁也是如此：在那种斯大林主义的圣徒传中，列宁所声称的"冷酷无情"似乎并没有比他对小猫、小孩的疼爱之情来得更加重要。

当 1956 年的匈牙利叛变最终被俄罗斯的坦克镇压后，乔治·卢卡奇（他当时参加了纳吉政府）沦为阶下囚；当时一位克格勃官员问他是否携带有武器，卢卡奇默默地将手伸进口袋，掏出了一支自己的笔递给他。[2] 这一动作的含义不是更适用于这些列宁的文章吗？如果笔可以当成武器，那么正是这支笔写下了列宁 1917 年的篇篇檄文。

---

[1] *Marx-Engels-Werke*, Berlin（GDR）: Dietz Verlag 1968, vol.XXX, p.259. 中译本请见马克思、恩格斯：《马克思恩格斯全集》（第 30 卷），人民出版社 1995 年版，第 261 页。

[2] Arpad Kadarkay, *Georg Lukács*, Oxford: Blackwell 1991, p.434.

Between the Two Revolutions
—Introduction to *Revolution at the Gates*: *A Selection of Writings from February to October 1917*

Slavoj Zizek

Abstract: Nowadays the image of Lenin is simplified and mechanized to be a symbol, and it's a kind of outdated heritage that lacks of vitality. However, this article doesn't agree with the view. It begins with the changeable international circumstances of 1914, and remodels the image of Lenin who is a real revolutionist, by citing Lenin's revolutionary theory works at that time, such as "What Is to Be Done", "State and Revolution", "April Theses", "Letters from Afar", "Meeting of the Petrograd Soviet of 'Workers and Soldiers' Deputies" and so on. In this article, Lenin had much ideal but wasn't a utopian idealist. He condemned right opportunists by his hermeneutics of suspicion and requested to smash up irrational tsarist autocracy that should be replaced by democratic regime through revolutionary action. He was alone in the party as he often gained no understanding but he dared unite workers to gain great strength to persist revolution until triumph. In the reconstruction of society after October Revolution he more rationally opposed implantation of Communism. At last this article thinks that even in the late twentieth century, Leninism is not outdated but should be taken up again, and we should learn Lenin's revolutionary attitude to break through the thought control of Post-Ideological to regain the thinking right.

Key word: Leninism, between the two revolutions, "the solitude of Lenin", revolution

约稿启事

一、约稿内容：本刊刊发与马克思主义相关的精神文化研究的论文、译文、述评、书评及有关研究资料，以文艺学方向为主。

二、篇幅要求：每篇字数限于一万字左右，特殊需要可适当增加字数。

本刊欢迎用电子邮件投稿，主题请注明"《文学与思想》投稿"。来稿格式请参照下文所附的投稿格式。

三、译稿要求：译者需将原著作者同意翻译出版的授权证明，连同原文复印件一并寄来。

四、来稿请在文末注明作者真实姓名、职称、学位、学历、主要研究方向、工作单位、详细地址、邮编、电话号码和电子邮件等内容，以便联系。本刊对投稿拥有编辑权，凡不同意编辑修改原稿者，敬请注明。

五、本刊采用匿名评审制度。

六、投稿地址：中国人民大学文学院陈奇佳收；邮编：100872；E-mail：rucwxysx@163.com

投稿格式

1. 文章标题：要求简明、确切，必要时可加副标题。

2. 作者：文章请以脚注形式附作者简介，包括姓名、出生年月、性别、籍贯、工作单位、职务、职称、学位；如有多位作者，请在姓名右上角加注阿拉伯数字序号以标识作者顺序。

3. 摘要及关键词：摘要应涵盖文章核心内容，具有独立性和自含性，以300—400字为宜；关键词应是反映文章最主要内容的术语，以3—5个为宜；英文标题、摘要及关键词附于文后。

4. 正文：字号为小四宋体，行间距为1.25倍行距，文中标题前空一行并居中。

5. 注释：采用脚注形式，每页重新编号，字号为小五宋体；中英文体例相近，如下：

（1）首次引用

引用的资料第一次出现在注释中时，应包含以下内容：著者姓名（多名著者间用顿号隔开，编者姓名应附"编"字）、文献名、卷册序号、译者姓名、出版单位、出版时间、页码。例如：

a. 专著

李泽厚：《美的历程》，中国社会科学出版社1984年版，第22页。

b. 编著

刘小枫编：《中国文化的特质》，生活·读书·新知三联书店1990年版，第36页。

c. 译著

黑格尔：《精神现象学》，贺麟、王玖兴译，商务印书馆1979年第2版，第63页。

d. 期刊

陆贵山：《本质主义解析与文学理论建构》，《文学评论》2010年第5期，第5页。

e. 论文集

余达心：《两种解构的神话——对德里达的回应》，中国人民大学基督教文化研究所主编《基督教文化学刊》（第 18 辑），宗教文化出版社 2007 年版，第 3 页。

f. 报纸

蒋述卓，李自红：《走向现代：中国文艺学》，《人民日报》2001 年 5 月 2 日。

g. 政府出版物

中华人民共和国国务院新闻办公室：《中国的宗教信仰自由状况》白皮书，1997 年 10 月，北京。

i. 会议论文

杨慧林：《理雅各之"道"与艾略特之"言"：语言理解中的文化互释》，提交给"第二届世界汉学大会"的论文，中国人民大学，2010 年 10 月 30 日至 11 月 1 日，第 2 页。

j. 学位论文

夏巍：《劳动与交往——哈贝马斯的历史唯物主义重建论研究》，复旦大学博士论文，2009 年 1 月，第 39 页。

k. 未刊稿等

提供尽可能详细的信息，如作者、文献标题、文献性质等。

（2）再次引用

再次引用同一资料来源的资料时，可用"同前"替代出版信息，只需注出作者姓名、著作名（副标题可省略）和页码；如在同一页且紧接同一资料来源的上一注释，可以用"同上"代替作者姓名、著作名。例如：

李泽厚：《美的历程》，第 13 页。

同上，第 45 页。

（3）转引

将原始资料出处按上述要求注出，用句号结束。用"转引自"表明转引，再把载有转引资料的资料出处注出来。例如：

胡乔木：《胡乔木回忆毛泽东》，人民出版社1992年版，第88—89页。转引自杨玉圣：《中国人的美国观——一个历史的考察》，复旦大学出版社1996年版，第183页。

6. 参考文献：附于正文后，用阿拉伯数字编号，体例参照注释，无须页码。